教育部百所重点研究基地
中国政法大学诉讼法学研究院

第24卷　国家司法文明协同创新中心资助支持

诉讼法学研究

Procedural Law Research

卞建林　主编

中国检察出版社

诉讼法学研究（第二十四卷）

主编絮语

《诉讼法学研究》初创于2001年，迄今已经出版了23卷。经过编辑部工作人员的共同努力，在中国检察出版社的鼎力协助下，第24卷将在2020年呈现在广大读者面前，这里首先向各位作者和工作人员表示衷心的感谢！

党的十九届四中全会再次明确要坚持全面依法治国，建设社会主义法治国家。自刑事诉讼法修改以及监察法出台后，一些内容也引起了广泛的讨论。我们希望通过编辑部工作人员的共同努力，为推进中国特色的程序法治理论研究的不断深入贡献自己的一份力量，进一步促进我国诉讼法学的繁荣和发展，推动中国程序法治的不断进步。本卷《诉讼法学研究》分为"诉讼前沿""实务研究""认罪认罚从宽专题""检察专论""比较研究"与"博士生论坛"六个栏目，汇集了国内外学术名家与青年学者的众多学术成果，旨在推进诉讼法学研究的学术和信息交流，体现了诉讼理论与实践的多方面前沿探索。

"诉讼前沿"栏目刊登了四篇文章。杨宇冠教授及孙鹤源博士生撰写的《刑事缺席审判相关问题研究》一文对我国的缺席审判制度进行了探讨。该文对缺席审判的适用情况作了详细描述，并分析了缺席审判制度的正当性，最后对缺席审判中争议很大的执行问题进行梳理并提出意见。刘贤博士生及刘玫教授撰写的《我国台湾地区"个人资料保护法"述评》以个人信息为切入点，对我国台湾地区关于个人资料的保护作了介绍和分析，指出人格权是公民权中的一项重要内容，公务机关或者非公务机关因为工作的正常开展或者行业发展的需要，不可避免地需要搜集、处理、利用个人信息，我国台湾地区对个人资料的研究和规范已经相对成熟，可以为大陆地区个人信息保护的理论研究和相关立法提供借鉴。杜闻副教授撰写的

《论专家证言属性判断对英、美民事上诉复审范围的影响》，首先对专家证言的本质属性进行了分析，认为其应该是“混合性争点”，即其既是一个“法律争点”，也是一个“事实争点”，并对专家证言对英、美民事上诉复审范围的影响进行了分析。朱赟先博士生的《人工智能裁判与法律现实主义》一文对人工智能裁判这一智慧科技与古老法律的融合产物的特征、优势等展开分析，同时指出人工智能也面临着一些挑战，随着技术的不断升级和理论的不断完善，人工智能裁判将表现出独有的理论和实践价值。

“实务研究”栏目选录了六篇文章。刘晓峰博士生的《我国监察机关监督职责的法律解释——以国家监察体制改革为视角》围绕我国监察机关监督职责的历史演变，纪检机关和监察机关合署办公对监督职责履行的影响，监察对象的范围、监督职责的方式等内容进行初步梳理。曹东博士生的《刑事公诉模式转型研究》中归纳总结了传统刑事公诉模式的特点，特别是反思目前存在的不足，以期积极推动传统刑事公诉模式转型。何晓斌博士生撰写的《裁判文书公开中隐私权保护的理论嬗变与制度转型》，从理论和实践两个层面对文书公开的隐私权保护进行研究：一是对隐私权保护而言，何种裁判文书的公开是正当的，包括裁判文书公开的所有司法公开都必须回应公开与隐私权保护之间的理论张力；二是从公开的实践来看，从案件内容是否涉及个人隐私进行制度设计，能否实现隐私保护的制度目标。洪霄博士生撰写的《质疑与回应：关于附设“法官后语”的几点思考》中指出“法官后语”在裁判中具有突出优势，但同时也不可否认地面临着一些质疑，对此，作者也一一作了回应。靳昕博士生在《民刑交叉案件中关于“先刑后民”原则的反思》中对民刑交叉案件中的“先刑后民”这一原则，从理论到实践两个方面分别予以分析，并对这两种法律关系的处理提出了建议。陈子君博士生的《试论行政裁量行为“明显不当”合法性审查》从2014年修改行政诉讼法时增加的“明显不当”的性质出发，以实质法治的角度将撤销依据划分为实质合法性审查标准与形式合法性审查标准两个层面，以期推动“明显不当”在法律共同体内部形成有效的共识。

“认罪认罚从宽专题”栏目选录了五篇文章。这一专题再次聚焦当前的热点问题，以供集中探讨和研究。陶加培博士生撰写的《认罪认罚从宽制度下诉审关系结构性研究》认为这种公力协商的合作型司法给传统的控、辩、审结构带来了冲击，导致我国刑事案件处理在程序结构与主体关系上产生了认罪案件与不认罪案件的二元分化，从结构上对诉审关系进行了研究。刘鎏博士生撰写的《论我国值班律师见证人化的解决路径》立足值班律师见证人化的现象，就认罪认罚从宽制度中值班律师制度的完善提出了自己的建议。王楷博士生撰写的《认罪认罚从宽制度中的“如实供述”探析》则主要是从“如实供述”这一角度，对其内涵和范围等进行界定，打好“如实供述”作为保证认罪认罚从宽制度正当性的理论基础。魏伊慧博士生撰写的《论认罪认罚案件中律师有效帮助之困境与出路》是从律师有效帮助这一角度切入，认为将值班律师作为有效法律帮助之提供主力的设想是行不通的，由辩护律师逐步实现其在认罪认罚案件中的“全覆盖”，同时完善值班律师与法律援助辩护律师之间的衔接机制，才是实现认罪认罚案件中律师有效帮助的必由之路。韩笑博士生撰写的《认罪认罚从宽制度中的量刑矛盾与化解》则是结合了刑法和刑事诉讼法的规定，从量刑矛盾这一角度研究认罪认罚从宽制度的适用。

“检察专论”栏目刊登了三篇文章。纪丙学博士生撰写的《公诉被裁判无罪案件的证据与证明标准问题研究——基于某市检察机关近十年公诉被裁判无罪案件的实证分析》结合丰富的实务经验，以某检察院的实践案例分析了公诉案件中被裁判无罪案件的证据及证明标准问题。谢凡博士生的《论检察消费民事公益诉讼的独立功能——以示范确认公益诉讼为调整方向》从检察院提起民事公益诉讼的角度出发，借鉴示范诉讼程序在德国的相关内容，为我国消费民事公益诉讼功能的重新定位提供相对清晰、明确的调整思路。冯健博士生撰写的《论检察机关提起规范性文件审查之诉》指出，检察权作为宪法规定的国家法律监督权，构建检察机关规范性审查之诉制度，能够解决现阶段一并审查制度审查不彻底、审查不规范、审查流于形式等问题，真正使规范性文件驶入法治化轨道。

"比较研究"栏目选录了四篇文章。汪诸豪副教授撰写的《美国〈联邦证据规则〉的最新发展（2017—2018年）》，通过对美国司法鉴定热点问题的追踪和对证据咨询委员会回应的梳理，提出了一些问题并发表了观点。张昱琦博士生撰写的《刑事裁判思维方式比较研究》通过对裁判思维的学术考察，借鉴了国外经验，归纳概括出关于裁判思维的影响性要素，并据此总结出我国刑事裁判思维运行的一般模式。卫楚楚博士生撰写的《论国际投资仲裁中腐败行为的证明——兼评UFG v. Egypt案》从个案入手，分析了国际商业贸易和外商投资中普遍存在的行贿及索贿等腐败行为证明的现状优势和未来趋势。简静霞博士生撰写的《对我国内地构建个人破产免责制度的思考——以我国澳门特区及葡萄牙相关制度为视角》对我国澳门特别行政区确立的个人破产程序以及葡萄牙在破产程序中确立的剩余债务免除制度等进行概述，以期为内地建立个人破产制度提供思路。

"博士生论坛"栏目刊登了六篇文章。褚晓囡博士生撰写的《挑战、风险与应对：缺席审判中被告人辩护权的实现》一文分析了辩护的重要地位及被告人缺席产生的挑战与风险，并就如何落实被告人的辩护权进行了分析论证，以期能够更好地落实缺席审判中被告人的辩护权利。刘甜甜博士生和牛斐硕士生撰写的《从"自由"到"裁量"：认罪认罚从宽案件的二审审查程序构建》在厘清为何对认罪认罚从宽案件进行限制的基础上，对如何构建上诉审查程序提出了制度构想。王思丝博士生撰写的《论刑事审判监督程序中申诉审查的听证程序》对完善刑事审判监督程序中的申诉审查的必要性作了进一步论证，对国外相关规定作了分析总结，并提出在刑事审判监督程序中建立申诉审查听证程序的初步设想以及建议。李哲博士生撰写的《缺席审判程序中辩护权保障的现实与完善期待》指出高效率的域外追逃追赃依赖各国间的有效协作，而缺席审判程序的接受度在逐渐下降，为提高其他国家对我国缺席判决的认可程度，仍要充分保障被告人的辩护权，并提出相应的完善建议。李恩泽博士生撰写的《论民事推定概念的再评定》从实践判例出发，以民事推定相关概念背后的正当性基础为工具对民事推定的相关概念进行了分析，在就我国民事推定现行立法及司法现状进行分析的基础上，对我国民事推定概念体系的构建从法律上的事实推定及事实推定两个方面进行了方向上的思考。余珊珊博士生撰写的《行政协议的多元争议解决机制》围绕“行政协议争议适合通过哪些纠纷机制予以解决”展开研究，探讨了在行政协议争议解决机制不尽完善，系统性、程序性、可适用性存在局限的情况下，如何实质性地化解行政协议纠纷。

《诉讼法学研究》的编辑们十年如一日的专业、严谨以及致力于学术的热情，使《诉讼法学研究》成为刊载诉讼法学研究成果的重要平台，许多文章被多次转载与引用。今后，《诉讼法学研究》将继续秉持学术包容精神，吸引更多优秀学者投稿，努力为热爱学术的学者们提供一个更加优秀的学术交流平台。同时，《诉讼法学研究》也欢迎来自各方的批评，我们将尽所能提高这一平台的专业性与权威性，在这一学术园地上编辑出更加华丽的篇章。

卞建林

2019 年 12 月 25 日于蓟门桥法大

目录

博士生论坛 340

诉讼前沿

刑事缺席审判相关问题研究

杨宇冠[*]　孙鹤源[**]

2018年我国刑事诉讼法修改增加了刑事缺席审判制度，仅限于以下三类案件：第一类是犯罪嫌疑人、被告人在境外的贪污贿赂或严重的危害国家安全犯罪、恐怖活动犯罪案件；第二类是被告人患有严重疾病，无法出庭的原因中止审理超过6个月，被告人仍无法出庭的案件；第三类是被告人死亡，人民法院宣告无罪或按照审判监督程序重新审判的案件。其中，第一类主要是针对逃往境外的腐败分子进行追逃追赃，第二类和第三类主要是为了清理积案。这两种缺席审判性质不同，第一类案件是本文论述的重点。

一、缺席审判的适用情况

有些国家的法律规定在特殊情况下可以对被告人进行缺席审判，那么缺席审判在这个国家就具有了实在法依据。但是，对在境外的被告人进行缺席审判，特别是缺席审判裁决的执行将涉及与国外的刑事司法合作，甚至涉及国际公约的有关规定，而各国的法律规定不一致，符合一国的法律不一定符合另一国的法律，或者不一定符合相关国际法的规定。所以，不能单纯从合法性的视角来考察对境

---

* 中国政法大学诉讼法学研究院教授、博士生导师。本文系国家社科基金“研究阐释党的十九大精神”专项课题“深化司法体制改革研究”（批准号18VSJ079）的阶段性成果。

** 中国政法大学司法文明协同创新中心2016级博士研究生。

外被告人的缺席审判问题，而应当从正当性的角度去考察这一制度。

在缺席审判缺席层面，通知被告人出庭是使被告人知道其出庭审判权利的必要条件；而被告人潜逃和拒不到案的行为表示其自愿放弃出席审判。所以，自愿不出庭的被告人同意缺席时，可以认定其放弃出庭权。另外，庭审开始后，被告人逃离法庭的行为使其丧失了出庭权，由于其已经出席法庭，即知悉了其享有出庭权，这种逃离行为表明被告人在已经知悉权利的基础上，自愿地、明确地放弃出庭权。[①]

当代刑事诉讼对缺席审判的适用比较严格，因为刑事诉讼与民事诉讼不同，涉及被告人的生命、自由等重大权利，证明标准更加严格，更重视被告人的权利保障问题。缺席审判的被告人包括了潜逃到境外的人，对缺席审判中这部分人的通知、逮捕、执行涉及司法协助。现代各国和相关国际组织对缺席审判的观点、规定和实践不同，对于这种情况下的刑事缺席审判的意见也存在差异，而这种差异对国家之间的司法协助影响重大，所以有必要研究国外和一些国际组织对刑事缺席审判的规定和立场。

刑事缺席审判通常指被告人缺席法庭审判的情况，但仔细考量，其中尚有一些重要问题需要明确，包括何人缺席刑事诉讼中的何种活动构成缺席审判、因何缘由发生缺席审判等。这些问题涉及对缺席审判概念的理解及类型的划分。缺席审判在不同的法域有不同的表现形式，不同的人对缺席审判有不同的理解。因此，厘清缺席审判的情势是研究缺席审判的前提，也是法学界对缺席审判进行探讨和对话的基础。

（一）被告人不需要出庭

被告人不需要出庭的情况主要适用于轻罪以及被告人因健康等原因无法出庭的场合。我国刑事诉讼法也规定了被告人身患重病无法出庭适用缺席审判的情况。因身患重病等健康原因无法出庭的缺席审判在有些国家也是允许的，例如《法国刑事诉讼法》第416条就规定了被告人由于健康状况不能出庭，又不能推迟案件审判时的处置程序，即指派的法官在书记员的陪同下到被告人住所或其受羁

---

① 参见杨宇冠：《国际人权法对我国刑事司法改革的影响》，中国法制出版社2008年版，第98—132页。

押的看守所听取其陈述，被告人可以由其律师协助。[①] 这实际上是对缺席审判的变通。

一些国家的被告人不需要出庭的情况还包括某些轻罪案件。我国现行刑事诉讼法没有规定轻罪缺席审判的情况，这是因为我国许多违法案件（许多属于国外的轻罪案件）如交通违法行为等，都归入治安案件，由公安机关通过治安处罚的方式予以处理，没有划入轻罪的范围。而国外涉及剥夺人身自由或进行罚款的行为，通常由法院通过法庭审理处理。例如，《法国刑事诉讼法》第411条、第545条许可在轻罪和违警罪的司法程序中，不论当处何种刑罚，被告人均可通过信件向审判长请求不出庭接受审判，并由律师代理其出庭。[②]

有些国家对轻罪的缺席审判并不一定要被告人申请，法院可以直接决定。例如《德国刑事诉讼法典》第232条第1款规定："对被告人已经依法传唤，并在传票中已经指明可以在其缺席情况下进行法庭审理时，如果预期仅单处180日以下日额罚金、保留处刑的警告、禁止驾驶、收缴、没收、销毁或废弃，可以进行被告人缺席的法庭审理。"[③]《美国联邦刑事诉讼程序规则》第43条规定，在轻罪控告案件中，法庭可以允许传讯、提起控告、庭审、宣判中无须被告人到场，只需要提供被告人同意缺席审理的书面意见。[④]

被告人不需要出庭的缺席审判设置的原理主要有两点：其一，为被告人利益考虑。被告人因为健康问题，行动不便，出庭困难，法庭可以免除其出庭义务。犯罪情节和刑罚都很轻微的案件不要求被告人出庭可以将审判对被告人工作、生活的影响以及时间和经济损失降至最低。其二，为司法利益考虑。在被告人长期患病的情况下，审判如果不能进行，则案件久拖不决，司法部门不能结案，案

---

① 参见孙谦主编：《刑事审判制度：外国刑事诉讼法有关规定》（下），中国检察出版社2017年版，第882页。

② 参见孙谦主编：《刑事审判制度：外国刑事诉讼法有关规定》（下），第881、882、925页。《法国刑法典》明确指出，有律师代理其出庭的情况下属于对席接受审判，只有当传票没有送达被告人本人，以及不能确认被告人知道其受到传票传讯时，在被告人没有出庭的情况下作出的判决才是缺席判决。

③ 《德国刑事诉讼法典》，宗玉琨译注，知识产权出版社2013年版，第189页。

④ See Federal Rules of Criminal Procedure, 2019 Edition, Michigan Legal Publishing Ltd., 2019, p. 65 – 66.

件的有关问题不能确定，相关权利义务不能落实。犯罪情节轻微的案件被告人不出庭可以提高司法效率，减轻司法机关的工作压力。

（二）被告人被剥夺出庭权

在刑事诉讼中，如果被告人滥用诉讼权利，会扰乱法庭秩序，妨碍司法活动的正常进行。在这种情况下，有些国家的法律允许法院将被告人驱逐出法庭，也有被告人被剥夺出庭权的规定。被告人被剥夺出庭权的缺席审判是为了审判的顺利进行。例如，《日本刑事诉讼法》第341条规定："在被告人不作陈述、未经许可而退庭或者为维护秩序由审判长命令其退庭时，可以不听其陈述径行判决。"①这种情况下的缺席审判属于部分缺席，通常在被告人被带离法庭一段时间之后也可以允许其重新回到法庭。

我国刑事审判中还没有将被告人逐出法庭的规定。在司法实践中，如果被告人不遵守法庭纪律，审判长可以警告，或让法警制约被告人，或者休庭。尽管将被告人逐出法庭的措施对于维护法庭秩序比较得力，但我国是否需要增设将严重违反法庭纪律的被告人或其他诉讼参与人逐出法庭的制度还需要认真研究。

（三）被告人放弃出庭权

被告人放弃出庭权的情况包括被告人在境外不能出席法庭审理、审判期间逃离法庭以及在审判之前逃离未出席全部审判的情形。

我国对在境外的被告人进行缺席审判即属于这一类，这也是本文研究的重点。此类缺席审判在外国也存在。在英国历史上就发生过对潘恩进行缺席审判的案件。潘恩是英国著名革命家，以撰写《常识》《人权论》等书号召反对英国政府而著名，受到英国当局的通缉，于1792年9月逃往法国，参加了法国大革命。1792年12月，英国以"发表煽动言论罪"对潘恩进行了缺席审判并认定其有罪。②《德国刑事诉讼法典》第231条规定，被告人在审理过程中自行离开法庭或在中止后继续审理时不到场，如无必要继续出席可以缺席审理。在司法实践中也存在被告人故意使自己处于无法出庭的状态，例如自残、醉酒等，此类情形也可以视为被告人自行放弃出庭权，

① 孙谦主编：《刑事审判制度：外国刑事诉讼法有关规定》（上），中国检察出版社2017年版，第146页。

② 参见［英］潘恩：《常识》，杨宇冠、李立译，中国政法大学出版社2016年版，第11页。

可以对其进行缺席审判。

二、缺席审判的正当性

虽然国内外法律界对缺席审判制度争议不断，各国在立法和司法实践中对缺席审判也进行了诸多限制，但是缺席审判制度在一些国家或地区的客观存在，也表明其是司法实践的现实需求。

（一）缺席审判是打击犯罪的需要

缺席审判制度是现代审判程序的一种例外情形，在强调正当法律程序价值的同时，对于一些特殊案件，如潜逃境外的一些犯罪嫌疑人，在被告人不出席庭审的情况下，如果不能进行审判，则必将影响国家对犯罪的追诉，影响审判工作的顺利进行。如果任其逃避应有的惩罚和制裁，这同样有损司法公正，有违法律面前人人平等的原则，严重损害法律权威。在打击犯罪与保障人权价值发生矛盾冲突之时，理性的选择是权衡利弊得失，同时尽量采取措施，使这种矛盾冲突降到最低限度。因此，从理论上认识缺席审判制度存在的正当性是保障缺席审判制度顺利实施和良性运行的基础。

在司法实践中，侦查机关认为有犯罪事实需要追究刑事责任就会通过立案等手续启动刑事诉讼程序，但即便犯罪事实已经清楚，证据确实、充分，如果未能使犯罪嫌疑人自愿或强制到案，则会使案件久拖不决，使犯罪人长期得不到惩罚，刑事诉讼也将长期处于未完成的状态。针对这种特殊情况，有必要制定特别程序。设立刑事缺席审判可以及时恢复受损的国家利益或受害者的权益，实现案件其他诉讼参与人的利益，发挥追究犯罪嫌疑人刑事责任、没收犯罪人违法所得财产的作用。允许在被告人缺席的情况下作出裁判，可以使刑事法律关系不至于长期处于悬而未决的不确定状态，不会让犯罪嫌疑人的人身和财产一直面临刑罚的风险，可以使社会关系尽快趋于安定。因此，缺席审判是司法实践的现实需要。犯罪是对受害者人权的直接侵犯，在个案中，国家通过刑事司法活动，查出真正的犯罪分子并绳之以法，使其受到应有的惩罚并承担相应的责任。犯罪者应当受到法律的制裁，是社会的一般道德底线，查出犯罪者并施以处罚，不仅符合了受害者道德上的预期，还使公众心理上有了安全感。同时，犯罪行为也是对社会整体秩序的破坏，侵犯了社会整体的合法权益，通过刑事司法活动将破坏社会秩序者绳之以法，不仅可以修补为犯罪所破坏的社会关系，由此产生的威慑力还可以预防新的犯罪发生，防止社会秩序的恶化与侵犯人权的现象。在这个意义上，刑事司法制度控制犯罪的目标，恰恰是保障人权的手段，通过司法活动不仅实现了个案中的人权保障，而且有利于净化人类生存和发展的环境，实际上保护了全社会的人权。

各国和一些国际组织对缺席审判的立场不同，究其原因，在于不同国情下对于缺席审判本身的着眼点不同。我国缺席审判制度是根据我国的情况设立的，主要目的在于打击腐败犯罪。我国近年来反腐败斗争取得显著成效，一大批腐败分子受到法律的严惩。但是，有一些腐败分子利用各种渠道，潜逃境外，企图逃避法律的惩罚。这种现象如果不加以处理，对我国反腐败斗争将产生重大负面影响，一些腐败案件不能结案，腐败分子得不到追究，而且还会产生示范效应，使其他腐败分子也心存侥幸，试图效仿。在反腐败的追逃工作中，我国通常采取的手段有引渡、遣返、劝返等。这些工作取得了很大成绩，但实施难度很大。在对贪腐人员的境外追逃工作中，一些国家和地区的相关部门要求我国反腐败相关机构提供生效的法院依法审判的裁判文书，表明该被告人确已被依法定罪而非出于法律之外的因素要求其回国。[①] 在对境外的腐败分子进行追赃方面，2012 年我国刑事诉讼法规定了违法所得没收程序，做到了有法可依。但是这个程序非刑事审判，不涉及对腐败人员的定罪量刑问题，法院通过该程序而作出的只是没收财产的裁定，而不是判决，对于涉案人员的身份以及非法所得之外的其他财产的属性也无法认定。2018 年新增设的缺席审判程序不仅可以明确潜逃犯罪嫌疑人是否构成犯罪，也可以对涉案被告人的相关财产进行处理，弥补了财产没收程序的不足。而且，通过缺席审判所作的裁判文书也可以作为请求他国司法协助追回境外财产的依据。

有资料表明，从 2014 年至 2019 年 5 月，我国共从 120 多个国家和地区追回外逃人员 5974 人。[②] 但是，目前尚有多少腐败案件的犯

---

① 参见黄风：《建立境外追逃追赃长效机制的几个法律问题》，载《法学》2015 年第 3 期。

② 参见王卓：《有逃必追一追到底——写在中央追逃办成立五周年之际》，载《中国纪检监察报》2019 年 6 月 27 日，第 1 版。

罪嫌疑人逃至境外，很难精确统计。[①] 所以，我国反腐败追逃追赃任务仍然严峻，一些逃至境外的腐败分子仍然逍遥法外。设立缺席审判制度对其进行审判定罪，由于具备法院的裁决文书，有助于通过与国外进行司法协助将这些人追捕归案；即使对这些人的缺席审判在司法协助中受到质疑，或者由于种种原因不能顺利地将犯罪人抓捕归案，但是缺席审判仍然具有重大意义：（1）对在境外的腐败分子通过缺席审判定罪量刑可以明确其罪犯身份，有法律判决依据要求相关国家协助抓捕和引渡或遣返，体现了打击腐败犯罪无禁区、全覆盖的理念；（2）可以部分限制境外犯罪人活动，特别是限制犯罪人到其他国家或地区旅行；（3）可以对腐败分子涉案的其他事项包括财产作出处分。如果法律中没有缺席审判的规定，则没有坚实可靠的法律依据以及相应的刑事司法程序来对境外的贪腐人员进行审判，不利于我国打击腐败犯罪。

（二）缺席审判中被告人权利的保障

缺席审判制度运用得当，可以起到完善我国反腐败法律机制的作用，也可以起到清理积案的作用。但同时也要看到这项制度还有许多尚需明确和完善之处。据笔者了解，目前还没有前文所述第一类缺席审判的相关案例，问题主要在于如何处理它与刑事诉讼正当程序的矛盾，集中体现在缺席审判与被告人出庭权的矛盾，司法文书，特别是出庭传票的送达方式，以及被告人的辩护权行使、被告人上诉权和提出异议权的行使等方面。这就需要从理论层面对缺席审判原理进行研究，在实践层面探索缺席审判的操作方式。

在缺席审判的案件中，被告人放弃出庭权，并不意味着放弃了辩护权。我国刑事诉讼法也明确，缺席审判中的被告人仍“有权”委托辩护人，是从另一个角度否定了被告人放弃辩护权的推断，也为后续规定中的近亲属代为委托辩护，提供了正当性的依据。不仅在我国如此，美国也采取类似的司法态度。在其缺席审判的案件中，虽然被告人缺席，但辩护权是宪法性权利。

缺席审判中尤其需要保障辩护权，以维持正当法律程序。刑事

---

① 以前曾有资料表明，截至 2017 年 3 月 31 日，尚有涉嫌贪污贿赂等职务犯罪的外逃出境的国家工作人员 365 人，失踪不知去向的国家工作人员 581 人，共计 946 人。参见中央反腐败协调小组国际追逃追赃工作办公室：《关于部分外逃人员藏匿线索的公告》，载《人民日报》2017 年 4 月 28 日，第 15 版。

诉讼中的公正审判要求司法机关对案件的处理依法进行，即根据一系列法律原则所设置的刑事诉讼法定的程序（正当法律程序）进行。我国推行缺席审判，目的之一是反贪追逃，以便为引渡外逃人员提供生效的法律文书作为依据，在这种情况下也需考虑与相关国家正当法律程序要求的衔接问题。

在被告人缺席的案件中，引入辩护人只是第一步，更重要的是为辩护机制实际发生作用提供必要的保障。因为辩护人缺乏了解案情、核实证据的手段，缺席审判所做的法庭调查不能确保透彻、全面。为此，笔者认为，可以适当加强辩护律师在缺席审判案件中调查取证权的保障措施，以补足缺席审判制度在辩护人掌握案情途径方面的缺陷；同时考虑到控辩审等腰三角形的诉讼结构已经变化，应适当增加法官对案件事实查明的责任要求。

另外，《刑事诉讼法》第 293 条只规定了缺席判决案件中委托辩护律师的委托主体，没有规定委托的时间点。在普通刑事案件中，犯罪嫌疑人自被“侦查机关第一次讯问或采取强制措施之日”有权委托辩护律师。拟进入“缺席审判”程序的案件中，因为被告人外逃，可能没有被讯问或采取强制措施，“第一次讯问或采取强制措施之日”的委托时间点无法适用，辩护律师是否有在侦查阶段接受委托介入案件的必要性？笔者认为，为了弥补辩护人了解案情能力上的弱势，缺席审判案件中应当允许辩护人在不晚于审查起诉阶段介入案件。

异议权是缺席审判程序中被告人所特有的权利，是指经缺席审判作出判决后，重新出现的被告人申请撤销原判决、重新审理的权利。我国《刑事诉讼法》第 295 条规定：“在审理过程中，被告人自动投案或者被抓获的，人民法院应当重新审理。罪犯在判决、裁定发生法律效力后到案的，人民法院应当将罪犯交付执行刑罚。交付执行刑罚前，人民法院应当告知罪犯有权对判决、裁定提出异议。罪犯对判决、裁定提出异议的，人民法院应当重新审理。依照生效判决、裁定对罪犯的财产进行的处理确有错误的，应当予以返还、赔偿。”缺席审判缺少了被告人的参与，与刑事诉讼的直接言词原则存在冲突，为此有必要允许被告人申请重新审理。樊崇义教授认为：“人民法院应当告知罪犯有权对判决、裁定提出异议。判决、裁定发生法律效力后，对于被遣返回国、引渡回国等已经归案的罪犯，在交付执行刑罚前，人民法院应当告知罪犯有权对判决、裁定提出异议。”①

此外，如果重新审理，在再次作出新判决之前，被告人应当被推定为无罪。黄风教授认为：“让被告人回到接受缺席审判以前的法律地位，不宜称其为‘罪犯’。”② 笔者认为，重新审判中被告人的地位应该恢复到无罪推定的状态，同时最高人民法院《关于适用〈中华人民共和国刑事诉讼法〉的解释》第25条第2款规定：“在一个审判程序中参与过本案审判工作的合议庭组成人员或者独任审判员，不得再参与本案其他程序的审判。对于案件的审查也应当适用参加前一程序人员的回避原则。”原审判程序的司法人员均不得参与重新审理案件的审理过程。

三、缺席判决的执行问题

缺席判决的执行问题不仅涉及缺席审判的效果，而且涉及司法权威、司法效率等问题。缺席审判的执行主要体现在两个方面：其一，是被定罪人的刑罚执行。这以被告人到案为前提，自动投案固然很好，但在司法实践中，对于不投案的人就必须考虑抓捕归案的问题。其二，是关于财产的处理，包括没收财产和对涉案财产的其他处理。有学者指出，“在反腐败境外追逃司法实践中，仍应坚持追逃与追赃并重、以追赃促追逃的原则”。③ 我国对境外腐败分子的追逃追赃，就是通过对缺席判决的执行实现的。

（一）缺席审判被定罪之人抓捕归案问题

缺席审判的意义在于判决的执行，对于不在境内的被告人，也需要其所在的国家或地区予以逮捕，然后将其交与审判国。这种法律行为在传统上属于引渡的范围，其程序非常复杂，限制很多。抓捕的途径主要有两种：一种是根据相关的多边条约，另一种是根据国与国之间的双边条约或者其他合作机制。

---

① 樊崇义：《腐败犯罪缺席审判程序的立法观察》，载《人民法治》2018年第7期。

② 黄风：《对外逃人员缺席审判需注意的法律问题》，载《法治研究》2018年第4期。

③ 王秀梅、朱贝妮：《反腐败追逃追赃域外追诉探讨》，载《法学杂志》2019年第4期。

在缺席审判的执行方面，欧洲国家建立了欧洲逮捕令（EAW）。[①] 根据这个机制，欧盟成员国一旦发布逮捕令，则在其他成员国也有效。2009 年，欧洲部长理事会修正了欧洲逮捕令的框架决定，其明确意图是加强个人的程序性权利，并促进对在审判中有关人员缺席的情况下作出的裁决适用相互承认的原则，这表明欧洲对缺席审判的抵制有所松动。在执行欧洲逮捕令方面，也认可了缺席审判的判决，但必须满足一些条件，包括：缺席审判的被告人能够确定已经知道将进行该审判；有辩护律师出席审判；该个人及其辩护律师有权上诉，但在上诉期内均未提起上诉。[②] 国际社会，特别是联合国及欧盟和欧洲人权法院对缺席审判的立场对相关国家的缺席审判制度不仅具有较大的影响，甚至有一定的强行法效力，因此，这些组织对缺席审判方面的意见和处理值得注意和研究。

目前，我国与许多国家签订了双边引渡条约，[③] 可以根据这些条约将在相关国家境内的缺席审判的被告人引渡回国。但是，引渡条约通常有许多限制，在缺席审判方面，通常规定辩护权、重审权未得到保障的不引渡。另外，这些条约通常都包含了本国公民不引渡的规定。所以，如果在境外的腐败分子具有外国国籍则不适用引渡，只能等其进入中国境内才可以加以处理。如果该腐败分子仍然保留了中国国籍，则我国不承认双重国籍，仍然可以要求引渡；对于那些通过不法手段获得外国国籍的腐败分子，虽然我国仍然具有管辖

① 欧洲逮捕令是根据欧盟 2002 年的一项框架决定设立的，于 2004 年 1 月 1 日开始在批准的成员国生效。根据欧洲逮捕令，一个欧盟成员国可以要求另一个成员国逮捕和移交犯罪嫌疑人或被判刑人到签发国，以便对该人进行审判或执行羁押期的法律文件。

② 欧盟议会曾对缺席审判发表评论。1975 年 5 月 21 日的部长级会议决议（75）11 评论称，开庭传票首先应当在庭审前被有效送达至个人；部长级会议强调，该个人是否出庭并不重要，重要的是该个人是否被及时告知了开庭信息。根据 2009 年框架决定，有关国家负责执行的司法当局可以拒绝执行欧洲逮捕证，除非被请求者被当面传唤，知道审判的时间和地点，如果他或她没有出庭，可能对其作出判决；在不是当面传唤的情况下，司法当局能够确定此人在适当时候知道审判的时间和地点，如果此人没有出席或没有出庭，可能对其作出不利于被告方的判决。相关介绍可参见 https：//howlingpixel. com/i – en/Arrest_warrant，2019 年 7 月 12 日最后访问。

③ 与我国签订引渡条件的国家及条约文本，参见 G20 反腐败追逃追赃研究中心：《中华人民共和国反腐败追逃追赃条约法规汇编》，第 401—623 页。

权，可以对其进行缺席审判，但是判决执行的难度比较大。

目前我国签订的双边引渡条约还不能涵盖腐败分子外逃的主要国家。笔者建议，应加快与相关国家签订双边引渡条约的步伐，将缺席审判的被判刑者抓捕归案，使腐败分子无处藏身。另外，还要积极考虑与相关国家合作制定多边条约，协助抓捕和引渡在境外的犯罪分子。在没有条约的情况下，可以与国外相关部门进行个案谈判和合作的方式，采取劝返、遣返等手段，将缺席审判被定罪的被告人递解回国，以便执行相关裁决。

（二）缺席审判案件之涉案财产问题

缺席审判主要解决的是被告人的罪刑问题，也包括对涉案财产的处理。除缺席审判之外，我国刑事诉讼法还专门规定了对违法所得的没收程序，适用于贪污贿赂犯罪、恐怖活动犯罪等重大犯罪案件，犯罪嫌疑人、被告人逃匿，在通缉一年后不能到案，或者犯罪嫌疑人、被告人死亡的案件。这两个特别程序在适用上存在一定的竞合，但在涉案财产处理方面也各有其功能和利弊。

从反腐败追赃追逃角度看，缺席审判程序和违法所得没收程序的区别主要体现在以下几个方面：第一，缺席审判程序和违法所得没收程序的性质不同。缺席审判不仅涉及财产的认定，还确定被告人是否有罪，而违法所得没收程序不处理定罪问题。缺席审判主要是对人之诉，违法所得没收程序是对物之诉。[①] 第二，缺席审判的启动条件高于违法所得没收程序。违法所得没收程序可以采用公告的方式对犯罪嫌疑人进行通知，而对在境外的被告人进行缺席审判必须明确其所在的地点，向其送达司法文书，进行有效的通知，法律并未规定缺席审判可以使用公告送达。第三，缺席审判程序较违法所得没收程序权利保障水平更高。缺席审判中必须有律师为被告人辩护，而违法所得没收程序中没有作出规定；缺席审判的被告人在到案之后对缺席审判享有提出异议后重审的权利，而违法所得没收程序中犯罪嫌疑人没有此项权利。第四，缺席审判案件的证明标准高于违法所得没收案件。缺席审判的证明标准与普通刑事案件的证明标准一致，检察机关对缺席审判案件提起公诉时，必须达到“犯罪事实清楚，证据确实、充分”的程度，反观违法所得没收程序，

---

① 参见陈瑞华：《刑事对物之诉的初步研究》，载《中国法学》2019年第1期。

检察机关只要证明没收对象有“高度可能性”属于违法所得即可，采用的是类似民事诉讼的证明标准。[①]

对于反腐败案件的涉案财产处理要根据不同的案情结合程序的特点适用不同的方式。在反腐败的追逃追赃中，对下落不明的或者无法有效通知的犯罪嫌疑人的违法所得应当采取没收财产程序，不能适用缺席审判程序。如果案件涉及对腐败分子定罪的问题，则应当确定其在境外的住址并进行有效通知后采用缺席审判的程序。值得注意的是，在对一个案件适用没收程序之后，如果法院知悉该案中逃匿犯罪嫌疑人的确切下落并进行了有效通知后，仍然可以再适用缺席审判程序。所以，我国司法机关在符合法律规定的情况下可以对外逃的腐败分子优先适用没收程序处理其违法所得，待条件成熟后，再适用缺席审判程序处理其人身罪责问题。

① 有学者指出：“违法所得没收程序是对物的诉讼，证明财物系违法所得及其他涉案财物可以适用民事证明标准。”参见朱孝清：《违法所得没收程序的几个问题》，载《人民检察》2014 年第 15 期。

我国台湾地区“个人资料保护法”述评*

刘　贤**　　刘　玫***

随着大数据时代的来临，个人信息保护日益重要。① 不论是轰动全球的 Facebook 创始人扎克伯格在美国参议院被听证事件，② 还是我国 2016 年发生的徐玉玉案件，国内外都对个人信息保护予以密切关注。近年来，我国台湾地区学者对个人资料保护的研究极具热情，对个人资料保护涉及的公法领域和私法领域都有较为深入的研究。我国台湾地区不仅制定了专门的“个人资料保护法”，而且建有专门的网站，用于更新对个人资料保护的相关规定，规范各行业的个人资料保护。③ 该文件及其相关的配套措施对我国大陆地区个人信息的保护具有极大的借鉴意义。

一、我国台湾地区个人资料保护规制背景及沿革

我国台湾地区“个人资料保护法”的前身是 1995 年颁布的“电

---

* 本文系中国政法大学“大数据与司法”项目的成果之一。

** 中国政法大学刑事司法学院 2019 级博士研究生。

*** 中国政法大学教授，博士生导师。

① 海峡两岸对个人信息的称呼有所不同，我国大陆地区称为“个人信息”，台湾地区将称为“个人资料”。

② 参见《美参议员：扎克伯格应为 Facebook 隐私权问题担责》，载新浪科技，https://tech.sina.cn/i/gj/2019-04-20/detail-ihvhiqax4010980.d.html?from=wap，2019 年 11 月 5 日最后访问。

③ 我国台湾地区专门设立了个人资料保护网站，https://pipa.ndc.gov.tw/Default.aspx，用于更新对个人资料保护相关的行业规范，既包括“个人资料保护法”的修订与实施细则，还登载了对具体行业个人资料保护的要求，例如对私立高级中等以下学校及幼儿园、当铺业、制造业、服务业等行业均有具体明确的规定。

脑处理个人资料保护法”。[1] 20世纪90年代，电脑科技进步迅速，我国台湾地区部分行业已经开始大量使用电脑快速地搜集、处理各种资料，随之而来的是滥用电脑技术而导致个人资料泄露或被不当利用的现象时有发生。为了防止个人资料泄露或被违法处理、利用，我国台湾地区相关部门开始“个人资料保护法”的起草工作。1995年欧盟颁布了专门保护个人数据的《数据保护指令》，专门用于规范欧盟范围内的处理个人数据的行为。我国台湾地区为了加强对公民个人资料的保护，在借鉴欧盟《数据保护指令》的基础上，参考日本有关行政机关使用电子计算机处理个人资料保护的相关立法和德国1990年修正的《联邦个人资料保护法》，于1995年通过了“电脑处理个人资料保护法”。这是台湾地区公布的第一部与个人资料保护相关的专门性文件。

可惜的是，这一文件的实施效果并不理想。2004年我国台湾地区曝出优力公司事件，唐某等20人违法搜集个人资料，涉及21台计算机主机及1500万笔个人资料，所得不法利益最少5000万元新台币以上。[2] 此案引起了台湾地区社会各界对个人资料保护的广泛关注，违法搜集个人资料的行为亟待惩治，重新修订相关规范迫在眉睫。然而，个人资料保护工作涉及社会方方面面，需要在规制时平衡各方利益，经过了漫长的工作，台湾地区在2010年通过了“个人资料保护法”。

2010年“个人资料保护法”是在社会普遍关注个人资料保护的背景下通过的，为了充分保障公民个人资料不被违法搜集、处理或利用，其着眼于当事人权利保护，[3] 因而重点规范搜集、处理或利用个人资料的行为，但由于规定过于严格，引起了广泛的社会争议，尤其是第6条和第54条。第6条是对搜集、处理或利用公民特种资

---

① 陈慧玲：《2016年个资法全面完整修正实施》，载博仲网，http://www.winklerpartners.com/?p=7136&lang=zh-hant，2019年10月7日最后访问。

② 《高雄破获一诈骗集团，专卖个人资料达1500万笔》，载新浪网，http://news.sina.com.cn/o/2004-04-28/12412424297s.shtml，2019年11月20日最后访问。

③ 我国台湾地区2010年“个人资料保护法”第3条第8项规定，当事人是指个人资料之本人。

料的规定。[1] 该条将不得搜集、处理或利用公民特种资料作为原则，对允许搜集、处理或利用公民特种资料的例外规定得十分严格，因而引起了相关行业的强烈不满。第54条是对搜集资料者告知义务的规定，[2] 将处理和利用前必须告知当事人作为原则和必要条件。该条要求对于非由当事人提供的个人资料，应在处理或利用前告知当事人。甚至规定了使用该法施行前的个人资料的追加告知义务，即需要在新法实施之后一年内完成告知，对告知的期限作了严格的限制。在“个人资料保护法”实施前已经完成搜集任务的行业，虽然不算违法，但是因为当事人对自己的个人资料被搜集不知情，立法者担心如果不对此种情况进行规范而纵容这些行业继续利用个人资料，可能会损害当事人权益，所以要求在新规实施之后一年内，应当向当事人告知，否则当事人可以以搜集、利用个人资料者违反告知义务为由要求民事损害赔偿。此规定原本希望能够兼顾当事人与资料搜集者的双重权益，但是忽视了巨量的个人资料搜集行业很难在规定的期限内完成告知义务。所以，“个人资料保护法”在2012年决定实施时，暂缓实施第6条和第54条。鉴于此，我国台湾地区再一次启动对“个人资料保护法”的修改，于2015年正式通过，2016年开始实施。2016年，台湾地区根据“个人资料保护法”，制定了“个人资料保护法实施细则”。该细则共33条，主要是对“个人资料保护法”中的名词进一步作出解释，对法条进一步具体化，使得规定更加明确，更具有操作性。

① 我国台湾地区2010年“个人资料保护法”第6条规定：“有关医疗、基因、性生活、健康检查及犯罪前科之个人资料，不得搜集、处理或利用。但有下列情形之一者，不在此限：一、法律明文规定。二、公务机关执行法定职务或非公务机关履行法定义务所必要，且有适当安全维护措施。三、当事人自行公开或其他已合法公开之个人资料。四、公务机关或学术研究机构基于医疗、卫生或犯罪预防之目的，为统计或学术研究而有必要，且经一定程序所为搜集、处理或利用之个人资料。前项第四款个人资料搜集、处理或利用之范围、程序及其他应遵行事项之办法，由‘中央’目的事业主管机关会同‘法务部’定之。”

② 我国台湾地区2010年“个人资料保护法”第54条规定：“‘本法’修正施行前非由当事人提供之个人资料，依第九条规定应于处理或利用前向当事人为告知者，应自‘本法’修正施行之日起一年内完成告知，逾期未告知而处理或利用者，以违反第九条规定论处。”

二、我国台湾地区“个人资料保护法”的基本内容

我国台湾地区2015年“个人资料保护法”主要分为六个部分：第一个部分是总则，第1条至第14条主要规定了个人资料保护领域专有名词的定义，包括：对当事人权利；委托、搜集、处理、利用个人信息的行为；当事人同意；搜集、处理或利用个人资料者的告知义务；以及个人资料的维护等。第二个部分是公务机关对个人资料的搜集、处理、利用的规定。主要规定了搜集、处理、利用等行为的概念，个人资料档案的公开，以及公务机关搜集、处理、利用个人资料的维护义务。第三个部分是非公务机关对个人资料的搜集、处理、利用的规定。主要规定了非公务机关对个人资料的搜集、处理、利用、国际传输、行政检查以及安全维护义务等。第四个部分规定了民事损害赔偿责任与团体诉讼、公益诉讼。第五个部分是罚则，主要规定了刑事责任和行政处罚。第六个部分是附则，主要规定了不适用本规定的情形，以及该规定实施中的问题。

（一）个人资料的概念和内容

根据我国台湾地区2015年“个人资料保护法”，个人资料是指“自然人的姓名、出生年月日、身份证统一编号、护照号码、特征、指纹、婚姻、家庭、教育、职业、病历、基因、性生活、健康检查、犯罪前科、联络方式、财务情况、社会活动及其他得以直接或者间接的方式识别该个人之资料”。该文件在个人资料的概念中不仅详细地列举了个人资料的类别，还指出了个人资料的核心意义，即能够以直接或者间接的方式识别特定个人。可识别性是个人资料的关键属性。因此，我国台湾地区“个人资料保护法”为了加强对公民个人资料的保护，在部分条文中要求搜集、处理或利用个人资料者将个人资料“去识别化”。比如，公务机关或者学术研究机构基于医疗、卫生、犯罪预防或研究学术等目的，有必要搜集个人资料的，可以搜集、处理或利用个人资料，但是个人资料需要经过处理，无从识别特定的当事人。“去识别化”的“个人资料”严格意义上已经不属于个人资料的范围。

我国台湾地区2010年“个人资料保护法”开始对个人资料进行种类划分，虽然没有在条文中对资料的分类进行明确的解释，但是对搜集、处理或利用不同种类的个人资料规定了不同的行为规范。2015年修订时，继续沿用了之前的分类法，并在原有分类的基础上

进行了完善。该规定将个人资料分为三类：第一类是一般资料，主要包括自然人姓名、出生年月日、身份证号、护照号码等，一般资料允许公务机关或者非公务机关搜集、处理或利用，但是要尊重当事人的权益，搜集、处理或利用一般资料时应该依据诚实信用的原则，且不得逾越特定目的之必要范围。第二类是特种资料，包括病历资料、医疗资料、基因资料、性生活资料、健康检查资料以及犯罪前科资料等六种资料。病历资料是在2015年修改时新增加的内容，将其作为特种资料进行保护。特种资料具有敏感性和特殊性，因担心任意搜集、处理或利用特种资料，恐将造成社会不安或对当事人造成难以弥补的伤害，所以对特种资料采用了封闭式列举，对于以上六种特种资料的搜集、处理和利用有着严格的限制。特种资料原则上不得搜集、处理或利用，除非有规定的例外情形。例外情形主要包括：一是有明文规定，允许搜集、处理或利用的；二是公务机关执行法定职务或者非公务机关履行法定义务有必要的，但是需要在事前或者事后有适当的安全维护措施；三是当事人已经自行公开或者其他已经公开的个人特种资料；四是公务机关或者学术研究机构基于医疗、卫生、犯罪预防、统计或者学术研究的目的有必要的，但是提供个人资料者需要对个人资料进行处理，使其无从识别特定的当事人；五是协助公务机关执行法定职务或者非公务机关履行法定义务的单位或个人可以搜集，但是在事前或者事后需要有适当的安全措施；六是经过当事人以书面形式同意的，但是公务机关或非公务机关不能仅依据当事人同意就逾越特定目的搜集、处理或利用。第三类是其他资料，只要是通过直接或者间接方式[①]能够识别特定个人的资料都属于“个人资料保护法”保护的范围。有些资料虽未列举，但是一旦被揭露，仍能够识别某一特定当事人，侵害公民人格权，所以将第三类资料作为兜底条款，目的是对个人资料进行全面、充分的保护。

我国台湾地区“个人资料保护法”为了实现对个人资料的充分保护，对与个人资料有关的行为方式规定了专门的术语和分类。1995年“电脑处理个人资料保护法”是为了规范电脑“处理”个人

① “个人资料保护法实施细则”规定以间接方式识别，指保有该资料之公务或非公务机关仅以该资料不能直接识别，须与其他资料对照、组合、联结等，始能识别该特定之个人。

资料的行为。由于所规范的行为方式过于单一，无法解决社会生活中因搜集、利用个人资料而侵犯公民人格权的问题，所以在2010年“个人资料保护法”将行为扩大到“搜集、处理或利用”。根据我国台湾地区“个人资料保护法”第2条的规定，“搜集”是指以任何方式取得个人资料，强调的是资料获取的过程，而不对主体进行划分。因为搜集个人资料的形式多种多样，有以直接方式搜集个人资料的，也有以间接方式向第三人搜集资料者，为了保护个人隐私权，所以借鉴德国，强调搜集的重点是取得个人资料的过程。[①]“处理”则是指为了建立或利用个人资料档案所为资料之记录、输入、储存、编辑、更正、复制、检索、删除、输出、连接或内部传送。这个过程强调对搜集到的个人资料进行整合，建立体系化和数据化。而“利用”则是指将搜集的个人资料为处理以外之使用。从文义解释的角度看，“利用”通常是指使用个人资料，与“处理”相对应。至此，我国台湾地区个人资料保护对行为方式的分类更加完整。

我国台湾地区个人资料保护的规范在一定程度上借鉴了日本个人资料保护的研究成果，但是就行为方式而言，其相关规范对行为方式的规定比日本更加精细、具体。日本有关行政机关个人资料保护的立法中将“处理”这一种行为方式作为上位概念，而我国台湾地区在“处理”个人资料这种行为方式之下，设置了搜集、处理、利用等不同概念，分别定义。[②]尽管有学者认为，日本对行为方式的概括化规定更加合理并且井然有序，具有相当的参考价值，[③]但是笔者认为，我国台湾地区将个人资料的行为方式精细划分后，更有助于对个人资料的全方位保护。搜集、处理和利用位于不同的阶段，对个人法益的侵害不尽相同，对应的保护义务也应有所不同。根据行为方式的不同划定公务机关或非公务机关的义务，便于自然人了解和知悉个人资料是否被搜集、被如何处理或如何利用，因此，不仅仅搜集阶段需要得到自然人的同意，处理和利用时也需要履行告知义务并且得到自然人的同意。对行为方式的划分在2015年修改时

① 我国大陆地区法律中所规定的收集、调取包括对个人信息的获取过程，在我国台湾地区将其统称为搜集。

② 洪莉萍：《行政机关收集、处理、利用个人资料之法制研究——以日本法为评析中心》，铭传大学法律学系2012年硕士学位论文，第80页。

③ 洪家殷：《公务机关资料之收集与个人资料之保护》，载《东吴法律学报》第三十卷第四期，第41页。

意义重大，完美解决了2010年第54条造成的困扰。

（二）我国台湾地区“个人资料保护法”的适用主体

我国台湾地区“个人资料保护法”将适用主体分为公务机关和非公务机关。公务机关是指依法行使公权力的机关。执行公务并不限于公权力机关，行政法人的组织形态也属于其中之一。所谓行政法人，根据我国台湾地区“行政法人法”第2条的规定，是指各级自治团体以外，由事业主管机关为执行特定公共事务，依法设立之公法人。行政法人主要包括：（1）具有专业需求或须强化成本效益及经营效能者；（2）不适合由政府机关推动，亦不宜交由民间办理者；（3）所涉公权力行使程度较低者。为了便于规范行政法人搜集、处理或利用个人资料的行为，我国台湾地区2010年修订“个人资料保护法”时，在公务机关的定义中增加了行政法人。

非公务机关是指除公务机关以外的自然人、法人或者其他团体。1995年“电脑处理个人资料保护法”中规范的非公务机关主要涉及以下行业：征信业、医院、学校、电信业、金融业、证券业、保险业以及大众传播业等。2010年修改时主旨之一是放宽“个人资料保护法”规范主体，扩大了非公务机关的范围，删除了非公务机关的行业限制，将其直接定义为除公务机关以外的自然人、法人或其他团体。2015年“个人资料保护法”修改时，继续沿用2010年关于适用主体的规定。

台湾有学者认为，“个人资料保护法”中对公务机关的概念界定仍然不够明确，建议仍然以行政机关取代。[①] 但是用行政机关取代公务机关，其范围将大为缩减，立法机关、司法机关将被排除在外，两大机关搜集、处理或利用个人资料将不再受“个人资料保护法”的制约。所以，从保护个人资料不被非法搜集、处理或利用的角度而言，公务机关的含涉范围更大，更有助于对个人资料进行充分保护。

（三）公务机关与非公务机关搜集、处理或利用个人资料的一般规定

该规定对公务机关与非公务机关在搜集、处理或利用个人资料时有一些共同要求。2015年“个人资料保护法”明确规定，凡是个

① 周逸滨：《行政机关个人资料保护法制之研究——以日本法为比较中心》，台北大学法律学系2008年硕士学位论文，第134页。

人资料之搜集、处理或利用，都应当尊重当事人的权益，根据诚实信用原则为之，不得超过特定目的的必要范围，并且与搜集个人资料时的目的有一定的关联。这是公务机关与非公务机关均须遵守的原则性规定。

公务机关与非公务机关在搜集、处理或利用个人资料时，须履行告知义务。公务机关和非公务机关在搜集个人资料时，应该明确告知当事人公务机关或非公务机关的名称、搜集的目的、所要搜集的个人资料的类别，个人资料利用的期限、地区、对象及方式，当事人的查询权、阅览权、请求复制本权，补充或更正权，停止搜集、处理或利用权，请求删除权等。搜集非由当事人提供的个人资料的，公务机关和非公务机关应该在处理或者首次利用前，告知当事人上述内容。

鉴于特殊情况下，告知义务无法实现或者很难实现，2015 年“个人资料保护法”将免除告知义务的情形根据个人资料之行为方式的不同作了详细的规定。首先，规定了公务机关和非公务机关在搜集个人资料时，免除告知义务的情形，主要包括：如果法律规定免于告知；搜集个人资料是公务机关执行法定职务或非公务机关履行法定义务；告知将妨碍公务机关执行法定职务或者告知将妨碍公共利益；当事人已经明知应告知的内容；个人资料的搜集是基于非营利的目的，并且对当事人明显没有不利影响等。其次，公务机关或非公务机关在处理或利用个人资料时，除了以上情形可以免除告知义务，还在以下情况下可以免除告知义务，主要包括：处理或利用当事人已经公开或者其他已经公开的个人资料；不能向当事人或其法定代理人告知的情况，以及基于公共利益或者学术研究目的的处理或利用，但是该个人资料必须经过处理，使其无法识别特定的当事人；大众传播业基于新闻报道的公益目的而搜集个人资料的免于告知。

前述各项充分考虑了搜集、处理或利用个人资料时的不同情况，减少了法律适用过程中的理解偏差。对告知义务的规定有助于保障民众的个人资料被合理搜集、处理或利用，同时对例外情形进行详细的规定，有助于公务机关或非公务机关工作的顺利开展，实现个人权利保护与公共利益保护的平衡。

（四）公务机关搜集、处理或利用个人资料的特殊规定

公务机关搜集、处理或利用个人资料，对当事人权利有很大的

影响，故应对公务机关收集、处理或利用个人资料进行详细的规定。

公务机关搜集、处理一般资料必须有特定的目的，并且需要符合三种情形之一的，才可以为之：第一种情形是执行法定职务的必要范围内。1995 年对此规定为“于法令规定职掌必要范围内”。为了实现规定的“明确性”的要求，2010 年修改时，将此条规定为“执行法定职务的必要范围内”。所谓法定职务，是由“法律或者法律授权之命令、自治条例、法律或自治条例授权之自治规则，法律或者法规授权之委办规则”等规定的公务机关的职务。我国台湾地区对公务机关执行法定职务的内容一般有明确的规定。以“警察行使职权法”为例，明确授权了警察可以搜集个人资料，以及可以在搜集个人资料的特定目的范围内利用。① 第二种情形是经过当事人同意。不论是 1995 年“电脑处理个人资料保护法”，还是 2010 年“个人资料保护法”都规定当事人必须以书面的形式同意才有法律效力。2015 年修改时，删除了“书面形式”，只保留了“当事人同意”，允许当事人既可以采用书面形式，也可以采用口头形式同意公务机关搜集、处理其个人资料。第三种情形是允许搜集或处理的情形是对当事人权益无侵害。1995 年“电脑处理个人资料保护法”将此情形规定为“对当事人权利无侵害之虞者”，但是“之虞”是一个不确定的法律概念，而该条是对公务机关搜集、处理个人资料要件的规定，应当力求明确，减少歧义，所以修改时将其改成了“对当事人权益无侵害”。以上要件仅指公务机关搜集、处理一般个人资料之要件，对于特种资料之搜集、处理或利用要件还应当遵循上文提到的特种资料之特殊规定。

公务机关对个人资料之利用，应该受到“目的明确化”原则的限制，明确规定不得逾越执行职务的必要范围，但是过于刻板的规定可能会导致无法实施，因此应当规定例外情形，用于调和矛盾。我国台湾地区“个人资料保护法”第 16 条规定，除非有特殊情形，

① 我国台湾地区“警察职权行使法”第 2 条第 2 款规定，所称警察职权，系指警察为达成其法定任务，于执行职务时，依法采取查证身份、鉴识身份、搜集资料、通知、管束、驱离、直接强制、物之扣留、保管、变卖、拍卖、销毁、使用、处置、限制使用、进入住宅、建筑物、公共场所、公众得出入场所或其他必要之公权力之具体措施。第 17 条规定：警察对于依本规定所搜集资料之利用，应于法令职掌之必要范围内为之，并须与搜集之特定目的相符。但有特别规定者，不在此限。

公务机关利用一般个人资料的，应该在执行法定职务的必要范围内为之，并且与搜集时的特定目的保持一致。例外情形主要是为了维护社会安全或公共利益、个人生命、财产安全等情况下，可以在特定目的以外利用一般个人资料。[①]

公务机关对于保有的个人资料档案有安全维护义务。[②] 公务机关保有个人资料档案的，应当指定专人负责安全维护事项，防止个人资料被窃取、篡改、毁损、灭失或者泄露。此外，公务机关还需将个人资料档案的名称、保有机关的名称及联络方式、个人资料档案保有的依据及特定目的以及个人资料的类别公开于电脑网站等，供民众查阅。如以上信息有变更，公务机关也需要在电脑网站等进行公开。

（五）非公务机关搜集、处理或利用个人资料的特殊规定

我国台湾地区“个人资料保护法”对不同的适用主体作出了不同的规定，公务机关与非公务机关在搜集、处理或利用个人资料时需要遵循的准则也不尽相同。不论是2010年“个人资料保护法”，还是2015年“个人资料保护法”，除了一些公务机关和非公务机关在搜集、处理或利用个人资料时均须遵循的规范外，实施时删除了允许非公务机关搜集、处理或利用个人资料的要件，非公务机关在搜集目的以外利用个人资料的情形，以及非公务机关国际传输、利用个人资料的限制等。这是因为非公务机关不同于公务机关，公务机关搜集、处理或利用个人资料一般是出于社会公共利益的目的，有明确授权，所以在“个人资料保护法”中要求公务机关搜集、处理或利用个人资料时需有明确授权，须在执行法定职务的必要范围

---

① 2015年“个人资料保护法”第16条规定：“公务机关对个人资料之利用，除第六条第一项所规定资料外，应于执行法定职务必要范围内为之，并与搜集之特定目的相符。但有下列情形之一者，得为特定目的外之利用：一、法律明文规定；二、为维护社会安全或增进公共利益所必要；三、为免除当事人之生命、身体、自由或财产上之危险；四、为防止他人权益之重大危害；五、公务机关或学术研究机构基于公共利益为统计或学术研究而有必要，且资料经过提供者处理后或经搜集者依其揭露方式无从识别特定之当事人；六、有利于当事人权益；七、经当事人同意。”

② 根据“个人资料保护法”及“个人资料保护法实施细则”的规定，个人资料档案是指依系统建立而得以自动化机器或其他非自动化方式检索、整理之个人资料之集合，个人资料档案包括备份档案。

内搜集、处理或利用个人资料。但是，非公务机关范围十分宽泛，包含自然人、法人和相关团体，很多非公务机关没有在企业章程或者设立登记中对搜集、处理或利用个人资料进行说明，所以通过特定目的或者证明文件来限制非公务机关搜集、处理或利用个人资料给社会生活造成了极大的不便，因此在“个人资料保护法”实施时，删除了部分对非公务机关搜集、处理或利用个人资料的规定，废除了非公务机关取得执照后才能开始搜集、处理或利用个人资料的制度，无须再申请登记或者公告相关事项，主要目的就是便民和减轻行政压力，提高行政效率。同时，“个人资料保护法”还规定在公布之日后办理登记或者办理许可的自然人、法人或者相关团体需要申请终止办理，行政机关在终止办理时，应该退还已经缴纳的费用，甚至已经办理完成登记或者许可的自然人、法人或者相关团体也可以申请退费，退费金额应该按照缴费时邮政储金的一年定期存款利率，按日加计利息，一并退还给申请者。

我国台湾地区“个人资料保护法”实施时删除了非公务机关搜集、处理或利用个人资料的要件，并不意味着非公务机关不受约束。非公务机关涉及社会生活的方方面面，搜集个人资料的目的也多种多样，如果统一规定非公务机关的行为规范，很难兼顾各个行业在搜集、处理或利用个人资料时的特殊性，难以在促进行业发展与保护公民人格权之间找到一个平衡点，所以对于具体行业中搜集、处理或利用个人资料行为分别作出规定，能够最大限度地考量行业差异，同时保障公民权利。

不同于公务机关，2015 年“个人资料保护法”特别规定了对非公务机关搜集、处理或利用个人资料进行监督。上级事业主管机关或者市、县政府对非公务机关搜集、处理或利用个人资料有监督权，可以对非公务机关进行检查或监督，如发现非公务机关搜集、处理或利用个人资料不符合“个人资料保护法”的规定，则可以禁止非公务机关搜集、处理或利用个人资料，命令非公务机关删除已经处理的个人资料档案，没收非公务机关搜集的个人资料，对非公务机关的违法情形进行公示。

此外，2015 年“个人资料保护法”规定的非公务机关的安全维护义务也不同于公务机关。非公务机关内部管理方式千差万别，自身实力也差距甚大，要求专人负责安全维护之要求对其显然过高，所以规定由上级事业主管机关制定非公务机关处理的个人资料档案的安全维护计划或者业务终止后的个人资料处理办法，尽可能地实现各行业对公民个人资料的充分保护。

（六）违反“个人资料保护法”的法律责任

我国台湾地区“个人资料保护法”构建了完整的法律责任体系，包括民事法律责任、行政法律责任和刑事法律责任。

公务机关或者非公务机关违反“个人资料保护法”的规定，致使个人资料被不法搜集、处理、利用，或者实施其他导致当事人权利受损的行为，均应承担民事损害赔偿责任。公务机关如果能够证明当事人权利受损的原因是天灾、事变或者其他不可抗力，则不承担损害赔偿责任。非公务机关如果能够证明其无故意或者过失，则不承担损害赔偿责任。即便是在被害人受到非财产性损害时，被害人也可以请求损害赔偿。如果被害人不能证明或者很难证明其实际受损金额时，可以请求法院根据受害情节要求赔偿，以每人每一事件 500 元到 2 万元新台币计算赔偿。如果因为同一原因导致多数当事人权利受损，则经当事人请求，合计最高赔偿额为 2 亿元新台币。但是如果该原因的事实所涉及的利益超过了 2 亿元新台币，则以其所涉利益为限。

我国台湾地区 2015 年“个人资料保护法”规定非公务机关的代表人、管理人或者其他代表人对非法搜集、处理或利用行为应负行政责任。非公务机关违反该规定相关内容时，授权上级主管机关命令非公务机关限期改善，并且可以处以罚款，而非公务机关的代表人、管理人或者其他代表权人，除能够证明自己已经尽防止义务外，应该处以同一额度的罚款，进而加强负责人的监督责任。

违反“个人资料保护法”也可能触犯刑法，须承担刑事责任。为了加大对违法搜集、处理或利用个人资料的打击力度，2010 年规定，只要是违反搜集、处理或利用特种资料之规定，公务机关或非公务机关搜集、处理或利用一般资料的规定，或者违反上级主管机关对非公务机关国际传输的命令或者处分，足以使他人受损的，处两年以下有期徒刑、拘役或者科以 20 万元新台币以下罚金；以营利为目的犯前罪者，处以 5 年以下有期徒刑，并科 100 万元新台币以下罚金；对于违法搜集、处理或利用个人资料的，以是否有营利的主观目的，科以不同程度的刑罚。从以上规定可以看出，2010 年没有规定犯罪构成之主观要件，只要有违反相关规定的行为就可以追究刑事责任。2015 年修改时考虑到刑罚的严厉性，要求行为人必须

“意图为自己或者第三人谋求不法利益或者损害他人利益”，并且有违反相关规定的行为的，才可以处以刑罚。此外，意图为自己或第三人获取不法利益或者损害他人利益，行为人对个人资料进行非法变更、删除或者以其他非法方法，改变个人资料的正确性而足以损害他人的，也要追究刑事责任。

此外，该规定所涉罪名属于告诉乃论之罪，即亲告罪，但是公务机关未于特定目的之必要范围内搜集、处理或利用个人资料罪除外。

三、我国台湾地区“个人资料保护法”之评价

（一）借鉴国外立法例，建立成熟的制度框架

我国台湾地区个人资料保护的相关规范建立在博采众长的基础上。不论是制定“电脑处理个人资料保护法”时，还是在后期修改时，都对制定理由、变动的依据作了详细的说明，对援引的国外法律条款作出列举。1995 年“电脑处理个人资料保护法”使我国台湾地区个人资料保护规范从无到有。当时，欧盟、德国、英国、日本都已经制定了相关的法律法规，我国台湾地区正是在充分借鉴这些先进立法的基础上，制定了“电脑处理个人资料保护法”，参考了 1988 年日本制定的有关保护行政机关所保有电子计算机处理个人资料的法律规定，德国 1990 年修订的《联邦个人资料保护法》、英国 1984 年制定的《个人资料保护法》以及 1995 年欧盟《数据保护指令》等。

我国台湾地区前后规定的出台时间相差 20 年，但是基本框架没有发生太大变化，后期修改总体上属于“小修小补”，对适用主体范围的扩大，并没有改变公务机关和非公务机关的基本分类，正是因为我国台湾地区充分借鉴国外成熟立法规范，对个人资料保护作了充分的研究和准备。

（二）实践基础上的不断发展和完善

我国台湾地区“个人资料保护法”是在实践的基础上不断发展完善的。三个关于个人资料保护的规定，展现了不同时期对个人资料保护的不同态度。“电脑处理个人资料保护法”是在大形势下的“跟风”规范，并没有在实践中发挥很大作用。2010 年重新修订，是在保障公民人格权的“重压”之下，为了打击违法搜集、处理或利用个人资料的行为而进行的修改，所以对公务机关或者非公务机

关搜集、处理或利用个人资料的规定十分严格，极大地加强了对个人资料的保护。比如，“电脑处理个人资料保护法”中对个人资料的定义是“足资识别”该个人之资料。对“足资识别”的理解直接影响个人资料的范围。所谓“足资识别”是指可以凭借该资料而辨识何为特定的当事人。当时台湾实务界即认为单纯的电话号码，如果没有与自然人的姓名或住址等资料联系，一般人无法从若干的数字中识别该人之身份，所以就不属于个人资料。① 这极大地限缩了个人资料的范围，不利于对公民个人资料的保护。所以 2010 年对个人资料的定义进行了修改，凡是以直接或者间接的方式能够识别特定当事人的，都属于个人资料的范围，这样有助于减少实务中的认识偏差。再如，2010 年“个人资料保护法”为了强化对个人特种资料的保护，对允许搜集特种资料的情形规定得过于严格，使得部分行业无法正常开展工作，遭到了部分行业的激烈反对，致使部分条款暂缓实施，2015 年修改时为平衡个人资料保护与个人资料合理利用，修改了公务机关或者非公务机关搜集、处理或利用特种资料规定中的严苛条款，以便于实施。我国台湾地区在实践中不断进行反思，对个人资料保护的规定适时进行修改与完善，以保证实践效果。

（三）保护当事人人格权的同时，平衡各方合法利益

保障公民的人格权是我国台湾地区制定“个人资料保护法”的初衷。不同的信息种类涉及不同的个人权利，不论是隐私权、人格权、财产权或者自由权等，皆可能由于个人资料被不当地搜集、处理或利用，而受到侵害。② 保护个人资料是信息时代的必然要求。我国台湾地区“个人资料保护法”为个人资料提供了较为充分的保护，越是敏感的个人资料，在搜集、处理或利用的方式上规定得越严格。例如，2015 年“个人资料保护法”规定，在得到当事人书面或者口头同意后，即可以搜集、处理、利用个人资料，但是搜集、处理或利用特种资料时，当事人的同意必须是书面的。同时，该文件还规定搜集、处理或利用特种资料，也必须用书面的方式为之，这一双重书面形式的规定，体现了对特种资料搜集、处理或利用的慎重态度，无疑更有助于对当事人权益的保护。

---

① 熊爱卿：《台湾个人资料保护法要述》，载《山东科技大学学报（社会科学版）》2011 年第 2 期。

② 郭介恒：《行政检查与基本全保障》，载《法学丛刊》2014 年第 234 期。

与“个人资料保护法”相配套，我国台湾地区建有专门的网站，既便于个人资料保护规则的宣传和更新，也有助于民众了解个人资料保护法。实施过程中删除了“个人资料保护法”中非公务机关搜集、处理和利用个人资料的条件，但是出台了各行业须遵守的具体规则。从行业的特殊性出发，对各行业搜集、处理或利用个人资料作出具体规定，有利于平衡个人资料保护和个人资料的合理利用。

论专家证言属性判断对英、美民事上诉复审范围的影响

杜　闻*

一、专家证言本质属性辨析

英、美两国的证人证言分为两类："普通证人证言"及"专家证言"。前者是指对其所要证明的案件事实耳闻目睹，但缺乏相关专业知识的作证者。因其证言内容涉及证人自身曾看到或听到的涉案事实，因此，"一般证人证言"应属于陪审团应加以判断的"事实争点"之一。这一点并无异议。所谓"专家证言"是指"专家提供的意见证据。在法律上，如果科学、技术或其他专业知识能够帮助陪审团理解证据或确定争议事实，那么，在知识、技能、经验或教育等方面具有专家资格的证人可以用意见或其他方式作证"。[①] 相较而言，"专家证人证言"就比较特殊了。除了少数"感知型专家"[②]外，多数出庭专家事先对案件事实并没有亲身的认知和了解。出庭专家大都通过以下三种方式来间接了解涉案事实：（1）通过本方当事人及其代理律师提供的资料；（2）通过证据开示及发现程序，从对方当事人处获得的有关资料；（3）通过旁听庭审的一部分或全部。因此，出庭专家会以他人提供的案件事实为基础，运用自己的专业

---

* 中国政法大学民商经济法学院副教授，法学博士。

① 薛波主编：《元照英美法词典》，法律出版社 2003 年版，第 515 页。

② "例如，医院急诊室的大夫或者其他对患者做过治疗的医生也常常对个案中的事实有亲身的了解。此类专家有时被称为'感知型专家'。感知型专家是不能完全被其他未观察到个案事实的专家所完全替代的。相较而言，在某种意义上，非感知型专家基本上都可被他人所替代。" Roger C. Park, David P. Leonard, Aviva A. Orenstein, Dale A. Nance, Steven H. Goldberg, *Evidence Law A Student's Guide to the Law of Evidence as Applied in American Trials* (4th edition), West Academic Publishing 2018, ISBN: 978-1-63460-935-7, p. 342.

知识，向法庭提供相应的分析和意见，甚至对作为案件“基本争点”的事项“说三道四”。在此情形下，为了确保专家证言不误导司法裁判者，其确实建立在准确的信息及相关的科学原理基础上，从而具有较高的证明价值，有必要澄清专家证言到底是“事实争点”，还是“法律争点”。

所谓“事实争点”，是指案件当事人就涉案事实发生的争议。如一方当事人是否因违约而遭受物质损失、涉及侵权纠纷的新闻报告是否“基本属实”、当事人是否达到法定婚龄、是否存在涉案的错误诊疗行为、是否存在相应的免责事由等。“事实争点”一般应依据相关的证据来作出判断。而所谓“法律争点”，指对涉案事实（包括人的作为或不作为）进行法律规范评价方面产生的争议。这种争议的表现多种多样，可以是涉案主体就具体法条的适用所发生的争议（如法条适用发生竞合的情形），也可以是涉案主体是否具有某种实体权利的判断（如合同解约权、代位权、同时履行抗辩权的有无等），还可以是就涉案“下阶位法律”是否抵触“上阶位法律”等事项产生的争议等。根据英美法系的“两分法”，陪审团负责判断案件的事实争点，而主审法官则负责判断相关的法律争点。

在英、美两国的民事审判中，“事实争点”与“法律争点”时常混杂在一起，难分彼此。例如，就专家证言而言，“一些法官须加以回答的‘法律’问题，如用以审查证据是否具备可采性的初步事实，本质上是事实性问题”。[①] 又如，“在一起房屋租赁纠纷中，原告起诉被告违反租赁合同的有关规定。但是，原告只能出示租赁合同的复印件，并声称合同原件由被告保管。但被告辩称，自己和原告之间并不存在租赁关系，自己手里也没有合同原件，原告的证据是伪造的。鉴于原告提出证据并非原件，被告请求法院根据最佳证据规则将该证据排除。在本案中，若要对合同复印件的可采性作出判断就必须查明被告是否握有原件，如果断定被告没有合同原件，那么便可援引最佳证据规则裁决排除合同复印件，如此一来，原告就可能面临败诉的危险。如果断定被告有原件，那么原告与被告之间存在合同关系就不言自明了，这样一来，法院就可能作出有利于原告的判决。问题的关键就在这里，是否存在合同关系是一个有终

---

① Adrian Keane，James Griffiths，Paul McKeown，*the Modern Law of Evidence* (8th edition)，Oxford University Press 2010，ISBN 978－0－19－955834－6，p. 30.

局意义是事实问题，但是它却与证据的可采性这样一个法律问题交织在一起”。[①]

甚至在某些情形下，“事实争点”和“法律争点”还会发生相互转化。例如，“如果专家收集（涉案）数据，该专家是否会成为一个受制于笔录证言及相关发现程序的事实证人呢？一位获得了案件第一手资料的咨询专家可能成为一位受制于发现程序的事实证人。正如一位坠机专家有权对飞机坠毁的残骸进行查验（而不用担心会被传召出庭）一样，一位咨询专家也可对（涉案）财产进行查验而（不必有类似的担心）；但当一位咨询专家（在现场）收集样本并因而制作了新数据时，情况就完全不同了。如果这些数据成为案件中的关键争点，则（法院）可能会需要该专家的证言以证明（相应的）结果”。[②] 申言之，由于受到英式“诉讼特权”和美式“工作成果保密特权”的保护，对涉案财产进行查验的咨询专家既无须出庭作证，其意见也不得被要求做证据发现和开示。如就此类保密特权是否存在的问题发生争议，则其为典型的“法律争点”。但恰如上文所述，如该咨询专家在现场收集样本并因而制作了新数据时，其身份即发生了本质的变化：从一种专家证人变成了普通证人。普通证人证言当然受制于证据发现及开示的要求。又如，“法律事项有时是以特定的方式提出的，以至于它们最终变成了案件中待证的关键性事实问题［Crookham v. Riley，584 N. W. 2d 258，267（Iowa 1998）］。例如，在追究案件代理律师未尽其职业注意义务的案件中，假如注意义务的标准要求涉案律师以尽到合理努力的方式来查清相关的法律内容，而一位这方面的专家提出证言表明：该律师确实搞清了涉案法律的内容时，则该专家必须就纠纷发生时相关法律的内容是什么这一点提供证言。如在涉案律师找法之时到专家证人就此提供证言时的时间段内，涉案法律的内容没有发生变化，则该专家就该法律的内容到底是什么一点提供证言。”[③] 这是一种典型的法律问题。笔者认为，换一种情形，即如果在“涉案律师找法之时”以后，而

① 齐树洁主编：《美国证据法专论》，厦门大学出版社 2011 年版，第 94 页。

② Cynthia J. Bishop，Foraging Through the Jungle of Expert Discovery and Testimony，*Natural Resources & Environment*，Vol. 22，No. 4（Spring 2008），p. 5.

③ Michael Sean Quinn and Olga Seelig，Legal Malpractice and Evidence from Experts，*Litigation*，Vol. 30，No. 1，Evidence（Fall 2003），p. 44.

在“专家证人就此提供证言”之前，如相关法律内容已被修改，则该争点（有关旧法的知识）就从法律问题转变成了一项事实问题了。再如，可以人为地将专家的范围作“扩大”或“缩小”处理，以便使相关资料的从“事实争点”变成“法律争点”，或造成完全相反的效果。在极端情况下，通过这种人为操作，法官甚至可以灵活地将某些资料作为“事实”接纳，或者作为“专家意见”接纳，或者干脆将其作为“非专家提供的意见证据”而加以排除。[①] 由此可见，在很多情况下，人们是无法简单化地断定专家证言是个“纯事实争点”，或是个“纯法律争点”的，因为两者之间始终存在“内容混合”及相互转化的可能性。

如上文所述，专家证言建立的基础或是他人提供的涉案事实及信息，或是专家自身感知到的涉案事实及信息（如“感知型专家”）。专家运用自己的专业知识和方法来分析和判断这些事实及信息，从而得出相应的意见。由此可见，专家证言中既包含有“涉案事实”的成分，也包含有“相应的价值判断”。为防止专家所作的“不当价值判断”误导陪审团，从而“篡夺”陪审团的事实认定权，主审法官应事先就专家证言是否具有关联性及可采性的问题作出评判。在英、美证据法中，有关证据关联性及可采性的问题为典型的“法律争点”。就专家证言的这一“内容混杂”的特点，英、美两国的学者也都有所认识。例如，有美国学者主张，“法官的注意力应放在能够推导出合理性（结论）的（专家所采用的）操作流程及程序上。只有事实裁判者才有权决定是接纳，还是拒绝相信专家所作的结论。在此情况下，法官只需解决以下问题，即从公认的操作程序的角度看，通过对其适用而获得并加以辩护的专家认知是否具有可靠性。此后，当法院允许陪审团听审（同一专家）证言时，该法院

---

① “对法院来说，将证人看成专家，以便将原本因其证言属于意见而不具可采性的证据加以采纳的操作方法是具有吸引力的。一般来说，只有当其为专家证据时，法院才会主张某意见证据具有可采性。然而，如法院使‘专家’定义的范围小于其认可的，具有可采性之意见证据的范围时，有关事实及意见的划分界限将会被拉伸到一种在概念上无法接受的程度。” DÉirdre Dwyer, *The Judicial Assessment of Expert Evidence*, Cambridge University Press 2008, ISBN - 13 978 - 0 - 511 - 46363 - 1, p. 95.

并非表示对该证言的真实性加以认可。”[①] 又如，有英国学者认为，“正如上诉法院所一贯强调的那样，Bonython 检验措施（一个英国法院用以判断专家证言是否具有可采性的澳大利亚指导性案例）是一项涉及证据可采性的审查标准，而非针对证据证明力大小的审查标准。依据该措施，法官只需确定某证据具有一定程度的潜在证明力即可（其分量应超过其所可能带来之损害性后果）；此后，还是应由陪审团来判定其证明力大小的问题”。[②]

由上文论述可知，专家证言应为一种“混合性争点”，其既是一个“法律争点”，也是一个“事实争点”。[③] 或者说，“先”将其作为一个“法律争点”进行审查，“再”作为一个“事实争点”进行判断。[④] 也即根据英美法系的“两分法”，先由主审法官审查确定其是否具备证据的关联性及可采性。在就此作出肯定性确认后，同一专家意见才会被交给陪审团来作证明力大小的判断。就专家证据而言，其关联性及可采性合称为“可靠性”。

有关专家证言的证明力大小判断问题，英美两国司法界及学界的争议并不大，但该类证据的可靠性判断问题争议却很大。这主要体现为以下一系列问题：其一，在法官和陪审团两者中，谁有资格来判断这一问题？为什么？其二，用来作出这一判断的具体客观标准有哪些？它们相互之间是什么关系？它们是“排他性的标准”还是“开放性的标准”？其合理性及合法性何在？这些问题困扰了英美法系的法官和学者多年，引发了大量的争议和问题，迄今未获圆满解决。

---

① Michael Sean Quinn and Olga Seelig, Legal Malpractice and Evidence from Experts, *Litigation*, Vol. 30, No. 1, Evidence (Fall 2003), p. 43.

② Tony Ward, Epistemology of Expert Testimony, *Journal of Law and Society*, Vol. 33, No. 4 (Dec., 2006), p. 580.

③ “专家证言的可采性是一个事实及法律的混合性问题。其主要涉及一审法院对其自由裁量权的运用。” Edited by Melvin D. Kraft, *Using Experts in Civil Cases* (2nd edition), H3 - 2965, Practising Law Institute, New York City, p. 90.

④ “法官负责判断证据是否具有可采性，这包括陪审员们将看到或听到的事项有哪些。即便某些证据被赋予了可采性，这也不意味着陪审团就会认定其具有证明力。” Jess E. Dines, *Expert Witness Manual*, Pantex International Ltd 2004, ISBN 0 - 9627666 - 4 - X, p. 288.

二、专家证言的属性判断对英、美上诉复审范围的影响

（一）英、美两国民事上诉复审范围概说

在英、美两国的民事审判中，由于担负认定案件事实任务的陪审团只在一审中使用，因此，两国的民事上诉原则上为法律复审，只会就极为有限的事实问题进行复审。例如，尽管英国《民事诉讼规则》的第52.20（1）条（上诉审法院的权力）规定，“就上诉而言，上诉审法院具备与下级法院相同的一切权力”，然而，在谈到法律对上诉审所做的限制时，英国司法界及学界的通说却认为：“……（iii）就那些取决于一审法院对‘现场’证言证据作出的评估（这主要牵涉到对每位证人的诚实度及其证言证明力大小作出评估）而言，上诉审法院一般都不愿意对案件事实的查证结果再度作出预测；（iv）就那些在一审中明显可以合理提供（但却未提交）的证据，上诉审法院一般不会将其作为新证据而加以斟酌。”①

就此问题而言，英国的判例法也持同样的态度。“Joyce v. Yeomans（1981）一案清晰地展示了下列观点，即当证据是由专家提供时，由于一审法官有机会直接观察这些证人的行为举止，因而，在对提交的证据进行评估方面，一审法官比上诉审法官稍有优势。因此，就一审法官对意见证据所作的判定来说，上诉审法院不大会进行干预。此外，就一审法官对证人提供的事实性证据所作的判定来说，（上诉审法院）就更不会进行干预了。”② 英国上诉审法院的此种态度，在Wilsher v. Essex Area Health Authority（［1988］A. C. 1074 AT 1091）以及Wardlow v. Farrar（［2003］EWCA Civ 1719，［2003］4 All E. R. 1358）等判例中，也有同样的反映。③

在美国，情况也是类似的。如《联邦民事诉讼规则》第52（6）

---

① Neil Andrews, *Andrews on Civil Process*（*Volume I Court Proceedings*）, Intersentia Publishing Ltd. 2013, ISBN978－1－78068－083－5, p. 421.

② Michael P. Reynolds, Philip S. D. King, *the Expert Witness and His Evidence*, 2nd edition（1992）, Oxford, Blackwell Scientific Publications. ISBN 0－632－03389－4, p. 71.

③ “在上诉审中，就其没有机会亲自听审过的专家证人而言，上诉审法院不大会对一审法官作出的证据品质判断进行干预。” By Hodge M. Malek Q. C. and Specialist Editors, *Phipson on Evidence*, 16th edition, Sweet & Maxwell（London）2005, ISBN: 0421 874708, p. 1007.

条（撤销下级法院所作的事实判定）就规定：“不论其基础是口头证据或是其他证据，下级法院所作的案件事实判定都不得随意加以撤销，除非其明显错误。此外，就一审法院具有的现场评估证人可信性的机会，上诉审法院应给予适当的尊重。”① 申言之，“受到最为全面的复审的，毫无疑问是法律上的错误；上诉法院要对法律问题作出重新决定……对事实认定的复审受到更为严格的限制。因为上诉时不可能让全部初审重复一次，所以在事实认定方面势必须更多遵从”。②

（二）针对专家证言可靠性的上诉复审机制

在上述上诉复审体制下，如果专家证言被识别为“法律争点”，上诉审法院即有权对其进行复审。而如果专家证言被识别为“事实争点”，则只有在满足相关的先决条件后，即“在上诉中提出的错误必须很清楚地在初审法院的记录中显示出来，且声称不服的当事人必须是在审理法院已经对这些被主张的错误及时提出过异议”③ 之后，上诉审法院才能对其进行极为有限的复审。接下来的问题是：作为法律问题，专家证言的可靠性判定能够得到上诉审法院的全面复审，还是只能得到有限复审？在这一问题上，英国法及美国联邦法律给出的答案是近似的：原则上，只有当有证据表明一审法官滥用了自由裁量权时，上诉审法院才会对此问题进行法律复审。

在英国，一般认为，“若一审法官就证据可采性所作的判定与个案中的事实无关，则上诉审法院可将其作为一项规范适用及法律判定的问题、而非一审法官适用自由裁量权的问题来处理。这一安排不但能使上诉审法院可对作为上诉请求基础的论点展开调查，也能使其对一审法官执行证据可采性检验标准的活动实施恰当的监督”。④ 这表明：（1）英国一审法官对专家证言可采性所作的判定被

---

① http：//www. cali. org/collections/federal - rules，2019 年 7 月 15 日最后访问。

② ［美］杰克·H. 弗兰德泰尔、玛丽·凯·凯恩、阿瑟·R. 米勒：《民事诉讼法》，夏登峻等译，中国政法大学出版社 2003 年版，第 604—605 页。

③ ［美］杰克·H. 弗兰德泰尔、玛丽·凯·凯恩、阿瑟·R. 米勒：《民事诉讼法》，夏登峻等译，中国政法大学出版社 2003 年版，第 602 页。

④ The Law Commission（LAW COM No 325），*Expert Evidence in Criminal Proceedings in England and Wales*，Her Majesty's Stationery Office，ISBN：9780102971170，p. 82.

识别为一项“法律争点”；（2）若专家证言与具体个案的事实有关，则上诉审法院对该证据问题进行复查的标准为“一审法官滥用了其自由裁量权”；（3）如专家证言与具体个案的案情无直接关系，如“咨询性专家证言”[①]，则一审法官就专家证言可采性所作的判定不属于一审法官自由裁量权作用的结果。此时，上诉审法院就会对该问题作更彻底和全面的法律复审。本文认为，依据上述第（3）种情形所作的上诉复审更有利于相关法律的统一解释和适用。然而，就专家证言来说，这种“全面复审”式的上诉审毕竟是少数，因为多数专家证言都与个案实体争议有或多或少的关联性。

对比来看，尽管《美国联邦宪法》规定接受陪审团审理是公民的宪法权利，再加上美国法律中没有类似《英国民事诉讼规则》第35.5条及第35.6条的规定，但该问题在美国的表现及处理方法与英国却非常相似：就专家证言是否具备可靠性（含可采性）而言，美国上诉审法院（至少是联邦上诉法院）原则上只对一审法官是否滥用其自由裁量权进行审查。“就一位证人是否具有作证的专业适格，一审法官享有自由裁量权。一审法院就此问题所作的判定是具有可上诉性的，且其可被上诉审法院以存在一项法律错误或滥用自由裁量权为由加以撤销。”[②] 具体而言，“根据《联邦证据规则》第104条，一审主审法官将就下列事项作出判定：就某一特定争点适用专家证言是否恰当，以及被传召作证的个人是否拥有可助益陪审团（正确判断案情的）必要专业知识？就此类问题而言，一审法官的自由裁量权范围是相当宽泛的。除非上诉人能举证证明：一审法院的判定‘明确’或‘明白无误’是错误的，否则，上诉审法院不会就一审法官的判定作出改判”。[③] 申言之，与英国同行相比，美国上诉审法官更不会随意推翻一审法官就专家意见可采性问题所作的判定结论。这一观点实际上得到了联邦最高法院有关判例的证实。例如，

---

① 有时，某专家证人不会就任何涉案争议直接提出意见或评价，但其提供的背景性技术信息对陪审团正确理解当事人提出的证据有所助益。这种类型的专家证言可被称作“咨询性专家证言”。

② Edited by Melvin D. Kraft, *Using Experts in Civil Cases* (2nd edition), H3 - 2965, Practising Law Institute, New York City, p. 135.

③ Paul R. Rice, *Evidence Principles, Practices, and Pitfalls: 201 Things You Were Never Thought, Forgot, or Understood* (2nd edition), LexisNexis 2012, ISBN: 978 - 1 - 4224 - 9597 - 1, p. 214.

“在 1997 年审结的 General Electric v. Joiner 一案中，联邦最高法院判定：根据 Daubert 判例的规定，不论一审法官是将专家证言加以接纳，还是加以排除，滥用自由裁量权是对所有相关一审判定进行上诉复审的恰当标准”。[①] 在 1999 年的 Kumho Tire Company，Ltd. v. Carmichael（119 S. Ct. 1167 ［1999］）一案的判决中，美国联邦最高法院又重申了这一观点。[②]

（三）专家证言上诉复审机制的缺陷及补救

本文认为，上述美国判例虽然给一审法官吃颗定心丸，即其有关专家证言可采性的判定不大可能被上诉审推翻，[③] 然而，其缺陷也是极为明显的。这主要表现在以下两个方面：第一，其不利于对案件当事人相关实体权益的维护。“在司法实践中，单纯以证据理由为基础的上诉审改判是有的，但数量较少。就一审法官犯下的证据错误而言，《联邦证据规则》第 103 条设置了一个令人望而生畏的上诉障碍。其具体表现为：首先，必须有一项一审法官作出的错误裁判；其次，就有关证据错误，当事人及其代理律师曾以具体及时的异议或提供相关证据的方式，恰当地引起过一审法官对此问题的关注。再次，即便上诉人成功地跨越了前两个障碍，其还必须跨越第三个，即该证据错误对‘该方当事人的实体权利’有影响。然而，《联邦证据规则》从未对什么是‘证据错误对上诉人的实体权利有影响’

① Edited by Richard O. Lempert，Samuel R. Gross，James S. Liebman，John H. Blume，Stephan Landsman & Fredric I. Lederer，*A Modern Approach to Evidence*：*Text*，*Problems*，*Transcripts and Cases*（4th edition），American Casebook Series，2011 Thomson Reuters，ISBN：978 – 0 – 314 – 17723 – 0，p. 1105.

② “据联邦最高法院讲，我们在 Joiner 一案判决中的意见已经表述得很清楚了：当其就一审法院或接纳或排除专家证言的判定进行上诉审复查时，该上诉审法院应适用滥用自由裁量权的检验标准。该标准既适用于检验一审法院就证据可采性之有无所作的判定，也适用于检验一审法院对案件所作的最终结论。” Dennis D. Prater，Daniel J. Capra，Stephen A. Saltzburg，Hon. Christine M Arguello，*Evidence*：*The Objection Method*（4th edition），the LexisNexis Group 2011，ISBN 978 – 1 – 4224 – 9538 – 4（hardbound），p. 529.

③ 在某种意义上，“难道 Daubert 判例及 Kumho Tire 判例不是一起告诉一审法官‘你必须行事谨慎，但我们并不会严格审查你的所作所为’吗？” Christopher B. Mueller，Laird C. Kirkpatrick，*Evidence Under the Rules Text*，*Cases*，*and Problems*（8th edition），Wolters Kluwer 2015，ISBN：978 – 1 – 4548 – 4952 – 0，p. 688.

作出清晰的界定。最后，就一项证据争点获得上诉审改判而言，可能最大的障碍就是上诉审法官授予一审法官的广泛的自由裁量权了。在多数案件中，上诉审法官会对一审法官的自由裁量权表现出特别的尊重。”① 因此，“就算被提起上诉，大多数一审法院就证据可采性所作的判断也不大可能在上诉审中被推翻。因而，就一项证据可采性问题而遭至不利一审裁判的当事人不太可能花钱去寻求相应的上诉复审。即便一审法院并未利用 Daubert 检验方法中的任何一项或其他额外的检验方法时，这一结论也是正确无疑的。其结果是：一审证据可采性方面的错误裁判既不大可能被提起上诉，也不大可能通过上诉审的方式来加以纠正”。② 第二，其不但会导致“上诉审审查范围过窄”的问题，而且也会造成“相关法律缺乏统一解释和适用”的问题。具体而言，“这样做，下列事项的前后一致性及可预测性都会丧失：一审法院用来判断专家证言是否具有可采性的裁判方法，以及这些一审判定的结果。假定在一系列案件中，基于同样的知识来源，同一专家提出了同种类的科学证言，则根据 Kumho Tire 判例，一审法院就会选用 Daubert 判例所确定的不同种类的可采性检测标准，以不同的方式将它们加以适用，并因而就接纳还是排除（相关的专家证言）得出不同的、相互之间难以协调的结论。而根据滥用自由裁量权的上诉审复查标准，各个上诉审法院将对这些相互冲突的一审判定维持原判”。③ 对于一国法律法规的统一解释和适用而言，这可以说是一种相当糟糕的情形。

为解决上述判例法所造成的问题，美国学界及司法界人士提出了各自的解决方案。例如，有美国学者建议，“上诉审法院不要对一审法院为评估已提出之专家证言而就相关基础事实所作的选择给予尊重。作为替代，上诉审法院只应对一审法院就一套给定之构成要

---

① Thomas A. Mauet, Warren D. Wolfson, *Trial Evidence* (4th edition), Wolters Kluwer Law & Business 2009, ISBN: 978 - 0 - 7355 - 7723 - 7, p. 1.

② Bruce D. Sales & Daniel W. Shuman, *Experts in Court Reconciling Law, Science and Professional Knowledge* (1st edition), American Psychological Association 2005, ISBN 1 - 59147 - 246 - 6, p. 71.

③ David Alan Sklansky, *Evidence Cases, Commentary, and Problems* (4th edition), Wolters Kluwer 2016, ISBN 978 - 1 - 4548 - 6827 - 9, p. 530.

素框架在个案中的具体适用给予尊重”。① 这种观点希望上诉审法院“能主动扩大其复审范围”，将支持某一专家证言的“基础事实”也纳入上诉审的对象的范围内。笔者认为，该学理设计思路是想通过“扩大上诉审查对象范围”的方式，确保相关法律尽量得到统一解释和适用，从而维护“法律的确定性和可预测性”。这在目前以 Daubert v. Merrell Dow Pharmaceuticals, Inc. （Supreme Court of the United States，509 U. S. 579，113 S. Ct. 2786，125 L. Ed 2d. 469［1993］）为代表的众多判例法所造成的混乱和茫然状态下，应该是一个较好的“出路性学理设计”。在美国的司法实践中，已有法院以判例的方式强调：在上诉审中，不应适用“滥用自由裁量权”的审查标准，而应就一审法官对专家证言可采性判定的内容作全面复审。例如，在联邦司法系统中，“第三联邦巡回上诉法院已作出（如下）判决，即正如在‘法院之法律分析部分（所写的那样）’，一审法院‘对（《联邦证据规则》）第 702 条（专家证据的可采性判断）作出的阐释……是（上诉审法院）全席复审的对象”。② 又如，在 Commonwealth v. Vao Sok 一案的判决中，马萨诸塞州最高法院就认为，“在斟酌考虑涉及科学有效性的争点时，我们的观点是：上诉审法院应对此问题重新复查一遍。背后的原因是：一位一审法官（就此问题）所作的结论，其（将来）适用对象的范围将超越本案的事实争议”。③

（四）联邦最高法院的相应态度及理由分析

就专家证言的可靠性判定是得到全面复审，还是只能得到有限复审的问题，美国联邦最高法院的态度与前述观点相左。例如，在 Kumho Tire Company，Ltd. v. Carmichael（119 S. Ct. 1167［1999］at 152）一案的判决中，法院认为：“正如其对‘专家提出之相关证言是否可靠’所作的判定那样，就一审法院针对‘是否或何时需用一

---

① Reliable Evaluation of Expert Testimony，*Harvard Law Review*，Vol. 116，No. 7（May，2003），p. 2143.

② Reliable Evaluation of Expert Testimony，*Harvard Law Review*，Vol. 116，No. 7（May，2003），p. 2161，note88.

③ Paul C. Giannelli，*Understanding Evidence*（4th edition），2013 Matthew Bender & Company，Inc.，a member of LexisNexis，ISBN：978 – 0 – 7698 – 5989 – 7，p. 339，note89.

审中形成的辩论摘要或其他一审庭审记录来审核同一专家证言的可靠性’所作的判断而言，上诉审法院也应给予同样的尊重。”① 在该判例涉及的两个争点中，“专家提出的相关证言是否可靠”是个典型的事实争点，其不应作为上诉复审的对象，这一点并无异议。② 但后一个争点，即“是否或何时需用一审中形成的辩论摘要或其他一审庭审记录来审核同一专家证言的可靠性”中肯定包含“判断专家证言是否具有证据可采性的审查标准”问题。依英、美两国的证据法理看来，这些问题都是典型的法律争点。③ 然而，经过审理后，联邦最高法院还是得出了下列结论：“总之，《联邦证据规则》第 702 条将自由裁量权赋予了联邦地区法官。对该自由裁量权的滥用将成为上诉复审的对象，但各级联邦法院应依据个案中的情形及特定事实来判断具体证据是否可靠的问题。在本案中，联邦地区法院并未滥用其自由裁量权。”④

本文认为，联邦最高法院如此判决的原因有两个：第一，就专家证言的可采性判断而言，由于现代科技的迅猛发展是永无止境的。“专家的专业领域范围广大且其一直处在不断扩张之中。”⑤ 相应的，“这一领域中的法律也就远未定型”。⑥ 在这种情况下，与其把自己搞得“焦头烂额”，理不出太多头绪，不如干脆“一推了之”，把这

---

① Reliable Evaluation of Expert Testimony, *Harvard Law Review*, Vol. 116, No. 7 (May, 2003), p. 2146, note22.

② “就特定证言来说，哪些因素是最适合用来对其进行评价的问题，是与案件的事实互相缠绕在一起的，因此，一审法院对其作出的判定结论理应得到上诉审法院的尊重。” Reliable Evaluation of Expert Testimony, *Harvard Law Review*, Vol. 116, No. 7 (May, 2003), p. 2160.

③ “与此不同的是，对恰当分析框架的选择可被描绘成一项法律问题，其不应得到上诉审法院的尊重。” Reliable Evaluation of Expert Testimony, *Harvard Law Review*, Vol. 116, No. 7 (May, 2003), p. 2160.

④ Edited by Richard O. Lempert, Samuel R. Gross, James S. Liebman, John H. Blume, Stephan Landsman & Fredric I. Lederer, *A Modern Approach to Evidence: Text, Problems, Transcripts and Cases* (4th edition), American Casebook Series, 2011 Thomson Reuters, ISBN: 978 - 0 - 314 - 17723 - 0, p. 1106.

⑤ Adrian Keane, James Griffiths, Paul McKeown, *the Modern Law of Evidence* (8th edition), Oxford University Press 2010, ISBN 978 - 0 - 19 - 955834 - 6, p. 525.

⑥ Stephen J. Anderer, Working with Your Expert Witness, *Family Advocate*, Vol. 23, No. 1 (Summer 2000), p. 24.

个“外行判断内行的烫手山芋”甩给各个一审法院去作微观的个案探索，说不定还能有所发现。第二，由于陪审团裁判一贯具有高度不可预测性的“恶名”（the“black box” of the jury），[①] 如将这一难题转化为“事实问题”推给陪审团，则相应的裁判结果既无损于“法律的统一解释适用”的要求，也无损于“同案同判”的要求，更不会将社会公众及法律学界的批评集中到作为法律适用者的各级法院身上。实际上，联邦最高法院的这种看法并不孤立，美国学界也有人持类似的看法。例如，“另一种用来约束法官自由裁量权的方法是将证据可采性的标准设置得比较低——将其设置到说得过去（mere plausibility）的标准上即可——在这种情况下，让陪审团就证据是否具有可靠性去作出进一步的判断吧”。[②] 在 Daubert 一案后的美国司法实践中，各法院似乎就是这样处理该问题的。例如，Daubert 案件之后的判例法回顾显示：各个法院对专家证言的排除，与其说是常规性的，不如说是例外性的。[③]

① “没有任何理性人会以陪审团那样的方式去行事。” David Alan Sklansky, *Evidence Cases, Commentary, and Problems* （4th edition）, Wolters Kluwer 2016, ISBN 978 -1 -4548 -6827 -9, p. 556. “不论结果如何，我们都接受它。之所以容易接受，原因在于：没有人能知道，陪审团对案件的重构是准确的，还是不准确的。” Faust F. Rossi, *Expert Witnesses*, Selection of Litigation, American Bar Association 1991, ISBN 0 -89707 -675 -3, p. 68.

② *Reliable Evaluation of Expert Testimony*, *Harvard Law Review*, Vol. 116, No. 7 （May, 2003）, p. 2162.

③ http://www.cali.org/collections/federal-rules，2019 年 7 月 15 日最后访问。

人工智能裁判与法律现实主义

朱赟先*

作为智慧科技的前沿，人工智能可以追溯到1956年的达特茅斯会议，该会议将人工智能定义为“让机器达到这样的行为，即与人类做同样的行为”。[①] 初时囿于数据环境和技术水平的限制，人工智能并未得到实质发展。直到人类社会摆脱了小数据模式的桎梏，迈入大数据时代，人工智能才得窥大展拳脚的时机。人工智能是智慧的技术，裁判是司法的艺术，人工智能裁判则是以技术辅助甚至替代艺术的尝试。对于人工智能裁判合理与否的问题，学界展开了如火如荼的讨论。有的观点认为：“未来的超级人工智能可能与人类智慧媲美甚至超越人类智慧，拥有与人类相同的价值观。”[②] 有些学者则持审慎态度，认为：“机器人的智慧再强大，也无法实现由法治精神、科学理性、人格品德和社会经验兼备的法官完成的自由心证，而自由心证已经成为世界上众多国家采用的一项证据原则和证据制度。”[③] 更有甚者认为：“即使未来由于神经网络技术的发展，人工智能实现了人脑一样的结构，能够像人一样思维，我们也无须恐惧‘法律人被机器所替代’。”[④] 在学理层面考量，这些讨论似乎不无合理之处。但是，从司法实践的角度考量，在国家政策和政法机关如此推崇的境况下，目前我们面临的最重要的问题是如何理解并指引

---

* 中国政法大学司法文明协同创新中心2018级博士研究生。

① 腾讯研究院、中国信息通信研究院互联网法律研究中心：《人工智能——国家人工智能战略行动抓手》，中国人民大学出版社2017年版，第4页。

② ［美］迈克斯·泰格马克：《生命3.0——人工智能时代人类的进化与重生》，汪婕舒译，浙江教育出版社2018年版，第41页。

③ 盛学军、邹越：《智能机器人法官：还有多少可能和不可能》，载《现代法学》2018年第4期。

④ 江秋伟：《论司法裁判人工智能化的空间及限度》，载《学术交流》2019年第2期。

人工智能裁判得到恰到好处的适用。

人工智能裁判问题考验着中国学者的接受能力与创新能力。表面上看，人工智能裁判意味着智能技术介入法学场域，辅助甚至替代法官作出裁判。但实际上，由于裁判形成过程凝结着法官主观经验、价值判断和非逻辑性判断等要素，因此，人工智能裁判留给学界的挑战是，如何用智能科技完美模拟裁判形成中的主观因素和非理性因素。这并非一项简单易行的任务，原因在于：其一，形成裁判的主观及非理性因素不易描述。在裁判形成过程中，裁判者的直觉、主观经验以及价值衡量占据重要地位，它们直接决定着裁判的法律效果和社会效果，但它们只存在于法官的思维过程中，难以记录和量化把握。其二，即便可以描述，也难以形成规律。判决是裁判者深入案件情境后得出的结论，不同情境会激发不同的主观经验和直觉映射，甚至细微的差别也会导致主观反馈的偏差，因而这个过程很难得出适用于机器语言的普适性规则。其三，即便可以形成规律，其说服力依然存疑。人工智能只能在算法规定的路径中作出相应的计算行为，没有额外衡量判断的能力。经由规律性裁判模型得出的裁判结果能否足以撼动人工审判的可靠性，令其具有最优效力和公信力仍不得而知。

面对上述三大问题，人工智能裁判问题的学理研究一直处于浅尝辄止的外围空间，至今未有实质性突破。司法实践中虽有一系列智能裁判系统正在研发甚至已投入试点，但其均囿于类案推送、证据指引等分支功能，并未涉及整体裁判层面。对此，本文拟从人工智能裁判的性质定位展开，进而分析人工智能裁判的运作机理及其价值，并由此深入后果导向的法律现实主义层面，完成人工智能裁判的理论释明与纵深延展。

一、一种抽象裁判范式：人工智能裁判的性质定位

司法裁判是从证据推出案件事实、从案件事实得出裁判结果的过程，其中既包含逻辑推导，也包含价值判断和利益权衡。相比之下，所谓“人工智能裁判”则定位于“通过计算机系统模拟法官思维来进行法律推理并且作出最终裁判的一种审判模式”[①]。人工智能

---

① 罗维鹏：《人工智能裁判的问题归纳与前瞻》，载《国家检察官学院学报》2018 年第 5 期。

裁判与法官裁判的最大区别之处在于，人工智能裁判无法依循“证据—案件事实—结论”的推理路线，它在本质上是一种抽象裁判范式。所谓“抽象裁判”，“即计算机系统根据预设的规则从一个法律或者事实概念中推导出另一个法律或者事实概念的过程”。[①] 这种抽象裁判具体体现在人工智能裁判的“符号性”“闭合性”和“归纳性”三个方面。

（一）人工智能裁判是一种“符号性”裁判

人工智能运行的本质是通过算法程序从前一个符号信息推出后一个符号信息，循环往复，最终得出判断结果的过程。人工智能裁判则是通过符号化的案件信息推出符号化裁判结果的过程。就起点而言，不管是人工智能还是人工智能裁判，都是以机器语言作为运行基础和投喂材料。就终点而言，二者的运行结果都是以符号语言的形式表达出来。人工智能裁判由两个核心要素构成：语言转换和算法运行。

其一，以语言形式转换为追踪目标解构人工智能裁判过程，大致可分为以下环节：人类生活语言转换为法律语言、法律语言转换为机器语言、机器语言转换为法律语言。具体而言，第一个环节是将不规则的碎片化语言形成结构相对严谨的法律语言，例如“甲杀了人”应转换为“甲故意杀人”，“乙打碎了丙的花瓶”应转换为“乙侵害丙的财产权”等。这一环节的意义在于保证专业性和语句结构的规范性，以减少在之后的转换过程中发生语义分歧和耗损的概率。第二个环节则是整个语言流转过程的核心，是对法律语言的格式化和人工标记。第三个环节是将以机器语言形式表现出来的运算结果再度转换为人类理解的法律语言，是人工智能面向人类架设的理解桥梁。以上解构过程说明，由生活语言到法律语言再到机器语言的过程实质上是为人工智能裁判的信息输入做格式准备。真正为智能系统所读取、认知、操作的只有符号化的机器语言。语言是认知、运算和表达的基础，人工智能裁判则是以机器语言为基础架设而成，因此将人工智能裁判归结为一种“符号性”裁判范式则为应有之义。

其二，从算法运行层面来分析人工智能裁判的“思维核心”。首

① 罗维鹏：《人工智能裁判的问题归纳与前瞻》，载《国家检察官学院学报》2018 年第 5 期。

先，算法本身就是符号语言的结合体，通过将表达不同意义的机器语言有次序的组合，以达到预期指向的目标结果。其次，真正输入运算模块，参与算法计算，并得出运算结果的也只能是机器语言。对人工智能裁判而言，其核心运算是通过算法运行完成的，只有直接对向算法并为其接收的信息才是内部输入，只有算法运行后直接输出的信息才是内部输出。其余的输入或输出只是对内部输入或输出的形式转化和辅助操作。人工智能裁判的核心运算是通过机器语言完成的，因此，人工智能裁判的核心思维模式是符号性的。

与人类智慧（法官裁判）基于法律语言甚至生活语言理解案情并形成裁判不同，不管从语言转换还是算法运行层面分析，人工智能裁判均以符号化的机器语言作为认知、计算、表达的基础语言。可以说，人工智能裁判在本质上是一种“符号性”裁判范式。

（二）人工智能裁判是一种“闭合性”裁判

法官裁判是通过证据材料还原案件事实，进而形成自由心证，得出裁判结果的过程。它的裁判对象是证据和案件事实，核心是法官的裁判思维。同时，法官的能动认知特性也决定了法官裁判是一个相对开放且可以逆转的过程。与法官裁判不同，人工智能裁判的符号特性，决定了它裁判的对象并非证据和事实而是数据符号，核心也并非裁判思维而是算法规则。囿于算法必须提前预设编写且运行中无法更改的特性，人工智能裁判表现出明显的闭合性特征。具体而言，人工智能裁判的闭合性特征表现在如下方面：

第一，算法前置依赖性强。人工智能来源于智能，而智能来源于人。单纯的人工智能本身无法完成自主认知、识别、分析证据，推理判断得出裁判的任务，需要相关功能的算法为其注入思维和灵魂，而这些算法则必须通过人工方式提前编写并完成装配。人工智能裁判这种依赖提前编写算法且运行中无法更改算法的特性就是算法前置依赖性。也正是这种依赖性决定了人工智能裁判的闭合性。首先，人工智能裁判实质上是在既定的算法疆域里依循固定的轨迹运行，就像按照剧本情境演出的艺人，其命运早已被规定和限定，不会也不能冲破束缚，产生新鲜的创造。其次，算法一旦运行则不可更改。在每一次算法裁判中，除非得出运算结果，否则无法中断、更改算法规则。这使每一次算法运行都是单向度的行为，不具有可逆转性。

第二，裁判过程封闭性高。按照功能分类可将人工智能裁判过程大致分解成信息输入、算法裁判、信息输出三个部分。其中，信息输入和输出部分是机器语言和人类本族语言的转换过程，仅起到辅助作用，并不涉及裁判的核心内容。人工智能裁判的核心在于算法裁判。与法官裁判过程相比，算法裁判表现出如下特质：其一，裁判过程瞬间完成。因为人工智能以计算机为基础，具备大容量、高速度的计算能力，数据运算可以在一瞬间完成，这就使算法裁判更像是一个“一次性”过程。[①] 其二，裁判过程不可逆。由于裁判过程瞬间完成，算法裁判并未给整个裁判过程留下容错和纠正的空间。即便信息输入有误、运算出现偏差等错误出现，也只能等裁判结束后才可纠正。就单个算法裁判过程而言，其流程只能单向且持续不断地行进，并不存在法官裁判中发现错误得以退回前一步骤的可逆性。其三，裁判过程不可交互。与上一特性相同，算法裁判过程的瞬时性同时催生了裁判过程的不可交互性。对人工智能裁判而言，系统只能接受初始时一次信息输入，随时出现的新的信息无法在算法运行过程中及时录入。而且当事人也无法在瞬时完成的裁判过程中发现问题，更遑论对问题提出异议了。在算法运行过程中，并不存在人机互动的情况。其四，算法裁判是被动性过程。算法裁判过程的运算规则是人工提前编写好的且在算法运行过程中无法修改，这就决定了整个算法裁判过程是按部就班被动展开的，并不具备类似人类法官思维的主动认知和相应反馈能力。在算法裁判过程中，系统只能在已经输入的案件信息的基础上进行运算并得出相应的裁判结果，无法模拟法庭审判中通过与当事人互通来筛选证据信息的过程。其五，算法裁判存在理论隔离。算法裁判的运算规则是专业人员根据相关知识和系统需求预先编写的，他们只负责程序编写和调试。法官和当事人则只负责对装备完成的系统加以使用。这样的模式决定了算法裁判存在理论隔离。首先，编写者和使用者分离加之专业知识的障碍，令使用者只知结果，不知结果如何得出。其次，案件当事人无法理解裁判结果得出的原理且得不到充分的论证说理，裁判结果的公信力和社会效力存疑。以上种种均是人工智能裁判过程封闭性高这一特质的良好佐证，也由于这种高封闭性的特质决定了人工智能裁判是一种闭合性的裁判范式。

① 罗维鹏：《人工智能裁判的问题归纳与前瞻》，载《国家检察官学院学报》2018 年第 5 期。

第三，裁判结果确定性高。人工智能裁判是以深度学习和卷积型神经网络等算法为核心研发完成的，具备很强的学习能力和模拟能力，但究其根本还是以抽象推理形式为底层原理。抽象推理是环环相扣的线型或交叉型推理模式，是理性且客观的，并不具备跳跃、发散的直觉联想能力。正是这种抽象推理模式导致经由人工智能裁判系统得出的裁判结果并非完全不确定，而是相对确定的。具体而言，算法裁判在运行过程中可能出现两种情况，一种是运行过程流畅、没有数据冲突，另一种是运行中遭遇数据流冲突。在前一种情况中，人工智能裁判系统已经为输入的案件信息做好了信息节点的预设和由节点关键词映射结论关键词的算法规则的预设。在算法规则不做变动的情况下，同类案件的信息关键词找寻结果关键词的路径是相同的，输入相似的信息关键词只会导出相似甚至相同的结论关键词。换言之，人工智能裁判只是在固定通路上对既定关键词的选择和匹配。而在后一种情况中，算法会在先一个阶段形成结论关键词集合，直到系统认定穷尽所有匹配可能性为止。之后才会在线形成的结论关键词集合中分析选择匹配性最高的结论。由此可见，人工智能裁判系统虽在计算速度上达到瞬息万变的程度，但实际在其运行机理上分明有迹可循、相对确定。人工智能裁判得出的裁判结果并非随机生成，即便在数据冲突的情况下，其结论也会在某个集合范围内保持相对确定。

（三）人工智能裁判是一种“归纳性”裁判

人工智能的运作模式是“数据+算法”，人工智能裁判的运作模式则是“司法数据+司法算法”，其中司法数据是驱动力，司法算法是运行工具。无论司法数据还是司法算法，均在一定程度上体现出归纳性的特征。这是人工智能裁判符号性和闭合性特征的必然导向。

从司法数据方面考量，人工智能裁判是在既有历史数据基础上的判断。首先，人工智能裁判的闭合性特征决定了在其运行过程中无法为其他信息介入预留窗口，这就使法官审判模式下的直接言词原则再无用武之地，这也揭示了人工智能裁判其实是对过往历史数据分析判断进而得出结论的本质。其次，大数据是人工智能的基础技术，在大数据模式下数据得以通过自身展现价值，即“数据驱动”。这种“数据驱动”模式更依赖于基础数据的新鲜度和细颗粒度，只有在二者俱佳的前提下才能展现出数据的最大价值。在司法裁判情境下分析，现有司法数据无法保证其新鲜度，因此只能通过在细化数据颗粒度基础上归纳形成类案统一证据指引的方法进一步规范并保证数据精度。这种方式已在司法实践中得以体现，例如上海市法院研发并投入试运行的“206 系统”①。综上种种，不管是数据的历史性还是“数据驱动”的认知模式都使人工智能裁判在司法数据层面上表现出浓重的归纳法色彩。

从司法算法方面来看，人工智能裁判是对既有案例数据的归纳总结。人工智能裁判系统的核心算法无外乎具备深度学习功能的卷积神经网络算法模型。这种算法模型能从输入的信息库中分析提取出高阶特征，即表征学习能力。换言之，卷积神经网络算法本身是一种普适性的可以自主发现并归纳数据特征的底层规则，即发现规则的规则。人工智能裁判通过这种算法归纳类案特征、形成规则，再将待裁判案件对比该规则，进而得出结论。具体而言，人工智能裁判的运行过程可以分成两个阶段：第一阶段，预设的司法算法归纳提取类案高阶特征，形成类案规则。该阶段是对司法案件数据库既有信息的梳理和分析，发现挖掘相似数据节点、形成高阶特征的具体方法虽然深奥复杂，但基本理论却是归纳法的延伸。第二阶段，以形成的类案规则为参考系，对待裁判案件信息进行进一步比对和归纳。待裁判案件信息以格式数据形式输入系统，触发算法将之在数据层的层面上与已形成的类案规则进行比照，寻找相似的数据特征，进而牵引、连接、拼合成最终的裁判结论。这个过程本质上是算法对于新输入信息和已形成规则之间数据结构相似度的找寻和匹配。与此同时，在每一组匹配完成后，都将进一步丰满归纳过程，使类案规则不断完善。由此可见，无论人工智能裁判运行的哪个阶段，归纳性都表现得淋漓尽致。

二、“数据 + 算法”：人工智能裁判的运作机理

人工智能作为计算机科学的最前沿分支，立志于以机器之能模拟并还原人类智能。作为人工智能在司法领域的延展方向，人工智能裁判的美好愿景是以机器裁判代替法官裁判。想要探讨这一终极目标是否可行，就必须明白人工智能裁判的运行机理。如果剥离附

---

① “206 系统”是上海市法院研发的智能审判辅助系统，其中完成了证据标准和证据规则指引功能，通过对现有历史案件材料的分析，归纳出不同类型案件的证据标准。

加在人工智能裁判上的拟人化外部效果，它本质上是一套具备自主学习和预测能力的计算系统，而这套计算系统的重中之重在于支撑其运行的数据和算法。

（一）数据：人工智能裁判运行的知识储备

如前文所述，人工智能这一概念早已有之，但囿于小数据时代数据匮乏的境况，不足以支撑人工智能的实质性发展。直到大数据时代来临，冲破数据桎梏，全数据模式得以实现，人工智能技术才得以指数式增长。换言之，人工智能技术是以大数据为前置支撑技术发展运行的，它是一种二阶技术。只有通过充分的数据样本投喂，才能使人工智能得到充分学习，从而以数量筛选精度，得出精确的结果。人工智能裁判作为人工智能在司法领域的分支，也是如此。

首先，在人工智能裁判语境下，数据为生产智能司法知识创造了空间。司法实践中已运行的智慧司法系统，其功能大体可归结为智能案件推送、证据标准和证据规则指引、单体证据评估、量刑预测、裁判偏离预警、司法文书智能生成等。而这些功能在本质上都离不开司法数据的支撑和指引。仅以证据标准和证据规则指引为例作出深度剖析。以证据标准和证据规则指引较为有效的上海法院的“206 系统”为例。在该系统研发过程中，技术人员将格式化后结构规则的历史案件数据切分为颗粒度尽可能小的数据片段，并在此基础上运用相应算法提取共性特征，经过人工标注，最后形成类案证据标准。在上述过程描述中不难看出，数据是一切行为的前提条件和资源基础，后续所有的切分、归纳、标注等复杂行为都是在数据层面上的操作。从信息输入、算法运行再到最后的结果输出，都是以数据的形式流转，可以说数据是人工智能裁判的表现形式，是人工智能裁判运行的血液。与证据标准和证据规则指引相比，其他功能在运行原理和技术应用方面大同小异，并无本质差别。另外，如果将人工智能裁判看成认识旧知识并形成新知识的过程，那么不仅是二者的表现形式，而且无疑为其创造了可适性空间。

其次，数据是淬炼人工智能裁判精确性的火焰。如上文所述，人工智能裁判系统运行流程可分为两个阶段：第一阶段是内部知识和规则的形成阶段。人工智能裁判需要分析样本数据库，提取其具备共同性高阶特征，形成自己的类案标准和内部智能知识库。第二阶段是规则的运用阶段。在待决案件信息输入人工智能裁判系统后，激发匹配相应的类按标准并在内部智能知识库中检索关联度高的知识片段，最终形成结论。上述过程是在技术层面上对人工智能裁判过程的解构和梳理，该过程只能保证系统可以作出相应裁判结论，但结论的精确性则无法保证。从社会效果的层面来看，司法裁判作为终局性结论，必须要为社会所接受才有公信力可言，才能进一步发挥定分止争的效果，而这种效果和公信力来源于裁判结果的精确性。这就要求人工智能裁判系统不仅要保证裁判可以作出，而且要保证裁判的精确性。解决这一问题的关键不在算法，而在于数据。人工智能裁判系统是以卷积人工神经网络算法为核心进行深度学习的。从微观的角度拆解这种深度学习算法的技术路径，可以得知：在每一个单体学习循环中，新输入的样本数据，会刺激算法进行新一轮的分析和吸收，在此基础上修正、完善原有的规则和知识库。如此往复，经过海量的数据投喂，理论上可以达到近乎真理的正确性。换言之，是样本数据的数量和质量控制并决定了人工智能系统运行结果的精确性。转换到人工智能裁判系统下分析，裁判算法通过一次又一次既有司法数据的投喂，不断更新弥补自身形成的裁判规则和内部智能知识库，每一次新数据的注入都是智能裁判走向精确的助推。裁判算法决定了系统如何运行和裁判行为是否可以成功作出，而数据则是过滤偏差、淬炼裁判结果精确性的火焰。

最后，在全样本司法数据模式下，数据为人工智能裁判提供了新的认知动力。有别于“理论驱动”先建构假想模型后用数据和试验加以证实或者证伪的传统认知模式，大数据时代赋予了数据独立表征自我价值的能力，形成了特有的“数据驱动”的独特认知模式。在这种模式下，数据即作为科学认知的学习对象、生成对象，也是推动深度学习过程的认知动力。具体言之，得益于大数据时代的技术进步，使巨量数据的积累和分析成为可能。这就使“数据因为本身的巨量存在，可以独立于理论而自己说话，并展示自身的真理性”[①]。在全数据模式下，数据本身是自给自足的，其本身天然具备独立的意义和真理性，数据本身就足以推动科学的发展，“新科学发现的途径将由我们正在积累的大量数据集合所推动”[②]。在人工智能

① 贾向桐：《大数据的新经验主义进路及其问题》，载《江西社会科学》2017 年第 12 期。

② Tony Hey, Stewart Tansley, and Kristin Tolle. The Fourth Paradigm: Data - Intensive Scientific Discovery, (Microsoft Research, no. 10, 2009).

裁判领域内，情况依然如此。海量司法数据本身包裹着巨大价值信息和潜力，由这些近乎无限的数据资源形成的数据经验完全可以超越小数据模式下固有经验不足形成的桎梏，也完全可以为人工智能裁判提供能充分供应且稳定输出的澎湃认知动力。

（二）算法：人工智能裁判的思维核心

人工智能的核心要旨是使机器具备人类思维过程中的认知和判断能力。要完成这一目标，重点在于使机器学会学习。而欲使机器学会学习，重点在于构建具备学习能力的算法。回首人工智能的发展脉络，这种机器学习算法大抵可分成两类：基于先前知识的推理和基于大数据而发掘数据背后的规律。① 对于前者而言，它可以使人类本族语言和机器语言形成沟通，在分析输入的问题后，通过检索储存的文件内容得出相似度最高的答案。从本质上看，这种所谓的学习算法并不具备深层学习能力，仅局限于自然语言处理和相似数据匹配层次。与之相比，后者出现更晚，但却真正涉及深度学习能力，主要可归纳为决策树学习、类比学习和人工神经网络学习等。② 这种深度学习算法可以根据投喂的数据库进行自主学习，把握数据特征，归纳共性规律，无须根据面向的数据库不同而对算法加以调整。换言之，这种深度学习算法是掩藏在各种规律之后的元规则，具备随机应变提炼相应共性规则的能力，并以此拟合人类智能的逻辑推断能力。

在众多机器深度学习算法中，尤以卷积人工神经网络算法学习能力最强、应用最为广泛。卷积人工神经网络算法是模拟人脑及其神经网络行为特征而发展出来的非线性运行模式，它由众多神经元的连接权值连接而成，具有良好的深度学习功能，③ 它是由系列算法共同组成的算法系统。卷积人工神经网络算法通过对相应知识图谱的学习，从投喂的样本数据库中把握数据的本质特征并抽取数据的共性规律，以此为参考系对待决事件进行分析并得出精准预测。

---

① ［美］温斯顿：《人工智能》（第 3 版），崔良沂、赵永昌译，清华大学出版社 2005 年版，第 259—260 页。

② ［美］Start J. Russell、Peter Norving：《人工智能——一种现代的方法》（第 3 版），殷建平、祝恩、刘越等译，清华大学出版社 2013 年版，第 254 页。

③ ［美］雷·库兹韦尔：《人工智能的未来》，盛杨燕译，浙江人民出版社 2016 年版，第 131 页。

在人工智能裁判情境下分析，卷积人工神经网络算法系统中的模拟神经元节点通过对不同裁量结果影响因素的拟合完成分析处理大容量且高复杂度的数据信息的任务。在此过程中无须对各影响因子以精确数字形式表达，也无须预先对各元素的权重加以设定。与此同时，算法可以在不同卷积层上对各影响因素进行选择，通过归纳抽取匹配规则实现新旧知识的转化，并在定义规则的基础上进行全数据模式的学习，从而具备对新输入数据的分析和预测能力。具体而言，卷积人工神经网络算法系统主导下的人工智能裁判的运作机理可以简要归结为如下几个阶段：首先，根据样本数据构建知识图谱。知识图谱是人工智能深度学习的对象与前提。卷积人工神经网络算法首先对给定样本数据库（历史案件信息）包含的语义信息内容进行拆解分析，根据语法、结构等特征归纳抽象出该数据库中信息的高阶特征，并建构相应知识图谱，形成内部知识库。其次，分词建构。在内部知识库和知识图谱建构完成的基础上设置分词，每一分词代表一种抽象后的属性类别，并对每一独立分词进行属性标注，对各分词之间的关联情况作出关系标注。再次，拆解案件要素并形成假设。将案件信息拆解成小颗粒度的若干影响因素，影响因素各自对应一个或若干个分词，并以运算法则为牵引生成假设。最后，待裁判案件与系统生成假设对比并得出结论。将待裁决案件信息如第一步拆解成相应影响因素，并将这些影响因素与系统生成的假设对应比照，在既有假设中搜索相似匹配度最高者，则可适用其对应的规则，并依此规则得出裁判结论。① 简而言之，人工智能裁判运行过程可以归纳为：案件信息输入—信息拆解与分析—比对并找出最优规则—得出裁判结果。

综上所述，人工智能裁判由数据和算法两大核心板块架设而成。数据为人工智能裁判创造知识提供空间并可提纯裁判结果的精度。算法则为人工智能裁判构建思维核心，通过构建知识图谱、抽取共性规则、比对待决案件信息，选择最优规则，进而得出裁判结果。

三、价值与意义：来自人工智能裁判的机遇

人工智能作为一种具备自主学习和进化能力的智慧技术，已不

① 高翔：《人工智能民事司法应用的法律知识图谱构建——以要件事实型民事裁判论为基础》，载《法制与社会发展》2018 年第 6 期。

可避免地进入人类社会的方方面面，人类的生活方式、工作方式乃至探索真理的范式都在不同程度上被更新。它在不断“攻城略地”式地渗入并改变传统领域的过程中，也给传统领域注入了新的动能、激活了新的生机。人工智能裁判作为人工智能大潮于司法领域的具现虽然给传统司法带来不小冲击，但也确实为古老如史诗般的司法领域带来了积极效能与有效改革的机遇。

（一）提高裁判效率，缓解“案多人少”之窘境

囿于法律的厚重与严谨和司法裁判的终局性定位，法官裁判案件从来不是可轻易为之之事。法官力求法律效能与社会效能俱佳，无不需要耗费心力、斟酌再三方得裁判结论。加之裁判案件对法官的法律素养、个人素养各方面要求甚高，导致案多人少的尴尬局面。具体言之，司法实践中桎梏裁判效率的因素大概有三：其一，法条冗杂，裁判法官寻找和阅读量大。随着时代不断进步，各种新型犯罪和案件类型不断涌现，导致相应法律法规不断确立和完善。法官裁判相应案件必然要不断学习并熟练掌握新增法规，这种不断增量的学习过程给法官带来极大的法条成本压力。其二，案件量大且类型繁芜，裁判法官疲于应对。社会经济的复苏与繁荣会在一定程度上促使纠纷和犯罪的生成。随着近年来我国经济形势的上行，各种案件也如雨后春笋、层出不穷，加之案件类型繁杂、分类性极差，给法官裁判带来极大负担。其三，审判辅助事务缠身，法官难以专心裁判。司法实践中，裁判法官还有大量事务性工作以及审判辅助类工作需要完成。这些工作分散并消耗了裁判法官的大量精力。

对于上述束缚裁判效率的因素，人工智能裁判的技术优势无疑有所助益。首先，面对汗牛充栋且在持续增加的现行法律规范，人工智能可以通过对法律规范数据库的深度学习把握其本质特征，当法官裁判具体案件时直接根据案情调取相似或者相关的法律规范，供法官选择，当案件节点特征典型性高时甚至可以导出直接适用的法条。如此一来，可以极大地缩减法官找寻和学习法律条文的时间，显著提高裁判效率。其次，表面看来，裁判效率低下之诱因在于案件之多且杂，而究其根本，不过是个案平均耗时过巨。案件数量多不妨以提高个案裁判速度破之，案件类型杂不妨以分类归纳解之。以上二者皆可通过人工智能裁判之技术支援得以实现。智能技术最大也是最直观的特点是大容量、高速率的数据信息计算能力，人工智能与司法裁判的融合，能最大程度地释放裁判效率。同时，人工

智能裁判的深度学习能力更能将杂乱的案件根据各自特征归纳分类，进一步提高裁判效率。最后，人工智能裁判可以通过智能技术手段将大量审判辅助类工作代行处理，形成辅助事务“智能化处理与集约化管理”[①] 模式，最大程度上减轻法官的压力，进而提高裁判效率。

（二）助益裁判标准统一，达成“同案同判”之愿景

公正是司法裁判的生命力与公信力的来源。公正的裁判结果必然是正确的裁判结果，而正确的裁判结果必然经得起重复过程的检验。换言之，公正的裁判结果在司法实践中的具现表征应该是：类似案情的案件理应得到类似的裁判结果，相同案情的案件理应得到相同的裁判结果。这一结果并不因主审法官、审判地域或者审理次数的改变而有所差异。简而言之，就是公正的裁判要做到“类案类判”“同案同判”。

然而，理想中的公正局面却远未在司法实践中出现，裁判结果在各省域之间、同省各法院之间，甚至同院各法官之间都不尽相同。细查其结果，原因大概有二：其一，已决案件信息无法共享，各审域独立把握。虽有已经建立的司法裁判案例共享平台，但各地法院上传的案件信息不管从数量还是质量上看都并不乐观，这直接导致各地已决案例信息无法统一共享，甚至有误导法官裁判的风险。其二，法官主观经验差异，心证结果无法统一。“一千个读者有一千个哈姆雷特。”法官裁判需查究证据材料，由事实认定匹配法律规范，加之以价值判断最终得出裁判结论。在整个过程中，法官的个人经验贯穿始终，而这种经验的形成因素驳杂且具有鲜明的个人特色，很难划定统一的标准。

人工智能裁判因其运行机理和机器智能属性，天然选择了一条有别于法官裁判的路径。上述问题诱发于法官裁判，却无法对人工智能裁判形成障碍。首先，上文已对人工智能裁判的运作机理作了详细剖析，说明了数据对其的重要意义，此处不做赘述。形成真实、完整的案件数据库是人工智能裁判系统平稳、精准运行的前置条件。虽然直接实现全国范围内司法数据集中储存力有不逮，但以省、市为界域的试行工作已在实践中展开并取得了良好的运行效果。例如，

---

① 孙道萃：《我国刑事司法智能化的知识结构与应对逻辑》，载《当代法学》2019 年第 3 期。

上海市法院“206 系统”就建立了自己的案例数据库，该数据库汇总了上海地区过往司法数据共计 2800 万条，其中案例 9012 个，裁判文书 1600 万篇，法律法规司法解释 948384 条。[①] 其次，人工智能裁判并非通过事实认定、法律适用和价值判断交织的方法得出裁判结论，而是通过比对待决案件数据与既有数据特征，依照相关关系找寻并匹配最高相似度规则的方法生成裁判结论的。这种方法是对历史案件数据本质特征的数字化把握，有着精密且严谨的数理逻辑为支撑。它在某种程度上摆脱了司法裁判对个人智慧的依赖，经过并超越了个人经验，达到了群体经验的彼岸。而群体经验的汇总与融合则意味着稳定且统一的标准的生成。

（三）超越固有偏见，达成裁判过程“绝对客观”之目标

如上文所述，囿于案件信息资源的割裂和法官主观判断的特异性，仅凭法官裁判案件似乎很难到“同案同判”的理想状态。而所谓的“同案不同判”包含两层内容：裁判结论正确前提下的“同案不同判”和裁判结论错误前提下的“同案不同判”。对于前者来说，仅是量刑偏差和司法裁判偏离尺度的问题，并未达到在实质层面上威胁司法公正的地步。与之相反，后一种情况就不再是尺度偏差层面的考量，而是上升到对与错的本质性拷问，这是对司法公正的实质性颠覆。然而，人类智能的核心是社会性与感性因素，法官作为其中一员似乎很难做到在裁判案件过程中始终保持绝对的客观与理性。以严谨且精确的数理逻辑构建而成的人工智能裁判系统不会受到固有偏见的影响，也不会产生似人类智能一般的短时剧烈情绪涌动，它可以做到绝对的客观与冷静，而且可以长久、稳定地维持这一状态。作为人工智能裁判系统运作的核心，裁判算法在编写之初就被写入了刚正不阿的特质，它不以外界因素的改变而动摇，甚至不以程序编写者的后续情绪为转移。因为算法只关乎数学公式，而非其他。人工智能裁判系统的机器性带来了行为的精准可复制，捍卫了裁判结果的持续性公正，而它的“绝对理性”超越了人类智能的易动摇性，保证了裁判过程的“绝对客观”。这也正是人工智能裁判备受重视的最重要原因。

---

① 崔亚东：《人工智能与司法现代化——“以审判为中心的诉讼制度改革：上海刑事案件智能辅助办案系统”的实践与思考》，上海人民出版社 2019 年版，第 109 页。

四、人工智能裁判中的法律现实主义

人工智能裁判系统以全样本数据为基础、以充斥精确数理逻辑的算法系统为工具构建而成。它试图用机械语言模拟法官思维，以达到辅助甚至代替法官裁判的目的。但这种模拟是以裁判效果为评价标准，无法掩饰其与法官在裁判案件时思维路径上的本质不同。人工智能裁判的认知起点是对司法数据本质特征的把握，而非人类智能般对知识的理解。人工智能裁判的过程是对不同案件数据间高阶特征的关联与比对。它本质上是一种“符号性”“闭合性”“归纳式”的抽象裁判范式，追求的只是裁判结果的合理与精确。而这种后果取向的目标定位即法律现实主义的核心范畴。

法律现实主义强调后果取向和社会效果的重要意义。法律现实主义认为，“行动中的法律”比“书本上的法律”更有价值；[①]“法律的目的才是法律的灵魂”；[②] 司法裁判并非天然生长在法律系统这座“玻璃屋”内部，还需要在情境之中诠释规则的内涵。法律现实主义旨在强调一种“以实用主义哲学为基础，以法的客观社会现实为研究对象，突出强调法官行为并注重司法效果的方法论”[③]。它认为“法律只有在解决了特定问题时才能实现自己的价值”[④]。

法律现实主义既不同于法律形式主义，把裁判过程完全束缚于由三段论推理模式构筑的“牢房”之中；又不同于开放结构理论，把解决问题的办法寄希望于对法律现实主义和法律形式主义左右摇摆的妥协与试探之中。法律现实主义最大的贡献之处在于从后果取向出发，把法律当作调整或达成社会效果的工具。它将裁判从单纯的法律系统中解放出来，并将其投入复杂因素交织的社会的汪洋大海之中。与法律形式主义偏执地执着于对裁判过程的坚守相比，法律现实主义早已参透法律作为工具存在的本质，走过并超越了过程，直达目的效果的彼岸。

---

① 王德玲：《法律现实主义、后果取向与大数据——疑难案件裁判范式新探》，载《山东社会科学》2019 年第 5 期。

② 王德玲：《法律现实主义、后果取向与大数据——疑难案件裁判范式新探》，载《山东社会科学》2019 年第 5 期。

③ 胡铭：《法律现实主义与转型社会刑事司法》，载《法学研究》2011 年第 2 期。

④ J. Frank, Law and the Modern Mind, (Brentano's Publishers, 1930), p. 246.

作为一个传承久远且内容厚重的法学方法论和法哲学思想，古老的法律现实主义与新兴的人工智能裁判巧妙地形成了思想层面的共振。法律现实主义为人工智能裁判提供了一种值得信赖的理论背书，其重要意义在如下几个方面得以体现。

（一）法律现实主义为人工智能裁判填补了值得信赖的思想内容

人工智能裁判作为一种新兴的司法裁判模式，从根本上反叛了法官裁判的逻辑路径。因此，法官裁判的正义观必然会在适用于人工智能裁判时出现“水土不服”的症候。有鉴于上述标准之苛刻，适配于人工智能裁判的最佳正义观始终处于缺如状态。正是这种思想基础的缺失状态使人工智能裁判经常遭受可靠性与信赖性不足的种种质疑。

法律现实主义对人工智能裁判的补益，不是赋予其不切实际的思想上的蛊惑，而是从后果取向出发将裁判结果拉回到现实效果中来评价。其一，法律现实主义挣脱了法律形式主义对三段论的僵化追求，以更灵活的姿态回归到社会效果的整体之中。它本身是结构严谨且合理的。而法律现实主义之于人工智能裁判的共通之处在于都将个体经验扩大到整体层面且都是超越过程直面结果的。因此，以法律现实主义支撑人工智能裁判也有其内在合理之处。其二，法律现实主义认为法律作为调节社会秩序的工具，其裁判结论只有回归到社会效果层面才有价值。对人工智能裁判结果的评价也不必在此过程的问题上过分纠缠，而应该在裁判结果的正确性与社会效果层面考量。恰巧人工智能裁判是在海量已决案件数据的基础上运行裁判的。换言之，它源发于已产生良好社会效果的正确判例集合，又回归于社会效果层面等待评价。这也意味着人工智能裁判必然是在正确判例的平均正确率之上作出裁判结论的，其社会效果必然经得起考验。

（二）法律现实主义为人工智能裁判带来了“宏大风格”的裁判模式

人工智能裁判的困难是在大数据分析比对的宏大模式下追寻个案的社会信赖效果，大样本量的分析比对不可避免，个案的社会信赖效果又必须追寻。法律现实主义是一种挣脱了过程束缚的后果取向型理论，它倡导一种极富包容度的宏大风格的裁判模式，而对那种唯法条与推理至上的机械式程式化风格的裁判模式表现出一种反抗的姿态。这种包容而审慎的宏大风格的裁判模式正是人工智能裁判亟待吸收的理论模型。

一方面，宏大风格将人工智能裁判结论的评价标准指向正义而非秩序。程式化风格的裁判模式单向度地拘泥于对规则的机械适用，认为裁判结果与规则本身能在逻辑上形成自恰即可，至于裁判结论可能引发的社会效果则被认为与案件无关。这种封闭在法律系统内部的裁判结果导向的是秩序而非正义。与之相反，法律现实主义将关注的重点直接锁定在社会效果上，对于裁判过程则持一种重视却不苛求的态度，它重视的是法律对正义的捍卫而非单纯对秩序的加固。“裁判结论是正义的”比“裁判结论是可以稳定秩序的”更符合人工智能裁判的设计初衷。就价值而言，秩序仅是对社会现象的表层感知，而正义则是导向社会效果的深层根源。人工智能裁判的设计初衷是以还原法律的客观性为路径保证裁判的公正，进而捍卫社会正义。因此，在正义的社会效果层面评价人工智能裁判是合理且准确的。

另一方面，宏大风格为人工智能裁判于模糊性中寻找确定性奠定了理论基础。司法裁判的种种尝试，往往在法条的明确性和推理的严谨性上寻求裁判结论的精准度，进而获得某种类似自然科学的精致感。事实上，作为与社会效果直接相关的社会科学门类，司法裁判更像一门包罗万象且复杂异常的艺术。法条的稳定性与滞后性决定了它必然无法涵摄所有社会现象，规则的模糊性不可避免。案情的复杂多变又导致严谨的推理必然存在无法回避的局限性。这些都导致了司法裁判往往必须面对在模糊性中寻找确定性的尴尬局面。与法官裁判相比，人工智能裁判在面对此种窘境时则显得更加游刃有余。这是因为人工智能裁判以现实中已然产生积极社会效果的已决案例信息为学习对象，且根据高阶特征的比对得出裁判结论，它是从社会效果中学习而来，回归到社会效果中去。这与法律现实主义的核心要旨不谋而合。法律现实主义认为，“一个社会的浓缩了各类因素在内的独特的法律文化蕴含着裁判结果的可估量性”,[①] 而这种法律文化无疑在海量的已决案件中表现得淋漓尽致。

---

① 王德玲：《法律现实主义、后果取向与大数据——疑难案件裁判范式新探》，载《山东社会科学》2019 年第 5 期。

人工智能裁判作为智慧科技与古老法律的融合产物，具有其独特的存在意义与生命力。它既缓解了我司法实践中“案多人少”的尴尬困境，为司法裁判注入了新的生机；又促进了裁判标准的统一，助益“同案同判”之愿景达成现实；还超越了固有偏见，达成了裁判过程“绝对客观”之目标。从这个意义上讲，人工智能裁判的出现必然会形成一股新的动力，引领世界司法走向新一轮的升级。

人工智能裁判以其显著的效能加之法律现实主义的理论加成，必将走出一条与众不同的裁判路径。随着技术的不断升级和理论的不断完善，人工智能裁判必将表现出独有的理论魅力和实践价值。

实务研究

我国监察机关监督职责的法律解释
——以国家监察体制改革为视角

刘晓峰*

权力的监督是人类历史上永恒的话题。无论是古代中国“分察百僚，巡按州县”的监察御史制度，还是西方近代以来形成的立法、行政、司法分权制衡的政治体制，都从不同角度对约束公权力进行了探索。中国共产党领导下的人民政权以马克思主义为指导，继承和弘扬中华优秀传统文化，批判吸收人类历史上优秀理论成果，在总结革命、建设、改革经验的基础上，建立起一套具有中国特色的国家监察体系，加强对权力运行的制约和监督，把权力关进制度的笼子。监察机关应具有怎样的监督职责及其相应的法律构造，这是国家监察体制的核心问题。本文围绕我国监察机关监督职责的历史演变、纪检机关和监察机关合署办公对监督职责履行的影响、监察对象的范围、监督职责的方式等内容进行初步梳理。

一、我国监察机关监督职责的历史沿革

在我国，人民行使国家权力的机关是全国人民代表大会和地方各级人民代表大会，其他国家机关都由人民代表大会产生，对它负责，受它监督。相较于人民代表大会，包括行政机关在内的其他公权力组织，工作人员众多、管理领域广泛、管理事务具体、管理方式直接。要确保这些公权力组织及所属公职人员，真正成为人民意

---

* 中国政法大学法学院 2017 级博士研究生。

志的执行者和人民利益的捍卫者，就要强化人民代表大会制度下的权力监督。“监察权的产生和发展正是与现代政府的发展和行政权力的不断扩张有着紧密的联系。”①

中国共产党领导下的人民政权历来重视监察工作，早在根据地时期，党就带领人民开展了积极探索。新中国成立后相对稳定的政治环境，为成立专门的监察机构、确立监察体制创造了条件。从广义上看，监察机关的一切工作都是围绕加强对国家机关特别是行政机关的监督而展开。新中国成立初期，《中国人民政治协商会议共同纲领》第 19 条规定，在县市以上的各级人民政府内，设人民监察机关。1949 年 10 月 19 日举行的中央人民政府委员会第三次会议决定成立中央人民政府政务院人民监察委员会。1950 年 4 月，在第一次全国监察工作会议上，时任监察委员会副主任刘景范在《关于监察工作中几个问题的报告》中指出，监察机关是政权的组成部分，代表政府施行监督与纠举。② 自 1951 年起，大行政区、省（市）、市（专署）、县（市）等各级人民监察机构相继组建。第一届全国人民代表大会第一次会议通过的 1954 年宪法，虽然没有对监察制度作出直接规定，但随后通过的《国务院组织法》将原政务院人民监察委员会改为国务院监察部，地方各级监察机关也作出相应调整。从 1955 年颁布的《监察部组织简则》来看，“监察部为了维护国家纪律，贯彻政策法令，保护国家财产，对国务院各部门、地方各级国家行政机关，国营企业、公私合营企业，合作社实施监督”。③

1982 年宪法不但规定人民代表大会具有广泛的监督权，还规定由行政机关领导和管理监察工作。1986 年 12 月，第六届全国人民代表大会常务委员会第十八次会议根据国务院的提请，决定“为了恢复并确立国家行政监察体制，加强国家监察工作，设立中华人民共和国监察部”，④ 一度撤销的监察部至此正式恢复。1987 年 8 月，国

---

① 张瑜：《从“应然”层面解析国家监察体制相关概念及内涵》，载《行政法学研究》2017 年第 4 期。

② 中共武汉市纪律检查委员会：《建国初期的纪检监察工作》，载中国共产党新闻网 2012 年 9 月 23 日，http://fanfu.people.com.cn/GB/143349/165093/165095/9888570.html，2019 年 10 月 20 日最后访问。

③ 《监察部组织简则》第 2 条。

④ 韩大元：《论国家监察体制改革中的若干宪法问题》，载《法学评论》2017 年第 3 期。

务院发布《关于在县以上地方各级人民政府设立行政监察机关的通知》，各地随即设立了省（区、市）、市（地、州、盟）、县（市、旗、区）三级行政监察机关，有的地方在乡、镇也设立了行政监察机构。行政监察机关还根据工作需要，向一些政府所属部门派出了监察机构或人员。[①] 行政监察机关的职责主要是对政府机关及公务员遵纪守法情况进行监督。既能够对执法、廉政、效能情况主动监督，也接受公众的申诉、控告、检举。发现行政机关违纪违法的可以提出监察建议，发现公务员违纪的，既可以直接作出处分，也可以建议相应主管行政机关给予处分。可以说，行政监察机关自设立以来，在纠正违纪违法现象，查处贪污腐败行为过程中扮演了重要角色。但由于一段时间内，对权力监督体系顶层设计缺乏统筹，监督力量配置较为分散，行政监察机关在履职过程中存在监督范围较窄、权力边界不清等问题，发挥的功能也较为有限。

党的十八大以来，党风廉政建设和反腐败斗争深入开展，推动监察工作的理论和实践产生突破。2016 年底开始的国家监察体制改革，以原有的行政监察机关为基础，通过检察机关中查处贪污贿赂、失职渎职和预防职务犯罪等职能部门的转隶，对分散的资源和力量进行整合，在此基础上设立各级监察委员会，实现对所有行使公权力的公职人员监督全覆盖。从实践来看，无论是将所有行使公权力的公职人员纳入监察范围、督促其正确履行职责，还是坚定不移查处腐败案件、取得利剑高悬的震慑之效，都在事实上起到了监督作用。

相对于其他机关的监督，监察机关监督的特点及优势十分明显。首先，监察机关是监督的专责机关。对其他国家机关而言，监督只是自身职责的一部分，有的国家机关只是在履职过程中客观上发挥了监督作用，而监察机关的监督则是其基本职责、第一职责。党的十八大以来，监察机关聚焦主责主业，进一步提高了专业性，形成了监督工作新格局。其次，监察机关的监督是一种自上而下的有权监督。监察机关得到了最高权力机关的授权，可以主动启动监督程序，监督措施也更为有效。例如，对于涉嫌贪污贿赂、滥用职权、玩忽职守、权力寻租、利益输送、徇私舞弊以及浪费国家资财等职

---

① 中央纪委监察部宣教室：《中国行政监察简论》，中国方正出版社 2002 年版，第 64 页。

务违法行为，监察机关自身就可以开展调查并作出处置决定，如果该行为涉嫌职务犯罪，在调查完成后还可以移送检察机关依法提起公诉。与其他机关相比监察机关的监督显然更具震慑力。最后，监察机关的监督是一种"监督的再监督"。监察机关权力很大，监督范围也比较广，但不意味着什么都管。监察机关必须在法律限定的范围内履行职责，在对公职人员"依法履职、秉公用权"等情况进行监督的过程中，要防止冲到执纪执法一线代替、包办其他机关的工作，更不能行使属于人民代表大会的其他权力。

二、纪检机关与监察机关合署办公对监督职责履行的影响

从狭义上看，监督是法律明确赋予监察机关的职责。《监察法》第11条规定："监察委员会依照本法和有关法律规定履行监督、调查、处置职责。"作为与"调查""处置"并称的三大职责之一，"监督"是排在首位的，是监察机关的基本职责、第一职责。但是相对而言，监察法对"调查""处置"的规定较为具体，对于"监督"的规定则较为简单、抽象，仅规定"对公职人员开展廉政教育，对其依法履职、秉公用权、廉洁从政从业以及道德操守情况进行监督检查"。监察法同时规定，监察机在监督、调查过程中均有权依法向有关单位和个人了解情况，收集、调取证据。这也造成在"监督""调查"职责的区分上，界限比较模糊。有学者据此指出，监察法中的监督职责规范体系过于薄弱，其运行所需的体制、机制及保障系统规范几近阙如，探寻监督职责履行的法治路径，抓紧建构实现路径的基础理论与规范体系至关重要。笔者认为，监察法关于监督的规定确实比较概要，但不能就此得出"监督职责规范体系过于薄弱"的结论，对于监察机关监督职责的研究不应局限于监察法，而应在更宽广的范围内理解把握。

监察委员会与党的纪律检查委员会合署办公，是其履行职责的重要特征。早在1993年，当时的党的各级纪委就与各级监察部门合署办公，统一行使党的纪律检查和行政监察两项职能。合署办公有利于借鉴党内监督的丰富经验，并通过严密的党内组织生活制度，使日常监督获得更有力的抓手。实践证明，合署办公的形式顺应了形势的需要，取得了良好的工作效果。新一轮国家监察体制改革，继承和发展了这一做法，并在更高层面上实现了反腐败力量的整合。党的十九大报告提出："深化国家监察体制改革，将试点工作在全国

推开，组建国家、省、市、县监察委员会，同党的纪律检查机关合署办公，实现对所有行使公权力的公职人员监察全覆盖。”第十三届全国人民代表大会第一次会议上《关于〈中华人民共和国监察法(草案)〉的说明》明确指出：“深化国家监察体制改革，成立监察委员会，并与党的纪律检查机关合署办公，代表党和国家行使监督权和监察权，履行纪检、监察两项职责，加强对所有行使公权力的公职人员的监督。”

监察机关与纪检机关合署办公，是在建立集中统一、全面覆盖、权威高效监督体系的基础上，实现党执纪与国家执法有机贯通。国家监察体制改革使各级纪委监委成为一个有机整体，无论是党内监督还是国家监督都被纳入法治框架，都成为监察委员会监督职责的一部分。根据《中国共产党党内监督条例》的规定，党的各级纪律检查委员会是党内监督的专责机关，履行监督执纪问责职责，加强对所辖范围内党组织和领导干部遵守党章党规党纪、贯彻执行党的路线方针政策情况的监督检查。根据监察法，各级监察委员会是行使国家监察职能的专责机关，依法对所有行使公权力的公职人员进行监察，调查职务违法和职务犯罪，开展廉政建设和反腐败工作，维护宪法和法律的尊严。由此可见，合署办公后的监察机关，既对党组织管理的干部、各级党组织及其工作部门进行监督，也对各级国家机关公务员和参公管理人员、法律法规授权或受国家机关依法委托管理公共事务组织中从事公务的人员、国有企业管理人员、公办教科文卫体等单位中从事管理的人员、基层群众性自治组织中从事管理等依法履行公职的人员进行监督。

三、我国监察机关的“对事监督”和“对人监督”

国家监察机关与中国共产党纪检机关合署办公，促进了国家监察和纪律检查有机融合，拓展了监督的职责范围，完善了反腐败工作体系，提升了党和国家治理能力。因此，在对监察机关监督职责的理解把握上，既要着眼国家法律，又要着眼中国共产党党内法规的有关规定。有学者看到监察法取消了原行政监察法中关于“对监察对象执法、廉政、效能情况进行监察”的规定，就片面地认为国家监察体制改革取消了“对事监督”职责，这一做法削弱了监察机关的监督，不利于充分行使国家监察权力。[1] 事实上，如果站在贯通执纪执法的视角分析，监察机关履行监督职责，既有“对事监督”，也有“对人监督”。

所谓“对事监督”，主要是对公权力机关履职行为的合法性或合理性进行监督。例如，诞生于瑞典等北欧国家并扩展至世界其他国家的监察制度规定，议会监察专员的任务主要是通过受理申诉案件，纠正国家机关违法失职行为及行政弊端。所谓“对人监督”，主要是对公职人员廉洁从政、秉公用权情况进行监督，例如，根据我国香港特区及新加坡有关制度规定，廉政公署或贪污调查局主要负责对涉嫌贪污受贿的公务员进行调查并起诉。在这种情况下，“权力的行使过程及结果仅仅是用于证明行为人腐败的证据，监督机关不需要再对该权力的不良行使进行介入与纠偏”。[2] 与之相反，“对事监督”则具有明显的过程监督特点，通过开展“对事监督”，外部监督得以介入权力的生成、分配及运行过程，有效压缩了权力被滥用的风险和空间，切实提高了“对人监督”的实际效果。

我国监察机关的“对事监督”，主要借助中国共产党纪检机关对党的路线方针政策和重大决策部署贯彻落实情况的监督来实现。我国宪法明确规定，中国共产党领导是中国特色社会主义最本质的特征。发挥政治监督的引导作用，确保中国共产党的主张成为国家意志，是依法治国、依法执政的题中应有之义。从党章规定来看，纪检机关的主要任务是维护党的章程和其他党内法规，检查党的路线、方针、政策和决议的执行情况，协助党的委员会推进全面从严治党、加强党风建设和组织协调反腐败工作。纪检机关所承担的党内监督职责具有很强的政治属性，但这种政治监督不是抽象的，而是有着具体内涵的；检查有关部门和单位工作落实情况，是以党的路线方针政策为标尺的。政治监督的目的，是通过经常性的监督检查，及时校正政治偏差，确保令行禁止、步调一致，推动各级各部门坚决维护党中央权威和集中统一领导。

监察机关的“对人监督”，是指对所有行使公权力的公职人员的

---

① 魏昌东：《国家监察委员会改革方案之辨正：属性、职能与职责定位》，载《法学》2017 年第 3 期。

② 周乐军：《“对人监察”抑或“对事监察”——论我国监察委员会监察权的边界》，载《时代法学》2018 年第 4 期。

监督。政治上的路线方针政策最终要靠公职人员来落实，从这个意义上讲，“对人监督”是“对事监督”的自然延伸。在我国，中国共产党是执政党，干部管理的根本原则是“党管干部”，即无论是党员干部还是非党员干部，本质上都是党培养提拔使用的，自然也要接受党的教育管理监督。纪检机关与监察机关合署，遵循了这一逻辑，强化了党对公权力监督和反腐败工作的领导，确保所有行使公权力的公职人员都纳入了监督范围，实现党内监督与国家监督的衔接贯通、相得益彰。监察法对监督对象的明确，也避免了改革前党内纪律检查难以覆盖党外公务员，行政监察至多可覆盖行政系统内部全体部门①所带来的尴尬局面，有利于实现监督的全覆盖、无死角。

尽管国家监察体制改革的落脚点是实现对所有行使公权力的人员的监督，但“对事监督”仍然是监察机关履行“对人监督”职责的重要支撑。职务违法犯罪具有高度隐秘的特点，外界对权力内部运转情况难以真正掌握，往往只能对权力运行的结果进行监督。而“对事监督”为监察机关了解公职人员依法履职、秉公用权、廉洁从政从业以及遵守道德操守的真实情况提供了渠道，有利于第一时间发现问题，从而形成对公权力“全过程”“全系统”的有效制约。总体来看，国家监察体制改革切实增强了对公职人员的监督实效。监察机关通过与纪检机关合署办公，既要“维护党的章程和其他党内法规，检查党的路线方针政策和决议执行情况，对党员领导干部行使权力进行监督”，又要“维护宪法法律，对公职人员依法履职、秉公用权、廉洁从政以及道德操守情况进行监督检查”；② 既能够对公权力运行过程进行监督，也能够对职务违法和职务犯罪行为进行查处，具有很强的震慑作用。

目前，关于“对事监督”的法律规定还比较粗疏，主要是监督的具体内容还不够清晰，只在党内法规中有一些较为原则的规定，至于针对规范性文件的合规性审查等是否属于监察机关职责，还需进一步明确。同时，为防止出现监察权一家独大的局面，要确保监察机关履职过程中严格遵循法定程序。尽管国家监察体制改革对监

---

① 秦前红、叶海波等：《国家监察制度改革研究》，法律出版社 2018 年版，第 8 页。

② 《深化党和国家机构改革方案》第 1 条。

察机关履行监督职责的方式、措施手段、启动程序等作出了初步规范，但对具体内容还需进行学理上的探讨，以进一步厘清监督边界。

四、我国监察机关履行监督职责的方式

深化国家监察体制改革是健全党和国家监督体系的重要部署，是推进国家治理体系和治理能力现代化的重要举措。就监察机关履职而言，监督职责是基本职责、第一职责，没有监督，调查、处置就是无源之水、无本之木。只有坚持把监督放在首要位置，惩治腐败、追究责任才能更为有力有效。实践中，监察机关采取灵活多样的方式，对公权力进行直接有效的监督，既强化信息的收集研判，完善及时发现问题的防范机制，做发现问题的"尖兵"；又对问题苗头直接提醒纠正，改进精准纠正偏差的矫正机制，防范风险于未然。

具体而言，首先，全面掌握对被监督对象的问题反映。一是利用自身优势直接发现问题。在检查遵守、执行党章党规党纪和宪法法律法规，贯彻执行党和国家的路线方针政策以及重大决策部署等过程中，通过定期听取专题报告、做好工作督导、开展专项检查及不定期抽查等方式，了解相关地区、部门、单位政治生态状况，找准风险点；通过了解被监督对象的思想、工作、作风、生活情况，以及在重要时间节点开展专项检查等方式，聚焦关键人、关键事，特别是加强对领导干部的监督。此外，监察机关通过向同级党的机关、国家机关、管理公共事务的组织和单位、国有企业等派出监察机构，进一步前移监督关口，盯紧公权力运行各个环节，增强了发现问题的能力。二是发挥平台作用，多渠道掌握情况。为了充分调动社会公众参与监督的积极性，监察机关建立了统一的检举举报平台，整合来信、来访、来电和网络等举报渠道，形成无处不在的监督网，确保及时受理检举控告。纪检监察机关还利用监督执法专责机关的有利条件，将党内监督、民主监督、司法监督、群众监督、舆论监督发现的问题汇集起来，发挥综合优势，形成监督合力。三是通过综合分析进行科学判断。按照分级负责原则，各级监察机关对负责监督的每个监察对象制作廉政档案，廉政档案包括"任免情况、人事档案情况、因不如实报告个人有关事项受到处理的情况等；巡视巡察、信访、案件监督管理以及其他方面移交的问题线索和处置情况；开展谈话函询、初步核实、审查调查以及其他工作形成的

有关材料；党风廉政意见回复材料；其他反映廉政情况的材料”[①]。在此基础上对监察对象精准“画像”，并对其所在地区或单位的政治生态情况进行研判。根据综合分析得出的结论，提出加强和改进监督的意见及工作措施，并抓好组织实施和督促检查。

其次，对了解到的情况进行一定程度的核实。监督有力才能发现问题，为执纪审查和监察调查以及后续的问责处置提供支撑。近些年来，随着反腐败力度不断增强，社会公众反映问题热情空前高涨。在这种情况下，监察机关更要加强核实力度。只有将有限的监察资源聚焦在有一定事实依据的问题反映上，才能最大限度增强工作实效。为此，监察机关采取多种方式和手段，一方面，直接向被监督对象本人进行核实，例如，“谈话函询”等方式就在实践中得到了广泛的运用。根据《中国共产党纪律检查机关监督执纪工作规则》的规定，监察机关谈话的，应当制作谈话笔录，谈话后可以视情况由被谈话人写出书面说明；监察机关函询的，被函询人应当在收到函件后 15 个工作日内写出说明材料，由其所在党委（党组）主要负责人签署意见后发函回复。[②] 监察法也规定，对可能发生职务违法的监察对象，可以直接或者委托有关机关、人员进行谈话或者要求说明情况。[③] 这里的谈话或函询是一种问题线索的办理方式，即对于情节简单、反映直接的问题，可以由监察机关直接督促被监督对象如实说明情况。通过与包括党内监督在内其他监督制度的结合，有的谈话函询结果得到了进一步运用，例如，被谈话函询的党员干部“在民主生活会、组织生活会上就本年度或者上年度谈话函询问题进行说明，讲清组织予以采信了结的情况”，“存在违纪问题的，应当进行自我批评，作出检讨”，“谈话函询材料应当存入廉政档案”。[④] 另一方面，也可以向被监督对象以外的其他人或通过其他方式核实问题。例如，《中国共产党纪律检查机关监督执纪工作规则》就规定了“初步核实”这种问题线索的办理方式。开展初步核实，监察机关应当依法履行审批程序，成立核查组。“核查组经批准可以采取必要措施收集证据，与相关人员谈话了解情况，要求相关组织作出说

---

① 《中国共产党纪律检查机关监督执纪工作规则》第 17 条。

② 《中国共产党纪律检查机关监督执纪工作规则》第 28—29 条。

③ 《监察法》第 19 条。

④ 《中国共产党纪律检查机关监督执纪工作规则》第 30 条、第 31 条。

明，调取个人有关事项报告，查阅复制文件、账目、档案等资料，查核资产情况和有关信息，进行鉴定勘验。对被核查人及相关人员主动上交的财物，核查组应当予以暂扣。”① 尽管监察法规定，监察机关在履行监督职责或调查职责时均可以向有关单位和个人了解情况，收集、调取证据，但两种情况下的核实了解有本质不同。无论从党内法规还是国家法律的规定来看，监督和调查常常发生在前后相继的两个阶段。相较于监督而言，履行调查职责时纪检监察机关已经掌握了一定的事实和证据，是为了揭露和证实贪污贿赂、滥用职权、玩忽职守、权力寻租、利益输送、徇私舞弊以及浪费国家资财等职务违法犯罪行为而开展的工作，可以采取讯问、留置、搜查等措施。由于可能限制被监察对象的人身自由和财产权，监察机关开展调查必须按照规定的权限和程序办理立案手续。

最后，对监督对象加强教育提醒。无数案例表明，违纪违法必有苗头，如果能够把监督做在前面，在党员干部、公职人员出现问题之始，就能及时提醒、采取针对性措施，就可以防止从小过错演变成大问题。监察机关在与纪检机关合署后，充分利用自身贯通纪法的有利条件，对于问题轻微，不需要追究纪律责任的，采取谈话提醒、批评教育、责令检查、诫勉谈话等方式处理，这既是对党内监督经验的总结，也是实践证明行之有效的做法。通过这些方式，对存在苗头性问题，或经初步核实后发现存在轻微问题的干部耳提面命，使之悬崖勒马，本身就是一种教育提醒。值得注意的是，纪检监察机关的教育提醒会涉及与被监督对象的“谈话”。此时的谈话已不再是对问题的核实，而是深化为一种监督的方式和过程，通俗地说，就是直截了当地“揭短”“纠错”“戳痛处”，以达到令其“知止”的目的。当然，在此过程中要坚决防止对被监督对象的轻纵，对于比较复杂的问题线索不能“一谈了之”，尤其要严格把握立案标准，处理好监督职责与调查职责的关系。在党风廉政建设和反腐败工作中，严厉惩治这一手任何时候都不能丢，只有始终保持高压态势，监察机关的监督才会有力有效。

五、监察机关的监督职责与行政救济的界分

党的十八大以来，监察机关始终坚持“开门反腐”，通过畅通邮

---

① 《中国共产党纪律检查机关监督执纪工作规则》第 34 条。

箱、电话、网络等信访渠道，拓展社会公众监督的阵地，鼓励社会公众踊跃反映问题。既根据社会公众提供的线索查处违纪违法党员干部，又梳理社会公众反映强烈的突出问题开展专项整治。值得注意的是，在监察机关收到的大量信访反映中，既包含检举控告等非救济类事项，也包含个人申诉等救济类事项。尽管信访救济类事项涉及范围很广，"横跨民事、刑事、行政等所有领域，几乎没有类型限制"，[①] 但这并不属于监察机关主要职责。与其他机关相比，监察机关受理信访主要不是为了解决个案中的不当行政行为，而是为了发挥群众无所不在的监督力量，推进党风廉政建设和反腐败斗争。

按照法律救济程序性的严格程度，我国行政法上的法律救济"可以分为严格程式化的法律救济和灵活程式化的法律救济"。[②] 与申诉信访等基本没有程序限制或者仅有很少程序限制的救济相比，尽管行政复议、行政诉讼、国家赔偿等救济能够起到更多监督作用，但这些法律程序要由行政相对人主动申请才能启动，与监察机关主动发起的监督活动有显著的不同。

我国的监察机关是对国家机关监督的专门机构，从世界范围看，其所承担的监督职责也是独一无二的。西方国家议会监察专员制度尽管也起到了监督作用，但更重要的是对申诉人的合理诉求进行救济，相对于法律诉讼而言仅仅是一种替代性的纠纷解决程序。[③] 一些通过立法机关、司法机关难以解决的案件，被纳入监察专员的管辖范围。"这里总有这样的一些人：活在社会底层的、被监禁的、穷人、老年人、病弱者、胆小怕事者，他们不了解政府的办事方式，他们害怕与官员打交道，他们不论怎样被挑衅，都不情愿就自己受到政府的不公正对待提出抗争。有时候他们并不知道自己已经被伤害。他们需要一个专业人士，能够发出他们的抱怨，表达他们的不满，代表他们的利益。他们需要有人能用他们可以理解的语言来说明政府的工作，解释官方的文件，从他那里他们可以得到建议，或者告诉他们在哪里可以得到建议，以及谁能为他们提供决策的理由

① 夏金莱：《法治视野下对信访受理范围的再思考》，载《暨南学报（哲学社会科学版）》2015 年第 5 期。

② 姜明安主编：《行政法与行政诉讼法》，北京大学出版社、高等教育出版社 2015 年版，第 360 页。

③ 范愉：《申诉机制的救济功能与信访制度改革》，载《中国法学》2014 年第 4 期。

和依据。简而言之，他们需要这样一个人，他能让官僚机构形象化，能让公共事务处理人性化。监察专员就是这样的一个人。”[①] 事实上，议会监察专员制度在建立之初，“主要功能是监督，救济则是附带性的”[②]。但随着时代的发展，监察专员以回应公众和当事人的诉愿为重点，在促进执法机关与相对人进行协商、寻求更加合理的处理等方面投入更多的精力，最终造成其对国家权力和执法行为监督的弱化。

我国监察机关的监督尽管也能起到救济作用，但主要是为了维护国家利益、集体利益。对于社会公众反映的情况或者提出的诉求，只有经审查符合法定标准，才能启动正式的监督程序，这个标准应该高于行政复议、行政诉讼、国家赔偿等的受理标准。但从目前法律规定来看，这方面的内容恰恰是比较粗疏的，监察法仅规定，对公职人员依法履职、秉公用权、廉洁从政从业以及道德操守情况进行监督检查。由此导致当前纪检监察机关收到的投诉、请愿、举报，包含了大量复杂的利益诉求。这反映出，公众对于通过纪检监察机关解决个人问题抱有很高期望，不但希望借投诉、请愿、举报等机会撤销或纠正不当行为，还希望对自身诉求进行救济。然而现实情况是，纪检监察机关“仅仅依据其提供的线索对违纪违法的当事人进行追究，一般不会附带性地解决申诉人的民事、行政救济请求”[③]。有鉴于此，笔者认为，必须做到正本清源，深刻把握监察机关设立初衷，进一步细化并严格执行党内法规和国家法律规定，这不仅是为了确定哪些事项可以被受理，防止工作中可能出现的矛盾，而且是为了明确监察工作在国家政治法律制度中的定位，防止将监督职责混同于一般救济手段。国家监察体制改革以来，监察机关拥有了很大权力，有学者用“位高”“权重”“有力”来形容，[④] 即将监察机关升格为与同级“一府两院”相平行的国家机关，解决了改革前监督全覆盖不够问题，整合了原来分散在各机关的反腐败力量。

---

① 龚祥瑞：《比较宪法与行政法》，法律出版社 2003 年版，第 483—484 页。

② 范愉：《申诉机制的救济功能与信访制度改革》，载《中国法学》2014 年第 4 期。

③ 范愉：《申诉机制的救济功能与信访制度改革》，载《中国法学》2014 年第 4 期。

④ 周佑勇：《监察委员会权力配置的模式选择与边界》，载《政治与法律》2017 年第 11 期。

监察法还对监察机关履职手段进行了充实，“尤其是，通过留置措施的制度创新将‘两规’纳入法治化轨道，进一步完善了腐败发现机制，提高了腐败监督的发现能力”[①]。由此有人担心，监察机关可能会成为将所有权力集于一身的“超级机构”。[②] 在这种情况下，尤其要避免监察机关在履职过程中大包大揽、越俎代庖，否则不仅会对其他救济机制造成干扰和破坏，还可能影响人大领导下“一府一委两院”的权力平衡。

总而言之，对于社会公众检举揭发的党员干部违纪违法行为，监察机关只有及时启动监督程序，严肃作出相应处理，监督职责才能落到实处；对于社会公众反映的其他个人诉求，监察机关只有严格把握受理边界，把该管的事情管起来，才能充分彰显监督的权威性、严肃性。只有把监察机关的监督严格限定在党内法规和国家法律规定的范围内，坚决抵制既当“裁判员”又当“运动员”的观念和做法，才能推动党内监督、国家机关监督和人民群众监督的有机融合，更好地发挥监察机关专责监督在党和国家监督体系中的重要作用。

① 钱小平：《监察委员会监督职能激活及其制度构建——兼评〈监察法〉的中国特色》，载《华东政法大学学报》2018 年第 3 期。

② 马怀德：《国家监察体制改革的重要意义和主要任务》，载《国家行政学院学报》2016 年第 6 期。

刑事公诉模式转型研究

曹　东*

一、问题的提出

我国于1979年制定了第一部刑事诉讼法典，此后经过1996年、2012年和2018年三次大修，中国特色社会主义刑事诉讼制度包括刑事公诉制度逐步完善成熟。在这一过程中，我们一方面遵循通行的刑事司法规律和刑事公诉规律，确立控诉分离原则，由专门机关代表国家履行刑事公诉职能；与此同时，刑事公诉制度又深深植根于中国特色社会主义政治制度和中国传统文化，带有鲜明中国特色。特别是在长期司法实践中，三机关由于过于强调各自分工，以及相互之间的配合，甚至把分工严格等同于公安机关、检察院、法院三机关各自独立实施刑事诉讼行为，三者之间互不隶属，事实上就形成了三机关的纵向诉讼构造。在这样诉讼构造下，公检法三机关在刑事诉讼中各管一段，三个阶段相互独立，在自己管辖的那一段，分别具有排他性的垄断地位。[①] 这就导致刑事公诉很容易，事实上已经陷入阶段型刑事公诉的误区，即把刑事公诉权限定在公诉阶段，在侦控关系上没有承担起诉前主导作用，在控审关系上没有承担起指控证明犯罪的主导责任。党的十八届四中全会提出要推进以审判为中心的刑事诉讼制度改革，[②] 仅就刑事诉讼构造而言，以审判为中心的刑事诉讼制度改革针对的是以往纵向诉讼构造，目的是改变

---

* 中国政法大学刑事司法学院2016级博士研究生，最高人民检察院检察官。

① 陈卫东：《刑诉中检察官主导地位：形成、发展与未来——评〈美国和欧洲的检察官〉》，载《检察日报》2019年8月21日，第3版。

② 《〈中共中央关于全面推进依法治国若干重大问题的决定〉（辅导读本）》，人民出版社2014年版，第23页。

"侦诉审"流水作业格局。而在纵向诉讼构造中，由于三机关在自己诉讼阶段拥有排他性垄断权，其实是各自为中心，又由于侦查位于刑事诉讼最前端，是基础，事实上形成了"以侦查为中心"。也就是说，纵向诉讼构造对应着"以侦查为中心"，从而形成了阶段型传统刑事公诉模式；而以审判为中心，对应对抗式诉讼构造，在刑事公诉模式上就是主导型刑事公诉。推进以审判为中心的刑事诉讼制度改革，必然改变纵向诉讼构造，也必然要改变传统的刑事公诉模式。另一方面，随着多层次、多元化一审诉讼体系初步形成，刑事公诉程序分流作用更加凸显；对抗诉式诉讼构造与当事人主义诉讼模式被接受，刑事公诉在庭审中指控、证明犯罪的主体责任凸显；合作诉讼模式由探索上升为立法，刑事公诉中的起诉裁量权与量刑建议权更加充分等，也同样要求改变传统的刑事公诉模式。在这样的背景下，认真归纳总结传统刑事公诉模式的特点，特别是反思存在的不足，积极推动传统刑事公诉模式转型，从而推动中国特色社会主义刑事诉讼制度发展完善显得尤为重要。

二、传统刑事公诉模式的特点

在纵向诉讼构造背景下逐步形成的传统刑事公诉模式突出特点是参与性，即把刑事公诉职责发挥限定在公诉阶段。纵向诉讼构造按照刑事案件办理流程及步骤，把刑事诉讼过程划分为侦查、公诉、审判三个阶段①，由三个机关分别行使，也就理所当然地把公诉权理解并限定在刑事公诉阶段，从而割裂了刑事公诉职能的完整性。事实上，刑事公诉承担着指控和证明犯罪的重要职责，其权力行使贯彻整个刑事诉讼过程，不仅包括审查起诉与出庭指出公诉，而且包括诉前侦查环节的主导与庭审上对刑事指控的主责。

第一，传统刑事公诉模式把公诉职能限定在公诉阶段，导致诉前作用发挥不充分。审查起诉作为刑事诉讼独立阶段，是指检察机关对公安机关移送的案件材料进行审查，决定是否提起公诉。我国刑事诉讼法明确规定，凡需要提起公诉的案件，一律由人民检察院审查决定；同时规定，人民检察院对于监察机关移送起诉的案件，依照本法和监察法有关规定进行审查。世界上很多国家的审查起诉

---

① 刑事执行是刑事诉讼的重要组成部分，但考虑到刑事执行主要侧重于司法行政，本文在谈及诉讼阶段时，一般不涉及刑事执行阶段问题。

并不是一个独立阶段或者环节。英美法系国家一般把侦查和审查起诉一同视为审判前的准备阶段;[①] 法、德等大陆法系国家，由于实行检警一体，检察官指挥警察，检察机关本身承担侦查职能，[②] 是否决定起诉是侦查活动的继续和必然结果，也不是独立程序。但不管采用哪种模式，检察机关与侦查机关同属于大控方，都对刑事侦查活动产生重大影响。不过，在我国司法实践中，由于侦查与审查起诉作为两个独立阶段，分属公安机关与检察机关，二者在各自职责范围内拥有各自独立决定权，特别是刑事侦查具有独立性、基础性、决定性、封闭性等特定，刑事公诉诉前作用很难发挥。

第二，传统刑事公诉模式依赖于侦查阶段的案件卷宗，公诉审查倾向于书面化。传统刑事公诉一方面把刑事指控限定在公诉阶段，另一方面又把刑事公诉简单视为对刑事侦查活动的继续，而继续的依据和基础是侦查机关移送的刑事案件卷宗。有学者指出，警察权在刑事诉讼中承担了侦查职能以外的角色，权力空间突破侦查程序而延伸至其他诉讼阶段，[③] 这一延伸的抓手主要是指案件卷宗。刑事公诉过于依赖侦查机关移送的案件卷宗，其职能在某种意义上沦为对刑事侦查结果的审核把关。法庭审判形式化与刑事公诉的形式化不无关系，强调庭审实质化，首先要强调刑事公诉的实质化。就起诉方式而言，大陆法系国家与英美法系国家截然不同，一般认为，英美法系国家实行的是起诉书一本主义，提起公诉时仅向法庭提交起诉书，贯彻彻底的直接言词原则；大陆法系国家则实行卷宗移送主义，控方（检察机关和侦查机关）在开庭前向法院移送所有案件卷宗。“二战”后的日本，放弃传统的大陆主义起诉模式，实行起诉书一本主义，要求检察官只移送起诉书，不得向法官提交其他任何可能导致法官形成预断的证据材料。[④] 正是由于起诉方式的不同，大陆法系法官相对英美法系法官更熟悉案情和证据，在法庭上更能主导证据调查。起诉方式与诉讼模式密切相关，起诉书一本主义大致对应当事人主义诉讼模式，卷宗移送主义大致对应当事人主义诉讼

---

① 陈卫东主编：《刑事诉讼程序论》，中国法制出版社 2011 年版。

② 林钰雄：《检察官论》，学林文化事业有限公司 1999 年版，第 20 页。

③ 卞建林：《刑事诉讼模式的演化与流变——以海峡两岸刑事司法改革为线索》，载《政法论坛》2019 年第 1 期。

④ 陈瑞华：《案卷移送制度的演变与反思》，载《政法论坛》2012 年第 5 期。

模式，但也不一概而论。1979 年，我国第一部刑事诉讼法规定，检察机关在起诉时要将全部案件移送法院，这被认为是非常典型的案卷移送主义的起诉模式，虽然我们不属于职权主义诉讼模式。由于案卷移送主义容易造成先定后审，使审判流于形式，1996 年刑事诉讼法修改时，不再要求检察机关向法院移送全部卷宗，仅移送“证人名单”“证据目录”“主要证据的复印件、照片”，有些类似于起诉书一本主义。由于这一制度在实践中没有很好执行，2012 年刑事诉讼法修改时，废止了起诉书一本主义，又恢复到 1979 年确立的卷宗移送主义起诉模式（法院庭前实质性审查没有恢复）。当然，采取何种起诉方式，并不从根本上影响审判方式，即使是坚持卷宗移送主义的大陆法系国家，也仍然能够实行庭审实质化。原因就在于，虽然大陆法系国家在庭前可以阅卷并提前熟悉卷送和证据材料，但这些卷宗和证明材料本身不具有证据能力，[①] 需要在法庭上予以证明。但在我国，由于始终没有形式真正意义上的直接言词审判方式，公安机关移送的侦查卷宗和证据材料，是刑事公诉审查的对象，也是法庭调查的对象，接触案卷材料的检察官和法官很难摆脱通过阅读卷宗对案件形成的内心确认。

第三，传统刑事公诉模式重支持配合轻制约监督，导致刑事公诉缺乏主动性。受“不枉不纵、有错必纠”刑事诉讼实体真实主义的影响，侦查机关、公诉机关和审判机关都把发现案件实体真实作为价值追求，为最大限度追求案件实体真实，导致对一些个案处理上，公安机关、检察机关、法院具有目的高度一致性，极容易形成配合大于制约情形。党的十八届四中全会在优化司法职权配置方面明确指出，要“健全公安机关、检察机关、审判机关、司法行政机关各司其职，侦查权、检察权、审判权、执行权互相配合、互相制约的体制机制”。[②] 与刑事诉讼法上的“人民法院、人民检察院和公安机关进行刑事诉讼活动，应当分工负责，互相配合，互相制约”表述相比，前者语言似乎烦琐，但无疑更加明确，即：三机关在工

① ［美］弗洛伊德·菲尼、［德］约阿西姆·赫尔曼、岳礼玲：《一个案例　两种制度——美德刑事司法比较》，郭志媛译（英文部分），中国法制出版社 2006 年版。

② 《〈中共中央关于全面推进依法治国若干重大问题的决定〉（辅导读本）》，人民出版社 2014 年版，第 21 页。

作职责上是各司其职、互不隶属；在权力运行上是互相配合、互相制约，配合不能代替制约。刑事公诉处于刑事诉讼中间阶段，前有侦查环节作基础，后有审判环节把关兜底，如果过于强调配合，处于中间阶段公诉环节，责任最轻，不经意间就会沦为“二传手”，当然主动性也就不够。

三、刑事诉讼制度新发展对刑事公诉模式转型的影响

近年来，随着全面依法治国实践的深入推进，[①] 国家治理能力和治理体系的日益现代化，中国特色社会主义法治体系、司法体系正在形成，刑事司法制度包括刑事诉讼制度正面临深刻变革，特别是多层次、多元化一审诉讼体系初步形成，对抗式诉讼构造[②]与当事人主义诉讼模式被接受，以及合作式诉讼模式从司法实践上升为立法等诉讼规律、诉讼构造以及诉讼方式都发生很大变化，刑事公诉在整个诉讼程序中的主导性加强，为阶段式刑事公诉模式向主导式刑事公诉模式转型提供了理论基础和制度准备。

（一）多层次、多元化一审诉讼体系初步形成，刑事公诉程序分流作用更加凸显

习近平总书记指出，要把促进社会公平正义作为政法工作的核心价值追求。[③] 司法公正与诉讼效率是刑事司法领域实现社会公平正义的两大重要支撑。刑事诉讼追求目标，应当是在司法公正前提下，兼顾诉讼效率，做到司法公正与诉讼效率并重。党的十八届四中全会以来推进的以审判为中心的刑事诉讼制度改革，就审判程序而言，重点关注两个方面的问题：

第一，完善刑事案件普通一审程序，实现庭审实质化，确保公正审判。普通一审程序作为多元化一审程序体系基础与关键，刑事诉讼基础性原理与理论都围绕一审普通程序展开，或者以一审普通

---

① 党的十九大明确提出要深化依法治国实践，成立中央全面依法治国领导小组，加强对法治中国建设的统一领导。参见《党的十九大报告学习辅导百问》，学习出版社、党建读物出版社 2017 年版，第 30 页。

② 刑事诉讼构造是由一定的刑事诉讼目的所决定的，主要是指控诉、辩护和审判三方的法律地位和相互关系。参见李心鉴：《刑事诉讼构造论》，中国政法大学出版社 1992 年版。

③ 中共中央文献研究室编：《习近平关于全面依法治国论述摘编》，中央文献出版社 2015 年版，第 67 页。

程序作为潜在的研究对象,[①] 普通一审程序对象主要是疑难复杂和争议性较大案件，几乎世界上所有国家都建立了最为复杂、正式的第一审普通程序，以确保案件得到公正审判[②]。我国自 1979 年刑事诉讼法设置一审普通程序，经过 1996 年、2012 年和 2018 年三次修改，刑事一审普通程序从立法层面已经得到较大完善，特别是以审判为中心的刑事诉讼制度改革以来，强调法庭在查明事实、认定证据、形成裁判结果中的重要作用，证据裁判规开始逐渐深入审判实践，庭审功能不断强化，“先入为主”“先定后审”[③] 等问题得到不同程度缓解。

第二，本着“疑案精审”“简案快速”原则，推进刑事案件繁简分流，对于轻微刑事案件，以及被告人自愿认罪案件，建立相应的快速处理程序，提高诉讼效率。很长时间以来，刑事审判制度改革和刑事公诉制度改革焦点都集中在普通一审程序，比如人民陪审员制度改革，证人、鉴定人出庭制度改革，庭审实质化改革等，似乎一审普通程序公正就审判公正。但问题是，并非所有刑事案件都要使用标准化的普通程序审理，普通程序审理案件毕竟是少数，也就是一些疑难复杂、争议性较大或者社会关注度较高的案件。刑事诉讼的首要价值就在于实现公平正义；与此同时，诉讼效率也是公平正义的重要体现，世界上很多国家都把被告人获得快速审判的权利作为一项很重要权利从法律上予以保护[④]。于是，在普通程序之外，构建简易快速审判程序成为世界其他国家刑事诉讼通常做法。英国把实体法分为简易罪和可诉罪，治安法院根据简易程序审判大

① 王兆鹏：《美国刑事诉讼法》（第二版），北京大学出版社 2014 年版，第 675 页。

② 参见孟建柱 2016 年在中央政法工作会议上的讲话。

③ 胡康生、李福成主编：《中华人民共和国刑事诉讼法释义》，法律出版社 1996 年版，第 171 页。

④ 比如，在美国，被告人获得快速审判的权利被认为是宪法性权利。参见 Anthony G. Amsterdam, Speedy Criminal Trial: Rigths and Rrmedies, 27 Stan. L. Rev. 525 (1975)。美国联邦最高法院在 Smith v. Hooey 案中，对宪法保护被告人迅速审判作出解释，包括：（1）防止不适当的、残酷的审前监禁；（2）降低伴随公诉带来的焦虑和担心；（3）限制长期羁押对被告人为自己辩护能力的削弱的可能行。参见 Smith v. Hooey, 393US, 374, 89S. Ct. 575, 21L. ED. 2d607 (1969)。

多数简易罪，以及被告人同意的可诉罪，英国按照简易程序审理的案件占全部刑事案件的97%。[①] 美国实行非常具有代表的辩诉交易制度，根据美国联邦司法部公布的资料，90%以上案件通过辩诉交易方式解决。[②] 德国简易程序包括处罚令程序，对于轻罪，法院可以依据检察机关申请，不经审判而以书面处罚令对犯罪行为进行处罚，德国处罚令程序适用率在50%以上。[③]

正是基于以上两个方面认识，自1979年我国第一部刑事诉讼法颁布实施以来，经过40年的实践探索以及制度上必要的反复，刑事诉讼一审程序基本打破了最初普通程序包揽一切的格局，初步形成普通程序、简易程序、速裁程序以及特别程序为一体的多元化、多层次一审程序格局。1996年以前，刑事一审公诉程序仅规定了普通程序，检察机关在提起公诉时，没有其他程序可供选择，只能按部就班。1996年刑事诉讼法修改，立法者借鉴国外做法，引入一审简易程序，其适用条件虽然有三：罪行较轻、事实清楚、证据确凿，但第一位的还是轻微刑事案件。由于范围窄，加之相关法律规定较为原则，刑事简易程序适用率一直偏低，没有承担起案件分流任务，也没有达到立法预期。2012年刑事诉讼法修改，对简易程序进行改造，扩大简易程序适用范围，[④] 新增特别程序，包括刑事和解程序。特别是2018年速裁程序正式写入刑事诉讼法，多层次、多元化一审程序体系初步形成，刑事公诉程序选择权随之扩大，建立在主要以一审普通程序为主（即所有刑事案件基本都经过普通一审程序）基础之上的阶段式刑事公诉模式面临严重挑战，或者说已经不适应新的刑事一审程序体系。

面对差异化的一审程序体系，刑事公诉作为刑事审判程序的提

---

① 程味秋主编：《外国刑事诉讼法概论》，中国政法大学出版社1994年版，第28页。

② 以美国纽约2000年刑事案件为例，在118000人次的重罪案件中，只有4000人按照正式程序开庭审判，仅占全部案件的7.41%。

③ 德国除处罚令程序外，还设有简易程序。对于普通程序而言，简易程序只是简化了部分程序，适用率远远低于处罚令程序。

④ 修改后的刑事诉讼法规定，基层法院对案件事实清楚、证据充分；被告人承认自己所犯罪行，对指控的犯罪事实没有异议；被告人对适用简易程序没有异议的案件，都可以适用简易程序审理；而不再局限于可能判处3年以下有期徒刑、管制或拘役的案件。

起者，在选择适用何种程序上作用凸显，不再是阶段式刑事公诉模式，主动选择权与主导性凸显。[①] 比如，在简易程序中，刑事诉讼法规定人民检察院在提起公诉的时候，可以建议人民法院适用简易程序。又比如，在速裁程序中，刑事诉讼法规定人民检察院在提起公诉的时候可以建议人民检察院适用速裁程序。还比如，在当事人和解的刑事公诉案件诉讼程序中，双方当事人和解的，人民检察院应当听取当事人和有关人员的意见，对和解的自愿性、合法性进行审查，并主持制作和解协议书。司法实践中，选择何种程序审判，一方面防止复杂疑难和被告人不认罪案件进入简易、速裁程序甚至和解程序，导致司法不公和司法腐败；另一方面又要防止简单、被告人认罪案件进入普通一审程序，造成司法资源浪费，刑事公诉主导程序分流作用显得至关重要，是一审程序分流的主要承担者。

（二）对抗式诉讼构造与当事人主义诉讼模式被接受，刑事公诉在庭审中指控、证明犯罪的主体责任凸显

在刑事诉讼模式[②]方面，当今学者已经基本达成共识，把现代刑事诉讼模式划分为职权主义与当事人主义两大诉讼模式[③]。一般认为大陆法系及受大陆法系影响较深的国家采用职权主义诉讼模式，其关注的核心问题是法官依职权查明事实真相，[④] 法官主导和控制着法庭审判，包括定罪和量刑，控辩双方在法庭审判中居于次要地位；与之对应，英美法系国家奉行职权主义诉讼模式，其强调控辩双方

---

① 曹东：《论检察机关在认罪认罚从宽制度中的主导作用》，载《中国刑事法杂志》2019 年第 3 期。

② 1964 年，帕克发表《刑事诉讼的两种模式》一文，对刑事诉讼中存在竞争关系的两种独立价值体系进行了抽象概括，提出了犯罪控制和正当程序的模式理论。

③ 关于“模式”的研究，或者“模式化”的分析方法，是北京大学陈瑞华教授一直倡导的法学分析方法，用他本人的话来说，是指导研究者在设定一种参照物的前提下，对一种事物所作的类型化研究。一般情况下，我们说某一种制度或者理念形成了某种“模式”，往往意味着它相对于其他制度或理念而言，已经具备了若干相对稳定的特征。而那些作为参照物的制度或者理念，其实也形成了另外一种与之相对应的新模式。比较典型的比如对抗模式与合作模式。

④ 陈瑞华：《刑事诉讼的前沿问题（上）》（第五版），中国人民大学出版社 2015 年版。

主导法庭审判，法官保持消极中立[①]。因此，职权主义与当事人主义作为高度抽象和高度概括后的两种诉讼模式，虽然特点鲜明（比如前者法官积极主动，后者法官消极中立），容易理解，但毕竟是高度归纳后的模型，与现实中某一国家刑事诉讼制度有着不小的差距。大陆法系是职权主义诉讼模式的典型代表，事实上职权主义诉讼模式也是对大陆法系特别是德、法等国家刑事诉讼制度的高度抽象的产物。即便是如此，德、法诉讼制度与不等同于职权主义诉讼模式，仍然是共性与个性、一般与特殊之间关系。更何况当下信息交流和共享日益便捷，当事人主义与职权主义也都在相互融合与相互借鉴。比如，1988 年，意大利彻底改变 1865 年以来职权主义为特征的刑事诉讼传统，几乎全面引入当事人主义制度和技术，[②] 在世界比较刑事诉讼法学界引起强烈反响[③]。

当然，无论是哪一种诉讼模式，其关注的焦点无外乎是控、辩、审三方在刑事诉讼中的法律地位以及三者之间的关系。中国刑事诉讼制度，自清末修律至民国，一直在不断学习借鉴西方——不仅是大陆法系国家，也包括英美法系国家——并日益本土化过程，只是由于受古代封建社会民、刑不分，控、审不分等因素影响，特别是“青天大老爷”坐堂审案，集侦、控、审为一天，并“一竿子插到底”的做法，根本无“对抗”可言。受这样传统法律文化的影响，如果一定要在两种模式中选择一个，1979 年刑事诉讼法所构建的诉讼模式，无疑更像职权主义，奠定了我国带有职权主义刑事诉讼模式基本特征。[④] 1996 年刑事诉讼法修改，在刑事诉讼模式变革上被许

---

① 法官一般不参与收集和调查证据，也不单独提出证据，甚至极少对证人进行询问。由于法官在庭审过程中处于消极仲裁者地位，他在庭审前一般很少受到任何一方证据、观点的不当影响。法官几乎不对证据作任何庭前调查，甚至不接受控方的案卷。比如在美国，法官不接受控方移送来的案卷，但可能在庭审前的听证会上预先获悉双方将在审判中提出的证据情况。不过，法官因此而受到的不当影响很小。

② 施鹏鹏：《迈向刑事诉讼的宪法化——意大利的“奥兰多”改革及其评价》，载《国家检察官学院学报》2019 年第 2 期。

③ 国际刑法协会主编刊物《国际刑法杂志》曾经专刊讨论了意大利 1988 年的刑事诉讼制度改革。

④ 徐鹤喃：《中国特色刑事诉讼制度的新发展》，载杨迎泽、郭云忠主编：《刑事检察实务培训讲义》，法律出版社 2018 年版。

多学者认为具有里程碑式意义，其积极借鉴当事人主义诉讼规则，充分吸收当事人主义诉讼模式合理因素，重新配置控、辩、审三方职能，对庭审制度、指控制度、辩护制度以及证明责任进行改革，特别是允许当事人在法庭上进行质证和法庭辩论，更加强调控、辩、审三方三角形刑事诉讼构造，进一步增强庭审对抗性。2012 年刑事诉讼法再次修改，刑事审判中的对抗性更加突出，首次完整确立非法证据排除规则，规定不得强迫任何人证明自己有罪；进一步明确举证责任分配，规定公诉案件中证明被告人有罪责任由检察机关承担；赋予侦查阶段律师辩护人身份；完善证人出庭作证制度等。2014 年以来推进的以审判为中心的刑事诉讼制度改革，以及 2018 年刑事诉讼法第三次修改，更是进一步突出审判在刑事诉讼中地位，侦查不能决定审判，刑事公诉的起诉意见书也不能决定审判，而是通过构建对抗式的制度机制，在法庭上对事实和证据进行审查，当事人主义诉讼模式进一步彰显。

选择职权主义诉讼模式，还是当事人主义诉讼模式，其实都不重要，也不是问题根本所在。事实是，带有当事人主义色彩诉讼模式很多特征得以强化时，就必然意味着控辩双方在庭审中对抗的日益激烈，同时也意味着，长期以来，阶段式刑事公诉模式造成的不积极、不作为，特别是刑事公诉中的“假把式”越来越没有市场。在阶段式刑事公诉模式语境下，相对于侦查和审判，刑事公诉作为刑事诉讼居中环节，前有侦查机关负责刑事案件启动及侦查，后有审判机关负责刑事案件最终裁判，就其本身而言，可以积极，也可以作为，如果积极、如果作为，有可能吃力不讨好。过于积极，特别是如果没有制度规定，很有可能与其他职能发生交叉，甚至冲突。与其去“种别人的田”，还不如“不作为”——这是制度使然。于是，刑事公诉一方面被人认为很清闲，压力不大；与之相对，业务水平与能力也显得参差不齐——没有压力，哪来的动力？审查起诉，撰写起诉书，在法庭上宣读起诉意见书，被认为是只要具备基本法律素养就能做，也就没有专业化可言。随着对抗式诉讼构造和当事人主义诉讼模式很多特征被接受，刑事公诉不得不积极、不得不主动，因为面对普通一审程序越来越实质化的审判，特别是实质性的证据裁判，加之充分辩论与有效辩护，检察机关对自己提起的指控，不可能再“一味迁就”，更不能“差不多就行”，必须在法庭上提供有效证据，并充分证明。我们知道，通过一审程序分流后进入普通程序审理的案件，要么复杂，要么有争议，要么被告人不认罪，没有足够证据及证明，仅宣读起诉意见书恐怕难以应付。另外，实现控辩双方对抗的前提是，控辩双方不仅在法律地位上平等，而且在思维意识上的平等。即公诉人自己不能再以公权力机关自居，要摒弃法庭上高高在上、盛气凌人的旧习惯；被告人以及辩护人也会意识到自己地位的平等，“针锋相对”更加有底气，因为这是法定权利；作为居中裁判者，法官裁判依据不再完全凭借公诉方宣读的起诉意见书和移送的相关诉讼文书与材料，法庭形成结论才是裁判唯一依据；如果公诉案件质量不高、存在瑕疵甚至存在错误，败诉风险将不可避免。这些都表明刑事公诉在庭审中指控、证明犯罪的主体责任与压力。

（三）合作诉讼模式由探索上升为立法，刑事公诉中的起诉裁量权与量刑建议权更加充分

在我国当代刑事诉讼法语境下，无论是当事人主义还是职权主义，或者是混合模式，某种程度上讲，理论前提都是对抗，或者向对抗方向发展，只是对抗的方式与程度不同而已，这就是所谓的“基于对抗的司法正义”。司法正义只能在对抗中彰显？未必。事实上，对抗只是诉讼模式中的一种情形，即以被告人不认罪为前提，如果被告人自愿认罪，或者与被害人自愿达成和解协议，对抗诉讼模式就会失去存在的前提和基础[①]。于是，司法实践中又出现另外一种诉讼模式或理念，即“合作性司法”或者“合作式模式”。合作诉讼模式以犯罪嫌疑人、被告人自愿认罪为前提，以区别于传统对抗式诉讼模式。

合作诉讼模式是一个新概念，但不是一个新事物。1996年刑事诉讼法第一次修改时，在一审普通程序在之外设立简易程序，作为

---

① 研究表明，现在被学者广泛研究的诉讼理论——建立在被告人不认罪基础上的对抗，只在很少一部分刑事案件中得到应用。根据中国刑事司法实践，在绝大部分刑事案件中，在审判前阶段或者审判环节，被告人已经全部或者部分认罪，据有关学者统计，这一比例应不低于80%。在这些犯罪嫌疑人、被告人已经放弃对抗的案件中，无罪推定及相应的刑事证明机制失去发挥作用空间，律师辩护制度、交叉询问制度都显得多余，保障犯罪嫌疑人、被告人一系列制度设计及相应的司法救济措施也同样失去基础。

普通程序补充。实践中，由于适用范围较窄，[1] 简易程序使用率并不是很理想。据统计，2002 年全国公诉案件适用简易程序审理率只占已起诉公诉案件的 8.27%。[2] 在此背景下，最高人民法院、最高人民检察院、司法部于 2003 年共同制定《关于适用普通程序审理“被告人认罪案件”的若干意见（试行）》，这是我国刑事司法制度史上第一次引入“被告人认罪”这一个概念，一审程序选择不再只以案件简单与复杂作为唯一标准，犯罪嫌疑人、被告人是否认罪开始成为重要考量因素。2012 年刑事诉讼法第二次大修改时，一个重大变化是对简易程序适用条件进行修改，吸收 2003 年以来的实践探索，扩大简易程序适用范围，即“被告人承认自己所犯罪行，对指控的犯罪事实没有异议”，而不再仅以罪轻为标准，这是合作模式在立法中第一次出现。对抗模式的主体是控辩双方，而合作模式不仅在控辩双方进行，也有可能在被告人与被害人之间进行，前者称为公力合作模式，后者称为私力合作模式。简易程序其实是公力合作模式的大胆尝试。就私力合作模式而言，1996 年刑事诉讼法修改时在自诉案件中规定了和解程序，即人民法院对自诉案件，可以进行调解，自诉案件在宣告判决前，可以同意被告人自行和解或者撤回自诉，由于司法实践中适用不多，没有引起研究者太多注意。当然，不管是公力合作还是私力合作，尽管对抗弱化，但不代表可以私下交易。

2012 年刑事诉讼法修改还在特别程序中专门规定了刑事和解案件的诉讼程序，这被学界公认为是对合作诉讼模式第一次大胆尝试。与普通刑事案件诉讼程序比，刑事和解程序不再以对抗为前提，而是通过协商合作方式解决轻微刑事案件，即在部分轻微刑事公诉案件中，犯罪嫌疑人、被告人真诚悔罪，通过向受害人赔偿损失、赔礼道歉等方式获得被害人谅解，与被害人自愿达成和解。考虑到公诉案件中的和解是被害人与加害人和解，结果是国家公权力对个人

---

① 包括对依法可能判处 3 年以下有期徒刑、拘役、管制、单处罚金的公诉案件，事实清楚、证据充分，人民检察院建议或者同意适用简易程序的；告诉才处理的案件；被害人起诉的有证据证明的轻微刑事案件。

② 孙谦、童建明主编：《新刑事诉讼法理解与适用》，中国检察出版社 2012 年版。

权利进行有限让渡。[①] 立法对公诉案件和解严格限制，[②] 一方面把和解范围限定在因民间纠纷引起的轻微和除渎职犯罪外的过失犯罪案件；另一方面把和解内容限定在民事责任内，比如赔偿损失，不得就事实认定、法律适用和定罪量刑等事宜进行协商；更重要的是，和解双方对案件结果不具有实体处分权。建立公诉案件刑事和解程序，不仅可以快速处理案件，而且可以对被害人、社会所受伤害进行补偿，进而化解社会矛盾、修复社会秩序。私力合作模式的案件处理方式，具有传统对抗诉讼模式所不具有的优点。

2018 年刑事诉讼法第三次修改，增加认罪认罚从宽制度相关规定，进一步丰富和完善了合作诉讼模式。有的学者认为，认罪认罚的重要价值在于探索一种非对抗式的诉讼格局。[③] 有的学者甚至认为，认罪认罚从宽制度写入法典，标志着我国刑事诉讼类型的历史性转型，即由权力诉讼转入协商型诉讼。[④] 非对抗式诉讼、协商型诉讼、合作诉讼等概念，只是语言表述上差异，但可以从一个侧面说明合作诉讼模式对我国刑事诉讼制度产生深远影响。认罪认罚从宽制度突出犯罪嫌疑人、被告人认罪认罚的自愿性，以及与追诉机关的合意，即要求被追诉人自愿如实供述自己的罪行，愿意接受处罚的，可以依法从宽处理。与刑事和解双方当事人之间的私力合作模式不同，认罪认罚从宽制度发是发生在被追诉人与司法机关之间协商合意，这种合作属于公力合作模式。特别是，认罪认罚从宽制度没有适应范围限制，原则上适用所有案件，包括重罪、职务犯罪以及共犯，[⑤] 只要承认指控事实，愿意接受处罚；而且某种意义上讲也

---

① 童建明主编：《新刑事诉讼法理解与适用》，中国检察出版社 2012 年版。

② 我国刑事诉讼法把刑事和解程序范围限定在三个方面：一是因民间纠纷引起，涉嫌刑法分则第四章、第五章规定的犯罪案件，可能判处 3 年有期徒刑以下刑罚的；二是除渎职犯罪以外的可能判处 7 年有期徒刑以下刑罚的过失犯罪案件；三是犯罪嫌疑人、被告人在 5 年以内曾经故意犯罪的，不适用刑事和解程序。

③ 陈卫东：《认罪认罚从宽制度研究》，载《中国法学》2016 年第 2 期。

④ 樊崇义：《理性认识"认罪认罚从宽"》，载《检察日报》2019 年 2 月 16 日，第 3 版。

⑤ 孙谦：《检察机关贯彻修改后刑事诉讼法的若干问题》，载《国家检察官学院学报》2018 年第 6 期。

不受程序限制,[①] 可以适用速裁程序、简易程序，也可以适用于普通程序。“两个不受限制”，充分彰显了刑事诉讼制度改革的决心，也必将对刑事司法产生深远影响。

不论是刑事和解程序中的体现的私力合作模式，还是简易程序、认罪认罚从宽制度中体现的公力合作模式，合作的范围与方式以及合作的法律效果都必须受到司法等公权力机关的严格制约。合作诉讼模式之所以区别于对抗诉讼模式，根本就在于诉讼阶段与主体的区别：对抗诉讼模式中的“对抗”体现在法庭，法官主导庭审，检察官承担指控和证明犯罪的主导责任；而合作诉讼模式中的“合作”主要体现在法庭审判前，刑事公诉是主导，法庭是确认。合作模式中刑事公诉主导体现在两个方面：第一，公诉裁量权更充分。虽然我国刑事公诉裁量权方面，已初步构建起法定不起诉、酌定不起诉、存疑不起诉、附条件不起诉和特殊情况不起诉的制度体系，但司法实践中的适用率一直不高，没有达到不起诉制度应有效果，究其原因主要还是酌定不起诉制度适用不理想。而合作诉讼模式的推开，为酌定不起诉提供了空间和舞台。比如，在公诉案件和解程序中，对于达成和解协议案件，如果犯罪情节轻微，不需要判处刑罚的，可以作出不起诉决定。又比如，在认罪认罚从宽制度中，对认罪认罚后没有争议、不需要判处刑罚的轻微刑事案件，检察机关都可以依法作出不起诉决定。这就要求，检察机关在提起公诉时必须综合考量各方因素，在诉与不诉之间作出判断，而不是一味追求“诉”。第二，量刑建议具体化。量刑建议是检察机关在提起公诉时，根据被告人的犯罪事实、情节、性质等因素，向审判机关提出判处刑罚的建议。检察机关在提起公诉时一并提出量刑建议，是公诉权对量刑裁判权的制约，目的是实现量刑的诉讼化[②]和公开化，是公诉权重

---

① 王敏远：《刑事诉讼法修改重点问题探讨》，载国家检察官学院编：《秉鉴持衡大讲堂》，中国检察出版社 2018 年版。

② 所谓“量刑诉讼化”是指量刑程序在与定罪程序相对分离提前下，吸收公诉方、被害方以及被告方的共同参与，允许各方提出本方的量刑建议，提交各自的量刑证据，说明各自的量刑事实，并就相关问题开展质证和辩论。量刑诉讼化的实质在于利用诉讼制约模式代替现行行政审批模式，真正突出量刑环节的公开、透明和参与性。

要组成部分[①]。早在1999年，部分基层检察机关就公诉人当庭发表量刑建议进行探索，[②] 也取得了积极效果。但整体而言，检察机关在提起公诉时候的工作重点仍然集中在所指控的罪名上，即定罪，而往往把量刑建议作为副业，认为那是法院职责。可在认罪认罚从宽制度中，法律明确规定对于认罪认罚案件，人民法院依法作出判决时，一般应当采纳人民检察院指控的罪名和量刑建议。"一般应当采纳"立法原意与导向就是，如果没有法律规定特殊和例外情形，人民法院就应当采纳。[③] 需要指出的是，量刑建议刚性不仅体现在认罪认罚从宽制度中，随着量刑建议精准度、公信力提高，也必然会体现到简易程序等其他合作诉讼模式中。

四、构建主导型的刑事公诉模式

检察机关在刑事诉讼中承担主导责任，是推进以审判为中心的刑事诉讼制度改革的必然要求，也是新时代刑事检察工作创新发展的重要抓手，更是新时代坚持诉讼制度本土化的实际行动。主导是一个全新命题，但不是口号，也要尽量防止沦为口号，这就要求检察机关在刑事公诉中，重新审视侦查、起诉、审判三者之间的关系，遵循刑事诉讼规律，打破以往诉讼阶段藩篱和思维惯性（把刑事公诉局限在公诉阶段），构建起审前主导、庭审主责，同时引领刑事司法政策三位一体的主导型刑事公诉模式。

（一）诉前主导作用

与传统刑事公诉把侦查与公诉视为互不隶属的两个阶段不同，主导型刑事公诉打破了阶段式诉讼藩篱，围绕刑事公诉构建大控方格局，确立刑事公诉在诉前的主导地位，以刑事公诉规范和标准引领整个刑事刑事指控。为此，确立刑事公诉的诉前主导地位，关键就是要用好、用足已有刑事诉讼制度，并以此建立相应的制度机制。

第一，把好案件过滤关。刑事公诉一项重要职责是根据事实和

---

① 陈瑞华：《刑事诉讼的前沿问题》，中国人民大学出版社2011年版，第314页。

② 李和仁：《量刑建议：摸索中的理论与实践》，载《人民检察》2001年第2期。

③ 曹东：《论检察机关在认罪认罚从宽制度中的主导作用》，载《中国刑事法杂志》2019年第3期。

法律，对案件进行过滤分流，一方面让错误追诉及时终止，保障犯罪嫌疑人合法权益；另一方面提高诉讼效率，节约司法资源。过滤与分流，其实是两个概念，过滤侧重于程序决定权，[①] 分流侧重于程序选择权。对刑事案件审前过滤而言，建立不起诉制度是关键。不起诉制度，在世界刑事司法中有着广泛理论共识和实践基础。比如，根据德国联邦统计局公布数据，2012 年刑事案件提起公诉率 10.66%，不起诉率 27.85%，其他方式 61.49%。[②] 我国 1979 年刑事诉讼法规定了两种不起诉制度，即免予起诉和法定不起诉，在案件过滤方面第一次确立了起诉与不起诉并行的二元格局。免予起诉是指“依照刑法规定不需要判处刑罚或者免除刑事处罚的”。与程序决定权不同，免予起诉制度带有实体性决定权，也正因为如此，免予起诉在司法实践中受到诟病。1996 年，刑事诉讼法第一次修改时，取消免予起诉制度，随之以酌定不起诉代替，客观上限制了不起诉制度的适用和刑事公诉的自由裁量权；这次刑事诉讼法修改还规定了存疑不起诉制度，成为无罪推定原则在刑事诉讼制度上的具体体现。2012 年刑事诉讼法进行第二次修改时，针对未成年人犯罪实际，在未成年人刑事案件诉讼程序中规定了附条件不起诉制度。2018 年，刑事诉讼法第三次修改时又规定了特殊情况不起诉制度，即犯罪嫌疑人自愿如实供述涉嫌犯罪事实，有重大立功或者案件涉及国家重大利益的，经最高人民检察院核准，公安机关可以撤销案件，人民检察院可以作出不起诉决定，也可以对涉嫌数罪中的一项或者多项不起诉。自此，我国已经建立起法定不起诉、酌定不起诉、存疑不起诉、附条件不起诉和特殊情况不起诉制度体系，拓展和丰富了不起诉制度适用范围。不过，在司法实践中，由于受“起诉是原则、不起诉是例外”的惯性，特别是受“多一事不如少一事”传统思维的影响，不起诉制度存在不敢用、不愿用、不会用以及不适当用的问题。[③] 所谓不敢用，是指刑事公诉不敢担责，担心不起诉处理不当，会引起网络舆情；所谓不愿用，是指不起诉制度程序烦琐，需

① 不起诉只是终止诉讼程序，对实体并不产生影响，其不等同于法院判决，不具有既判力，如果发现新的事实和证据，符合起诉条件，检察机关可以再次提起公诉。

② 其他方式包括公诉转自诉、移交行政机关处理等。

③ 童建明：《论不起诉权的合理适用》，载《中国刑事法杂志》2019 年第 4 期。

要层层审批把关，吃力不讨好；不会用是能力素质问题，不适当用是权力的制约问题。另外，不起诉制度处于刑事诉讼中间环节，后面还有法院的裁判把关，刑事公诉存在依赖思想，即“把案件诉出去进行，至于如何判，那是法院的事”。发挥诉前主导作用，就必须扩大不起诉制度适用范围，改变起诉是常态、不起诉是例外原则，坚持起诉与不起诉同等对待，严把入罪门槛，实现审前刑事案件过滤。完善不起诉公开审查机制。不起诉决定具有终结刑事诉讼程序的司法效力，具有“准司法”性质，既然带有司法属性，就应该建立相对完善的不起诉公开审查机制，赋予被追诉人、被害人申请公开听证、辩解、申诉等权利。坚持不起诉决定向社会公开，接受社会监督。河北涞源正当防卫案定性后，[①] 检察机关及时通报不起诉决定，指出王新元等人实施行为属于特殊正当防卫，对王磊的暴力侵害行为可以采取无限防卫，同时重申这样处理有利于制止不法侵害行为，有利于保障公民合法权益，有利于维护公民人身权利和住宅安全。

第二，适时介入引导侦查。为有效提起公诉，更加客观公正指控犯罪，刑事公诉提前介入侦查机关侦查活动是世界各国通行做法。《法国刑事诉讼法》第41条规定，[②] 共和国检察官对违反刑事法律的犯罪活动进行或派人进行一切必要的追查与追诉行为，为此目的，共和国检察官领导其驻在法院辖区的司法警察警官与司法警察警员的活动。尽管引导侦查是刑事公诉的应用之义，但在我国司法实践中，由于侦查与公诉分属两个不同阶段和机构，引导侦查表面看是公诉职能，但其必然涉及两个机构之间的关系地位，如何介入，介入程度，都需要实践探索和立法支撑。昆山“反杀案”[③] 是近年来

---

① 该案具体案情可参考周丽婷：《历经8个月，检察机关终不起诉》，载《中国妇女报》2019年3月20日，第5版。

② 法国2012年3月27日第2012－409号法律第4条规定。

③ 该案发生在2018年8月27日21时30分左右。当日23时前后，昆山市公安局就向昆山市人民检察院发出邀请，昆山市人民检察院第一时间到达案发现场介入该案。8月28日，该案在网上持续发酵，并迅速成为全国关注的热点。8月29日，昆山所在的苏州市人民检察院介入该案，并在最高人民检察院、江苏省人民检察院指导下，对该案侦查工作进行侦查引导。8月31日，在公安机关进一步侦查基础上，检察机关综合全案事实、证据，提出于海明对正在进行的行凶采取的防卫行为，没有过当，属正当防卫。9月1日，江苏省人民检察院向社会公布《于海明的行为属于正当防卫的分析意见》。

检察机关介入引导侦查一个非常成功案例，经验值得总结。比如，介入案件类型问题，侦查毕竟是公安机关的职权，而且具有特殊性，这就决定了并不是所有的刑事案件都需要检察机关提前介入，必须尊重分工负责原则和刑事侦查活动的专业性、规律性，防止越权、越界、越位，重点应当是重大复杂、社会关注度高的敏感案件。又比如，介入侦查的重点主要在引导取证上，检察机关针对“反杀案”有可能属于正当防卫情形可能涉及的证据问题，要求公安机关查清于海明砍刘海龙第一刀的致伤情况、后面的伤情是否单独评价为轻伤或重伤、对刀具是不是管制刀具进行鉴定等。① 再比如，在介入引导侦查机制上实现了检察机关上下级联动，地市人民检察院和基层人民检察院位于司法办案一线，对案件事实与证据具有直观性和亲历性，而省级人民检察院和最高人民检察院对案件所适应法律掌握更具一致性，实行上下联动介入，效果更加明显。当然，就机制而言，还要继续推动建立公安机关办理重大、复杂、疑难案件听取检察机关意见和建议制度。明确退回补充侦查的条件，明确补充侦查方向标准和要求；加强自行补充侦查工作，完善自行补充侦查工作机制；建立补充侦查反馈机制，对自行补充侦查的案件，及时向侦查机关反馈侦查工作中存在的问题。

第三，完善补充侦查制度。刑事诉讼法明确规定人民检察院审查案件，对于需要补充侦查的，可以退回公安机关补充侦查，也可以自行侦查，至于选择退回补充侦查，还是自行侦查，由检察机关视情况而定。② 实践中，这项制度执行的同样不够理想，不管是检察机关，还是公安机关对补充侦查制度认识都存在误区，至少重视不够。对公安机关而言，补充侦查发生在审查起诉或者审判阶段，案件已经侦查终结，侦查机关自己认为（其实是确信），案件事实清楚、证据确凿充分，已经达到起诉标准，如果不是这样认为，侦查机关最佳选择是继续侦查，而不是移送审查起诉。检察机关如果退

---

① 王海东：《昆山“反杀案”办理回顾》，载杨迎泽、郭云忠主编：《刑事检察实务培训讲义》，法律出版社 2019 年版，第 339 页。

② 1979 年刑事诉讼法制定时，就规定了补充侦查制度，其第 99 条规定，人民检察院审查案件，对于需要补充侦查的，可以自行侦查，也可以退回补充侦查。现在的规定是，对于需要补充侦查的，可以退回公安机关补充侦查，也可以自行侦查。2018 年刑事诉讼法第三次修改，赋予检察机关对监察委员会移送的案件的补充侦查，事实上也是补充侦查权。

回补充侦查，公安机关一般会认为是吹毛求疵、多此一举。公安机关对检察机关退回补充侦查案件积极性不是很高，有时候就是应付了事，从而导致退而不查、查而不清现象时有发生。① 对检察机关而言，很长一段时间，检察机关拥有对职务犯罪案件的自行侦查权，自行侦查能力很强，正是因为对职务犯罪侦查权的过于倚重，导致对普通刑事案件侦查工作重视程度不够。不重视，当然能力也就不强，经验也就不足。退回补充侦查，公安机关不重视；检察机关自行侦查，自身工作量本身就大，侦查能力又不足，本着多一事不如少一事，补充侦查作用发挥不理想，就不难理解。构建主导型公诉模式就必须高度重视补充侦查制度。

（二）庭审主导责任

谁指控、谁举证。刑事诉讼关键是证据，一切刑事诉讼活动都围绕证据进行。检察机关承担刑事指控职能，当然要负责所指控犯罪的证明责任，刑事公诉承担指控并证明犯罪的主导责任②也就不难理解，这是主导型刑事公诉模式与传统刑事公诉模式的一个很重要区别。刑事公诉在法庭上指控犯罪事实，适用哪一法律条款，就得拿出相应证据，并进行有效证明，否则法庭就可能宣告无罪、改变定性。没有证据就没有庭审。在传统刑事公诉模式中，检察机关重点在指控犯罪，外在表现是宣读起诉书，法官有时候与辩护律师进行辩论，甚至争执，也许不是出自他们的本意，刑事公诉没有有效举证、没有有效证明犯罪，法官如果不“越俎代庖”，庭审也许就无法进行。法官在庭审中的“越位”，本质上是刑事公诉的“缺位”，即刑事公诉没有承担起指控与证明犯罪的主导责任。

与此同时，刑事案件分流目的是达到司法公正与诉讼效率兼顾，在更高层面上实现公平正义。为此，在主导型刑事公诉模式下，必须做到简易、认罪案件效率导向，新型、复杂案件精准导向，重大、敏感案件效果导向。一方面健全与多层次诉讼体系相适应的公诉模

---

① 公诉人普遍反映，侦查人员对于退查案件普遍存在抵触情绪，退查提纲中 50% 以上取证要求往往以“无法查实”为由重报。这里固然有无法查实成分，但大多数是消极抵触的结果。参见丁彩彩、雷闪：《审查起诉阶段退回补充侦查实证分析》，载《中国检察官》2018 年第 10 期。

② 具体内容参见张军：《关于检察工作的若干问题》，载《人民检察》2019 年第 13 期。

式，完善速裁程序、简易程序和普通程序相互衔接的多层次诉讼体系，在确保司法公正的前提下做到“简案快办”“繁案精办”，形成简易案件更加注重效率、疑难案件更加注重精准、敏感案件更加注重效果的公诉模式。另一方面还要解决简易程序与其他刑事案件快速处理程序衔接问题。构建多元化、差异化的刑事一审程序，目的是提高诉讼效率，减少司法成本。如果设置多种程序，而程序之间又存在冲突、相互矛盾，无疑会增加一线司法人员的负担，效率问题就无从谈起，与制定制度的初衷可能就南辕北辙。

没有起诉和指控，就没有法庭和审判，裁判的基础也取决于控辩双方的质证和辩论情况。[①] 正是从这个意义上讲，主导型刑事公诉庭审主导责任责任的核心其实就是举证与证明责任。要建立健全符合庭审和证据裁判要求、适应各类案件特点的证据收集、审查指引；深化书面审查与调查复核相结合的亲历性办案模式，确保审查起诉的案件事实证据经得起法律检验；建立健全技术性证据专门审查制度，完善对鉴定意见、电子数据、视听资料等技术性证据审查机制，发挥技术性证据审查对办案的支持作用；完善举证、质证和公诉意见当庭发表机制，提高揭示犯罪本质、运用证据证明犯罪的能力，充分运用刑事司法政策，引导法庭增强对指控犯罪的本质、危害性及证据证明意义的认同，更好发挥指控、证明犯罪的主动性和有效性。

（三）引领刑事司法政策

公平正义需体现在司法个案中（这是老百姓最直接的感受），离开司法办案，维护社会公平正义就是纸上谈兵。正是从这个意义上讲，检察机关的主责主业就是司法办案，并通过司法办案引领司法政策、彰显法治精神、维护社会公平正义，这一点在刑事司法中表现得尤为明显。当然，仅仅通过办案，或者说简单办案、机械办案，还不能算引领刑事司法政策。在刑事司法中，充分发挥好诉前主导作用、庭审主导责任，办好每一起案件，特别是把疑难复杂案件办成精品案件、老百姓满意案件、法律人共同体信服案件，实质上就是在引领刑事司法政策，也是主导型刑事公诉模式更高层面的要求。

---

① 陈国庆等：《以审判为中心与检察工作》，载《国家检察官学院学报》2016 年第 1 期。

“法不能向不法让步”[①] 是对正当防卫的再阐释，是个案引领刑事司法政策，甚至引领法治的最好例证。

1979 年刑法和 1997 年刑法都对正当防卫权作出明确规定，1997 年刑法还规定了无过当防卫权，即对正在进行行凶、杀人、抢劫、强奸、绑架以及其他严重危及人身安全的暴力犯罪，采取防卫行为，造成不法侵害人伤亡的，不属于防卫过当，不负刑事责任。但遗憾的是，刑事司法政策并没有及时跟进，至少没有跟上立法意图。司法实践中，司法机关包括检察机关对正当防卫认定过于严格，对防卫人造成被防卫人重伤、死亡案件不敢大胆依法适用正当防卫条款，往往把正当防卫案件作防卫过当处理，对正当防卫进行限缩适用。[②] 有的学者指出，正当防卫制度“看上去很美”，但在司法实践中出现了“僵尸条款的境地”，[③] 这样的评价确实很中肯。2018 年 9 月，在最高人民检察院直接指导下，江苏省人民检察院向社会公布了于海明正当防卫案的处理意见，以个案形式重申了正当防卫与防卫过当界限。同年 12 月，最高人民检察院向社会公布第十二批指导性案例，涉及的 4 个案例[④]均为正当防卫或者防卫过当案件，这其中就包括于海明正当防卫案。通过对争议焦点的解读，进一步重申和明确了正当防卫的界限和标准，逐步打破了司法实务界对正当防卫过于苛刻的惯例。

引领刑事司法政策，关键是要用好指导性案例制度。一个案例胜过一打文件。2018 年 10 月，修订后的《人民检察院组织法》第 23 条规定，最高人民检察院可以发布指导性案例。2019 年 4 月，最高人民检察院印发《最高人民检察院关于案例指导工作的规定》。指导性案例与司法解释一道成为最高人民检察院在司法实务中引领司

---

① 2019 年 3 月 12 日，最高人民检察院检察长张军在十三届全国人大第二次会议上作工作报告时，针对一系列正当防卫案件，提出“法不能向不法让步”，成为网络热点。

② 姜涛：《正当防卫限度判断的适用难题及解决方案》，载《中国法学》2019 年第 2 期。

③ 陈兴良：《正当防卫如何才能避免沦为僵尸条款》，载《法学家》2017 年第 5 期。

④ 这四个案例分别是陈某正当防卫案（检例第 45 号）、朱凤山故意伤害（防卫过当）案（检例第 46 号）、于海明正当防卫案（检例第 47 号）、侯雨秋正当防卫案（检例第 48 号）。

法政策两个重要抓手。指导性案例虽然不同于英美法系判例法上的判例（判例法作为正式法律渊源，具有法律约束力，法官在作出判决时，必须遵循先例），对检察机关同类案件处理没有法律约束力，但由于指导性案例具有填补法律和司法解释“空白”，一定意义上讲，指导性案例中明确的要旨具有“准司法解释功能”,[①] 其为检察机关处理同类案件提供了参照标准，有利于指导和规范办案。

① 万春:《最高检指导性案例的发展历程和创新完善》，载《国家检察官学院学报》2019 年第 5 期。

裁判文书公开中隐私权保护的理论嬗变与制度转型

何晓斌*

1999年，最高人民法院首次提出裁判文书改革，并于2000年制定《裁判文书公布管理办法》，确立了有选择地向社会公布的原则，通过区分重大影响案件、典型且有指导作用的案件、日常案件，分别对应报刊、公报、网络等不同的公布方式。此后，最高人民法院于2010年、2013年、2016年先后制定三个《关于人民法院在互联网公布裁判文书的规定》，尤其是党的十八届三中、四中全会提出深化改革和全面推进依法治国战略目标后，裁判文书公开改革力度加大，实现了从选择公开到全面公开的历史性跨越。

在裁判文书公开改革如火如荼的发展过程，出现了公开是否会侵犯隐私权的担忧。有学者认为，裁判文书上网公开虽有助于司法公正，但若未能妥善保护相关主体的隐私，会动摇司法公开的正当性。① 也有学者进一步将裁判文书公开中的隐私权问题归咎于互联网扩散隐私的风险，以区别于过去的纸质公开。② 不得不承认，在现有裁判文书公开制度框架下，上述质疑并非没有道理。我们可以从理论和实践两个层面理解上述质疑：一是对隐私权保护而言，何种裁判文书公开是正当的，包括裁判文书公开的所有司法公开都必须回应公开与隐私权保护之间的理论张力；二是从公开的实践来看，从

---

* 中国政法大学人权研究院2017级博士研究生。

① 参见黄忠：《隐私权视野下的网上公开裁判文书之限》，载《北方法学》2012年第6期。又参见陶婷：《民事裁判文书上网公开的边界问题探讨——基于司法知情权与个人隐私权的冲突与平衡的考量》，载《西南政法大学学报》2014年第6期。

② 曾娜：《裁判文书网上公开中的隐私问题研究》，载《时代法学》2013年第1期。

案件内容是否涉及个人隐私进行制度设计，能否实现隐私保护的制度目标。本文拟围绕上述两个问题就裁判文书公开中的隐私权保护略陈管见。

一、对不公开的误读：基于隐私权的保护？

对于裁判文书公开中隐私权保护的研究，厘清哪些情形是出于隐私权保护的需要，是该研究的基础作业。我们通常误将很多不公开的情形归结为隐私权的保护，但事实并非如此。最高人民法院《关于人民法院在互联网公布裁判文书的规定》（以下简称《规定》）第4条规定了五种不予公开的情形，除兜底条款外，包括涉及国家机密，未成年人犯罪，调解结案，离婚诉讼或涉及未成年人子女抚养、监护等案件。其中，国家机密和调解结案并不涉及隐私权保护，而婚姻案件和未成年人犯罪案件则被理所当然地认定为因侵犯隐私而不予公开。

（一）离婚案件不公开

离婚案件不公开是为了保护隐私权吗？有观点认为，家事纠纷与普通民事案件的区别之一即在于其私密性，因此以不公开审理为原则。[①] 婚姻案件可能涉及财产状况、子女情况，甚至当事人的隐疾、特殊癖好、外遇事实，这些情形可能构成离婚案件不公开的依据，但是否可以因此得出“离婚案件因隐私权保护不公开”的判断？对这个问题的回答，需要回到我国《民事诉讼法》第134条。该条文确立了两种民事案件不公开类型：第1款确立涉及国家机密和个人隐私的案件法定不公开；第2款确立离婚案件和涉及商业秘密的案件依申请不公开。可见，立法者区分了离婚案件与涉及个人隐私的案件两种案件类型，二者并不总是重合的，有的离婚案件可能涉及隐私信息，但有的案件则与隐私无关。在离婚案件涉及隐私的情况下，法官可径直适用第1款法定不公开的规定。

以隐私保护为由不公开离婚案件的深层理论依据在于，其将婚姻视为单纯的私人事务。比如有学者认为，“当事人的隐私权几乎纯

---

① 王道强：《家事纠纷区别于普通民事纠纷之特质分析》，载《人民法院报》2016年1月26日，第7版。

属夫妻间的‘私事’，并不损害公共利益和其他不特定第三人的利益”。[①] 该观点企图将婚姻情况界定为隐私，并以隐私权保护为由支持离婚案件不公开。即使抛开案件公开对司法公正的意义，单从婚姻制度在国家制度体系中的坐标方位来看，无论结婚还是离婚，都不仅仅涉及婚姻双方。恋爱是双方的自由，但缔结婚姻是社会行为。现代国家之所以规范婚姻制度，并不是为了成全双方的爱情，爱情不需要国家的确认；将婚姻纳入国家法律体系是基于婚姻对于国家和社会的意义。婚姻制度关系到配偶权利、劳动分工、子女抚养等一系列问题，并成为一种“维护和平秩序的制度”[②]。不论东方还是西方，婚姻的缔结都追求公开，并表现为社会意义上的公开婚礼和国家法律意义上的婚姻登记两种形式。同样，婚姻关系的终止也有公开的必要。仅就法律层面而言，作为社会关系重要组成部分的婚姻状态的晦暗不明并不利于保护第三方的权利，比如夫妻一方制造夫妻关系仍然存续的假象并以夫妻名义借贷，由此造成对方或第三方财产损失。[③] 在德国“离婚登记案”中，联邦宪法法院确认私人生活在整体上无权获得绝对保护，公民是社会成员并受社会约束。离婚诉讼记录虽涉及婚姻配偶的私人生活，但这些记录并非完全隔绝于外界审阅。[④] 可见，离婚案件不公开并非出于隐私权保护的需要。

（二）未成年人犯罪案件不公开

我国《刑事诉讼法》第 274 条规定，对于未成年人犯罪案件，犯罪时不满 18 周岁的不公开审理。但经被告人及其法定代理人同意，被告人所在学校和未成年人保护组织可以派代表到场。为进一步保障未成年人权利，第 275 条还规定，犯罪时不满 18 周岁且判处

① 詹涛：《公开审判制度中的婚姻隐私权保护》，载《长江大学学报（社会科学版）》2007 年第 1 期。

② 桑本谦：《配偶权：一种“夫对妻、妻对夫”的权利？——从发生学视角对婚姻制度和配偶权的重新解读》，载《山东大学学报（哲学社会科学版）》2004 年第 1 期。

③ 最高人民法院《关于适用〈中华人民共和国婚姻法〉若干问题的解释（二）》第 24 条对于夫妻共同债务的推定之所以引起讨论，其核心问题就在于债权人在债权债务关系确立时难以确认夫妻关系是否存续。

④ 参见张千帆：《西方宪政体系》（下），中国政法大学出版社 2001 年版，第 392—393 页。

5年有期徒刑以下刑罚的，对犯罪记录予以封存。对此，有学者认为，未成年人犯罪案件不公开是基于保护未成年人隐私的需要。[①] 该观点往往以联合国《儿童权利公约》第40条作为论证依据。该条规定，儿童的隐私在诉讼的所有阶段均得到充分尊重。在其他国际人权公约中也存在为保护儿童权利可以不公开审判的规定，比如《公民权利和政治权利国际公约》第14条规定，保护儿童可以构成刑事和民事公开审判的例外。

将未成年人犯罪案件不公开解释为出于隐私保护的需要，显然是一种误读。首先，两个公约是各自独立的，我们不能将两个公约的上述规定联系在一起，进而推论未成年人犯罪案件不公开是基于隐私保护的需要。前一公约的隐私保护并不排斥裁判文书公开，后一公约中的“保护儿童”也并不专门指向隐私保护。其次，未成年人犯罪案件同样有获得公正审判的需要，[②] 被告人为未成年人并不意味着其一定能获得公正的审判。[③] 之所以在被告人及其法定代理人允许的情况下可由学校和未成年人保护组织参加庭审，很重要的原因在于通过有限的公开保障未成年被告人获得公正审判的权利。

事实上，此类案件不公开的根本原因在于保障未成年人的社会复归。正如《儿童权利公约》第40条所阐释的，对涉及儿童的案件审判的一系列规定，旨在促使其重返社会并在社会中发挥积极作用。该政策的出发点并不是从未成年人的个人权利出发，而是从社会公共利益出发作出的综合衡量。在综合年龄、情节、主观恶性等因素后，认定未成年被告人具有复归社会的较大可能性，因此对其以教育感化为主要手段，促其在审判结束或刑期结束后重新回归社会。从司法实践来看，该项制度也取得了良好效果。[④] 这也部分解释了为何重罪未成年人犯罪记录不封存——犯罪情节恶劣导致复归社会的

---

① 参见高维俭、梅文娟：《未成年人刑事案件不公开审理：“审理时”或“行为时”——对〈刑事诉讼法修正案〉中一个持续谬误的纠偏探讨》，载《西南政法大学学报》2012年第6期。

② See McKeiver v. Pennsylvania, 403 U. S. 528 (1971).

③ Emily Bazelon, Public Access to Juvenile and Family Court: Should the Courtroom Doors Be Open or Closed? Yale Law&Policy Review, 18 (1), p. 194 (1999).

④ 参见张丽丽：《从“封存”到“消灭”——未成年人轻罪犯罪记录封存制度之解读与评价》，载《法律科学》2013年第2期。

可能性较低。

这明显区别于基于隐私权不公开所作的解释。隐私权并不因年龄、犯罪情节等因素而有所差异，基于隐私权的解释只能建立在刑罚报应论的基础上，即因为犯罪情节较重，对社会危害较大，作为惩罚，法律放弃对其隐私权的保护。但社会复归理论建立在对未成年被告人的正向引导基础之上，进而考量未成年人社会复归的可能性。对重罪未成年人的不保护并非源于其罪责深重，而是其难以回归社会甚至无回归社会的可能性，或者不采取措施任其回归社会可能带来较大的社会危险性。在理念上，社会复归更符合现代人权观念。

二、裁判文书公开与隐私保护冲突论的展开

（一）理念上未区分公开的目的差异

裁判文书公开的目的有很多，包括法治教育、展现司法成果、提供法学研究资源等，但这些仅属于裁判文书公开的“溢出效应”[①]。一般而言，裁判文书公开的核心功能主要分为司法民主、形成规则、司法统一三种理论，裁判文书公开的制度设计需要结合具体的制度环境围绕其中某一理论展开。理论上当然地认为裁判文书公开与隐私权保护冲突，其中一个重要原因在于，未能区分不同公开目的在制度选择中的重要角色。

支撑裁判文书公开的理论之一即司法民主。裁判文书公开虽然无法直接对司法审判施加法律上的影响，却通过保障公众知情权、监督权，以媒体、民意与司法的“政治角力”[②] 确保独立审判，以实现司法公平正义。该理论在传统大陆法系国家表现得尤为明显。一方面，大陆法系国家在司法审判过程中呈现出强烈的职权主义色彩，而职权主义的权力主导特征，[③] 比如法官主导诉讼进程、依职权

---

① 李友根：《裁判文书公开与当事人隐私权保护》，载《法学》2010 年第 5 期。

② 孙笑侠：《司法的政治力学——民众、媒体、为政者、当事人与司法官的关系分析》，载《中国法学》2011 年第 2 期。

③ 施鹏鹏：《为职权主义辩护》，载《中国法学》2014 年第 2 期。左卫民：《职权主义：一种谱系性的知识考古》，载《比较法研究》2009 年第 2 期。

收集证据、不受辩论原则限制等,[①] 将司法过程置于法官的控制之下，存在较大的技术风险和道德风险——我们既无法确保法官在事实认定和法律适用上万无一失，更无法对法官的廉洁自律期望过高。与此同时，大陆法系国家大多是规范出发型的诉讼，适用和解释法律的专业性，以及司法过程的封闭性，容易造成民众对专业法官的不信任。以法国为例，在职权主义审判模式背景之下，法国民众既不信任专业法官，也不信任陪审员，因此在审判中提高陪审员比例，将参审制下职业法官与陪审员的比例确立为3：9。[②] 大陆法国家在司法制度设计上注重加入民主因素，意图以更大程度的公开对法官的权力予以平衡。

裁判文书公开的另一个重要理论是形成规则。特别是在判例法国家，法官在判例中对案件的分析会成为日后法官处理类似案件的依据。只有将法官裁判中的法律解释、法律推理、法律续造等过程向公众公开，才能形成对法律规则的共同认识，由此形成的规则才能成为普遍的行为准则。[③] 从这个意义上说，裁判文书公开事实上扮演着法律公开的角色。由于“一个法院要遵循比自己级别高的法院的先例”,[④] 越高级别的法院公开的范围越广，影响的范围越大。在美国，联邦最高法院的判决往往具有风向标意义，比如马伯里诉麦迪逊案中发展出的司法审查权、沙利文诉纽约时报案中确立的公众人物原则、欧伯格非诉霍吉斯案中确认的同性婚姻合法。它们或直接改变宪法审查模式，或确立一项重要法律原则，甚至导致法律规则的修改。

此外，裁判文书公开的理论也包括司法统一。统一的法律并不意味着统一的实施。无论在成文法国家还是判例法国家，不同的法官面临同样的案件可能会得出不同的结论，即使他们适用的是同一

---

① 参见龙宗智:《刑事庭审制度研究》，中国政法大学出版社2001年版，第100—101页。

② 施鹏鹏:《法国的陪审制移植失败了吗？——以法国陪审制发展史为中心展开》，载徐昕主编:《司法》(第4辑)，厦门大学出版社2009年版，第305页。

③ 参见张浩书、朱梅芳:《裁判文书网上公开问题研究——现代司法理念与司法实践的碰撞及其整合》，载《金陵法律评论》2007年第2期。

④ 叶榅平:《遵循先例原则与英国法官的审判思维和方法》，载《比较法研究》2015年第1期。

法律规范。为了避免案件裁判“此次这样做法，另次又是另一种做法”，[1] 法官在裁判中需要经历两次惊险飞跃——对案件事实的归纳和对法律规范的解释。涵摄过程中的法律发现和法律解释，均因案件事实的多样性和法律概念的抽象性而变得不确定，而这一问题恰恰无法通过立法和法律解释予以解决。裁判文书公开的好处在于，相较于抽象的法律规定，裁判文书记录了法官事实归纳和法律解释的过程，可以成为指导其他法官适用法律的详细操作规程。

上述三种公开理论，在不同的国家被赋予了不同的权重，而这种选择与国家权力运行体制密切相关。以司法民主和形成规则为例，不同的国家制度架构影响到裁判文书公开目的的选择。美国立宪时联邦党人通过三权分立的方式，以司法机关制约立法机关这个“最危险的部门”，原因就在于，立法机关可能会因民主的激情和冲动作出错误的决定，而司法机关则会以相对中立和理性的方式消解冲动带来的不利后果。从这个角度来看，美国裁判文书公开的主要目的并不是司法民主，因为司法机关的功能之一就是反多数暴政。这与法国司法民主的价值追求存在较大差异。

当然，随着判例法与成文法的逐渐融合，各国的裁判文书公开不再追求单一的制度目标，在以美国为代表的判例法国家，裁判文书公开逐渐表现出司法民主功能，[2] 而传统的成文法国家也日益重视案例在司法裁判中的重要作用。但上述三种理论划分仍具有双重意义：一是裁判文书公开的制度底色与本国的国家制度架构相关联，在具体公开制度的设计上对不同理论有所偏重。我国官方话语中的“阳光司法”几乎是“司法公开”的同义词，未能充分区分并展现对不同目的的价值取舍或权重配比，成为裁判文书公开与隐私权保护冲突的重要原因。二是在法系融合的背景下，不同的公开目的理论仍可服务于裁判文书公开的制度建构，将与国家权力运行体制的关联融入不同案件类型中国家权力的运行差异。

---

① ［德］卡尔·拉伦茨：《法学方法论》，陈爱娥译，商务印书馆 2003 年版，第 14 页。

② 在“里士满报业公司诉弗吉尼亚州案”中，美国联邦最高法院确认了公众对于案件信息的获取由宪法第一修正案中的言论自由和新闻自由予以保障。See Richmond Newspapers Inc. v. Virginia，448 U. S. 555 （1980）.

（二）实践中的内容出发型公开及其弊病

内容出发型公开，指的是根据案件涉及的具体信息决定公开案件的类型与内容。我国内容出发型的裁判文书公开，在制度规范上表现为两个层面：一是三大诉讼法确立了内容出发型公开的制度雏形，普遍确立涉及国家秘密和个人隐私的案件法定不公开，涉及商业秘密的案件依申请不公开两种类型。此种规定方式以案件涉及的具体内容为出发点，通过审查其是否涉及法律规定的内容从而决定公开与否。二是《规定》第 4 条、第 8 条、第 10 条对于具体公开内容的规定。其中，第 8 条和第 10 条详列了应当进行隐名处理的案件和主体，以及公布裁判文书时应当删除的信息。虽然这些内容往往被认为是出于隐私保护的需要，但其带来的问题却远超过其预想的隐私保护。

首先，通过隐名处理和删除个人信息等操作，并无法实现隐私保护的目的。特别是在大数据环境下，裁判文书网上公开通过与其他数据信息相结合，仍可以还原案件细节。大数据被认为具有三项能力：超强的收集、存储、及时、精确地处理数据的能力；借助各种类型工具进行比较、分析；客观精确地发掘真相和事物之间的关联性。[①] 在数字化生活背景下，海量数据收集与算法技术的进步使个人数据画像越来越精准，隐名技术[②]等技术手段难以克服反向识别、撞库攻击等技术对数据的还原。这意味着，大数据时代的裁判文书公开，单纯隐藏名字、删除个人地址、代理人姓名等个人信息并不能实现隐私权保护的目的，当事人姓氏、案件管辖法院、发生地、事实经过等裁判文书明确载明的事实，以及网络讨论所遗留的数据痕迹等，足以还原案件细节。此外，由于立案公开、庭审公开、执行公开等公开制度的联动，使内容出发型公开的隐私保护效果大打折扣。

其次，对内容出发型公开而言，其规定复杂混乱，难以操作。

---

① 徐明：《大数据时代的隐私危机及其侵权法应对》，载《中国法学》2017 年第 1 期。

② See Latanya Sweeney, k – Anonymity: A Model for Protecting Privacy, International Journal of Uncertainty, Fuzziness and Knowledge – Based Systems, Vol. 10, 558 – 569 (2002).

事实上，裁判文书公开“增加法官和书记员的工作量”[①]，并非仅仅是由文书上传这项工作造成的，对公开与否的判断与对保留信息的筛检处理占用了更多司法资源。此外，有研究表明，在具体的裁判文书公开实践中，对个人信息的处理并不规范，[②] 在很大程度上应当归因于复杂的公开要求。除了《规定》所列种类多样的隐名处理事项，也存在大量可能涉及隐私但又没有明确列举的情形，将法官置于两难境地：一方面，按照不伤害案件当事人的原则，在可能涉及隐私的情况下应当尽量不公开；另一方面，将大部分案件以涉及隐私为由不公开，违背了裁判文书全面公开的要求。法官对信息传播风险的不同认识，导致其在是否公开问题上摇摆不定且做法不一。[③]

更为重要的是，内容出发型公开面临结构性的难题。以案件具体内容决定是否公开、如何公开，事实上将公开的权力交由法官，增加了制度挑战法官良心的机会。当隐私难以明确界定且在很大程度上依靠法官自由裁量的情况下，真正需要通过公开进行司法监督的案件，有可能以隐私保护为由拒绝公开。特别是在我国将涉及隐私的案件规定为法定不公开的情况下，法官完全可以不考虑当事人的公开需要径行不公开。在以司法民主为主要价值追求的裁判文书公开制度中，这将极大削弱公开的制度价值。

三、案件出发型公开的改革思路

前文的分析表明，当前我国以法定不公开和酌定不公开为主要类型、以涉案内容决定是否公开的公开制度，非但无法实现隐私保护的目的，反而可能威胁到作为公开制度立身之基的司法民主等核心价值。因此，我们亟须建立一套既有所区分又“全有或全无”的公开制度：之所以有所区分，是因为并非所有案件都有隐私保护需要，不同案件的隐私保护需求存在差异；之所以“全有或全无”则是因为，对于切实需要隐私保护的案件而言，只有在公开内容和形式上选择全部公开或全部不公开，方能实现隐私保护的目的。将裁

---

① 苏力：《谨慎，但不是拒绝——对判决书全部上网的一个显然保守的分析》，载《法律适用》2010 年第 1 期。

② 马超、于晓红、何海波：《大数据分析：中国司法裁判文书上网公开报告》，载《中国法律评论》2016 年第 4 期。

③ 参见赵琦：《上网裁判文书中的个人信息保护问题研究》，载《法学论坛》2012 年第 6 期。

判文书公开与隐私权保护对立起来，在梳理何为隐私上大费周章，很大程度上源于其对不同案件类型差异的忽视。事实上，民事案件、行政案件和刑事案件在公开与隐私权保护的衡量中各有侧重，司法民主、形成规则和司法统一在不同案件类型中也表现出不同的需要。因此，应当从司法制度运行的角度出发对不同类型案件区别对待，即建立案件出发型的裁判文书公开制度。

（一）案件出发型公开的构建

案件出发型公开，指的是从刑事、行政、民事三种主要诉讼类型出发决定是否公开的制度。其中，民事裁判与刑事裁判的功能定位存在根本区别。民事裁判的定位是定分止争，作为一种私人间的利益调配，民事纠纷并不会关系到其他社会成员的利益。同时，民事案件双方当事人法律地位平等，任何一方都不具有压倒对方的绝对优势，从而使双方具有公平协商的基础。民事案件的裁判文书公开难以适用学者们在处理知情权与隐私权关系时所指出的“公法优先和公共利益原则”；[①] 相反，民事案件裁判文书的公开可以最大程度尊重当事人的意见，由当事人决定是否公开。此种程序保障是当事人的权利，而非法院的“权力”。[②] 在1976年德国《民事诉讼法》修改时，允许当事人合意放弃公开审判。有人认为这项制度有违作为国际人权公约和宪法规定的公开审判原则，但德国民事诉讼审判制度修正准备委员会的观点与之相反：“当事人间往往也关心于不使其私争呈现于广众之耳目，如将此项关心与国家对于程序公开之关心加以比较，可发现较刑事审判而言，其对于私权纷争之关心更为淡漠。”[③] 民事案件裁判对于司法民主或司法统一的价值诉求并不强烈。

刑事案件的裁判文书公开则代表了另外一种制度逻辑，其公开需求在很大程度上源于以司法民主制衡公权力的需要。从实体上看，刑事案件中双方力量对比悬殊，刑事强制措施、技术侦查手段等使公民权利处于危险的境地。对刑事案件的监督，不只是出于个案中的权利保障，更是因为刑事案件中的权力恣意对全体社会成员权利

---

① 王利明等编著：《人格权法》，法律出版社1997年版，第151页。

② 参见黄忠：《隐私权视野下的网上公开裁判文书之限》，载《北方法学》2012年第6期。

③ 参见邱联恭：《程序制度机能论》，三民书局1996年版，第243页。

的巨大威胁。从程序上看，刑事案件在起诉之前属于半保密状态，而国家机关行为的合法性不仅表现为追求公正的结果，程序是否正当同样需要接受公众的监督，程序具有独立价值，[①] 刑事案件中的程序瑕疵本身就构成了对公民权利的侵犯。因此，裁判文书公开不仅监督案件结果是否公正，而且可以展现案件侦查、审查起诉以及审判过程中的程序是否正当。从结果来看，刑事案件的不公后果严重，轻则是大额的罚金刑，重则自由刑，甚至剥夺生命，亟须通过裁判文书公开提高案件裁判的审慎性和科学性。司法民主和司法统一需要在刑事案件中表现尤为明显。

行政诉讼既不同于民事诉讼，也不同于刑事诉讼。行政诉讼具有解决纠纷、权益救济和监督行政三项法定功能。尽管法律并未对三项功能进行主次排序，但学理上认为，纠纷解决功能是主要的，而“监督行政的作用是次要的、附属的”[②]。尤其在行政国家兴起的过程中，行政行为不仅限于传统的运用行政强制力的行为，比如行政处罚、行政强制，也出现了大量新型行政行为，由此引发的诉讼虽涉及行政机关，但此时的行政机关往往作为相对强势的合同相对方出现。一般而言，行政机关作为被告并不享有隐私权，因此不用考虑其隐私权保护问题；而从《行政诉讼法》第12条规定的受案范围来看，行政诉讼案件本身较少涉及隐私信息，因此对原告的隐私影响不大。

总的来看，从民事案件到行政案件再到刑事案件，在公开的范围上应当是逐步扩大的，在公开的目的追求上是存在差异的。其考虑的因素主要有以下三个方面：一是案件中涉及隐私的内容逐渐减少。民事案件主要涉及私人事务，而行政案件和刑事案件中涉及公共问题的内容不断增加。二是对于公民权利的威胁越来越大。民事

① ［美］约翰·罗尔斯：《正义论》，何怀宏等译，中国社会科学出版社1988年版，第86页。

② 何海波：《行政诉讼法》（第二版），法律出版社2016年版，第42页。姜明安教授虽然认为权利救济是行政诉讼的主要功能，但与何海波教授一样，都认为监督行政并不是行政诉讼的主要功能。参见姜明安：《行政诉讼法》（第三版），北京大学出版社2016年版，第95—96页。

案件只涉及财产问题,[①] 行政案件涉及财产权利和人身自由，而刑事案件则涉及财产、人身，甚至生命。三是在裁判统一性上，不同当事人存在不同的利益追求，当事人基于自身利益而达成的一致对其他纠纷主体未必具有参考价值；但行政、刑事案件在裁判上的差异性则不同，刑事案件的同案不同判难以容忍。[②]

据此，理想的裁判文书公开应当确立以下三条基本规则：一是民事案件由当事人合意决定是否公开，意见不一致的由法官酌定；二是行政案件应当公开，但当事人认为公开涉嫌侵犯其隐私的可提出异议，由法官决定；三是刑事案件应当公开，但涉及性犯罪的应当删除被害人个人信息。未成年人犯罪案件，被告人或其代理人要求不公开的可以不公开。当然，所有公开的裁判文书应当保留当事人姓名，要删除家庭住址、身份信息等内容。对不同案件实施不同程度和不同方式的裁判文书公开，符合司法的制度逻辑。它根据不同案件类型的特点和裁判文书公开目的上的差异进行区分，既有利于实现裁判文书公开制度的目的，也照顾到案件当事人可能存在的隐私权保护诉求。

（二）裁判文书公开的程序主义进路

在裁判文书公开中保护隐私权，其本意并不仅仅是化解知情权与隐私权二者之间的权利冲突。正如我们不会质疑征收和征用对于

---

① 有的学者认为，赔礼道歉作为精神赔偿，具有伦理功能和教育功能。参见张红：《不表意自由与人格权保护——以赔礼道歉民事责任为核心》，载《中国社会科学》2013 年第 7 期。但这只能是一种理论上的美好想象，司法实践中往往难以执行。比如，赔礼道歉的强制执行往往表现为败诉方负担刊登判决文书的费用，以此作为赔礼道歉的实现形式，难以实现设想的伦理和教育功能。

② 比如，涉及仿真枪的刑事案件引起社会广泛关注，其中的一个重要原因即同案不同判。2015 年福建刘某网购 24 支仿真枪以走私武器罪被判处无期徒刑，而 2014 年广东省冯某网购 20 多支类似枪支以同样的罪名被判处有期徒刑 8 年。同样的情况也发生在另外两起涉及枪支的两个案件中。2016 年天津的赵某某因有 6 支被认定为枪支的枪型物，一审被判处 3 年 6 个月有期徒刑，获得舆论关注后，二审改判 3 年有期徒刑，缓刑 3 年。而在 2012 年北京大兴的赵某因所买卖的玩具枪中有 16 支被认定为枪支，被公安机关以非法买卖枪支罪移送审查起诉，最终检察机关决定存疑不起诉。参见高鑫：《北京版“摆摊大妈”也被认定真枪检方为何没起诉？》，载 http：//news. sohu. com/20170221/n481337580. shtml，2019 年 9 月 27 日最后访问。

财产权限制的正当性，所谓的隐私权保护，隐含着对裁判文书公开正当性和合法性的忧虑，特别是作为公民权利的隐私权不能被任意限制或剥夺。

此种担忧并不是毫无根据的。2017 年，江苏淮安市淮安区人民法院依据由淮阴区委政法委、淮阴区检察院、法院等部门发布的文件，对 4 名强奸、猥亵未成年人的被告人宣判一个月后进行信息公开，公开平台包括公、检、法、司门户网站和微信公众号、微博等，公开内容包括姓名、身份证号、照片、年龄、性别、案由。① 此种公开已经明显超出裁判文书公开所要实现的目的。另外，自 2009 年以来，包括裁判文书公开在内的司法公开改革共制定了 16 项文件，② 大多由最高人民法院制定实施，仅《关于加快推进失信被执行人信用监督、警示和惩戒机制建设的意见》一项是由中共中央办公厅和国务院办公厅印发实施的，但仍旧是由最高人民法院牵头起草。因此，由地方自行制定裁判文书公开规范，或由作为国家权力分支的法院或检察院制定规范，极容易招致对其正当性的质疑。

首先，裁判文书公开的重要目的就是通过监督司法实现司法民主，由法院制定监督自己的规则显属不当。以司法民主为目的的裁判文书公开，不仅仅是人民法院的职权，也是其法定职责；对司法行为的监督，不仅仅是人民法院的自我监督，也应当是包括人民代表大会、检察院在内的国家机关和社会公众的监督。③ 因此，在顶层

① 参见朱鼎兆：《淮安首次公开“性侵未成年人犯罪信息”》，载《扬子晚报》2017 年 12 月 3 日，第 A9 版。

② 截至 2017 年，共有如下文件：《关于加强人民法院审判公开工作的若干意见》《关于进一步加强司法便民工作的若干意见》《关于进一步加强民意沟通工作的意见》《关于进一步加强和规范执行工作的若干意见》《关于人民法院接受新闻媒体舆论监督的若干规定》《关于司法公开的六项规定》《关于庭审活动录音录像的若干规定》《关于确定司法公开示范法院的决定》《司法公开示范标准及考评办法》《关于人民法院直播录播庭审活动的规定》《关于公布失信被执行人名单信息的若干规定》《关于切实践行司法为民大力加强公正司法不断提高司法公信力的若干意见》《关于推进司法公开三大平台建设的若干意见》《关于人民法院执行流程公开的若干意见》《关于人民法院在互联网公布裁判文书的规定》《关于加快推进失信被执行人信用监督、警示和惩戒机制建设的意见》。

③ 参见汤维建：《人大监督司法的理念与制度的完善》，载《政治与法律》2013 年第 5 期。

制度设计上，包括裁判文书公开在内的司法公开制度不应当由法院主导。

其次，最高人民法院制定的关于司法公开的各类“决定”属性模糊，难以在宪法、立法法或诉讼法中找到授权或法律依据。它们不同于司法解释，并不是针对具体的法律条文适用作出的解释；同时，这些规定又不同于法院内部管理行为，其执行对象是各级人民法院，但内容却涉及案件审判中普通公民的权利保障。

最后，实现裁判文书公开制度的理想建构，必须统筹实体法与程序法、法律和司法解释，甚至需要协调三大程序法之间的关系，除全国人大外，其他主体均无法完成上述任务。对于裁判文书公开的制度设计涉及三大程序法中公开为原则、不公开为例外的规定，民法以及其他部门法中对于隐私的界定，甚至民法是否认可判例为法源等一系列问题。

因此，裁判文书公开规则的制定主体显然不应当是最高人民法院或地方政府，更不应采取“决定”的形式。我国台湾地区在2010年之前也是由司法行政主管部门制定各级法院的裁判文书公开规则，但现已转由“法院组织法”进行规定——“各级法院及分院应定期出版公报或以其他适当方式，公开裁判书。但其他法律另有规定者，依其规定。前项公开，除自然人之姓名外，得不含自然人之身份证统一编号及其他足资识别该个人之资料。”美国①、德国②有关裁判文书公开的规定均由国会立法予以完成。上述国家和地区通过法律的形式，对包括裁判文书公开在内的司法公开予以规定，对公开可能造成的隐私风险更为审慎，通过程序主义的方式打消了隐私权保护的部分疑虑。

最高人民法院院长周强在向全国人大作有关司法公开的报告时指出了司法公开面临的四大问题：法官对司法公开的认识有待深化，部分法院公开的信息不够全面，司法公开的体制机制有待规范，司

① 美国国会制定的《电子政务法》第205条要求所有联邦法院必须建立独立的网站以公开与案件有关的全部书面意见，包括判决书。参见何帆等：《外国裁判文书上网概况》，载《法制资讯》2013年第5期。

② 德国《法院组织法》在第169条规定了庭审公开及禁止无线电和电视传送庭审的录音和照片。

法公开工作发展不平衡。[1] 法院对于裁判文书公开的实际情况可能是最了解的，但单靠法院无法解决裁判文书公开中遇到的问题。因此，应当通过修改法律，比如人民法院组织法或诉讼法的形式，对包括裁判文书公开在内的司法公开予以规定，既有利于消除理论上的龃龉，同时避免法院自我监督的尴尬。

① 参见周强：《最高人民法院关于深化司法公开、促进司法公正情况的报告——2016年11月5日在第十二届全国人民代表大会常务委员会第二十四次会议上》，载 http：//www. npc. gov. cn/npc/xinwen/2016 - 11/05/content_ 2001171. htm，2019年10月11日最后访问。

质疑与回应：关于附设“法官后语”的几点思考

洪　霄*

“法官后语”是附加于裁判文书规范化格式后的一段代表合议庭全体法官的道德评判或者法律方面意见的简短文字，是对裁判理由和结果的补充说明，但不具有法律约束力。[①]“法官后语”使裁判理由的论证更加饱满，增加司法结论的说服效力，是推进裁判文书人性化改革的措施之一。同是作为向公众展示法官司法技艺的载体，判决理由一直被要求进行严格的法律推理和法律论证而受到学理的充分重视，但“法官后语”自推行以来却受到不少质疑与批评，本文将从以下几个方面进行回应。

一、“法官后语”与延伸说理

每个提供法律立场并希望这一立场被他人接受的人都必须提出论证来证成它。[②] 法官自然更是如此。论证的必要性自不待言，而论证的充分性在裁判文书改革的过程中标准也不断提高。一般认为，裁判文书的判决理由部分应当涵盖法官需要论证的全部内容。但一方面，近代国家所具备的“健全司法技能”和“纠纷解决机能”对

---

* 中国政法大学民商经济法学院2014级博士研究生。本文系国家社会科学基金项目“转型时期民事诉讼架构下的司法公开研究”（项目编号：14BFX060）的阶段性研究成果。

① 上海市第二中级人民法院研究室：《裁判文书附设“法官后语”的思考——我国裁判文书格式和风格的延续与创新》，载《法律适用》2002年第7期。

② 参见熊明辉：《诉讼论证——诉讼博弈的逻辑分析》，中国政法大学出版社2010年版，第56页。

审判制度提出了从多方面加以研究和改善的要求,① 相应的,审判功能不断扩充,裁判文书的内容也随之不断充实,自然论证充分性的范围内也包含了更多的内容。另一方面,因为法律对涵摄推理力有不逮的决断空间仍有限制,有许多影响法官裁判的因素无法通过判决理由输出。特别是从诉讼法法理的角度理解,裁判文书说理关涉当事人程序正义的保障。裁判文书在司法改革中的重要性自不待言,说理性的增加一直是裁判文书改革的题中之义。“法官后语”正是在裁判文书改革过程中出现的“新事物”。自“法官后语”首次出现在上海市第二中级人民法院的裁判文书中,就有学者提出反对“法官后语”的应用,认为其在我国缺乏存在的制度支撑,也无明确的法律支持。本文并不认同这种观点。

(一)定位的混淆:域外附带意见与我国“法官后语”的差异

“法官后语”缺乏存在的制度土壤,这样的质疑大概是因为对域外附带意见和我国“法官后语”在定位认知上发生了混淆。实际上,无论是英美法系判决书的附带意见,或德日一脉判决书的附带意见,都在功能上与我国“法官后语”有差别。

首先,两大法系判决书的附带意见无论是何种形式,一般都为表达某种法律观点而设置。英美法系的附带意见一般由不同意见和“与正式意见杂糅在一起但超过证成必要性的论述的部分”组成,在这一部分中,附带意见和正式意见之间的界限并不分明。② 例如,在 Obergefell v. Hodges 一案中,判决书的法官意见由首席肯尼迪大法官主笔的多数意见、斯卡利亚大法官的异议意见、托马斯大法官的异议意见和阿利托大法官的异议四部分组成,而肯尼迪大法官超过判决理由证成必要性的论述和其他三位大法官的异议意见构成了本案的附带意见。③ 如前文所述,附带意见的主要内容关涉法律问题,道德范畴虽有涉及但一般笔墨较少。英美法系法官书写附带意见的多

① 参见陈根发:《当代日本法学思潮与流派》,法律出版社 2009 年版,第 175 页。

② See Brief Amicus Curiae of the National Legal Foundation, in support of the PetitionerBritain v. CarvinSupreme Court of the United States. (Approx. 13 pages).

③ 参见申晨编译:《惊世判决——美国联邦最高法院“奥伯格费尔诉霍奇斯案”判决书》,北京大学出版社 2018 年版。

数意图是说服其他法官将来可以采纳其法律观点，有时也可能论述当前案件中法律价值与原则之间的关系。对于裁判理由和附带意见的分化，则是为了遵循先例的需要，但很多时候附带意见也作为“隐秘的、推翻先例的工具”使用。而就大陆法系国家的附带意见来讲，德国判决书的附带意见注重学理阐释，一般由不同意见、裁判要旨和判决书中超过证成必要性的部分组成；日本的附带意见一般由不同意见、裁判要旨、说明性旁论和补充意见组成。德、日判决书的附带意见近年来愈发常见，同样也为表明某种法律观点而设置，在很大程度上发挥着法官造法的功能。相较于德、日两国，法国的判决书并不常出现附带意见，一般是为了说明本判决为何推翻先前的判例而附设。

其次，就我国“法官后语”而言，其定位与两大法系附带意见任何一种都不尽相同。我国的“附带意见”在司法实践中出现过的形式有“不同意见”“裁判要旨”“超过判决必要性的论述”和“法官后语”，其中前三项功能与两大法系的附带意见类别基本对应，是法官为了阐述某种法律观点而设置。而单就“法官后语”来讲，作为倡导者的上海市第二中级人民法院对其定位为“道德评判”或“法律方面（但不具有约束力）的意见”，在司法实务中，“法官后语”一般的内容都表现为道德评判类，近年来政策建议类逐渐增多，也出现了法律发展建议类的“法官后语”，只是在数量上处于绝对少数。尽管对于“法官后语”的设置与否始终存在争议，但主流观点与学理研究也是围绕上海市第二中级人民法院研究室的定位而进一步展开的，司法实务中也在不断摸索，审判经验丰富的法院稍有突破。也就是说，其分别承载了道德说理、政策建议与活跃学说之功能。不难看出，“法官后语”的功能无论是在定位还是现实发挥本身就和域外“附带意见”中的任何一种都不尽相同，所以对其缺乏制度支撑的讨论也无从谈起。同时，对于其承载的道德说理的功能，在我国更有支持其存在的文化土壤。与其说“法官后语”的产生是亦步亦趋对域外经验的照搬，毋宁说是倡导者法院对当今中国司法和法治状态权衡后所作的一种抉择，是结合域外司法的有益经验，立足于我国国情进行的改革与尝试，并非直接的移植与照搬。

（二）内容的充实：中国古代判词风格与现代裁判文书改革的共趋

对于“法官后语”存在的法律及理论基础不足的问题，刘星教授的观点或许可以给我们一些启发：一方面，其属“附设”，不与裁判内容一体，表明当下中国司法者并不试图、也不大可能冲破现代司法关于判决书已形成的行业传统；另一方面，判决书固定模式及“附带”的定义，不过是某一时期法律人的“约定”，而此“约定”，从未具有普适的指涉或意向，亦不可能约束他者的自由实践，从社会约定的角度宽容“新”的模式，远比特定精英群体“顶层设计来的更有益”。①

目前，我国三大诉讼法没有规定裁判文书附设“法官后语”，但具备辅助说理作用的“法官后语”可作为推动以加强裁判文书的论证说理为核心内容的裁判文书改革的一种有效形式来展开。裁判文书是体现法院权威的源泉之一，作为实现程序正义的最后一维，作为对“当事人程序参加的结果展示”，其内容的充实可以让当事人感受到更多的正义。这是从诉讼法原理的角度对裁判文书的说理功能进行理解。实际上，“法官后语”自运行以来，随着我国公民化程度的提高，与学理的一些质疑恰恰相反，取得的社会效果是比较好的，这也是提高司法公信力的一条途径。

无论是中国古代的判词风格，还是现代裁判文书改革的方向，都是裁判内容的充实化。裁判文书论证内容的充实，在一定程度上反映的是法院权威在社会中的提升。我国古代判词中的“法官后语”起到的也是延伸说理的功能。例如，“审毕宜加劝谕也”是清人钟阳总结出来的判案原则，注重教诲，延伸说理，在部分判词中，劝诫话语的篇幅可占整体判词的五分之一，体现了我国古代法官对裁判文书延伸说理的重视。《名公书判清明集》中收录的宋代实判“邻妇因争妄诉”中，胡石壁在判词的末尾对胜诉方提出了告诫：“尹必用今后亦当安分守己，亲善邻舍；不许因此得胜，妄生事端。如再惹词，定当惩治！”明代实判“强占事”中进士李清的判词指出：“夫女子之嫁，母命也，人尽夫也，是何言与噫！我知之矣：‘执子之手，与子偕老。’是女所惭，不可告婿也，聊以执姑手明心尔！合断还有义，返尔东床；仍仗治士升、永鼎，以为贪财渔色之戒！”②

① 参见刘星：《判决书“附带”：以中国基层司法“法官后语”实践为主线》，载《中国法学》2013年第1期。

② 参见唐文：《法官判案如何讲理——裁判文书说理研究与应用》，人民法院出版社2000年版，第59、68、349、354页。

自20世纪以来，大陆法系国家有意识地吸收英语国家在撰写判决书方面的优长，以克服传统三段论判决书格式化、规范化、专业化所带来的在灵活性、创造性、说理性等方面的不足与缺失。[①] 德、日的判决书特别体现出这种发展趋势。特别是在“二战”后，德国的判决书风格虽然不如美国的判决书那般灵活——美国判决书的文风和法官的生活经历与教育背景都有关系，比较体现个性化特征，但篇幅之长可以媲美。而向来崇拜强者的日本，其判决书中的“说明性旁论”和“补充意见”等也是将其学习和借鉴美国裁判文书书写的有益经验，融合在其母体之中。现代社会民事审判功能的扩大使交由法院处理的问题可能也会变得复杂，那么，法院审理裁判的回应方式也应相应变得更加灵活化。我国在裁判文书说理的改革中，也可借鉴其使用多种方法对裁判结果的论述达到助力作用。

判决理由的说理部分对裁判文书的说理体系具有基石作用，而“法官后语”作为要素项的存在是对“说理系统”形成的一种合力以完善司法过程的整体运作，对于裁判文书的理性起到助推器的效果。无论是作为学理性判决理由的载体或是情理型判决理由的载体，“法官后语”的出现，可以看作广义上判决理由的延伸。在判决理由部分说理是判决书说理的重要但不是唯一要素，在“增强裁判文书说理性”和“推动公开法院生效裁判文书”两项改革背景下，对于附设“法官后语”，特别是正文说理严谨又有逻辑的表征下，如果它可以起到“锦上添花”的作用，就不应一概地否定其积极作用。因为“法官后语”的价值并不在于其作为“法官后语”的地位，而在于它自身内容的质量。从司法改革方法论的角度来看，在较宽泛的意义上来讲，判决书内容的充实可为满足正义之要求的达成。

二、“法官后语”与道德说理

上海市第二中级人民法院研究室认为“法官后语”的功能之一，在于“激活长久以来严肃之法律理性，体现判决之道德关怀”。这是学理和实务对于“法官后语”进行研究和利用的最普遍角度，也是“法官后语”受到质疑最为集中的一点——有学者认为“以道德宣扬为主的‘法官后语’混淆了两种完全不同层次和性质的行为规范

① 参见刘星显：《判决书文学化现象的产生原因及其合理性》，载《吉林省教育学院学报》2014年第10期。

和价值取向，且作为现代法治前提的良法本身已体现了法律的道德性，一篇有理有据的裁判文书，是不需要再额外从道德情理上说服当事人的”。

（一）参照：域外裁判文书中的道德说服

法律和道德的关系，是法理学中永恒的话题。如前所述，在判决书中进行道德论证容易受到攻击和质疑，有“司法无礼”的嫌疑，但为何道德说理始终在裁判文书中占有一席之地？英美法系法官以策略性的方式对道德问题表态，他们会通过一些技巧，或者将道德作为修辞方法。其实这涉及的是“司法的隐性知识”的一部分在判决书中的作用。“司法的隐性知识”，是指从某种意义上讲一般的判决书中所详述的理由常常隐藏了支持该判决的真正理由，并将这些东西都深藏在司法无意识中。法官在司法裁判活动中利用隐性知识，这对西方现实主义法学家来说早已不是秘密，而在大陆法学界并不是一个经常被探讨的概念。我们应当认识到现代司法的这一特征并将其限制在合理范围，因为不正视司法实践中隐性知识的存在及其作用方式的现实，想用全盘性理论来清除或压缩法官的司法裁量，只能是一种堂吉诃德式的努力。[①]

在英美的司法判决中，不仅道德论述没有消失，反而有道德价值增强之迹，道德标准为法庭所运用也日益增长。[②] 庞德对于司法领域的道德法律化几乎盖棺论定：“事实上，在实际的司法过程中，法律适用的伦理因素从来都未被排除去过。上世纪我们的分析性法律科学，仅仅是用教义学虚构掩盖了那一实际过程……显而易见，伦理因素在法律适用的两个层面上一直起作用，即法律标准的适用和司法自由裁量。”[③] 这在大陆法系中更为常见。法国学者鲍德恩·杜普瑞特以埃及法律实践为例，强调了司法在通过解释法律标准从而赋予道德准则以法律形式的过程中所起的关键作用，论证了法律在

---

① 参见胡学军、涂书田：《司法裁判中的隐性知识论纲》，载《现代法学》2010 年第 5 期。

② 参见吴经熊：《正义之源泉——自然法研究》，张薇薇译，法律出版社 2015 年版，第 325 页。

③ ［美］庞德：《法律与道德》，陈林林译，中国政法大学出版社 2003 年版，第 81 页。转引自郭忠：《法律秩序的道德秩序的相互转化——道德的法律化和法律的道德化问题研究》，中国政法大学出版社 2012 年版，第 254 页。

遇到自身不能解决的疑难案件时最终从道德中找到解决办法以严格执行法律和缩小法律结构的开放性。[①] 德国学者托马斯·莱塞尔指出德国反不正当竞争法基本来自司法的创造，这被称为法之萃取，由法院自己负责实现，方式是不确定地从相涉交易范围内的道德观念中推导出来。[②] 日本法学家末弘严太郎认为对法官得出结论起决定作用的是“法官的人格”，即法官的理想、人生观等。他在《法律解释中的理论与政策》一文中明确指出，法律解释的理论实际上是“法官和其他法律判断者的良心问题”。[③] 这其实指向的也是道德作为隐性知识在司法中发挥作用的情况。

在域外很多案例中，法律、道德、宗教都保持着一定的张力。例如，在 Plessy v. Ferguson 案中，John Harlan 大法官在判决书中这样书写了他的反对意见：“每一个真正的人都为自己的种族而骄傲，而且有权表达这种骄傲……如果国家执法的根据是有色人种的低贱，因而规定有色人种在公共场所无权与白人同坐一条板凳，那么还有什么比这更能激起种族仇恨？还有什么比这更能制造种族间的怀疑，并且使这种怀疑根深蒂固呢？”[④] 又如，在 1992 年针对堕胎问题的凯西案判决中，肯尼迪起草的那部分意见风格与众不同，他写道：“（怀孕）女性的自由正处在危险中，从某种意义上讲，无论对于人类境况还是法律本身，这都是极为特殊的。她们所承受的痛苦极为隐秘和私人化，州不能再将自己的立场强行加诸其身，哪怕这种观点在我们的历史文化传统中曾占有多么重要的地位。女性的命运只能由两个因素决定，一是她对自己精神准则的观念，二是她的社会地位。”[⑤]

---

① 参见鲍德恩·杜普瑞特：《道德约束下的法治：以当代埃及为例》，载［意］皮罗特·科斯塔、达尼洛·佐洛主编：《法律的规则——历史、理论以及批评》，田飞龙等译，上海三联书店 2015 年版，第 459—465 页。

② 参见［德］托马斯·莱塞尔：《法社会学基本问题》，王亚飞译，法律出版社 2014 年版，第 244 页。

③ 参见陈根发：《当代日本法学思潮与流派》，法律出版社 2005 年版，第 48、154 页。

④ 参见何静秋：《美国司法判决书的可接受性及其启示——法律修辞学的视角》，载《甘肃社会科学》2015 年第 6 期。

⑤ 参见［美］杰弗里·图宾：《九人：美国最高法院风云》，何帆译，上海三联书店 2015 年版，第 288 页。

现代法治并不是一个自足的系统，道德可以为法官在判案时提供一些方法和依据，只是法官如何去处理和操作的问题。而人工智能不能取代法官也正是因为法律不是极致的形式理性。所以，无论是被冠以“教义学”还是自由裁量，法官在判案时，特别是面对疑难案件，很难回避将道德作为判断标准。在 Obergefell v. Hodges 一案中，因为肯尼迪大法官的意见中是否充满以“修辞手法”掩盖的道德论证而拙于法律教义的论证，虽然也存在争议，但是他的论证方法也有相当的支持者。西方文化虽以智性文化为特征，但也有属于其传统的伦理思想体系。西方传统司法价值观的影响表现为许多大法官选择以耶稣基督的言论作为他们的判决准则。司法语境中无法摆脱道德话语的重要影响，所以，在裁判文书中进行道德说理有其合理性，这并不是我国司法特有的模式。

（二）重塑：“法官后语”中善用民族智慧

道德话语在我国裁判文书中的体现可谓一项法文化遗存。中国古代法律适用形成的自成风格的司法运作体系，即追求一种律、义、情并重、统合的司法价值取向。[①] 晚清修律象征着中华法系的“崩溃”而并非意味着彻底“死亡”，中华法系作为一种制度及文化背景，它的影响仍然不小，学者对其梳理与总结的成果也越来越丰富。[②] 更新与重塑中华法系是中华民族文化复兴重要的一部分，但重塑绝不意味着复旧，而是在中华法系几千年来形成的合理的法律精神、法律原则和法律行为与当代中国社会之间找出适当的切合点。例如去传承人与社会、自然和谐相处的社会观、法律观；法律与道德相互支撑，情理法三者统一的伦理法制；保护鳏寡孤独、老幼妇

---

① 参见胡兴东：《中国古代判例法运作机制研究——以元朝和清朝为比较的考察》。北京大学出版社 2010 年版，第 327 页。

② 学者对中华法系的梳理日趋精深完备，比较有代表性的有：陈顾远先生在《中国法制史》一书中指出，“夫一法系之所以成立，必有其一帜独树之特质，与卓尔不群之精神”，并总结了以“礼教中心”为主要特征：李钟声先生指出，中华法系的根本特征实是“人本主义精神”。参见徐忠明：《法学与文学之间》，中国政法大学出版社 2000 年版，第 288、296 页。另外，2016 年《人民法院报》的法律文化周刊“法文化解读”专栏就中国传统法文化的精神、制度作了总结、梳理，陆续推出了多篇作品。参见何勤华：《发掘传承中国传统文化》，载《人民法院报》2017 年 1 月 6 日。

残等社会弱势群体的原则等。[1] 例如，某“法官后语”就体现了这种法文化：“……睦邻友好、求同存异、和而不同、己所不欲勿施于人是中华民族的优良传统，诚望优良传统，不在我们手上被断送……”[2]

耶利内克指出，人们要以一定的方式做某事，其唯一的理由就是他们自己和他们的祖先做某事已经习惯于特定的方法，[3] 道德感化这种中华法文化特质中的恒常性价值仍有用当代研究手段诠释的必要。当代法官在化解纠纷时也不能与本民族的文化传统相扞格。[4] 例如，某“法官后语”讲道：“本案审理期间，法官至养老机构探望了被监护人曾某某……作为法官，亦有数言赠与双方当事人：其一，行事法为度。‘不以规矩，不能成方圆’。为人处事所应遵循的基本规矩就是法律。之于法官而言，应以事实为依据，以法律为准绳，依法作出裁判；之于当事人而言，则需以诚为尺、以法为度，履行生效法律文书确定的义务。其二，百善孝为先。‘羔羊跪乳尚知孝，乌鸦反哺孝亲颜。’恪守孝道不仅是道德要求，更是法律义务。无论双方有何罅隙，均应将尽心尽力奉养母亲作为双方相处的前提。任何不利于母亲身心健康、有损于母亲财产权益的行为均应杜绝，且必负法律责任。‘哀哀父母，生我劬劳’，希望双方能够时时念及母亲生育自己时的艰辛，摒弃成见，共担赡养义务。其三，家和万事兴。‘兄弟和，虽穷氓小户必兴；兄弟不和，虽世家宦族必败。’可见，手足之情远重于千金资财，望两位能够前嫌尽释、旧恶全消，同塑母慈子孝、兄友妹恭的家庭氛围。区区微衷，共勉之！”[5]

在判决书中，法官将法律论证和道德劝诫截然区分，以“法官后语”配合裁判文书正面说理。因为判决理由要保持精要和完整的平衡，在裁判理由的范围之外进行说道德之理，与裁判理由共同促

① 参见张晋藩：《镜鉴心语——法史研究中的古与今》，厦门大学出版社2012年版，第290—301页。

② “杨忠娥与罗云华生命权、健康权、身体权纠纷一审民事判决书”，(2017)云0181民初2085号。

③ 参见［美］博登海默：《博登海默法理学》，潘汉典译，法律出版社2015年版，第208页。

④ 参见俞荣根：《儒家法思想通论》（修订本），商务印书馆2018年版，第762—765页。

⑤ “李永康与李婕申请撤销监护人资格特别程序民事判决书”，(2017)沪0106民特367号。

进社会正义，又避免了道德考量影响司法权能行使的质疑；这也回应了判决书中除了法律不能有其他价值判断方式的质疑—将道德话语分化给另一个说理的功能项，卸除了法官部分司法上的障碍，又不会受到“司法病理学”的责难，此为其一。其二，英美法系法官善于援引《圣经》判案，我国法官则引用祖国文学，避免在判决理由部分有炫耀文采之嫌，但又写入了影响自己判断的所谓“隐性知识”因素，发挥了道德情感对司法行为的促进作用。而将“法官后语”作为道德说理载体的最大益处，在于其有助于形成我国判决书特有的文风。这体现了“法官后语”对中华法文化在判决书中的重塑作用，传承了能够古为今用的司法逻辑。情理是中国人更加接受的法文化心理需求，案件的审理结果，又有严谨的法律推理，又有丰富的情感诉求，这是我们的文化基因所在，也是我们的民族智慧。中华法文化中的情理与法理并重，揆之法意，揆之人情，使败诉的当事人怨艾降到最低，能使当事人具有更多获得感。最高人民法院发布的《关于在司法解释中全面贯彻社会主义核心价值观的工作规划（2018—2023）》也强调，把实践中广泛认同、较为成熟的道德要求上升为司法适用原则、裁判标准。所以，道德说理并非不能作为裁判文书的“说理项”存在，而“法官后语”正好提供了这样一个载体。

三、“法官后语”与闪烁的法学思想

“法官后语”被质疑的另外一点是其功能的有限性，认为“法官后语”的效果也仅仅是针对其依附的判决理由和涉及的相关当事人，随后就会被“束之高阁”。本文不同意此观点，因为这种观点忽视了“法官后语”中“闪烁的法学思想”。无论是裁判理由还是“法官后语”中的释法说理，裁判文书公开都将其置于广阔的的场域视角下，都可以看作民事审判社会功能的延伸，对社会中其他关注此判决的第三人也会产生特定影响。学者型法官在判决理由中对当事人的主张和举证进行回应后，有可能对法律适用进行进一步解释，对相关法条的理解作具体化阐述，这些带有法官理解和看法的、具有法教义学经验的法律解释，其中蕴含的方法论、法律观点都有可能将来被其他法官借鉴，实际上，从“法官后语”目前的运行状态上来看，它已发挥了传导法学思想的功能。

（一）法官在后语中解释裁判的正当性

对法律适用作进一步解释的“法官后语”近年来呈增长之势。在判决理由部分，法官通过演绎的方式说明如何从法律规则中推导出裁判结果并说明理由。裁判文书作为司法公共服务的最终产品，为还原判决理由的本来面目，法官在全案定谳后，在“法官后语”中，对其裁判的正当性与合理性进行进一步论证。如此一来，“法官后语”在一定程度上对当事人又起到了法律释明的作用，可以看作法官法律释明义务在判决书中的延伸。更为重要的一点在于，在“法官后语”中对法律适用的解释，或是对某个法律观点碰撞的讨论，或者不适用其他解释的阐述，对于同行法官之间的学习交流也有益处。在德国的判决书中，法官还会引用一些与本案相关的其他法官的法律观点。因为法官是案件的“亲历者”，这些观点的碰撞比学者的案例分析更有价值。除此之外，“法官后语”的内容还有扩充的空间，正如布兰代斯辩论法（Brandeis briefs）可以被马歇尔法官引用在美国的判决书中，我国法官同样可以利用“法官后语”对社会学数据，统计资料进行分析整合，作为说理的补充内容，以支持自己的论据。

（二）法官在后语中解读法律

对于“法官后语”功能有限性质疑的第二点回应在于，法官可以在后语中对某法条作出评价与或者具体化解读。仍以日本为例，日本东京地方法院 1981 年的一项判决认为当时《国籍法》第 2 条父系优先主义的规定合宪，但在附带意见中表达了“好不容易能够回避认为它显然不合理区别的指责”这一严厉的观点。[①] 这是以法条评价的方式作出的价值权衡。[②] 类似的方式也出现在了我国“法官后语”中：“重复保险分摊之诉在中国海事司法实践中并不多见，对《海商法》第二百二十五条的理解与适用值得研究。为体现中国海事司法平等保护国内外当事人的立场，作出能够获得国内外航运保险界以及国际海事法律界广泛认同和接受的裁判，本院对国内外有关重复保险的相关理论研究成果和典型案例进行了深入的调查研究。本案

---

① 参见［日］田中成明：《现代社会与审判——民事诉讼的地位与作用》，郝振江译，北京大学出版社 2016 年版，第 236 页。

② 参见李剑：《判例的形式构成及其“成分”分析——以德国法教义学为视角》，载《交大法学》2018 年第 3 期。

判决明确了重复保险分摊请求权的构成要件，并希望明确以下司法观点：（一）应当以保险事故发生时作为判断分摊保险人在其保险合同项下对被保险人是否负有赔偿责任进而负有分摊义务的时间点。……（二）重复保险分摊请求权的行使不以行使过代位求偿权为前提……中国海事司法实践中对于重复保险分摊之诉的审查范围应界定合理的边界。如果对第一赔付保险人设置过高的法律门槛，以致《海商法》所规定的重复保险分摊请求权形同虚设，将在实践中导致重复保险中的各个保险人相互推诿，不愿意先行承担赔付义务，这一司法导向不利于中国航运保险市场的健康发展，也使国内保险公司与国外同行开展业务合作时存在障碍。本院希望向社会传递积极的司法导向，即鼓励重复保险法律关系中的保险人积极参与理赔以取得相应的代位求偿权，并鼓励保险人提供更有市场竞争力的保险合同条件和更有市场吸引力的保险理赔服务等以吸引被保险人向其主张赔付，进而进一步规范和优化航运保险市场服务……”①

这篇“法官后语”通过法律解释将法条的内容具体化，论述详尽、逻辑严密，法官在统括关于重复保险分摊之诉的相关学术观点和外国法信息的基础上提出自己的司法观点，体现了相当的司法克制与谨慎，既起到了活跃学说的作用，也有利于实务界和学术界的沟通。法官提示的这些观点有望成为未来的法律理由，毕竟法学教义学和司法教义学的互动，是促进法律发展的良好路径。

裁判理由的精要性要求，仅能容纳支持其裁判的说理，一些支持自己观点的学术讨论或是对其他法律观点的评价——和道德说理相同——应交由其他“功能项”去分化完成。“法官后语”就为法官提供了这样的契机。“法官后语”未来应在这一功能上审慎展开，当然主体应是选取审判经验比较丰富的法院来推行。作为倡导者的上海市第二中级人民法院对于“法官后语”的态度，也是主张在二审、再审判决书中附设，一审“视情况”推进。正所谓，“一个判决就是一个故事，许多故事就形成了历史，法律的未来发展需要从这些历史中去寻找”。②

---

① “葡萄牙忠诚保险有限公司与史带财产保险股份有限公司海上保险合同纠纷一审判决书”，（2015）沪海法商初字第3049号。

② 参见巢志雄：《法官之法》，载《广东社会科学》2012年第4期。

四、“法官后语”与集大成的司法者

有人认为，“法官后语”会造成司法成本的增加，加重法官本已繁重的工作，一些制度上的原因让法官在压之下而非自愿撰写后语；另外，它会导致法官角色的错乱，法官在撰写后语时的角色已不是法官。本文认为这两种说法都值得商榷。首先，“法官后语”从现有数量反馈上来看并未造成负担，而从其总体质量上看，恰恰说明我国法官的司法能力已有整体性提高，高质量的裁判文书带来的长远效应是司法成本的减少而非增加；其次，就法官的角色来讲，我国法官本身在被期待承担多重角色的同时，其自身也认同其多重角色担当。法官既是法律人，也是社会人，他的工作不仅仅在于裁判而是综合性的。

（一）高质量的“法官后语”能产生降低司法成本的效应

首先，从数量上看，“法官后语”并未给法官造成额外负担。笔者在裁判文书网上搜索到百余篇“法官后语”，仅就数量来说，呈现逐年递增趋势，但和裁判文书整体数量相比，只是九牛一毛，说明“法官后语”并未给我国法官造成“硬指标”似的额外压力。

其次，从质量上看，“法官后语”确实存在同类案件内容雷同、文字重复的现象，特别是在物业纠纷、婚姻家庭纠纷类型案件中比较常见。此外，个别“法官后语”仅仅是对判决主文内容的概括精简，有的“法官后语”过于简单，寥寥几句难以达到应有目的。例如，某判决书“法官后语”这样写道：“俗话说‘天上不会掉馅饼’，在市场买卖时每个人应当有自己的判断力，以免上当受骗。在诉讼时，当事人对自己的主张，有责任提供证据。”上海市第二中级人民法院特别指出，“法官后语”的书写要突出个案特征，不讲放之四海皆准之空话。这样的“法官后语”就属于设置意义有限的后语。但是在多数情况下，我国审判实践中出现的“法官后语”都可以做到有的放矢、有感而发、有针对性。

例如，在某合同纠纷判决书中，“法官后语”与判决理由在内容上前后呼应，但并不是文字的重复再搬，裁判理由部分提出“原告不能证明其采取的措施与‘JADE’轮成功获救之间存在因果关系，取得了救助效果，故其依法无权获得救助报酬”，而附设的“法官后语”这样写道：“救助人命也应得到鼓励。法律在规定海上人命救助无偿之外，也充分考虑到海上人命救助方所付出的努力。……从本案得到启示的……应是所有的航海参与者，所有的救助方、被救助方以及航运的管理者。尤其是在人命救助方只是普通的商船，而非国家财政补助的事业单位的情况下，应尽快探索建立起一套有效的机制，让获得救助报酬或特别补偿的救助方主动向人命救助方支付合理的份额，或设立起人命救助的补偿基金，让人命救助方以‘有价’的方式分享到无价的人命救助的成果，鼓励并弘扬社会正能量。”[①] 通过这份“法官后语”，看到了法官正确的价值取向、良好的法律素养和扎实的文字功底。这样的“法官后语”不是为了附设而附设，与判决理由相呼应，达到上下文的语境协调，而且还注重与当事人具体情况的结合，在模式化的书写中能突出个性化，使判决书成为公众认同司法的重要载体。公众认同判决，就是认同法官的工作，也会提高法官的法治获得感。从成本的角度来看，反而是一种收益较高的做法。

（二）“法官后语”反映出法官对自己多重角色的认同

首先，法官被期待承担多重角色。法官既注重分析案件争议的原因与裁判后果，又关注当事人的具体情况和可能修复的关系。[②] 法官是审判者，是劝导者，是心灵导师；法官是法律人与社会人的综合体，是纠纷的裁决者和利益的平衡者。公众愿意将涉关自己切身利益的事务交由法官裁决，期待法官在多重角色中相应切换。

其次，我国法官自身也期待和认同其多重角色担当。上海市第二中级人民院研究室指出，我国法官羡慕国外法官的权威、荣耀与地位，抱怨自己仅作为操作工的被动角色和生不逢时，“法官后语”作为一个平台，若法官合理利用，不仅是对个案法律文书的超越，也是对法官自身价值的超越。[③] 例如，某“法官后语”写道：“……维护未成年人的健康成长环境，这是法律的价值指向，更是法官追求的社会目标。二审期间，合议庭了解到傅甲的父母和长辈都各有

① “交通运输部东海救助局与杰德有限责任公司海难救助合同纠纷一审民事判决书”，(2014) 沪海法商初字第908号。

② 参见黎晓露：《论我国法官的角色定位》，载《法商研究》2016年第3期。

③ 参见上海市第二中级人民法院研究室：《裁判文书附设“法官后语”的思考——我国裁判文书格式和风格的延续与创新》，载《法律适用》2002年第7期。

经济上的难处，因此，在法律许可范围内，我们为傅甲申请了法苑天平儿童（专项）基金，并帮助傅甲的外祖父在另案中申请司法救助，以期为傅甲家庭减轻一些生活压力，也为傅甲提供更好的治疗条件……"[①] 另一篇"法官后语"指出："平安财险上海公司亦应积极与消费者沟通。在消费者提起民事诉讼且一审胜诉后，平安财险上海公司在无新的事项和证据的情况下继续上诉，使得发生在2013年8月8日的保险事故纠纷，至今近3年未能解决。平安财险上海分公司作为专业大型保险公司，应结合法律规定以及自身进行民事诉讼的经验对能否获得实体权利的保护作出预判，合理行使诉权，以妥善解决实体纠纷为目的。望平安财险上海公司提升理赔工作质量，加强对拒赔结果的预判。"[②] 从这些认真且措辞用心的"法官后语"中，甚至可以读出法官对多重角色担当的自觉认同。[③] 现代社会是法律人之治，法官通过审判工作，把对法治的信仰内化于判决书中，向公众传播法治精神、昭示规则意识，既进行"逻辑演绎工作"，又参与"社会综合治理"，在推动法治进步和维护公平正义方面发挥着重要作用。

最后必须强调的是，"法官后语"虽然可起到延伸说理之作用，但其作用始终被定位于"辅助"，切不可喧宾夺主，裁判理由依旧作为判决书说理的最重要场域发挥作用。

---

① "傅甲与张某某生命权、健康权、身体权纠纷二审民事判决书"，(2015) 沪二中少民终字第32号。

② "中国平安财产保险股份有限公司上海分公司与上海久固物流有限公司、中国平安财产保险股份有限公司财产保险合同纠纷二审民事判决书"，(2016) 沪02民终2587号。

③ 参见刘星：《判决书"附带"：以中国基层司法"法官后语"实践为主线》，载《中国法学》2013年第1期。

民刑交叉案件中关于“先刑后民”原则的反思

靳　昕*

民刑交叉案件的处理，不论是理论上还是实践中都存在诸多困难，其原因在于民刑交叉案件涉及刑事法律关系和民事法律关系，即刑事犯罪和民事不法行为，两种法律关系“相互直接存在交叉、牵连、影响”。[①] 同时在以下几个方面都面临挑战，即基于民刑不同证明标准对于案件的事实认定、民刑审理而形成的证据之间交互适用和认可、对于民刑审理的次序和民刑程序的衔接、先行审理的诉讼产生的裁判文书在后行审理诉讼中的效力等问题。在对于民刑交叉案件的处理上，“先刑后民”一直被认为是一项基本原则。但是，从司法实践中对民刑交叉案件的处理可以看到，“先刑后民”原则并不能使案件得到很好的解决。因此，在处理民刑交叉案件中，首先应在理论上从实体法和程序法两个角度来考量，厘清其中的关键点，例如对于民刑交叉案件应以何种标准来确定审理的顺序、先行判决的既判力效力如何、民刑程序如何对接；其次应从司法实践中总结法院对于处理刑民交叉案件的困惑，对于审理效率和息诉的要求，回应法院和当事人对于司法的诉求。

一、问题的提出

在1985年由最高人民法院、最高人民检察院、公安部联合发布的《关于及时查处在经济纠纷案件中发现的经济犯罪的通知》明确指出：“各级人民法院在审理经济纠纷案件中，如发现有经济犯罪，

---

* 中国政法大学证据科学院2016级博士研究生。

① 何帆：《刑民交叉案件审理的基本思路》，中国法制出版社2007年版，第25—26页。

应按照1979年12月15日最高人民法院、最高人民检察院、公安部《关于执行刑事诉讼法规定的案件管辖范围的通知》，将经济犯罪的有关材料分别移送给有管辖权的公安机关或检察机关侦查、起诉，公安机关或检察机关均应及时予以受理。”该规定被视为明确“先刑后民”原则的条款。然而，在司法实践中的不同适用，体现在多个法院对“先刑后民”原则在具体案件中的不同解释与引用。

在“先刑后民”原则提出后，公安机关（或者侦查机关）应一方当事人要求或者出于办案需要，以当事人涉嫌犯罪为由，要求人民法院移送正在审理的民事案件，客观上造成了民事案件中止审理。一些地方公安机关对任何案件的处理都以刑事优先，或者当事人（或其代理人）以“先刑后民”为由，利用公安机关的刑事案件侦查权，以达到非法获取经济利益或者拖延法定的民事赔偿的目的。为此，公安部于1989年、1992年、1995年分别发布了《关于公安机关不得非法越权干预经济纠纷案件处理的通知》《关于严禁公安机关插手经济纠纷违法抓人的通知》《关于严禁越权干预经济纠纷的通知》，明确侦查权的适用范围和程序，规范公安机关的刑事执法。2006年，公安部又颁布了《公安机关办理经济犯罪案件的若干规定》，对于刑民交叉案件在刑事侦查阶段的处理问题作出了明确、细化的规定，将公安机关应当立案侦查的案件范围限定为人民法院移送的案件或者人民检察院通知立案的案件。从诉讼经济和案件审理来看，本应通过民事诉讼程序来解决的经济纠纷，却要求当事人放弃民事诉讼，公安机关介入经济纠纷，显然是不利于纠纷解决，也不符合“先刑后民”原则本意。

二、“先刑后民”原则的制度基础及法律规定

先刑后民原则，即刑事优先原则，在刑民交叉案件的处理过程中，遵循的是刑事案件的事实认定、刑事责任的确定优先的审理顺序，民事责任、民事赔偿的确权程序应当中止或待到刑事程序的结束再行继续，并且，基于刑事判决对于民事审判的事实认定的预决效力，民事判决不得否定刑事程序认定的案件事实。先刑后民原则得以确立的法理基础在于刑事案件对于案件事实的发现的优势侦查手段以及刑事案件的排除合理怀疑的最高证明标准。

1985年和1987年最高人民法院、最高人民检察院、公安部先后两次联合发布了《关于及时查处在经济纠纷案件中发现的经济犯罪

的通知》与《关于在审理经济纠纷案件中发现经济犯罪必须及时移送的通知》，强调了处理刑民交叉案件的“先刑后民”思路。[①] 最高人民法院通过司法解释对民刑交叉案件的审理方式作出限制，但是依然没有改变先刑后民原则在实践中的地位。

（一）民刑交叉案件类别

在司法实践中，对“先刑后民”案件主要有两类，即刑事案件中的附带或非附带民事诉讼，以及在民事诉讼案件中发现刑事犯罪的案件。前者一般是指“不同性质的案件由同一个审判机构合并主管”的情况；后者是指刑事诉讼尚未存在，而仅有民事诉讼。

第一，刑事附带民事诉讼案件。刑事案件的审理中，法院在审结后，再对其中的民事赔偿进行审理和裁判，受害人不得单独或者先于刑事犯罪审结提起民事赔偿诉讼。附带民事诉讼本质上是一种民事诉讼，由于附带的特性，其诉讼程序上与民事诉讼不同，在一定程度上剥夺或者限制了当事人的诉讼权利和实体权利。这种审理模式最初设立于1979年《刑事诉讼法》第53条，民事审判主要依靠刑事司法，对于附带民事诉讼的赔偿范围限于物质损失，符合当时的实际情况。就现阶段而言，民刑交叉案件所导致的争议在于，哪一种责任应当被优先确定和实现。有学者指出，在民刑交叉案件的审理中，对于“同一事实构成不同性质责任的竞合”的情况，应秉着民事赔偿责任优先的原则，建构一种“先民后刑”的刑事附带民事诉讼程序。[②]

---

① 1985年，《关于及时查处在经济纠纷案件中发现的经济犯罪的通知》规定：“各级人民法院在审理经济纠纷案件中，如发现有经济犯罪，应按照1979年12月15日最高人民法院、最高人民检察院、公安部《关于执行刑事诉讼法规定的案件管辖范围的通知》，将经济犯罪的有关材料分别移送给有管辖权的公安机关或检察机关侦查起诉，公安机关或检察机关均应及时予以受理。”1987年，《关于在审理经济纠纷案件中发现经济犯罪必须及时移送的通知》第3条规定：“人民法院在审理经济纠纷案件中，发现经济犯罪时，一般应将经济犯罪与经济纠纷全案移送，依照刑事诉讼法第五十三条和第五十四条的规定办理。如果经济纠纷和经济犯罪必须分案审理的，或者经济纠纷案件经审理后又发现有经济犯罪的，可只移送经济犯罪部分。”

② 刘少军：《论“先民后刑”刑事附带民事诉讼程序的构建——兼论〈刑事诉讼法修正案〉对附带民事诉讼制度的改革》，载《政治与法律》2012年第11期。

第二，刑事非附带民事诉讼案件，一般是指知识产权民刑交叉案件，是一种“非典型”的民刑交叉案件。知识产权民刑交叉案件其特殊性在于，由于知识产权是国家授予的权利，在民事纠纷确权不明的情况下触及刑法。倪宗权教授认为，在国家本位主义向个人本位主义转移的今天，对于私权的保护将会是立法强调的重点，所以在处理知识产权民刑交叉案件上，“先民后刑”的处理模式能更好地回应立法。① 江伟教授在《刑民交叉案件处理机制研究》一文中也指出，对于知识产权的民刑交叉案件，在侵权行为发生后，侵权人采取了积极的补救措施，在被侵权人就其损失已经得到了全部的救济后又没有社会危险性，则没有必要追究侵权人的法律责任，故“先民后刑”模式会更符合这类案件的处理。但是也有学者指出，应结合案情具体情况来处理，而不是一味遵循以往的“先民后刑”模式，以刑事的定性作为民事责任的依据。② 另外，在民刑交叉案件的审理中，由于刑事诉讼案件的犯罪嫌疑人处于人身自由受限的困境，不能出现在民事诉讼的审理中，只能委托代理人进行诉讼，这不利于当事人自主的行使诉讼权利。因而，在民刑交叉案件中，“先民后刑”的审理顺序能更好地维护当事人的民事诉讼权利。

理论上，我国学者一般是以“法律关系”或者“法律事实”为标准对民刑交叉案件进行分类。主要有以下四种观点：其一，应按照刑民法律事实所涉及的刑民法律关系的不同，将其分为同一法律事实同时侵犯民刑法律关系（法条竞合）型、不同法律事实之间具有牵连关系型、同一法律事实所说法律关系不明确型刑民交叉案件。③ 其二，采用两重标准，即以“自然事实”为起点，对自然行为进行法律判断，因结果的不同，将刑民交叉案件区分为竞合型刑民交叉和牵连型刑民交叉。④ 其三，采用法律事实的标准，将刑民交叉案件分为两类，“一类是因不同法律事实分别涉及刑事法律关系和民事法律关系，但法律事实之间具有一定的牵连关系而造成的刑民交叉案件，一类是因同一法律事实，同时涉及刑事法律关系和民事

① 倪宗权：《知识产权民刑交叉案件审判模式研究》，载《经营管理者》2014 年第 21 期。

② 张晓建：《刑民互涉案件的冲突选择》，载《法律适用》2005 年第 11 期。

③ 江伟、范跃如：《民刑交叉案件处理机制研究》，载《法商研究》2005 年第 4 期。

④ 董秀婕：《刑民交叉法律问题研究》，吉林大学 2007 年博士学位论文。

法律关系，从而构成刑民案件交叉的案件”。[①] 其四，将刑民交叉案件分为三种类型：第一种，刑民交叉案件仅仅是一种形式表现，内容上属于单一的，其行为性质并未超出民法或者经济法的调整范围；第二种，刑民交叉案件具有多层法律关系，是一种纵向的重合包含关系，即已经形成的刑事法律关系中包含着民事侵权法律关系；第三种，刑民交叉案件具有多元法律关系，是一种横向的并列关系。对于这三类案件的处理方式分别为：第一种案件，“无须由刑法‘横刀夺爱’来处理方显公正和威力”；第二类案件，“民事法律关系的行为已经超出民法调整范围而进入刑法评价领域，此时法律的评价自然应当以行为的结局形式作为法律评价的对象”，“也是司法实践中‘先刑后民’和刑事附带民事诉讼的操作模式的合理合法的理由”；第三类案件，“应当并有必要接受两种不同的法律规范的分别评价”。[②]

（二）我国法律制度存在“先刑后民”原则的成因

在多数人的认识当中，只要民事案件和刑事案件存在交叉关系，就应当遵循“先刑后民”的原则。在我国民事诉讼立法和司法解释中规定，因存在交叉关系而中止民事诉讼有明确的条件，即“本案必须以另一案的审理结果为依据，而另一案尚未审结”。从法律条文上看，其中的“另一案”可以包括并不限于刑事案件。如果“另一案”为刑事案件，也必须是该刑事案件是民事案件审理前提或依据，这样民事案件才能中止诉讼。[③] 因此，“先刑后民”原则并不是绝对适用，应该是有限制或者有条件的适用。然而，在实践中“先刑后民”的理念却根深蒂固。究其原因，不外乎以下三种。

第一，“重刑轻民”的理念以及对国家利益、社会利益的保护。

在我国的法律体系中，历来有“重刑轻民”的理念，重视刑法的保护功能，通过刑事处罚的手段来解决刑事案件和民事案件。更为重要的是，中国传统法律的目的在于维护国家统治以及强化文化

---

① 何帆：《刑民交叉案件审理的基本思路》，中国法制出版社 2007 年版，第 26 页。

② 杨兴培：《刑民交叉案件法理分析的逻辑进路》，载《中国刑事法杂志》2012 年第 9 期。

③ 张卫平：《民刑交叉广西处理的规则与法理》，载《法学研究》2018 年第 3 期。

专制的需要。因而，这种“重刑轻民”的法律传统延续几千年，其思想也对现阶段的法律发展有着重要的影响。

同时，民事诉讼是对平等主体之间的私益进行调整；刑事诉讼责任对国家利益、社会利益的保护，打击犯罪、保障国家刑罚权的社会责任。在人们的普遍认识中，作为保护国家利益、社会利益的刑事诉讼明显要高于保护个人私益的民事诉讼。由于刑事案件的处理结果，轻则限制人身自由，重则剥夺生命；而民事案件的处理多为财产责任，财产的损失可以追偿。因此，在面对民刑交叉案件时，人们更多希望能够谨慎处理，也就在潜意识中认为刑事诉讼案件理应优先处理。

第二，“先刑后民”原则的确立，部分原因基于人们认为在刑事侦查（或者或刑事诉讼）中，对于案件事实的揭露更符合案件客观事实。

在刑事诉讼中，公安机关（或者侦查机关）作为公权力来发现案件事实，拥有许多在民事诉讼中揭露案件事实所没有的手段和方式。例如，讯问犯罪嫌疑人，询问证人、被害人，勘验、检查，搜查，扣押物证、书证，鉴定，辨认，通缉等手段，以及电子侦听、电话监听、电子监控、秘密拍照、录像、进行邮件检查等方式。[1] 相比之下，在民事诉讼中，获取案件事实的手段都是依赖于当事人的努力，也没有其他辅助方式和技术。同时，在控辩审的诉讼构造，法院（法官）处于相对中立的地位，法官不能（或者说是不提倡）依职权在当事人事实主张的范围之外进行事实调查，并将其作为裁判的依据。因而，人们更愿意相信刑事案件的侦查起诉的事实更接近案件的客观真相，而民事诉讼中的案件事实是当事人双方各自举证，经法庭上的质证所形成的案件的客观真相。故此，“先刑后民”的观念也就自然而然地形成。

第三，出于对案件审理效率的考虑，部分司法人员在司法实践中不断地适用“先刑后民”原则审理民刑交叉案件。

首先，从理论上来说，法庭审判权依据不同案件性质由刑事审判庭、民事审判庭、行政审判庭等分别行使，各审判庭都有自己的权限，不能越权对同一案件中的其他部分进行认定和裁判。但是从司法实践来看，刑事审判庭在案件审理过程中，对于其中的民事问

① 张建伟：《刑事诉讼法》，高等教育出版社 2014 年版，第 355 页。

题会作出认定，并将其作为刑事裁判的依据。虽然，刑事审判庭未对民事问题作出直接的判决，但是根据最高人民法院《关于适用〈中华人民共和国民事诉讼法〉的解释》（以下简称《民诉法解释》）第93条，已为人民法院发生法律效力的裁判所确认的事实是免证事实，但是当事人有相反证据足以推翻的除外。其导致民事问题中的事实认定部分不可避免地成为“免证事实”，也就是刑事判决书中的案件全部事实，即是否犯罪的事实、实施犯罪行为的主体事实、对于该犯罪行为的评价事实（犯罪情节严重与否、社会危害性大小、所造成损失多少等）。反之，由于民事诉讼中证明标准低于刑事诉讼，在民事判决中认定的案件事实不具有在刑事判决中的免证效果。

2006年全国第五次刑事审判工作会议上，时任最高人民法院院长肖扬曾专门指出“坚持事实清楚证据确实充分的裁判原则”，如果认定犯罪的事实不清、证据不足，特别是影响定罪的关键证据存在疑问，不能排除合理怀疑得出唯一结论的，就应当坚决按照“事实清楚，证据确实充分”的裁判标准，果断作出证据不足、指控的犯罪不能成立的无罪判决。[①] 要在事实清楚和证据确实、充分上下功夫，不能先入为主，搞有罪推定，要确实做到“有罪则判，无罪放人”。[②] 对于民刑交叉案件中的事实认定标准应该作出区分，与定罪相关的事实应该以“事实清楚，证据确实充分”来判断，对于这部分事实认定在后诉中具有预决效力，这也符合科学认识发展，更符合国际上法治国家通常做法。

其次，在面对民刑交叉案件时，部分司法人员认为案件事实复杂，法律关系混乱，在事实认定和法律适用上存在困难。因而，如果先进行刑事案件审理，在借助《民诉法解释》第93条关于预决力的规定，将在很大程度上加快案件的民事诉讼部分的审理，并且减轻民事审判人员的压力，降低先行进行民事审判可能出现的事实认定或者法律关系的错误。如果先行进行民事诉讼部分的审理，判决中所获取的事实认定部分，由于缺乏刑事诉讼法关于预决效力的规

---

① 陈光中、郑曦：《论刑事诉讼中的证据裁判原则——兼谈刑事诉讼法修改的若干问题》，载《法学》2011年第9期。

② 载中国人大网，http://www.npc.gov.cn/wxzl/wxzl/2007-03/16/content_362800.htm，2019年11月6日最后访问。

定以及民事案件证明标准低于刑事案件证明标准，并不能为刑事审判人员带来便利。因而，基于“趋利避害”和“审判经济、法庭便利”的考虑，以及民事诉讼法中的规定“民事诉讼案件审理中遇有刑事问题作为本案审理的前提（依据）时，本案民事诉讼应当中止，等待作为另一案的刑事案件作出裁判”，实践中面对民刑交叉案件时，司法人员往往会中止民事诉讼的审理，以“先刑后民”原则作为案件审理的首要原则。

综上所述，在民刑交叉案件中，基于中国传统“重刑轻民”观念的深入以及社会效益高于个人效益的认识，从普通民众观念到国家立法制度建设，再到专业法律人士的司法实践，无一不再强调“先刑后民”原则的便利，理所当然地认为这是“理性”选择。

三、司法实践中“先刑后民”原则的消极后果

由于“先刑后民”的原则化导致在司法实践中出现诸多问题，诉讼当事人（或者其代理人）质疑案件的审理顺序，从一定程度上延误当事人民事权利的实现。因而，我国出台多个司法解释以及指导性案例以缓解民刑交叉案件中的矛盾。在实践中，司法解释成为各级法院法律适用的首选，原因在于规则更具体，更利于审判适用。但是司法解释也有很大的解释空间，这就导致在审判机关在具体案件中对于民刑交叉关系的理解和“先刑后民”的应用有不同的解读。同时，最高人民法院以指导性案例的形式对民刑交叉案件的裁判要点进行总结，意在解决合同纠纷、财产损害纠纷、民间借贷纠纷等中出现的实体或程序上的问题。在 2019 年 7 月，最高人民法院司法案例研究院和国家检察官学院共同主办第十九期“案例大讲坛”，研讨刑民交叉案件的典型案例与办理规则，发布了对处理刑民交叉案件有参考和指导意义的系列典型案例。

第一，基于我国诉讼法关于民刑交叉案件审理的规定过于笼统，我国一共出台多部司法解释。分别为 1997 年最高人民法院发布的《关于审理存单纠纷案件的若干规定》，1998 年最高人民法院发布的《经济纠纷案件若干规定》，2014 年最高人民法院、最高人民检察院、公安部联合发布的《关于办理非法集资刑事案件适用法律若干问题的意见》，2015 年最高人民法院颁布的《关于审理民间借贷案件适用法律若干问题的规定》，最高人民法院民二庭 2015 年发布的《最高人民法院关于当前商事审判工作中的若干具体问题》。分析相

关条文可以看出，我国从最初的“本案必须以另一案的审理结果为依据”这种模糊表述到现在的对民刑交叉案件的类型化区分，明确提出“刑民并行”理念。

通过对上述梳理可以得出法院面对民刑交叉案件时的处理流程。在审理之初，法院一般会先对民刑交叉案件进行分类。依据1998年颁布的《经济纠纷案件若干规定》、2014年《非法集资意见》以及2015年最高人民法院《关于审理民间借贷案件适用法律若干问题的规定》的规定，以“案件的法律关系是否相同”和“是否存在牵连关系”为标准，确定具体案件的民事审理和刑事审理是否可以并行审理模式或者刑事附带民事的模式进行处理。主要的类型由三种：第一种，分开审理模式适用于“法律关系不同，无牵连的”案件；第二种，并行审理模式适用于“法律关系不同，有牵连的”案件；第三种，刑事附带民事审理模式适用于“同一事实下，民事审理过程中发现应属刑事犯罪的”案件，民事审判庭将案件移交公安或者检察机关，被害人可以通过刑事附带民事诉讼程序或者“追赃、退赔”方式救济。如有需要，再通过《民事诉讼法》第150条第5款“诉讼中止”来限制“先刑后民”的适用。这样一来，民事诉讼法中的诉讼中止规定成为司法解释的下位规则，而且对于诉讼中止一直也没有明确其适用条件，导致司法实践中的混乱。

第二，在中国裁判文书网上，以“先刑后民”为关键词，法院层级限定在“最高人民法院”，可以检索出116件案件。仔细查看后发现，最高人民法院对待民刑交叉案件的审理理由并不统一，有些判决、裁定没有适当的说理，只是简单指出违反或不违反“先刑后民”规则。

（一）以“同一事实”论是否为“先刑后民”案件适用条件

以“尹某、尹某锋民间借贷纠纷再审审查与审判监督民事裁定书”为例。[①] 最高人民法院根据《关于审理民间借贷案件适用法律若干问题的规定》第5条和第6条规定认为：“民刑交叉案件处理方式的标准，即是否为同一事实。概言之，若民间借贷纠纷与非法集资犯罪行为为同一事实，按照‘先刑后民’；若民间借贷纠纷与非法集资犯罪行为有关联但不是同一事实，按照‘刑民并行’。对于同一事实的认定，并非指民事法律规范和刑事法律规范作出规定的要件

① 最高人民法院（2017）民申字第2903号民事裁定书。

事实，而是自然意义上事实本身。”同时，在“辽中县农村信用合作联社、前郭县阳光村镇银行股份有限公司合同纠纷二审民事判决书”[①] 中，法院依据最高人民法院《关于在审理经济纠纷案件中涉及经济犯罪嫌疑若干问题的规定》（法释〔1998〕7 号）第 1 条“同一公民、法人或其他经济组织因不同的法律事实，分别涉及经济纠纷和经济犯罪嫌疑的，经济纠纷案件和经济犯罪嫌疑案件应当分开审理”的规定，结合案情认为，辽中信用社（上诉人，一审被告）所提交的《接受刑事案件登记表》和《立案决定书》不足以证明本案事实与所主张的刑事案件系同一法律事实。因而不能对其提出的中止审理的主张予以支持。在这两例案件的审理中，法院对于民刑交叉案件中关于民事案件和刑事案件中的“同一事实”的认定标准并不统一。前者是指自然意义上的事实本身，而后者是指法律规范意义上的事实。

（二）以“法律关系”论是否为“先刑后民”案件适用条件

以“杨某、二连浩特某贸易有限责任公司信用证纠纷再审审查与审判监督民事裁定书”为例，[②] 最高人民法院在裁定书中对该案件是否属于“先刑后民”案件以及是否应移送公安机关立案侦查的问题中，认为：“本案系中信银行呼和浩特分行（本案被申请人。一审原告、二审被上诉人）提起的信用证纠纷案件，涉及的是开证行与开证申请人及保证人之间的权利义务关系。其中，开证行与开证申请人之间的法律关系是主要法律关系。”“双方签订《进口信用证业务协议》系双方当事人真实意思表示，且未违反法律、行政法规的强制性规定，为有效合同。”因此，最高人民法院认为申请人的再审主张于法无据。

（三）以“同一事实”“同一法律关系”论是否为“先刑后民”案件适用条件

以“黄某某、王某某民间借贷纠纷再审审查与审判监督民事裁定书”为例，[③] 最高人民法院依据《关于在审理经济纠纷案件中涉及经济犯罪嫌疑若干问题的规定》第 10 条和《关于审理民间借贷案件适用法律若干问题的规定》第 6 条，认为以是否属于“同一

---

① （2018）最高法民终 133 号。

② （2019）最高法民申 3121 号。

③ （2019）最高法民申 2442 号。

事实”“同一法律关系”作为区分民刑交叉案件处理方式的标准。即民、刑案件分属不同事实、不同法律关系的，民、刑案件并行分别处理。

再以“中国民生银行股份有限公司某分行、中国某辽宁储运公司物权保护纠纷再审审查与审判监督民事裁定书”为例，最高人民法院认为，“甲公司（原审第三人）虽因涉嫌合同诈骗犯罪，但乙公司（本案被申请人。一审原告、二审上诉人）代甲公司偿还贷款取得了涉案钢材的所有权，民生银行（本案再审申请人。一审被告、二审上诉人）作为返还义务人却不能返还钢材，双方之间争议的法律关系与甲公司的犯罪行为并无直接关联，本案争议的民事法律关系与甲公司涉嫌犯罪的事实并非基于同一法律事实。甲公司是否承担刑事责任，不能免除民生银行在本案中应负有的民事责任，故刑事案件审理结果并不影响本案的审理。”

综上，最高人民法院对于“先刑后民”的适用条件并完全统一，从一个侧面也反映了司法解释具有很大的解释空间。但是综合笔者搜索的116个案件的裁定书（判决书）来看，应该说作为中立者的法官在处理民刑交叉案件中已经不再一味以“先刑后民”作为首要原则。例如：“民刑交叉案件处理时，并不是必然适用先刑后民的原则。在民事案件中，合同的效力、法律责任认定如果无须受刑事案件办理依据和审理结果的影响，一方当事人通过民事诉讼的方式保护自己的权益，民事案件并不必然中止诉讼或驳回起诉。”[①]“综上，在判断民刑程序选择问题上，《民刑交叉规定》和《非法集资意见》在采用‘同一性’判断标准上并无差别，只是在表述用语上存在变化。无论《民刑交叉规定》还是《非法集资意见》，在民刑交叉涉及同一事实时，均规定应当先刑后民；若案件涉及不同事实，则应当对不涉及犯罪事实的民事纠纷继续审理。对‘同一事实’的认定，并非指民事法律规范和刑事法律规范作出规定的要件事实，而应是自然意义上的事实本身。如果民事案件中涉及的事实，对刑事案件

---

① 牛某强、王某某等民间借贷纠纷申诉、申请民事裁定书，（2016）最高法民申3534号。

的审理、善后处置等有影响，也当属同一事实。”① “人民法院对正在审理的案件，发现民商事纠纷与刑事犯罪交叉，民事责任和刑事责任竞合，在处理方式上一般有‘先刑后民’‘刑民并行’和‘先民后刑’等做法。刑民交叉案件采何种处理方式，应视个案具体情形确定。如民商事纠纷与刑事犯罪属于‘同一事实’的，先刑后民；民、刑分属不同法律事实的，根据不同性质基础事实的关联程度，及民事案件本身的审理情况，决定民刑并行、先刑后民或先民后刑。……该刑事案件的处理结果对本案的事实认定和处理结果具有先决关系。”②

四、对“先刑后民”原则的理性再分析

在笔者参与的杭州调研中，与会刑庭法官提出在面对多被告“刑事附民事案件”时，苦于民事案件涉案当事人众多，导致刑事案件审理过程慢，受审限时长的限制，实践中难以做到纠纷一次性解决。因而，办案法官会告知民事当事人另行起诉，将民事纠纷诉至民事审判庭，一方面使当事人的民事纠纷得到更好的解决，另一方面也能够对刑事案件按时保质审理，即“民刑并行，分开审理”。

在民刑交叉案件中，如何高效解决民事纠纷、刑事纠纷，保证各方当事人的诉讼权利，笔者认为应该从多个角度来进行分析。第一，从法理上应以“先决关系”来决定是否需要先行进行民事诉讼，再解决刑事纠纷或者民事诉讼与刑事诉讼并行审理。第二，从实践中看，法院在面对刑民交叉案件，一般会先行审理刑事案件，将民事纠纷作以“刑事附带”的形式进行审理。这样的审理模式带来的问题就是超出审限，不利于案件的解决。第三，从证据角度来看，由于民事诉讼对于事实认定采低于刑事诉讼的证明标准，一般不需要达到排除合理怀疑的程度，对于先行审理的民事案件纠纷的案件

① 梅某某与李某某、海南某投资担保有限公司等借款合同纠纷申请再审民事裁定书，(2015) 最高法民申 1778 号。该裁定书“关于民刑交叉问题”部分的说理非常详细。

② 中国长城资产管理股份有限公司贵州省分公司、黄平县美源矿业有限责任公司金融借款合同纠纷二审民事裁定书，(2018) 最高法民终 623 号，以及漯河江山天安新型建材有限公司、陈某某合同纠纷二审民事裁定书，(2019) 豫 11 民终 1262 号。

事实的认定以及证据资料，应该如何评价，如何应用到后行的刑事诉讼审判中，这方面的理论与实践研究都是很缺乏的。

美国伯克利学派代表塞尔兹尼克和诺内特在《转变中的法律与社会：迈向回应型法》一书中提出，法律需要重视规范、国家制度、政策和立法价值的研究，并对法进行了划分，即“压制型法”“自治型法”以及“回应型法”。从笔者上述对于“先刑后民”产生原因来看，我国古代历朝历代法治均“以刑为主”，刑法作为治理国家的首选，导致长期形成了以刑事为主解决社会纠纷。近年来，我国的某些司法案例，[①] 体现了“合法却不合情”，这些符合法律规定和逻辑规则得出的裁判结果，为何却受到诸多质疑？依前述著作的观点，“合法习惯被理解为对规则严格负责，法条主义则是自治型法的苦恼所在”。[②] 在这种思维下，司法裁判的意义在于对法律本身的严格遵守，而对于结果是否正当、问题能否解决并不关注。诺内特指出，回应型司法是一种探求规则和政策内含的价值，追求实质合理和形式合理的融合，法律发展的动力加大了目的在法律推理中的权威，并且这种目的型法是以结果为指向的。因而，诺内特认为回应型法是一种高于自治型法和压制性法的法律发展阶段。我国对于民刑交叉案件的处理，基于民事诉讼与刑事诉讼案件性质迥异，当事人的诉讼需求不同，应当尊重当事人的主体地位，主动回应当事人的程序需求，对法院职权进行优化设置。司法机关对于社会需求作出反映，避免被动，让利益相关者参与到诉讼活动中，有效解决社会纠纷，也符合法律的良性发展。

五、我国民刑交叉案件审理规则的建议

从我国现阶段民刑交叉案件类型来看，最典型最常见的就是因非法集资引发的民间借贷案件。在司法实践中的处理方式是，一旦发现民间借贷案件涉及刑事犯罪，则驳回起诉，将案件信息、材料移送公安或检察机关，以刑事诉讼程序解决当事人的刑事责任问题，并在刑事诉讼中通过追偿、退赔方式对被害人的民事权利进行救济。这一做法，主要是考虑到非法集资案件涉及不特定多数人的利益，

① 如王某某收购玉米案、赵某某持枪案。

② ［美］诺内特、塞尔兹尼克：《转变中的法律与社会——迈向回应型法》，张志铭译，中国政法大学出版社 1994 年版。

在处理上坚持一体化解决的原则，以确保多数受害人能够平等受偿。但是，这一种处理方式忽略了非法集资犯罪的刑事案件的审查对象和民间借贷案件的审理对象不同，对于受害人的民事权利的保护应由民事诉讼程序提供更为专业和全面的权利救济。

笔者认为，我国应当以民事诉讼法的“诉讼中止”制度为基础，将“先决关系”作为民刑交叉案件处理的基本原则，有限制地适用“先刑后民”规则处理民刑交叉案件。

（一）设立以“民刑并行”为原则、“先刑后民”为例外的原因

民事诉讼程序和刑事诉讼程序的设立目的不同。民事诉讼的本质在于“确认和赔偿之诉”，而刑事诉讼的本质在于“制裁犯罪人”。[1] 因而，在具体的诉讼规则上，民事诉讼在证据采信方面比较宽松，相对灵活，法官对于事实认定具有较大自由裁量的权力；刑事诉讼为保护犯罪嫌疑人的人权和对公权力的限制，设立了非法证据排除原则。以“传闻证据”为例，刑事诉讼法上对此采排除的态度；民事诉讼法上并不一定排除该证据，原因在于民事诉讼将复杂的案件事实留给法官根据经验法则进行自由裁量，让法官通过法庭上当事人的陈述、诉讼代理人的表现来判断。同时，根据我国民事诉讼法规定的“诉讼中止”，只有在民事案件的审理必须以刑事案件审理结果为依据时，才可中止民事案件的审理。民事案件和刑事案件只有一部分事实相同或者有牵连，并不是“先刑后民”模式的适用理由。另外，在对116件案件简要浏览后，笔者发现在某些案件中，“先刑后民”的申请理由简单，并没有提供相关证据支持。由于刑事案件的诉讼周期较长，民事案件诉讼的被告可以从本案民事诉讼中止中获得延迟利益。“先刑后民”成了被告用以拖延诉讼，甚至是逃避民事责任、履行义务的诉讼策略。

（二）对民刑交叉案件中“先决关系”的理解以及刑事判决的预决力问题

第一，民刑交叉案件中所谓“先决关系”是指，民事法律关系

---

① ［法］卡斯东·斯特法尼、乔治·勒瓦索、贝尔纳·乔洛克：《法国刑事诉讼法精义》，罗结珍译，中国政法大学出版社1999年版，第175页。

问题或民事争议的解决必须以另一案的审理结果为前提。[①] 具体到个案中，主要是指案件中的行为在造成民事损害的同时，也有构成犯罪的嫌疑，或者在民事案件中发现了疑似犯罪事实，对于犯罪行为的评价（有罪或无罪）将导致民事案件中用以裁判的事实的认定。在面对民刑交叉案件时，应该首先进行民事案件的审理，在审理过程中对其中的犯罪行为（或者疑似犯罪行为）决定是否需要“先刑后民”。如需要，则可以适用民事诉讼法中的“诉讼中止”规则进行“先刑后民”的审理模式；如不需要，则适用“民刑并行”审理模式，使民事案件中的当事人的诉权、民事权利受到更专业的保护。这也体现了刑事审判权和民事审判权的分离，更是对民事审判权独立性的维护与应有的尊重。

第二，民刑交叉案件应以“民刑并行”为原则、刑事案件优先审理为例外。如果刑事案件审理提前，由刑事审判庭查明的案件事实构成了民事案件审理的前提，其认定的案件事实对于民事案件有预决力。我国有学者指出，对于刑事判决的效力应进行细致化的建构，首先要区分判决主文和判决理由部分的不同效力；其次，对于判决理由部分，也应赋予定罪基础事实和其他间接事实、辅助事实不同的效力；效力的强度还应当对当事人和案外人进行区分。[②] 另有学者认为，应确认刑事生效裁判事实认定的特别效力，但要受制于“必要事实原则”与“确定事实原则”。民事生效裁判可作为书证，交由刑事法庭判断并说明采纳与否的理由。对于特殊类型案件，刑事法庭应将民事诉讼判定的事实作为预决事实。在证据的交互使用上，应区别裁判已生效与未生效、定案根据与非定案根据、人证与物证等不同情形进行处理。[③] 笔者认为，应该将刑事案件审理中的认定事实限制为民刑交叉案件的基础性事实，审理后续民事案件的法庭不能作出相反的认定。至于刑事案件审理中的其他事实（即非基础性事实）则由民事案件的双方当事人自行举证来支持各自观点。“基础事实”的内容应包括犯罪主体的事实和构成犯罪的

---

① 张卫平：《民刑交叉诉讼关系处理的规则与法理》，载《法学研究》2018 年第 3 期。

② 邢会丽：《刑民交叉案件中刑事判决的效力问题研究》，载《河北法学》2019 年第 6 期。

③ 龙宗智：《刑民交叉案件中的事实认定与证据使用》，载《法学研究》2018 年第 6 期。

要件事实。

在民事诉讼和刑事诉讼中，基于不同的诉讼目的、不同的证据规则和不同的审判需要，应该赋予法官一定的自由裁量权，对于民刑交叉案件以“先决关系”作为重要的考量因素，将“诉讼效率”作为次要考量因素，来决定民事诉讼和刑事诉讼的审判顺位。对于先行民事诉讼中的“事实认定”和“证据资料”进行低证明标准的确认，在后行的刑事诉讼中以高证明标准再次确认“事实认定”和“证据资料”，以保证两诉在案件事实认定上的一致性。

试论行政裁量行为“明显不当”合法性审查

陈子君*

2014 年《行政诉讼法》第 70 条第 6 项和第 77 条增设明显不当作为行政诉讼撤销判决和变更判决的适用条件，进而将行政裁量行为明确纳入司法审查范围内。相较于 1989 年行政诉讼法中的“显失公正”，“明显不当”对行政裁量行为的审查范围由行政处罚扩展至所有行政行为类型。有学者据此认为行政诉讼对行政行为合理性问题的审查由此得到立法确认，“行政诉讼堂而皇之地进入合理性审查的时代”。[①] 这也为我们提出了新的问题：如何认识明显不当与本法第 6 条合法性审查这一基本原则之间的“矛盾”？本文通过对明显不当的学理争鸣和最高人民法院指导性案例等的整体考察，试图通过厘清明显不当审查标准在学界和实务界的共识与分歧，探究明显不当的内涵和适用标准。

一、明显不当的概念界定

（一）明显不当的学理争鸣

2014 年行政诉讼法修改将明显不当作为法定撤销依据和变更判决依据，由此引发了学界对行政裁量行为审查标准明显不当的再探讨，主要集中在明显不当的性质、适用范围和判断标准三个方面。

1. 明显不当的性质

自行政复议法确立明显不当作为审查标准以来，明显不当的性质在学界众说纷纭。有学者认为明显不当是指行政行为不违法但存在合理性问题。[②] 但也有学者认为明显不当是指行政机关的裁量超出

---

* 中国政法大学法学院宪法学与行政法 2019 级博士研究生。

① 何海波：《论行政行为“明显不当”》，载《法学研究》2016 年第 3 期。

② 胡建淼：《行政法学》，法律出版社 2010 年版，第 491 页。

了合理的界限，就构成了实质上的违法。[1] 2014 年行政诉讼法修改，进一步促使学界在行政诉讼层面对明显不当的性质展开激烈讨论，主要有以下观点：

一是以合法性审查为原则，例外进行合理性审查说。行政诉讼的功能之一即监督行政机关依法行政。而这种监督的强度随法律对行政权的约束强度不同而有所差异。正如“法律约束的松动相应地引起行政法院审查的松动，因为行政法院只审查行政活动的合法性。一旦行政机关享有裁量空间和判断余地，它就享有‘最后决定’的权利”。[2] 现行《行政诉讼法》第 6 条确立了合法性审查原则。而 1989 年行政诉讼法中的“显失公正”确立了“合法性审查为原则，例外进行合理性审查”的原则。此说中的合法性审查遵循的是形式合法性审查原则。依据该说，对明显不当的审查属于合理性审查的范畴。

二是实质合法性审查原则说。该说认为明显不当是在“合法性审查”概念基础上，在内容的广度与深度上进行了扩展，实现了从形式合法性审查到实质合法性审查的转变，[3] 并从实质法治角度对合法性审查原则进行重构。如何海波教授认为行政诉讼法中的合法性审查原则属于实质合法性审查，其具体包括合法性审查、合理性和合宪性审查，由此建立一个统一的合法性概念。[4] 程琥法官从法律渊源角度认为，形式合法性审查还不能完全实现法律目的和立法精神，这就要求对行政行为还需要进行实质合法性审查，将行政行为置于社会需求、社会价值、社会变化中进行考量，以实现裁判的最佳社会效果。[5] 在该说下，对明显不当的审查属于实质合法性审查，仍属于合法性审查原则的范畴内。

从以上观点来看，明显不当性质的界定取决于如何界定合法性和合理性的关系。若将合法性作狭义理解，认为不违反法律文字的

---

① 何海波：《行政法学》，法律出版社 2011 年版，第 293 页。

② ［德］哈特穆特·毛雷尔：《行政法学总论》，高家伟译，法律出版社 2000 年版，第 124 页。

③ 参见于洋：《明显不当审查标准的内涵与适用——以〈行政诉讼法〉第七十条第（六）项为核心》，载《交大法学》2017 年第 3 期。

④ 何海波：《论行政行为“明显不当”》，载《法学研究》2016 年第 3 期。

⑤ 参见姜明安：《行政裁量的软法规制》，载《法学论坛》2009 年第 4 期；程琥：《行政诉讼合法性审查原则新探》，载《法律适用》2019 年第 19 期。

字面含义即合法，此时明显不当的审查属于合理性审查；反之若将合法性作广义理解，认为只有全面符合法律精神、法律原则和法律规则的行为才是合法的，那么明显不当的审查则属于合法性审查。因此，合法性内涵的界定成为明显不当性质界定的关键。

2. 明显不当的判断标准

明显不当本身是不确定的法律概念，其判断标准是明显不当问题的核心部分，我国行政法学界对明显不当的判断标准也存在不同认识。争论的焦点主要集中在明显不当的内容与范围方面，大体上存在以下观点：第一种观点从行政裁量行为的结果出发，确定违反平等对待原则、畸轻畸重等为明显不当的判断标准。[①] 这一观点在2014 年修法之时便已有相关探讨，立法过程中曾经想但确立这些标准恐怕会限制审判实践的发展。[②] 第二种观点则从行政裁量行为的作出过程进行考量，认为明显不当的认定需判断裁量是否考虑到依法应当考虑的相关因素、处理方式是否违反比例原则、是否为没有理由的区别对待、是否违背业已形成的裁量准则。[③] 第三种观点则从认定依据上认为，明显不当应当以行政行为违背软法规范存在明显不适当的情形，具体包括法律原则、行政裁量基准、行政惯例和指导性案例，[④] 故对明显不当，由法院针对行政行为是否符合软法规范进行审查，是软法规制模式在司法审查领域的具体延伸。

学界对明显不当判断标准的探讨集中于两个维度：一是明显不当的具体表现形式，如考虑不相关因素等；二是明显不当的法律依据，如制定法之外的裁量基准以及法律原则等。在实质法治之下，学界就明显不当的法律依据具有一定共识，即不限于制定法中的成文法律规范，还包括软法规范，如行政裁量基准和行政法治基本原则等。

---

① 史笔、曹晟：《新〈行政诉讼法〉中行政行为“明显不当”的审查与判断》，载《法律适用》2016 年第 8 期。

② 童卫东：《进步与妥协：〈行政诉讼法〉修改回顾》，载《行政法学研究》2015 年第 4 期。

③ 参见何海波：《论行政行为“明显不当”》，载《法学研究》2016 年第 3 期。

④ 参见程琥：《对罚没物品处置行为明显不当的应予撤销》，载《法律适用》2018 年第 22 期。

3. 明显不当的适用范围

如何理解行政裁量中明显不当的适用范围？在行政法中，行政行为的合法性要件包括：行政主体具有法定权限；适用条件合法；证据充分；程序正当和处理结果合法。[①] 学界的分歧在于明显不当是适用于前述五类合法性要件还是仅及于处理结果。

主流观点认为，明显不当的审查仅及于处理结果，即效果裁量部分。如何海波教授认为，为维护司法审查根据之间的和谐，明显不当的适用范围最好限于行政实体处理中的裁量，即主要是行政处理方式的裁量。[②] 同时从明显不当与滥用职权区分的角度，滥用职权应理解为主观方面的标准，而明显不当则应当理解为客观结果上符合比例原则和平等原则。[③]

但也有观点认为明显不当在事实认定、法律发现和程序选择以及决定措施等行政过程中均可适用。如张峰振教授认为："受行政诉讼救济的明显不当行政行为是仅指结果的明显不当，还是包括事实认定、法律适用、程序、结果等所有类型的不当，需要研究……要件裁量说更能体现行政主体享有权力的性质，同时也符合我国的司法实践，因而'明显不当'行政行为也发生于要件裁量中。"[④] 在认定标准上，明显不当行政行为包括目的不当、错误的事实认定、不适当的考虑、法律适用不当，不作为和程序不当六类。[⑤] 其中诸多学者就程序裁量中明显不当的适用展开了专门的探讨，其争点在于正当法律程序的违反是否构成明显不当。主张第一种观点的学者认为要从广义上理解"违反法定程序"中的"法"，故正当法律程序这一原则也属于法定程序。但亦有学者主张行政程序中存在裁量，故明显不当适用于程序裁量。如郭兵认为"立足于 2014 年修订后的我

---

① 参见何海波：《行政行为的合法要件——兼议行政行为司法审查根据的重构》，载《中国法学》2009 年第 4 期。

② 参见何海波：《论行政行为"明显不当"》，载《法学研究》2016 年第 3 期。

③ 参见史笔：《新〈行政诉讼法〉中行政行为"明显不当"的审查与判断》，载《法律适用》2016 年第 8 期。

④ 张峰振：《论不当行政行为的司法救济——从我国〈行政诉讼法〉中的"明显不当行政行为"谈起》，载《政治与法律》2016 年第 1 期。

⑤ 王振宇、郑成良：《对自由裁量行政行为进行司法审查的原则和标准》，载《法制与社会发展》2000 年第 3 期。

国《行政诉讼法》之规定，行政程序裁量的司法审查标准可以确定为实质法治立场下的‘裁量理由明显不当’标准”。[①] 蒋红珍教授也认为“违反法定程序”不应该成为正当程序适用的裁判规范，“明显不当”适合作为违反正当程序的裁判基础。[②]

以上两种观点的争鸣实质上立足于不同的考虑因素。第一种观点着眼于《行政诉讼法》第70条中审查标准的体系化建构，将明显不当适用于合法性要件中的处理结果，以维护法律体系上的统一。而第二种观点则侧重于行政裁量权的存在空间。其主张行政行为作出过程中的事实认定、法律发现并适用，以及最终决定的作出，均存在行政裁量空间，明显不当作为对行政裁量行为的审查标准适用于行政行为作出的整个过程中。

（二）明显不当的内涵分析

1. 明显不当应属实质合法性审查

明显不当性质的界定关键在于合法性与合理性之间的关系。在实质法治之下，应当从广义上理解合法性，其中的“法”不仅包括行政诉讼的正式法律渊源，同时还包括法律目的、原则和精神等软法规范。由此构建广义的合法性概念，即形式合法性与实质合法性。其目的在于：一是保证立法体系上的协调性。2014年行政诉讼法仍遵循原有立法中的合法性审查标准，在“总则”中第6条规定“人民法院审理行政案件，对行政行为是否合法进行审查”，以保持立法体系的协调。二是明确作为外部审查机制的行政诉讼与内部审查机制行政复议之间的审查范围，避免侵入行政权的自治领地。明显不当并非针对所有不合理行政裁量行为，而是仅对“明显不合理的行政行为”进行审查。[③] 强调“明显”，就是要求法院对行政权的自主空间予以适度的尊重。因而，明显不当不等于一般的合理性审查，属于实质合法性审查。而合理性问题成为行政权的自主空间，以此可恰当地区分行政诉讼内部及其与行政复议的审查范围和强度。

---

① 郭兵：《论行政程序裁量的司法审查标准》，载《政治与法律》2015年第4期。

② 蒋红珍：《正当程序原则司法适用的正当性》，载《中国法学》2019年第3期。

③ 参见《全国人民代表大会法律委员会关于〈中华人民共和国行政诉讼法〉修正案（草案）修改情况的汇报》第7条。

2. 二次规制下的审查标准

行政裁量本质上是指行政机关在法律授权的范围内作为或不作为以及如何作为、不作为的一种选择。[①] 但裁量并非自由，行政裁量行为的合法作出存在内在界限和外部界限的控制标准。外部界限，是为了防止裁量活动的结果在内容上超越法律设定的界限，行政裁量越出其外部界限，构成裁量权逾越；内部界限，是为了防止行政机关以与事件无关的动机作为裁量的基础，或未考虑该当考虑的因素，行政裁量越出其内部界限，构成裁量权滥用。[②] 以《广告法》第 57 条为例，"有下列行为之一的，由市场监督管理部门责令停止发布广告，对广告主处二十万元以上一百万元以下的罚款"，其中"二十万元以上一百万元以下"的罚款限度为外部界限，而在此区间内是否符合个案正义则属于内部界限，属于实质合法性审查的范围。

首先，就明显不当的外部标准来看，其不仅包括作为硬法现行正式的法律渊源，同时还包括公共政策、裁量基准、行政惯例和行政法治基本原则等软法规范。硬法规制正是由于只能徘徊在裁量框架之外、无法介于裁量框架之中，因而出现硬法不及的裁量黑洞，诱发裁量滥用。[③] 易言之，硬法规制只能设定行政裁量的合法边界，规制其外部界限。因此，应构建硬法软法的二次规制模式，在硬法对外部界限进行规制后，由软法再次对其内部界限予以规制。

其次，明显不当的要素需从裁量结果和裁量过程判定。行政裁量是立法赋予行政机关的选择空间，但从单纯结果上判断裁量滥用，难以查找到确定的规范指引。而对行政裁量权的控制不仅着眼于其最终结果，还应当着眼于其到达结果的整个过程。[④] 且明显不当本身即为不确定法律概念，故对行政裁量行为的合法性审查方式由结果型转向过程性控制，即根据行政机关的理由说明，对裁量过程中行为作出的方式和考虑的相关事项进行重构，据此来判断裁量过程的合法性。因此，在现行立法体系中，明显不当更应理解为客观方面

---

① 章建生：《现代行政法基本理论》，法律出版社 2008 年版，第 263 页。

② 李哲范：《论行政裁量权的司法控制》，载《法制与社会发展》2012 年第 6 期。

③ 参见宋功德：《行政裁量法律规制的模式转换》，载《法学评论》2009 年第 5 期。

④ 参见王天华：《行政裁量与判断过程审查方式》，载《清华法学》2009 年第 3 期。

的标准，即行政行为客观过程必须符合程序正义、客观结果必须符合比例原则和平等原则。由此实现了审查方式的客观化，且避免导致司法权不当侵犯行政权的自主空间。

3. 适用范围的广泛性

规定明显不当的目的在于控制裁量权滥用。行政裁量权的存在空间决定了明显不当的适用范围。一般的，基于事实的客观性而认为事实认定中不存在裁量。但是案件事实纷繁多样，如主要事实和次要事实、过程事实和定性事实等，从客观真实中提取出法律真实必然需要行政机关进行价值判断和法益权衡。且法律适用中充斥着各类不确定法律概念，其中的价值性不确定法律概念也难以有确认的内涵，需要赋予行政机关裁量权，进而在个案中予以具体化。因此，行政裁量权的广泛存在需由明显不当对其进行合法性审查，这成为依法行政的必要组成部分。

明显不当适用于行政行为作出的全过程并不有碍立法体系的统一性。2014 年《行政诉讼法》第 70 条前四项审查标准依据合法性审查要素进行划分，明显不当适用范围的分析需明确其与其他撤销依据间的关系，进而判断其是否适用于行政行为作出的全过程。两者的区分体现在：一是在划分标准上。在行政法中，行政行为的每一个合法要件都包含两个层面的含义，即合法性要素和合法性标准，前者是指在论及合法性时所针对的对象，后者是指对某一特定要素需达到某一程度才构成合法。[①] 第 70 条六项审查标准，前四项依据合法性审查要素进行划分，而“明显不当”则是在审查标准层面上确立的。二是审查对象上的分工和审查深度上的递进。在软法和硬法的二次规制模式下，明显不当作为对事实认定、程序选择和处理结果的二次审查。前四项审查标准以裁量的外部界限为审查对象，而明显不当则审查的是裁量行为合法性的内部界限，且是一种强度更深的审查。因此，明显不当适用于行政行为作出全过程实现了合法性审查原则审查强度的类型化，并不与现行立法中撤销依据的划分体系相矛盾。

二、明显不当的规范分析

学理界所探讨的各种观点是否为实务界所接纳？明显不当审查

---

① 参见何海波：《行政行为的合法性要件》，载《中国法学》2009 年第 4 期。

标准是否有效发挥了对行政裁量权控制的立法目的值得探究。以下将从规范分析入手探索立法考量以明晰明显不当的性质定位，同时对其在司法适用中的实践探索予以分析。

（一）规范层面的性质明晰

通过对法律规范的梳理发现，规范层面的合法性内涵经历了三个阶段的发展过程：

第一阶段开始于 1989 年行政诉讼法，第 54 条规定了五项撤销依据：主要证据不足的；适用法律、法规错误的；违反法定程序的；超越职权的；滥用职权的。同时只有在行政处罚领域可以适用“显失公正”作出变更判决。2000 年最高人民法院《关于执行〈中华人民共和国行政诉讼法〉若干问题的解释》第 56 条对合理性问题的态度进一步明确，其规定，被诉具体行政行为合法但存在合理性问题的，应当判决驳回原告的诉讼请求。这一阶段，行政诉讼法坚持“合法性审查为主，例外进行合理性审查”的原则，即只有在行政处罚领域中进行合理性审查。合法性与合理性为二元对立的关系，合法性仅为狭义上的形式合法性审查。

第二阶段，合法性内涵的转变，见诸 2002 年最高人民法院《关于审理国际贸易行政案件若干问题的规定》第 6 条第 6 款的规定：“人民法院审理国际贸易行政案件，应当依照《行政诉讼法》，并根据案件具体情况，从以下方面对被诉具体行政行为进行合法性审查：……（六）行政处罚是否显失公正。”由此直接将“显失公正”归入“合法性审查”的范畴。2008 年最高人民法院《关于行政诉讼撤诉若干问题的规定》更进一步，将不当行政行为纳入行政诉讼审查的范围——第 1 条规定“人民法院经审查认为被诉具体行政行为违法或者不当，可以在宣告判决或者裁定前，建议被告改变其所作的具体行政行为”。[①] 此外，最高人民法院《关于执行〈中华人民共和国行政诉讼法〉若干问题的解释》（以下简称《执行解释》）第 56 条第 2 项规定法院面对合法但存在合理性问题的，可以判决驳回原告诉讼

① 在地方法规中，明显不当率先见诸 2009 年《福建省高级人民法院关于全面加强诉讼调解工作推动建立健全多元纠纷解决机制的意见》。其中规定“在行政诉讼案件中，人民法院经审查认为被诉具体行政行为违法或者明显不当，可以根据案件的具体情况，建议被告改变其所作的具体行政行为，主动赔偿或补偿原告的损失，行政相对人同意后可以准予撤诉”。

请求，[①] 而非裁定不予受理，或受理后的裁定驳回起诉。由此也可以推断出法院有权审查被诉行为的合理性。在此阶段，合法性审查原则开始逐渐拓展，将不当纳入其中。

第三阶段，合法性内涵的拓展直接体现在行政诉讼法中。2014年行政诉讼法增加“明显不当”这一审查标准。《全国人民代表大会法律委员会关于〈中华人民共和国行政诉讼法修正案（草案）〉修改情况的汇报》第7条阐明了增加“明显不当”的重要考虑因素，即“……现行《行政诉讼法》规定人民法院只能对具体行政行为是否合法进行审查，对于行政机关明显不合理的行政行为，没有规定人民法院可以判决撤销，不利于解决行政争议……”由此，明显不合理审查进入总则第6条的合法性审查原则范围内，明确肯定了行政诉讼中对明显不合理行为的审查。

因此，就明显不当的性质而言，法律规范的历史演进与学界所主张的实质合法性审查原则的主流观点相契合，合法性内涵由形式合法性向实质合法性发展，行政诉讼的审查标准经历了从例外进行合理性审查到合法性审查原则内涵不断扩展的发展过程。

（二）明显不当的实证分析

行政裁量广泛存在于现代行政管理过程中，对行政裁量行为的司法审查成为依法行政的重要组成部分。为探究明显不当是否对行政裁量权形成有效控制，以下将进行实证层面的分析。

1. 司法适用的整体性分析

为明确实践中“明显不当”的司法适用逻辑，本文以“1. 关键词：明显不当；2. 案件类型：行政－行政行为种类；3. 时间：2018年1月1日至2018年12月31日；4. 法宝推荐；5. 判决书”为检索条件，对北大法宝中的相关案例进行了检索，共检索到有关“明显不当”的案件一共2376例（最后检索时间为2019年10月13日）。在“本院认为”部分以“明显不当”作为裁判理由、说理理由的案件共66件。而从1991—2012年，《中国审判要览》中收录的行政案件共1189件。其中，直接依据滥用职权判决的案件共14件，在法院判决理由中认为是滥用职权的共5件。从1992年到2012年，《人民法院案例选》中收录的行政案件共568件。直接依据滥用职权作

---

① 该条规定：“有下列情形之一的，人民法院应当判决驳回原告的诉讼请求：……（二）被诉具体行政行为合法但存在合理性问题的。”

为裁判依据的1件；有1例案件仅在说明理由中采用。[①] 相较之下，明显不当在裁量类案件中的适用频率高于滥用职权。明显不当为行政裁量行为的司法审查带来了新的契机，成为对行政裁量行为进行司法控制的利器。

但明显不当在司法适用中也存在混乱：一是在适用对象上区别于学理所认为的其仅适用于行政裁量行为，在非裁量案件中也频频适用明显不当作为说理依据。例如，在年某某诉某市公安局交通警察支队行政处罚案中，法院认为“交警高速一大队作出的该行政处罚适用法律明显不当，属适用法律、法规错误，依法应当撤销”，[②] 并最终以“适用法律、法规错误的”作出撤销判决。可见明显不当显然未用于行政裁量争议中，而是针对行政机关适用法律、法规错误这一违法事项。二是虽在说明理由中适用明显不当，但在裁判依据中仍适用其他形式合法性审查依据。例如，在百事通旅行社有限公司某服务网点诉南阳市工商行政管理局某分局行政处罚案[③]中，尽管法院在裁判理由中认为处罚决定明显不当，但仍依据主要证据不足和适用法律、法规错误作出撤销判决。可见，明显不当在司法适用中仍需就认定标准和适用范围统一认识。

2. 典型个案分析

在明显不当的广泛适用中，典型案例对明显不当的内涵明确提供了分析路径。为此，本文选择学理和实践中热议的“方某某炒货店在广告宣传用语中违法使用顶级词汇行政处罚案”[④]（以下简称方某某案）和最高人民法院88号指导案例“张某某、陶某诉四川省简阳市人民政府侵犯客运人力三轮车经营权案”[⑤]（以下简称张某某案）对明显不当的司法适用予以分析。

（1）效果裁量中明显不当的适用：方某某案

在方某某案中，方某某炒货店因在店铺墙上及产品包装袋上使用“杭州最优秀炒货店”“杭州最好吃的栗子”等宣传用语，被杭州市西湖区市场监管局处以20万元的罚款。该案经过媒体报道后引

---

① 李哲范：《论行政裁量的司法控制》，载《法制与社会发展》2012年第6期。

② 参见行政判决书（2017）苏02行终307号。

③ 参见行政判决书（2017）豫13行终393号。

④ 参见行政判决书（2016）浙0106行初240号。

⑤ 参见行政判决书（2016）最高法行再81号。

发广泛关注。社会公众普遍认为，对于一家个体经营炒货店铺而言，20万元的罚款金额畸重。西湖区市场监管局则认为，20万元的罚款已是《广告法》第57条规定的最低处罚金额，其无法突破立法者设定的处罚下限。方某某炒货店对该处罚决定不服，在向杭州市市场监管局申请行政复议并遭到维持后提起行政诉讼，一审杭州市西湖区法院和二审杭州中院均认为被告作出的20万元处罚决定明显不当，作出变更判决，变更为10万元。

方某某案为明显不当在变更判决中的适用提供了鲜活的实证样本。该案的争议点即在于20万元的处罚决定是否符合行政处罚法中的过罚相当原则。[①] 法院认为：对行政机关的裁量，一般予以认可，本案20万元罚款是否明显不当应结合广告法禁止使用绝对化用语所需要保护的法益，以及案件的具体违法情形予以综合认定。具体判旨如下：

其一，是否扰乱市场经济秩序。[②] 法院认为原告系个体工商户，在自己店铺和包装袋上发布了相关违法广告，广告影响力和影响范围较小，客观上对市场秩序的扰乱程度较轻微，对同行业商品的贬低危害较小。

其二，是否侵害消费者合法权益。法院认为广告针对的是大众比较熟悉的日常炒货，栗子等炒货的口感、功效为大众所熟悉，相较于不熟悉的商品，广告宣传虽会刺激消费心理，但不会对消费者产生太大误导，商品是否其如商家所宣称“最好”，消费者自有判断。故原告的行为并不会侵害消费者的合法权益。

因此，本案中行政裁量行为的合法性审查重点在于：一是行政机关在实体裁量结果上是否滥用裁量权。二是法律安定性、平等原

---

① 《行政处罚法》第4条第2款规定：“设定和实施行政处罚必须以事实为依据，与违法行为的事实、性质、情节以及社会危害程度相当。”

② 《广告法》第1条规定：“为了规范广告活动，保护消费者的合法权益，促进广告业的健康发展，维护社会经济秩序，制定本法。”

则和个案正义之间的法益权衡问题。[①]

（2）程序裁量中明显不当的适用：张某某案

张某某案是因客运人力三轮车经营权而引发的持续近20年的维权案件。原告张某某等人原为四川省简阳市客运人力三轮车的经营者。1994年，市政府决定对人力三轮车进行统一管理。1996年8月和11月，市政府先后向两批共计401辆三轮车收取经营权有偿使用费开始限额管理。1999年7月，市政府认为经营权期限已满两年，故发布规范性文件，要求原经营者再缴纳7200元至8000元的使用费，予以重新登记。原告认为属于重复收费，侵犯其经营自主权。故提起行政诉讼，要求撤销两个规范性文件。经一审、二审和再审，均维持原行政行为。2016年最高人民法院裁定提审本案。最高人民法院认为在1996年实施经营权许可之时，行政机关未告知原告存在两年的经营权有偿使用期限，在程序上明显不当。但由于人力客运三轮车涉及公共利益，故对行政许可没有期限限制的要求不予支持，并作出确认违法的判决。

张某某案的争议点在于市政府在发放经营权许可证时未告知原告存在两年的有偿使用期限之行为是否程序正当。其典型意义在于适用范围上的破题之举，由结果处理拓展至程序选择。其判旨在于：

其一，是否违反正当法律程序。法院认为行政机关作出行政许可等授益性行政行为时，应当明确告知行政许可的期限。由于市政府在作出行政许可行为的过程中未履行相应的告知义务……在程序上存在明显不当，直接导致与其存在前后承继关系的本案被诉的公告和补充公告的程序明显不当。

其二，在确认违法判决背后公共利益和个人私利的权衡。法院

---

① 在方某某案中，区市场监管局作出处理决定的法律依据有二。一是我国《广告法》第57条第1款的规定："有下列行为之一的，由市场监督管理部门责令停止发布广告，对广告主处二十万元以上一百万元以下的罚款，情节严重的，并可以吊销营业执照……"二是依据《杭州市规范行政处罚自由裁量权的规定》第9条第3项、第4项的规定："未曾发生过相同违法行为的，主动中止违法行为的，行政处罚实施机关应当依法从轻处罚。"从行政裁量的外部界限来看，20万元的处罚决定满足形式合法性要求。从行政机关的角度出发，依据现有法律制度中的明确规定作出行政处罚是依法行政的必然要求，且促进平等原则的实现。而从司法审查的个案正义来看，对个体经营者处以20万元的行政处罚违反过罚相当原则，与其违法行为的违法情节及危害后果不相称。

认为人力客运三轮车是涉及公共利益的公共资源配置方式，设定一定的期限是必要的，市政府存在程序上的瑕疵，但申请人据此认为行政许可没有期限限制，不予支持。行政机关即便改变行政行为，行政相对人对原行政行为不服并且不撤诉的，人民法院应当就原行政行为的合法性作出相应的判决。

可见，本案的审查重点在于：在行政程序上行政行为的实质合法性问题，从中可以窥探出最高人民法院将“违反法定程序”和“违反正当法律程序”相区分的态度。

（三）问题分析与经验提炼

明显不当的修改表明我国逐渐由形式法治向实质法治迈进，对行政裁量行为的司法审查成为现代法治国家的必要组成部分。行政诉讼层面广义的合法性内涵已成为实务界与学界的共识，即合法性审查原则包括形式合法性和实质合法性审查，明显不当属于实质合法性审查范畴。但明显不当在适用范围和判断标准上仍存在诸多困境：

从司法适用的整体分析来看，首先，明显不当存在适用对象上的混乱。尽管明显不当在实践中高频出现，但更多适用于非裁量类案件。其似乎发挥了在审查标准上的兜底功能，而未实现对行政裁量行为的准确有效规制。其次，适用范围上的分歧。在最高人民法院指导案例中“程序明显不当”表明明显不当在程序裁量中的适用。无独有偶，在郑州市中原区某调味品厂与河南省郑州市人民政府行政处罚案①中，最高人民法院亦认为行政机关未给予相对人陈述和申辩机会，因违反正当法律程序而构成程序明显不当。但大量案件中，隐匿在其他撤销依据之下，明显不当仅在判决说理中适用的情形又反映出司法实践对明显不当适用的保守态度。由此也导致实践中明显不当与《行政诉讼法》第 70 条其他撤销依据之间的关系出现混乱。究其原因在于，明显不当本身即为不确定法律概念，目前司法实践中尚未就明显不当形成相对客观的判断标准，明显不当内涵及其适用标准尚未形成统一的共识。

然而，典型个案的适用也直观的为明显不当的完善路径提供了启迪。

首先，现阶段审查模式下合法性审查原则的重构。对于行政裁

① 参见行政判决书（2014）行提字第 21 号。

量行为的内部界限控制，明显不当的认定难以在现有法律制度中寻找确切的合法性审查依据，故需在正式法律渊源之外寻找软法上的合法性依据，进行二次规制。例如，尽管方某某案中的20万元处罚决定符合《广告法》中第57条的形式合法性，但仍需依据法律原则等软法规范对处罚的实质合法性进行审查。因此，明显不当是在形式合法性审查基础上对裁量的内部界限进行强度更深的审查，是对违法严重程度的审查。

此外，明显不当的增加内含审查强度类型化的修法目的。明显不当在《行政诉讼法》中规定于第70条、第77条，对于明显不当的行政裁量行为，构建了以撤销判决为主、辅之以变更判决和确认违法判决的救济方式。在行政审判过程中，法官必须在监督行政的范围行使权力，同时判决类型的限制目的在于避免法官偏离其监督范围。[①] 不同的判决方式事实上是司法权对行政权审查强度不一的映射。且从典型案例可窥见不同判决类型背后审查范围和审查标准的差异。因此，从判决类型的角度完善明显不当内涵不仅有助于实现审查强度的类型化，而且可以完善明显不当行政裁量行为的司法救济方式。

三、明显不当审查标准的类型化分析

撤销判决类的明显不当适用于所有类型的行政裁量行为。鉴于我国行政诉讼类型以撤销诉讼为核心建构，且撤销判决为人民法院运用行政审判权的主要方式，故以下将以撤销判决类明显不当为起点对明显不当适用类型化予以探究。

（一）撤销判决类明显不当

行政裁量权是法律赋予行政机关进行自主选择的空间。但这并不等于法外之地。行政裁量亦需要法律的实体性程序约束，以实现依法行政。结合以上明显不当的内涵分析和对司法适用的梳理，撤销判决类明显不当的适用标准体现在两方面：裁量结果的实体性审查和对裁量过程进行的程序性实体审查。

首先，裁量结果的实体性审查以处理决定内容的合法性为对象。其具体的审查标准有：一是违反立法目的。行政机关在作出行政裁

---

① 梁凤云：《行政诉讼判决研究》，中国政法大学2006年博士学位论文，第39页。

量行为时，要严格依照立法时所确立的立法目的与立法精神，并遵循依法行政原则。二是裁量结果畸轻畸重，即处理结果与案件事实严重程度明显不成比例。三是违反行政法治基本原则，如不符合比例原则和平等对待原则。

其次，对裁量过程进行程序性实体审查应当理解为对裁量过程的客观方面进行审查。对此日本的“判断过程审查方式”有助于实现明显不当适用的客观化。其是指法院根据行政机关的陈述，对行政机关以何种方式考虑何种事项作出行政行为进行重构，并在此基础上对裁量过程的妥当性进行评价。[①] 同时，其与单纯的程序审查方式的区别在于：前者是依据行政机关的说理从裁量过程角度审查实体，而后者仅仅审查程序问题。[②] 前者的审查对象着眼于裁量过程的实体合法性，强度更深，而非单纯的程序正当。故其判断标准表现为：事实认定中的相关因素考虑、程序选择中的不正当迟延，以及法律适用中对不确定法律概念解释的严重不当。

其中，对裁量动机正当性的审查也属于实体内容上程序审查方式的重要判断标准。裁量动机审查涉及行政机关主观状态的判断。学界的分歧在于对主观状态的审查属于滥用职权还是明显不当？在修法之前，滥用职权的界定在学界存在两种观点，即主观过错说[③]和滥用裁量权说[④]。持后一观点的学者极力在现有立法中意图让“滥用职权”这一审查标准承载起对行政裁量行为进行审查这一“重任”，对“滥用职权”的界定并不局限于主观过错的情形，还包括行为过程与结果上的适当性与否的评价。但在现有立法体系下，明

---

① 王天华：《行政诉讼的构造：日本行政诉讼法研究》，法律出版社 2010 年版，第 110 页。

② 参见王天华：《行政裁量与判断过程审查方式》，载《清华法学》2009 年第 3 期。

③ 参见沈岿：《行政诉讼确立“裁量明显不当”标准之议》，载《法商研究》2004 年第 4 期；参见姚锐敏：《关于行政滥用职权的范围和性质的探讨》，载《华中师范大学学报（人文社会科学版）》2000 年第 5 期。参见谭伟杰：《〈行政诉讼法〉重大争议问题研究——司法权与行政权关系维度》，方志出版社 2016 年版，第 142 页。

④ 参见罗豪才、应松年主编：《行政诉讼法学》，中国政法大学出版社 1990 年版，第 250 页；参见朱思懿：《“滥用职权”的行政法释义学建构》，载《政治与法律》2017 年第 5 期。

显不当应着重从客观方面对行政裁量权进行审查，而滥用职权侧重于对行政机关主观恶意行使裁量权情形的审查。故主张滥用职权的审查应回归行政裁量时主观过错的判定，即对裁量动机的正当性审查。

（二）变更判决类明显不当

行政诉讼最大的特点即在于既要让司法权有效监督行政权，又要维护司法权和行政权之间的权力分工。[①] 在撤销诉讼中，法院只能就行政行为的合法性作出判断，而在变更判决中法院能直接决定相对人在行政法上的权利义务。变更判决虽具有效率上的优势，有利于及时解决行政争议，但其意味着司法权可以代替行政权作出判断，形式上是违背宪法中的权力分工原则的，变更判决的作出需在实体和裁量过程上具有较撤销判决更高的审查标准。故有必要对变更判决类明显不当的特殊适用标准予以进一步探究。

首先，行政裁量基于错误的事实认定。鉴于变更判决中司法权对行政权审查的高强度，诸多国家将变更判决的适用条件限制为羁束行为和行政裁量范围收缩至零。[②] 变更判决不仅要进行合法性审查，而且要进行事实审查。[③] 因此，变更判决类明显不当不仅在于合法性上，还着眼于事实认定中，且需要进行严格审查，即只有行政机关提供的证据作为事实的依据或在定性中存在明显不公正或错误时，才能认定构成明显不当。例如，在胡某某卫生行政处罚案[④]中，法院认为卫生健康局行政行为程序合法、适用法律正确，但对违法所得的认定错误，故予以变更。同时，事实的对象限于专业程度较低的事实；对于高度专业化的自由裁量领域，如行政管理过程中的政策性行政决定等事项应当尊重行政机关的裁量自由，以避免侵入行政权的自主空间。

其次，实体决定需达到极端不合理的程度，依照社会通行观念

---

① 王锴：《行政诉讼中变更判决的适用条件：基于理论和案例的考察》，载《政治与法律》2018 年第 9 期。

② 参见李哲范：《司法变更权限定与扩大的博弈》，载《吉林大学社会科学学报》2012 年第 5 期。

③ 薛刚凌：《变迁时代的行政法思考》，学苑出版社 2002 年版，第 313 页。

④ 参见行政判决书（2019）湘 0981 行初 202 号。

显著欠妥。《行政诉讼法》第77条[①]中的“确有错误”事实上构成立法对法院审查强度的限定，遵循了较高强度的审查方式。依据法律体系解释的方法，行政处罚明显不当的认定也应当遵循较高强度的审查，只有依照一般正常人的理性判断其已达到不合理的程度，司法权才能直接对行政行为的实体内容予以变更，避免司法权对行政权的不当侵犯。

此外，行政行为类型的特点表现为极易侵害公民基本权利以及涉及公民基本物质生存保障权。根据《行政诉讼法》第77条第1款规定，明显不当适用的行政行为类型有行政处罚，行政给付中行政补偿和行政赔偿等款额的确定、认定，如税收缴纳。变更判决类明显不当的核心在于行政权的自主性与公民权利保护之间法益权衡，较高强度的审查目的在于避免行政权侵犯公民宪法基本权利和公民重大权益遭受不可挽救的损害。以此来看，变更判决类明显不当的适用范围存在漏洞，我国《行政强制法》第9条规定行政强制措施的种类有限制公民人身自由，查封场所、设施或者财物、扣押财物，冻结存款、汇款等。其中款额确定类措施有确定、认定错误时，可以作出变更判决。但限制人身自由类强制措施在现有立法体系下难以进入变更判决类明显不当的审查范围内。行政强制措施对公民人身自由的限制虽是暂时性和预防性的，但其对公民权利的侵害可能性不弱于行政处罚[②]，且对人身自由的侵害往往具有不可挽救性。故主张将明显不当的适用范围扩大至行政强制类案件。对强制措施持续存在的案件，及时变更更有助于实质性地解决行政争议。

变更判决类明显不当的适用核心在于公民基本权利保护与行政权的自主性之间的平衡。故需进行较高强度的审查，其特殊适用标准在于：事实认定错误；处理结果依照社会通行观念显著欠妥；行为内容涉及公民人身权和基本物质生存保障权。

（三）确认违法类明显不当

确认违法类明显不当适用的特殊性在于确认判决的适用条件之

---

① 《行政诉讼法》第77条规定：“行政处罚明显不当，或者其他行政行为涉及对款额的确定、认定确有错误的，人民法院可以判决变更。”

② 我国《行政处罚法》第8条规定，行政处罚的种类有警告、罚款、没收违法所得、没收非法财物、责令停产停业、暂扣或者吊销许可证、暂扣或者吊销执照和行政拘留以及其他行政处罚。

一，即“行政行为程序轻微违法”。程序瑕疵包括程序违法和程序不当。确认违法类明显不当即程序上明显不当，且不影响其行为内容的合法性。依据前述合法性内涵的广义解释，《行政诉讼法》第74条规定的“程序轻微违法”应包括法定程序和正当法律程序。

程序明显不当表现在时间和方式上违反正当法律程序，即不合理的迟延和处理方式不当。不合理的迟延即在合理期限内无正当理由拖延不履行。对相对人程序权利的保障不仅需要满足形式要素，而且要保障程序价值真正发挥。处理方式的不当包括两种形式：一是程序价值尚未真正发挥，行政机关仅在形式上履行程序义务。例如在行政处罚前，应相对人要求举行听证会，但剥夺其陈述申辩权利。二是程序选择不适当，即正在接受审查的程序是不是所有程序（在相应情景之中，这些程序可能都是合法的）中一个适当的选择。①

总之，明显不当的确立表明对行政裁量权进行司法控制的能动态势。而明显不当内涵的明确和司法适用的规范更需学理界和实务界的有效互动，以推动行政裁量行为审查标准体系的健全完善。

① 参见［美］杰瑞·L. 马肖：《行政国的正当程序》，沈岿译，高等教育出版社2005年版，第55页。

● 认罪认罚从宽专题

认罪认罚从宽制度下诉审关系结构性研究

陶加培*

一、问题的提出

认罪认罚从宽制度是“两高”为贯彻落实《中共中央关于全面推进依法治国若干重大问题的决定》中“完善刑事诉讼中认罪认罚从宽制度”的改革部署，在总结刑事司法实践经验和刑事案件速裁程序试点经验的基础上形成的。经过两年的试点实践，认罪认罚从宽制度得到了2018年修改的刑事诉讼法的确认，并成为刑事程序司法的一项重要原则。在我国刑事程序司法确立认罪认罚从宽制度之后，可以预见刑事案件将形成认罪案件和不认罪案件的分化。在当前推进实施认罪认罚从宽制度的地区，认罪认罚案件适用率占比较大。如在重庆市的实践中，认罪认罚案件适用率达82.03%。[①] 认罪认罚从宽制度适用率的提高，意味着刑事案件分流的常态化。

传统上，我国刑事诉讼程序设计较大程度上偏向于处理被追诉人不认罪案件，整个刑事诉讼流程是一个查明案件事实争议、解决案件法律争议、实现惩罚犯罪和保障人权社会效果统一的过程。过去我国刑事程序中一直贯彻“坦白从宽”的刑事政策思想，但并无具体的法律规范指引，导致“坦白从宽”实质上缺乏适用的空间。申言之，即使被追诉人认罪服法，刑事诉讼流程依然按照较为僵硬

* 中国政法大学2018级诉讼法学博士研究生。

① 满宁：《认罪认罚从宽：为司法办案赋能》，载《检察日报》2019年9月3日，第1版。

的不认罪模式处理，依旧较为纷繁复杂。这无论是对于被追诉人还是对于司法程序运行而言，均无益处。实际上，被追诉人的认罪服法至少表明两种态度：一是对案件事实争议的承认；二是对法律争议和处理的接受。对于刑事诉讼流程而言，其实质追求和最终目的已然因被追诉人的承认和接受而提前终了，流程有简化之必要。此外，2016 年“两高三部”联合发布了《关于推进以审判为中心的刑事诉讼制度改革的意见》。“以审判为中心”意味着，确认指控犯罪事实是否发生、被告人应否承担刑事责任应当由法官通过审判进行，突出法庭审理的实质意义，强调审判程序的终局性与权威性，以审判职能为中心发挥定分止争的作用。囿于司法资源的有限性，考虑到审判程序的案件压力，随着以审判为中心改革的深入推进，对实现繁简分流的需求也越来越大，尤其要控制法庭普通程序审理的案件数量，使大量认罪案件适用速裁程序与简易程序。有鉴于此，认罪认罚从宽制度应运而生，一定程度上其是深入推进以审判为中心诉讼制度改革的必然选择，是我国刑事诉讼领域的一场重大变革，是全面深化司法体制改革的重大成果。①

在认罪认罚从宽制度下讨论诉审关系，实际上是与以审判为中心视域下的诉审关系相比，以审判为中心要求实现庭审实质化与认罪认罚从宽要求实现程序从简，二者可以看作当前刑事案件程序处理中的两个不同侧面，呈现出不同的诉讼特征。诉审关系是指控诉职能和审判职能、承担控诉职能的控诉者和承担审判职能的审判者之间的关系。② 起诉与审判，是刑事诉讼中联系紧密而又性质有别的两个基本环节，尽管它们的共同目的都是追究和惩罚犯罪，实现国家对犯罪的刑罚权，但各自承担的诉讼职能及其完成的诉讼任务并不相同。③ 诉审关系是刑事诉讼机制的支柱性制度，在一定程度上制约着控诉权与审判权的正确行使，决定着刑事诉讼的结构，更直接关系到刑事诉讼法相关诉讼制度的建立与完善。④ 认罪认罚从宽制度

---

① 张相军、周颖：《在试点成果基础上全面实行认罪认罚从宽制度》，载《人民检察》2019 年第 4 期。

② 卞建林、孙锐：《诉审关系论辩——兼论对诉审关系异化的程序性抑制》，载《环球法律评论》2006 年第 5 期。

③ 卞建林：《刑事起诉制度的理论与实践》，中国检察出版社 1993 年版，第 23 页。

④ 马运立：《控审分离原则之法理探析》，载《政法论丛》2012 年第 1 期。

给传统的诉审关系结构带来一定的冲击，较为宏观性的变化主要体现在诉讼结构和诉讼重心两个方面。

按照现行刑事诉讼流程来看，认罪的刑事案件适用认罪认罚从宽，注重程序从简、量刑从宽；不认罪案件，更多聚焦于审判阶段，注重庭审实质化与证据裁判。诉讼程序规则将因被追诉人不同的认罪态度选择而有所不同，这就产生了认罪案件与不认罪案件诉讼程序处理的分化。这种诉审关系下结构性的微观转变主要体现在三个方面。首先，对于检察机关而言，在认罪认罚从宽案件中，审查起诉阶段由单方主体转变为与被追诉人及其辩护律师（值班律师）协商的双主体，在职能上包括提出量刑建议、促成具结书签署、提示告知义务等新的内容。其次，对于法院而，在认罪认罚从宽案件中，其审查重点转变为被告人认罪认罚的自愿性、合法性，在定罪裁判与量刑裁判中更加趋向于弱化定罪判断，偏向于依据量刑建议进行量刑裁判。最后，对于值班律师群体而言，其性质定位与职能要求存在实际上的不洽，存在无法实现认罪认罚被追诉人有效辩护帮助的制度性风险。有鉴于此，下文对认罪认罚从宽制度诉审关系中的若干结构性问题进行简要论述。

二、诉审关系结构的宏观性变化

控审分离原则是现代刑事诉讼为克服封建纠问式诉讼弊端所确立的基本原则之一，其核心包含两个方面。首先，从外在方面来看，控审分离是指控诉权与审判权的分离、控诉机关与审判机关分离、机构设置和人员组织的分离。如此设置是历史经验选择的最优结果。控诉权与审判权属于不同性质的国家权力，前者归属于行政权，后者归属于司法权。不同国家权力统一集权行使容易滋生腐败，又考虑到保障公民个人权利，这两种权利分离才是最优化的选择。其次，从内在方面来看，控审分离意味着承担控诉职能主体和承担审判职能主体分别行使控诉权与审判权，两机关之间不可逾越职能相互干涉，实行“不告不理”原则。实际上，不论案件如何分流、程序如何运行，诉讼各阶段的主体与根本目的是不变的，控诉与审判分离原则是刑事诉讼制度史的重大创造，是应当一以贯之的重要原则，在认罪认罚从宽案件中控审分离也理应是诉审关系结构的前提要件。在此前提下，认罪认罚从宽制度对于诉审关系结构带来的新转变主要体现在以下两个方面。

其一，对传统诉讼结构理论产生冲击。认罪认罚从宽制度的确立，标志着我国刑事领域由对抗型司法迈入合作型司法，有学者称这种由起诉机关与被告方通过对话和协商，就被告人定罪和量刑问题达成某种程度的妥协，法院根据双方达成的妥协方案作出刑事裁判的诉讼模式为“协商性公力合作模式”。[①] 按照我国刑诉法确立的相关规范，认罪认罚从宽制度下控辩双方能够协商的范围不包括所指控的罪名与罪数，只限于量刑的种类与幅度。这种被追诉人通过行使相应权利，主要是通过放弃无罪辩护、罪名辩护、罪数辩护的权利等，来与公诉机关协商以获取量刑种类与幅度上的减免，具有合作型司法的特征。

有学者曾提出我国刑事诉讼中三角结构理论，即由控诉、辩护、审判三方形成的三角结构。[②] 在三角结构中，理想的诉讼模式是控诉方与辩护方居于平等地位，并互相对抗，由审判作为中立的第三方，就事实争议与法律争议举证、质证和辩论，进行积极的居中裁判。但这种结构，在认罪认罚从宽制度下，已然产生新的变化。认罪认罚从宽制度最主要的特点是在审前程序阶段由检察机关和被追诉人及其辩护律师（值班律师）就犯罪事实、罪名和刑罚问题形成一定合意。对于控诉方和辩护方而言，更多是强调协商合作而不再是对抗。对于法院而言，其也由积极的居中裁断者，转变为一种似乎是消极的对审前程序形成认罪认罚协议的审查确认者。但需要注意的是，在我国认罪认罚制度下，法院并非单纯的审查确认者，其拥有一定的程序否决权，即法院经审查认为认罪认罚不符合自愿性、合法性等条件的，可以不采纳检察机关的指控和量刑建议。总的来说，认罪认罚从宽制度给诉审关系带来了结构性的变化，各诉讼主体在职能权属与相互关系上均具有了不同于传统意义上的新内容。

其二，对诉讼程序重心产生影响。从线性诉讼构造的角度看，我国刑事诉讼在发展过程中，围绕着侦查、起诉与审判三个阶段，在事实上的诉讼重心方面在不同的历史阶段也存在差异。在以审判为中心的诉讼制度改革前，我国诉讼流程被学界诟病为“流水作业”式，公检法三机关之间的“分工负责”和“互相制约”似乎常被

① 陈瑞华：《刑事诉讼的公力合作模式——量刑协商制度在中国的兴起》，载《法学论坛》2019 年第 4 期。

② 龙宗智：《相对合理主义》，中国政法大学出版社 1999 年版，第 95 页。

“互相配合”所代替，[①] 即事实上形成了侦查决定起诉、起诉决定审判的“侦查中心主义”模式。随着我国司法体制改革的深入推进，“以审判为中心”的诉讼制度改革应运而生。推行以审判为中心的诉讼制度改革，其实质是在诉讼全过程实行以司法审判标准为中心，核心是统一刑事诉讼证明标准。[②] 刑事案件的诉讼流程的重心聚焦于审判程序，审前程序的作用一定程度上得到削弱，庭审实质化改革、三项规程的逐步推进使审判程序权威性和终局性得以彰显。

在认罪认罚从宽制度确立前后，部分实践地区在认罪认罚案件中创制性地实行阶梯式从宽量刑机制等激励措施，取得了较为显著的制度成效。所谓阶梯式从宽量刑机制，是指法院根据被追诉人认罪认罚的诉讼阶段，确定不同程度的量刑优惠比例。一定程度上，这使审前程序的重要地位存在再次被放大的可能。主要有两方面的原因。首先，从被追诉人的角度来看，在阶梯式量刑从宽中，认罪认罚的程序阶段越早，获取的优惠就越大。为了追求较大的量刑优惠，被追诉人及其辩护律师（值班律师）选择在审前程序认罪认罚的可能性也相应增大。其次，从审判机关的角度来看，阶梯式从宽机制下较多案件在审前程序阶段已经达成认罪认罚协议，意味着被追诉人的若干法律争议在审前程序阶段已经实质消解，审判阶段更多偏向于对自愿、合法认罪认罚协议的审查确认。因此，认罪认罚一定程度上致使审前程序阶段再次成为诉讼程序的重要阶段，具结书的签署和量刑建议的形成均在审查起诉阶段，检察机关在认罪认罚从宽制度中的重要地位不言自明。

三、检察机关职能重心的微观转变与争议

我国宪法和刑事诉讼法明确规定了人民法院、人民检察院和公安机关进行刑事诉讼，应当贯彻分工负责、互相配合、互相制约的原则。对于“分工”的理解，可以适用扩大解释，从表象层次和内在层次两各方面来理解。表象层次上就是诉讼阶段的划分，即侦查、起诉、审判；内在层次上是在分段基础上的权力职能划分。在此前

---

① 陈瑞华：《从“流水作业”走向“以裁判为中心”——对中国刑事司法改革的一种思考》，载《法学》2000 年第 3 期。

② 沈德咏：《论以审判为中心的诉讼制度改革》，载《中国法学》2015 年第 3 期。

提下，理解认罪认罚从宽制度下检察机关职能与工作重心的转变，实际上就是对其权能划分与程序重心作区别于之前模式的再考察。

(一) 规范层面上的职能变化

根据2018年修改后刑事诉讼法确立的相关规范，认罪认罚从宽中检察机关的权能主要有以下几个方面。第一，在批准或决定逮捕方面。根据《刑事诉讼法》第81条第2款的规定，应当将犯罪嫌疑人、被告人涉嫌犯罪的性质、情节，认罪认罚等情况，作为是否可能发生社会危险性的考虑因素。第二，在权利告知与意见听取方面。根据《刑事诉讼法》第173条的规定，犯罪嫌疑人认罪认罚的，人民检察院应当告知其享有的诉讼权利和认罪认罚的法律规定，听取犯罪嫌疑人、辩护人或者值班律师、被害人及其诉讼代理人对下列事项的意见，并记录在案。第三，在签署认罪认罚具结书方面。根据《刑事诉讼法》第174条的规定，犯罪嫌疑人自愿认罪，同意量刑建议和程序适用的，应当在辩护人或者值班律师在场的情况下签署认罪认罚具结书。第四，在量刑建议方面。根据《刑事诉讼法》第176条第2款的规定，犯罪嫌疑人认罪认罚的，人民检察院应当就主刑、附加刑、是否适用缓刑等提出量刑建议，并随案移送认罪认罚具结书等材料。第五，在不起诉方面。根据《刑事诉讼法》第182条的规定，犯罪嫌疑人自愿如实供述涉嫌犯罪的事实，有重大立功或者案件涉及国家重大利益的，经最高人民检察院核准，人民检察院可以作出不起诉决定，也可以对涉嫌数罪中的一项或者多项不起诉。

总的来说，检察机关在认罪认罚案件中的主要权能产生了一些新的变化。笔者认为，前述几个权能方面概括起来，可以分为保障型权能和追诉型权能。追诉型权能不必赘言，之所以出现保障型权能，主要是因为认罪认罚从宽制度带来了审前程序阶段的合作协商，被追诉人具有主动性参与诉讼的动因，那么相应的，其权利就需要一定程度的保障。具体来说，保障型权能主要包括，权利告知与意见听取和签署认罪认罚具结书两个方面，权利告知与意见听取是审查起诉阶段保障被追诉人认罪认罚自愿性、合法性的关键，签署具结书是对被追诉人认罪认罚的一种形式要件上的确认；追诉型权能主要包括批准或决定逮捕、量刑建议和适用不起诉三个方面。其中，量刑建议和不起诉是认罪认罚从宽制度对检察机关提出的新的要求，可以想见，这将是认罪认罚从宽制度的重点方向。

（二）事实层面上的程序重心转变

从传统上来看，检察机关的公诉权作为国家追诉犯罪的权力表征，在控审分离原则下是制约审判权力的重要方面。无控诉即无审判，法院不得主动依职权审判未经起诉的案件，这是现代刑事诉讼确立的重要原则之一。控诉直接性地决定了审判程序的启动，控诉的内容也间接性地为审判划定了一定的范围。因此，为了使起诉具有刚性，取得最终的庭审胜利，检察机关在审查起诉阶段，往往重点关注侦查阶段获取证据材料的合法性、有效性，并判断是否达到起诉标准所要求的“确实、充分”程度，起诉意见书大多重点关注对于定罪的论证。

认罪认罚从宽制度带来的重大转变是使审查起诉阶段在定罪量刑上由检察机关的单方主体转变为控辩双方协商，成为诉讼双方的合意。这是实行程序分流的一个重要制度设置，体现了一个重大的诉讼理念更新，即由传统的“单方追究”转换为“控辩协商”，通过“控辩协商”达成“诉讼合意”，根据“诉讼合意”决定程序的适用和最终的处理。一定程度上，这也体现了诉讼程序对犯罪嫌疑人、被告人主体地位的肯定和尊重，即处于被追究一方的犯罪嫌疑人、被告人可以通过自己的意思表示，通过自身诉讼权利的行使来影响诉讼方式、诉讼进展、诉讼结果。

对于检察机关而言，审查起诉阶段的工作重心随着这一理念革新发生变化。主要体现在两个方面。第一，检察机关的重心由偏向于定罪向偏重于量刑转变。在认罪认罚案件中，犯罪嫌疑人、被告人对于犯罪事实作出承认，量刑建议成为检察机关审查起诉阶段的重点内容。第二，检察机关审查起诉阶段由自我审查决定向与被追诉人协商形成合意转变。形成认罪认罚合意是认罪认罚从宽制度的核心内容，检察机关在形成合意的过程中，应当重点关注两个方面。其一，犯罪嫌疑人、被告人的自愿性、合法性，这是形成合意的前提性要件，不然将阻却认罚从宽的最终效果；其二，依据合意形成量刑建议的规范性、妥当性。这是检察机关认罪认罚案件中的重点内容，量刑建议对于最终达致起诉成功具有十分显著的影响。因此，在审查起诉阶段重点关注量刑建议的规范性、妥当性等，有助于案件在审判阶段取得良好的预期效果。

（三）理论层面的争论焦点

对于认罪认罚从宽制度中检察机关在审查起诉阶段的关注，主要集中于两个方面。其一，检察机关量刑建议应当是精准的还是幅度的问题；其二，认罪认罚从宽制度客观上可能导致检察机关权能的扩张，现行规范尚缺乏规制机制。

首先，关于量刑建议。从我国量刑建议制度20年的发展来看，在量刑建议的种类上，存在概括性量刑建议、相对确定性量刑建议和绝对确定性量刑建议的不同区分。① 其中，概括性量刑建议是指仅仅提出从重、从轻、减轻处罚等原则性的建议；相对确定是指在法定刑幅度内提出一定幅度的量刑建议；绝对确定是指明确提出应判处的具体刑罚，包括刑种、刑期及执行方式等。在认罪认罚从宽试点过程中，要求量刑建议一般应当包括主刑、附加刑，并明确刑罚执行方式，可以提出相对明确的量刑幅度，也可以根据案件具体情况提出确定刑期的量刑建议；建议判处财产刑的，一般应当提出确定的数额。2018年刑事诉讼法修改吸收了试点中的这一做法，在第176条第2款规定，犯罪嫌疑人认罪认罚的，人民检察院应当就主刑、附加刑、是否适用缓刑等提出量刑建议。但在量刑建议的种类上，并没有明确。围绕这一问题，存在不同的观点。有观点认为，量刑建议应当采用幅度刑，理由在于，幅度刑量刑建议符合以审判为中心和认罪认罚从宽制度的内在要求，既能够制约审判权，又能为审判机关留出裁量空间。而且幅度刑量刑建议具有一定的弹性空间，能够弥补案件出现新事实带来的问题，符合诉讼的需要和当前的司法实践。② 也有观点认为，精准量刑建议适应繁简分流、诉讼程序简化的要求，精准量刑建议也不影响审判中心主义，而且只有确定的量刑建议才能促进实现有效协商。③

笔者认为，认罪认罚从宽语境下的量刑建议，刑罚和刑期应当尽可能明确，也就是要努力实现最高人民检察院提出的量刑建议精准化和规范化。因为在认罪认罚从宽制度运用中，检察机关提出合法、合理、公正的量刑建议对于落实刑事诉讼法要求，发挥认罪认罚从宽制度功能，激励犯罪嫌疑人及时认罪、真诚悔罪，提升司法

---

① 朱孝清：《论量刑建议》，载《中国法学》2010年第3期。

② 臧德胜：《科学适用刑事诉讼幅度型量刑建议》，载《人民法院报》2019年8月29日，第2版。

③ 李勇：《量刑建议“精准化”的原理与路径》，载《检察日报》2019年9月17日，第3版。

效率，具有重要意义。对于犯罪嫌疑人而言，量刑建议是其最能直观理解认罪认罚后实体后果的依据，量刑建议越精准，认罪认罚后的不确定性也就越低。犯罪嫌疑人之所以选择认罪，就是想换取一个比较确定的刑罚预期，让从宽处理的激励成为现实，以避免庭审的不确定性和潜在风险。如果量刑建议不确定，犯罪嫌疑人就缺乏足够的认罪动力，可能犹豫观望，甚至选择对抗，妨碍宽严相济、坦白从宽刑事政策的落实。同时，由于量刑建议不确定，在庭审和裁判中控辩审三方可能对刑罚出现不同预期，从而产生争议，既妨碍庭审活动顺利进行，影响诉讼效率，又可能导致被告人上诉，使诉讼程序反复，耗费司法资源。

其次，关于检察机关的职能规范。认罪认罚从宽制度下，检察权能愈渐具有张力，一定程度上可能为权力滥用埋下隐患。必须承认的是，在认罪协商性司法当中，审前程序尤其是检察机关审查起诉阶段的重要地位被放大。张军检察长也曾强调，修改后的刑事诉讼法确立的认罪认罚从宽制度，更是一个十分典型的以检察官主导责任为基础的诉讼制度设计。① 认罪认罚从宽制度下检察机关主导责任的加大主要体现在起诉案件的量刑建议刚性和不起诉案件的裁量扩张两个方面。第一，关于量刑建议方面。最为显著的区别就是其由之前柔性的求刑性质转变为具有刚性的量刑定论性质。这主要是因为，在与速裁程序挂钩的认罪认罚案件中，案件程序处理从简、从快，检察机关的起诉意见书、量刑建议在通常情况下会成为法院定罪量刑的直接依据。那么，囿于量刑建议在认罪认罚从宽制度中具备了一定刚性，随之而来的就是关于检察机关量刑建议的妥当性问题，也即量刑的合理性。之前这一问题主要在于法院审理阶段，在认罪认罚从宽制度中，该问题已经前移至检察机关。第二，关于不起诉裁量方面。法定不起诉自然毋庸讳言，检察机关在酌定不起诉和附条件不起诉方面均存在事实上的扩大适用。其中，附条件不起诉还涉及扩大适用至成年人案件的讨论，带来了惩罚性条件是否

---

① 张军：《关于检察工作的若干问题》，载《国家检察官学院学报》2019年第5期。

实质意义上使法院刑罚权转移至检察机关的理论思考。[①]

笔者认为，如若权力的扩张并无相应的规范与制约跟进，容易滋生权力滥用，应当从内部控权与外部制约两个方面来防范。首先，就内部控权方面而言，检察机关应当把握机遇，将认罪认罚从宽制度下的检察职责视为更重的责任，切实发挥好在刑事诉讼中的职能作用。在量刑建议上，既要做好与犯罪嫌疑人及其辩护律师（值班律师）的协商沟通，又要严格保证每份量刑建议的合理性、规范性。对于法院不采纳的量刑建议，应当及时全面地了解情况，修改完善。在不起诉上，应当审慎行使权力，严格依法区分罪与非罪，综合考量社会危害性，践行当宽则宽、宽宥出罪的刑事政策。其次，就外部制约方面，可以考虑加强其他诉讼参与人的制约作用。比如，加强法院在认罪认罚程序的实质参与性，完善被害人对检察机关不起诉决定的监督等。

四、人民法院职能重心的微观变化与问题

认罪认罚从宽制度同样对人民法院的职能和审判阶段重心产生影响，这种影响给法院的审判阶段带来了与“以审判为中心”视野下审判阶段不同的新变化，

（一）人民法院的职能出现变化

根据刑事诉讼法确立的相关法律规范，认罪认罚从宽制度中人民法院的职能主要有以下三个方面。第一，在权利告知方面。根据《刑事诉讼法》第 190 条第 2 款的规定，被告人认罪认罚的，审判长应当告知被告人享有的诉讼权利和认罪认罚的法律规定。第二，在审查认罪认罚具结书方面。根据《刑事诉讼法》第 190 条第 2 款的规定，法院应当审查认罪认罚的自愿性和认罪认罚具结书内容的真实性、合法性。第三，在对待检察机关量刑建议方面。根据《刑事诉讼法》第 201 条的规定，对于认罪认罚案件，人民法院依法作出

---

① 关于认罪认罚从宽制度下检察机关不起诉的探讨日渐成为学界关注的新焦点，部分观点参考童建明：《论不起诉权的合理适用》，载《中国刑事法杂志》2019 年第 4 期；周长军：《认罪认罚从宽制度推行中的选择性不起诉》，载《政法论丛》2019 年第 5 期；陈卫东：《检察机关适用不起诉权的问题与对策研究》，载《中国刑事法杂志》2019 年第 4 期；何挺：《附条件不起诉扩大适用于成年人案件的新思考》，载《中国刑事法杂志》2019 年第 4 期。

判决时，一般应当采纳人民检察院指控的罪名和量刑建议，但有法定情形的除外；人民法院经审理认为量刑建议明显不当，或者被告人、辩护人对量刑建议提出异议的，人民检察院可以调整量刑建议；人民检察院不调整量刑建议或者调整量刑建议后仍然明显不当的，人民法院应当依法作出判决。

同检察机关审查起诉阶段告知义务一样，刑事诉讼法也对法院审判阶段提出了新的要求，被告人有被告知认罪认罚相关规定的权利。虽然被告知权利看似并不涉及实体性问题，但实际上其是十分关键且必要的，无论在审查起诉阶段抑或是审判阶段，其均应当作为适用认罪认罚从宽制度的前置性基础要件，这对于明确犯罪嫌疑人、被告人认罪认罚的自愿性、合法性具有重要的意义。另外，刑事诉讼法针对认罪认罚从宽制度规定了两个全新的内容，即签署认罪认罚具结书和检察机关依据与被追诉人合意形成的量刑建议。传统上对于案件事实、证据材料、质证辩论等内容的关注已然转移至对具结书和量刑建议之上。

（二）审判程序的重点内容发生转变

因为在传统的思想与理论共识中，人民法院审判程序是唯一正当的定罪量刑程序，即定罪权与量刑权由法院排他适用。但在公力合作模式下，如认罪认罚从宽制度中，一般是检察官与被追诉人之间在审前达成一致的认罪认罚从宽协议，即具结书，检察机关以此提出量刑建议，向法院请求审判。虽然依据法律规定，法院对于量刑建议享有一定的否决权力，但在我国当前部分地区实践当中，量刑建议的采纳率已经高达98.5%。[①] 可以说，量刑建议的实质已然从求刑权的一部分向量刑权的一部分过渡。审判阶段由传统上以定罪量刑作为最终程序目的向重点关注量刑方面转变，审判阶段的实质性作用遭到一定程度上的削弱。有学者称之为刑事诉讼“第四范式”下的“放弃审判制度”。[②]

实际上，法院在认罪认罚从宽制度下出现如此转变是无可厚非的。主要有两方面原因。首先，从公力合作模式的发展历程来看，

① 曹烨琼：《精准建议加强沟通跟踪回访》，载《检察日报》2019年7月10日，第9版。

② 熊秋红：《比较法视野下的认罪认罚从宽制度——兼论刑事诉讼“第四范式”》，载《比较法研究》2019年第5期。

不管是辩诉交易还是认罪认罚从宽制度，其产生的深层次原因主要是近现代以来，随着经济社会的飞速发展，“诉讼爆炸”现象出现，诉讼压力激增，传统上注重实质审理的审判程序越来越不能满足大量案件涌入的需求，一方面为了促进案件繁简分流、提升诉讼效率，另一方面为了加强被追诉人的人权保障，世界各国纷纷展开公力合作模式的制度改革。囿于此，现代诉讼程序在处理认罪协商案件时，往往将重点放置于审判前程序，涉及定罪量刑的实体性问题基本在审前程序中已有处理，审判阶段较多偏向于对达成协议的审查和确认。其次，从权力结构的角度来看，人民法院让渡部分定罪量刑权与审前程序，实质上是其为追求诉讼效率提升而必然的妥协，尊重审前程序阶段达成的认罪协商协议是必然结果，否则认罪认罚从宽制度就不具备合理性基础，控辩双方的努力就成为徒劳。采纳量刑建议体现了裁判方在合法范围内对“诉讼合意”的尊重和认可，是认罪协商制度有效运行的基础。这与法院独立行使职权原则无涉。①

（三）认罪案件审判阶段的实然问题

认罪认罚从宽制度下，法庭审判程序容易陷于“形式化”窠臼之中，沦为一种对检察机关量刑建议的简单确认。通常说来，法院裁判大体分为三种司法裁判形态，即定罪裁判、量刑裁判和程序性裁判。② 囿于认罪认罚从宽案件的法庭审理一般适用速裁程序或是简易程序，少量案件适用普通程序。可以说，大多数案件的法庭审理在定罪裁判方面鲜有关于定罪问题的实质性审理，法庭调查、举证质证、法庭辩论等程序功能均被弱化，让位于审前阶段的认罪协议。在量刑裁判方面，如前所述，实际上法院对控辩双方所达成的量刑协议，一般都给予了尊重和接受。实践中部分地区量刑建议的采纳率达到98%以上，甚至有些地方达到100%，在程序性裁判方面，认罪认罚从宽制度赋予了法院审查审前阶段被告人认罪认罚自愿性于合法性的新内容，但鉴于实践中48小时审结、5分钟庭审等现状，可以想象关于此项程序性审查流于形式的可能性相对较大。

笔者认为，在认罪认罚从宽制度下，若要巩固审判程序的实质

---

① 刘卉：《确定刑：认罪认罚从宽制度下量刑建议精准化之方向》，载《检察日报》2019年7月29日，第3版。

② 陈瑞华：《刑事诉讼的中国模式》（第三版），法律出版社2018年版，第132页。

作用，应当在尊重认罪认罚协议的基础上加强对于认罪认罚自愿性与合法性的实质性审查，充分了解和考证被告人作出认罪认罚决定是否出于其对法律后果的充分认知，签署具结书时是否有辩护律师（值班律师）的参与等。对于经审查确认存在《刑事诉讼法》第201条所规定的可以不采纳量刑建议的情况，可以通知检察机关调整量刑建议，再依据调整内容决定是否径行裁判。保证审查和裁断实质化是防止审判程序流于形式的重要方式。

五、诉审关系下值班律师制度的困境

在认罪认罚从宽制度的诉审关系下，辩护主体也是需要重点关注的方面，具体来说主要有犯罪嫌疑人、被告人与辩护律师或值班律师。囿于实践中，认罪认罚的案件大多不满足指定辩护条件，被追诉人一般也不会聘请辩护律师，值班律师自然成为整个认罪认罚从宽中较为核心的辩护力量。认罪认罚从宽制度的确立催生了值班律师制度的落实，值班律师制度实质上为我国刑事辩护律师全覆盖事业提供了先行试探的机会，在制度层面率先突破了困境，实现了从无到有的跨越。但其在实际运行中陷入了较为尴尬的境地。

首先，值班律师的“见证人”化现象。实践中，值班律师在认罪认罚从宽案件中的程序参与感较弱，尤其在检察机关审查起诉阶段参与认罪协商方面，实质作用得不到有效发挥。立法规定值班律师，最主要的出发点是希望其能够在一定程度上保证认罪认罚从宽案件中被追诉人的若干诉讼权利，不至于使其处于相对孤立无援的境地。但实践中，值班律师“见证人化”现象似乎成为常态。

产生这一问题的主要原因还是制度规范层面的对于值班律师的定位本身就比较模糊。根据《刑事诉讼法》第36条的规定，值班律师可以为犯罪嫌疑人、被告人提供法律咨询、程序选择建议、申请变更强制措施、对案件处理提出意见等法律帮助。该规定本身就存在一定的内部矛盾，即所谓“对案件处理提出意见”的要求，已然达到实质辩护的程度，但后续的限定却依旧是以“法律帮助”结尾。根据第173条的规定，检察机关审查案件时，应当听取辩护人或者值班律师就犯罪事实、罪名及适用，从轻、减轻或者免除处罚等从宽处罚建议，审理适用程序等的意见。毋庸置疑，该条规定的内容均涉及案件处理的关键性问题，但在值班律师无法获取辩护律师地位，不享有会见权、案件阅卷权、调查取证权的前提下，自然无法提出相对有效的意见，被追诉人实质陷入无效辩护帮助的境地。在当前的制度规范下，值班律师实质性权利获得不能与犯罪嫌疑人、被告人需要有效辩护之间存在难以调和的矛盾。

其次，值班律师制度实际运行效果欠佳。从之前的试点实践到当前制度的落实，我国值班律师制度取得的实际效果，并不能达到制度设定时的预期，甚至大打折扣。当然，这也不仅仅是值班律师制度的本身问题，实践中值班律师的程序参与感较弱也是重要因素。这主要体现在两个方面：其一，从辩护律师的职能权利角度来看，我国法律并未赋予刑事辩护律师在侦查讯问阶段在场的权利，但根据认罪认罚从宽制度的规定，犯罪嫌疑人在侦查阶段享有认罪的权利。也就是说，在侦查讯问阶段犯罪嫌疑人认罪时实际上并没有值班律师的参与，那么值班律师发挥保障犯罪嫌疑人认罪的自愿性与明智性的职能当然受到削弱。其二，从值班律师制度的运行实践角度来看，值班律师在量刑协商程序中发挥的作用是有限的。2019 年 10 月 24 日“两高三部”发布的《关于适用认罪认罚从宽制度的指导意见》中规定了值班律师在审查起诉阶段享有提出意见和见证签署具结书两项权利。其中提出意见权利显然是值班律师的核心权利，但这一权利的落实却不够理想。因为值班律师在无法通过行使辩护权利获取案件详细信息的前提下，提出意见的质量以及效果显然会有折损。

笔者认为，要解决值班律师制度的困境，应当对值班律师的地位与作用做阶段化处理，即随着认罪认罚从宽案件诉讼程序的逐步推进，赋予值班律师不同的权利。比如，在侦查阶段，将其定位为法律帮助律师，为犯罪嫌疑人提供应急性法律帮助服务。在审查起诉阶段，赋予值班律师一定的准辩护人地位，使其享有一定的与委托律师、法律援助律师同等的权利，以便实现审查起诉阶段与控诉机关达成有效的量刑协商协议，实现对被追诉人诉讼权利的有效辩护帮助。在增强程序参与度方面，我国刑事诉讼法法可以参照德国，确立警察讯问过程中律师的在场权，[①] 以此为值班律师的在场权提供契机。此外，应当规范和保障审查起诉阶段检察官与犯罪嫌疑人协商过程中值班律师的参与权利。如此，值班律师制度方能取得良好

---

① 魏晓娜：《结构视角下的认罪认罚从宽制度》，载《法学家》2019 年第 2 期。

的制度实效，同时推动认罪认罚从宽制度健康稳步运行。

六、结语

毫无疑问，认罪认罚从宽制度带来的显著变化是结构性的，是深刻的。这种以公力协商为主要诉讼形式的合作型司法给传统的控、辩、审结构带来了前所未有的冲击。可以说，认罪认罚从宽制度的确立直接导致我国刑事案件处理在程序结构与主体关系上产生了认罪案件与不认罪案件的二元分化。在不认罪案件上，更多地强调控辩双方围绕案件事实与证据材料进行平等对抗；在认罪案件上，则更多地强调控辩双方围绕被追诉人的认罪事实进行协商合作，就罪名、量刑与程序问题形成合意。需要明确的是，不论是认罪案件还是不认罪案件，我国刑事诉讼坚持的重要原则是控审分离原则，法院始终是独立享有审判权的机关，即使认罪案件中检察机关拥有了一定的量刑裁量权，也并不必然妨害法院在定罪量刑问题上的独立性判断。2019 年 10 月 24 日，“两高三部”发布《关于适用认罪认罚从宽制度的指导意见》，一定意义上是认罪认罚从宽制度迈入新的实践节点的标志，其对于较多现实性问题作出了较为确定性规范表述。比如，第 5 条明确规定了适用程序阶段与案件范围，即认罪认罚从宽制度贯穿刑事诉讼全过程，适用于侦查、起诉、审判各个阶段。认罪认罚从宽制度没有适用罪名和可能判处刑罚的限定，所有刑事案件都可以适用。第 33 条对检察机关量刑建议的主要内容作出规定，即办理认罪认罚案件，人民检察院一般应当提出确定刑量刑建议。对新类型、不常见犯罪案件，量刑情节复杂的重罪案件等，也可以提出幅度刑量刑建议。关于认罪认罚从宽制度的争议与讨论当然不止于此，司法实践中依然有较多实践性困惑迫切需要理论答疑与指引。可以预见，随着认罪认罚从宽制度深入推进，围绕制度运行的若干问题也会慢慢浮现，认罪认罚从宽制度的完善之路仍然是今后刑事诉讼研究中的重点内容。

论我国值班律师见证人化的解决路径

刘　鎏*

值班律师作为一种特殊的法律援助模式，在域外的主要目的是提供便捷、有效的法律援助，而在我国除了发挥法律援助的基本功能外，该制度也是保障认罪认罚自愿性的重要措施之一。本文立足于值班律师制度在实践中出现的见证人化现象，分析该现象的原因，并在此基础上提出解决建议，希望为我国值班律师制度的完善提供绵薄之力。

一、实践中的困境：见证人化

在认罪认罚从宽制度中，值班律师呈现出见证人化的趋势，这种功能异化的表现形式未能有效保障当事人的合法权利。[①] 目前值班律师的见证人化主要表现在以下三个方面：

首先，值班律师形式化特征严重。在实践中，司法机关过于重视值班律师在场这一形式，但是却有意疏忽值班律师应有的职能，在值班律师制度的权利体系不完善的情况下，多数值班律师对案件事实并未深入了解，并不能对量刑提出合理的建议，也无法给予当事人及时有效的法律帮助。因此，值班律师仅仅象征性地咨询当事人或者象征性地给予意见，形式化特征严重。

其次，值班律师无法保证认罪认罚的自愿性。由于见证人化的异样表现，使得值班律师不愿与办案机关抗衡，在提供咨询建议之时也是匆匆走过场。而案件当事人，大部分并未接受法律的专业训练，缺乏法律基本素养，对案件情形无法有效判断，容易造成被迫或者错误认罪认罚，而值班律师的职能又无法发挥，所以认罪认罚

---

* 中国政法大学刑事司法学院 2017 级博士研究生。

① 熊秋红：《认罪认罚从宽案件中的值班律师制度专题研讨》，载《政法学刊》2018 年第 2 期。

的自愿性无法得到保障。

最后，值班律师容易转化为办案机关的合作者。实践中，由于值班律师缺乏相关的权利，且形式化特点明显，因此多数情况下为了与权力机关保持良好的关系，值班律师往往充当了办案机关的“说客”，说服当事人认罪认罚，甚至出现威胁、引诱等不良态势。

二、“见证人化”的原因分析

（一）经济利益刺激不足

根据目前的实践情况，值班律师的补贴非常低。例如，2014 年我国法律援助的费用仅占全国财政的 0.012%，其中分到值班律师的财政费用所占比例就更加微小。[①] 除此之外，地方政府在协调经费之时，缺乏相关的经验和文件作为依据，因此多数地区按照当地法律援助的补贴进行操作，如福建省福清市值班律师的补贴仅为 100—300 元/天，这种较低的补贴金额无疑无法起到激励值班律师主动工作的作用，因此值班律师的积极性不足。[②]

律师通常以金钱为对价提供法律服务，其获取的报酬与服务的提供存在相关性。但是相较于辩护律师的平均服务报酬，值班律师较低的财政补贴机制，难以调动律师们的积极性，并且在时间精力有限的情况下，值班律师的工作量也会影响到其私人业务的工作量，增加相应的时间成本，这可能导致一些律师并不愿意以值班律师的身份参与认罪认罚案件，即便被指派为值班律师，也可能不愿意花费过多的时间和精力关注当事人的案件。

除此之外，在一些当事人的心目中，价格和服务永远是成正比的，而免费的值班律师必然不会给予太多的法律帮助。因此，当事人对于值班律师的法律服务或者意见并不会完全认同，这种不信任感虽然在一定程度上会促使当事人抵消一些不合理的法律帮助或者法律意见，但是对于合理的法律帮助或者法律意见，当事人也可能选择忽视，从而影响了值班律师发挥其应有的作用。

---

① 王迎龙：《值班律师制度研究：实然分析与应然发展》，载《法学杂志》2018 年第 7 期。

② 胡云腾主编：《认罪认罚从宽制度的理解与适用》，人民法院出版社 2018 年版。

（二）值班律师的权利虚化

设置值班律师制度是为了保护当事人的合法权益。值班律师有会见权，自检察院审查起诉之日起，值班律师可以查阅案件材料，了解案情。但是，现实中，值班律师的权利却呈现出虚化的问题，尤其是值班律师的会见权并没有得到相应的保障，这可能导致值班律师对于保护当事人的合法权益力不从心。

首先，实践中出现了值班律师会见走过场的问题。看守所通常将值班律师的法律援助工作站设置在监区外，需要的时候再通知值班律师，一些地区出现临时通知值班律师的情况，时间过于仓促，值班律师对案件和当事人的情况不够了解，因此存在会见走过场、帮助不到位的情况。其次，部分试点地区出现了看守所工作人员或者其他办案人员派人陪同值班律师会见的情形，其目的是避免串供、泄密等问题的出现。[①] 虽然值班律师只是法律帮助者，但是也应当保障其会见能够秘密交流并且不被监听，若值班律师和当事人无法顺利地对案件相关情况进行沟通，也就无法为当事人提供有效帮助。而且这种派员监督也容易造成当事人的心理负担，因此当事人也可能在会见值班律师时，对相关内容予以保留。此外，目前一些地区的值班律师可以通过视频通话与当事人交流。[②] 视频通话是对现代科技的合理利用，但是也存在极大的风险，尤其在认罪认罚从宽制度中不应当推广。这是因为隔着屏幕值班律师无法准确了解当事人是否受到了威胁、引诱或者暴力对待，难以保证当事人的自愿性。

（三）监督管理不足

我国对值班律师的监督工作主要是由司法机关、法律援助机构和律师协会分别负责。司法机关负责对值班律师的日常工作进行监督和管理；法律援助机构及时统计案件信息和其他相关信息，并且通过征询单位意见和回访当事人等途径了解值班律师的工作动态；律师协会则把值班律师的工作情况放入年末考核中，等等。

但是，上述方式并不能有效发挥监督作用。首先，由司法机关对值班律师的工作进行监督，更加容易使值班律师倾向于避免与司

① 韩旭：《认罪认罚从宽制度中的值班律师——现状考察、制度局限及法律帮助全覆盖》，载《政法学刊》2018 年第 2 期。

② 郑未媚：《认罪认罚从宽背景下的法律援助值班律师制度》，载《政法学刊》2018 年第 2 期。

法机关进行对抗，不利于自愿性的保障；其次，值班律师是由法律援助机构选派的，其对值班律师的监督属于内部监督，可能无法监督到位；最后，律师协会的监督期限过长，属于年末考核才能表现出来，对于值班律师日常工作的把控也难以落到实处。

三、值班律师的性质与定位

（一）我国值班律师是特殊的法律援助律师

值班律师属于法律援助律师，但又不同于传统的法律援助律师。首先，值班律师提供临时、应急性的法律帮助。值班律师是在当事人没有辩护律师，且不符合指派法律援助律师条件的情况下，提供应急性的法律帮助。其次，值班律师的对象是针对不特定的人。值班律师是利用值班的模式提供帮助，工作流程相对模式化。相比较而言，传统的法律援助律师针对的对象具有特定性。再次，值班律师享有的权利被限制。由于值班律师的职能定位与传统法律援助律师略有不同，因此无法完全享有传统法律援助律师的辩护权利，如调查取证的权利。值班律师仅能为当事人提供一种最低程度的法律服务或者法律咨询，无法承担有效辩护的具体职责，也达不到法律援助律师的援助程度。最后，值班律师属于被动性服务，由被控诉人主动去寻求帮助和咨询。而传统法律援助律师属于主动性服务，在满足法律规定的条件下，就必须指派法律援助律师，并且要求其主动积极地提供法律服务。

总而言之，值班律师属于法律援助律师的范畴，但是又与我国传统的法律援助律师相区别。值班律师制度为我国法律援助制度增添了一种新的援助方式，弥补了我国法律援助律师制度的不足，有利于形成高效、便捷的援助模式，从而促进我国司法制度的进一步完善。

（二）我国值班律师是不同于辩护律师的法律帮助者

值班律师应当定位为法律帮助者还是辩护律师一直引起学术界广泛的探讨，有学者指出值班律师的法律帮助与刑事辩护或者律师辩护是分不开的。[①] 认为值班律师的性质更加接近于辩护人的观点，

---

① 顾永忠：《追根溯源：再论值班律师的应然定位》，载《法学杂志》2018 年第 9 期。

其论据主要集中在三个方面：首先，在认罪认罚案件的处理过程中，对于具体的量刑问题需要双方进行协商，而当事人不具备法律背景与知识，因此当事人急需专业律师的帮助以维护自身的利益，但是由于我国律师辩护率相对较低，所以赋予值班律师辩护人的地位可以缓解我国律师不足的压力。其次，由于辩护律师享有调查取证等权利，能及时了解案件事实和相关证据，从而为当事人提供有效的建议或者服务。将值班律师定位为辩护律师有利于解决值班律师权利虚化的现象。最后，从职责的内容看，与辩护律师有重合之处，根据2018年刑事诉讼法以及“两高三部”《关于适用认罪认罚从宽制度的指导意见》，值班律师的职责包括提供法律咨询，提出程序适用的意见，帮助申请变更强制措施，就量刑建议提出意见，以及向司法机关提出案件处理意见等。这些职责的内容属于辩护的范畴。

笔者认为，在我国并不宜将值班律师定位为辩护律师。两者有明显的不同。值班律师由司法机关或法律援助机构指派，值班律师的收入由财政进行补贴。而辩护律师则源自于当事人的直接委托，实行与值班律师完全不同的收费制度。因此，就与被告人之间的关系来说，值班律师与辩护律师是截然不同的。而且在规范层面，2017年“两高三部”《关于开展法律援助值班律师工作的意见》就明确了值班律师不提供出庭辩护的服务。[①] 2018年修改后的刑事诉讼法明确规定值班律师提供的是“法律帮助”。因此，值班律师应当定位为法律帮助者。

四、完善我国值班律师制度的建议

（一）健全经济激励机制

为了从经济收入的角度激励值班律师更加积极主动地参与案件处理，应当提高对值班律师的经济补贴。第一，可以加大政府的投资力度和财政保障，改变目前值班律师收入较低的情形。第二，可以借鉴杭州等地试点工作经验，进行工作阶段与经济报酬划分。例如，杭州市将案件分为侦查阶段、起诉阶段等，并依据值班律师提供的服务划分阶段，再给予相应阶段的经济报酬。但是值得注意的是，虽然杭州市采取划分案件阶段给予报酬，但是实践中相应的补贴金额还是有限的。例如，杭州市富阳区值班律师的补贴为侦查阶

① “两高三部”《关于开展法律援助值班律师工作的意见》第2条。

段400元/件，审查起诉阶段500元/件；萧山区取保候审阶段值班律师的补贴为200元/件。[①] 第三，将值班律师的交通费、餐饮费等也纳入补贴范围，避免出现值班律师需要自担费用的情形。

（二）加强值班律师队伍建设

作为特殊法律援助律师，值班律师多数情况下以律师个人申请、司法行政部门选拔的方式确定。[②] 因此，为了扩充值班律师的人力资源，应当加强值班律师的队伍建设。首先，应当加大对法律援助工作的扶持力度，加强对年轻律师的选拔与培养，扩充律师队伍。此外，应当加大对法律工作的资金投入并促进法律人才的培养，为我国法律制度的建设提供充足的人力资源，努力从源头上解决我国律师人数不足的局面。其次，在值班律师的选拔过程中，除了专业技能外，也应当重视对道德素养的提升。最后，可以尝试探究值班律师外聘制度或者外包服务制度。我国有很多专业律所愿意开展一些服务性业务，可以尝试用外包服务的方式，通过竞标将值班律师业务承包给专业律所，并定期给予其财政补贴。同时，应当加强对这些外聘律所的监督和管理工作，建立合理的评价和处罚机制，规范其服务行为。

（三）保障值班律师权利的行使

首先，应当保障会见的及时性。司法机关应当及时安排值班律师会见当事人，在立法中明确值班律师会见的时间，避免出现临时通知会见的情形，保障值班律师能够及时介入案件。其次，应当保障值班律师会见不被监听。再次，应当充分保障值班律师与当事人面对面会见的权利。面对面的会见不仅能让值班律师以直观的角度判断当事人是否处于自愿或者相对自由的状态，也有利于值班律师与当事人互相沟通，这是视频会见等间接方式不能替代的。最后，司法机关应当为值班律师创造良好的工作环境，建立值班律师与当事人沟通的正常渠道。例如，将值班律师工作地点放在监区之内，方便及时沟通；或者在监区内设置24小时电话设备，方便当事人与

① 陈凯、董红民、唐晔旎：《完善认罪认罚案件法律援助制度的实证研究——基于杭州市的实证分析》，载《中国司法》2018年第6期。

② 银川市司法局《关于在全市律师事务所选拔法律援助值班律师的通知》，载 http://www.yinchuan.gov.cn/xxgk/bmxxgkml/ssfj/xxgkml_2075/bmqtwj_2083/201901/t20190115_1251910.html，2019年11月10日最后访问。

监区外的值班律师沟通等。除此之外，各部门也应当形成相互合作的工作机制，从各方面积极保障值班律师切实有效地行使会见权，避免会见权流于形式。

（四）完善监督管理机制

首先，应当完善值班律师的服务评价标准，提供严格的评价指标。例如，英国由律所通过竞标方式与LAA签订法律服务合同，为了有效管理，LAA制定了严格的专家质量评分标准，从七个方面对律师服务进行严格考评。我国可以根据情况予以借鉴。其次，加强培训和教育，如加强值班律师业务和操作规范方面的培训等。最后，可以尝试引入第三方监督机制。例如，可以聘用外部律所或者外部调研单位，对值班律师的法律帮助活动进行综合性评价，对受到帮助的当事人进行事后调研，等等，并将调研报告和有关评价汇总之后交给法律援助机构供考核参考。

五、结语

值班律师制度有利于保障当事人的自愿性，也有利于解决我国当前律师辩护率偏低的局面。但，是由于该制度还处于发展的最初的阶段，因此呈现出一些问题亟待解决，例如经济刺激不足致使值班律师工作动力减弱，烦琐的工作量造成时间成本增加，值班律师的权利虚化，监督管理不足等问题。其根源在于未准确认识到我国值班律师制度的性质与定位。为了进一步促进值班律师制度的完善和发展，在认清值班律师为特殊法律援助律师与不提供辩护服务的法律帮助者的基础上，首先应当提高经济利益用以激励值班律师的工作动力；其次应加强值班律师的队伍建设，扩充人力资源；最后应当保障值班律师行使权利，避免值班律师权利虚化，并完善监督管理机制。只有从多方面努力完善值班律师制度，才能促进值班律师制度进一步的发展，从而真正发挥其在认罪认罚案件中提供有效帮助的作用。

认罪认罚从宽制度中的“如实供述”探析

王　楷*

在速裁程序、认罪认罚从宽制度试点的基础上，2018 年刑事诉讼法修改正式确立了我国认罪认罚从宽制度。根据相关解读，认罪认罚从宽制度有利于优化司法资源配置，实现了繁简分流，在更高层次上实现刑事公正与效率相统一。[①] 总体而言，认罪认罚从宽制度对于落实宽严相济刑事政策、提升诉讼效率、构建多层次诉讼体系效果显著。

然而，学界、实务界对何为“认罪”及“如实供述”等问题仍有不同认识，这在一定程度上制约着认罪认罚从宽制度的丰富和发展。笔者拟在阐释对“认罪”的理解后，聚焦于“如实供述”的实质要求及其限度展开初步思考，以求有助于问题的澄清，推动认罪认罚从宽制度的深入和细化。

一、认罪概念再探讨

（一）“认罪”的内涵

认罪认罚从宽制度自启动之初，学界就对此制度的核心要素之一“认罪”展开了深入研究，并提出不同判断标准，大致有以下两类观点。

第一，认事说。犯罪嫌疑人、被告人承认被指控犯罪事实的全部或部分；[②] 如实供述了被指控的行为事实，并且达成承认罪行的协

---

* 中国政法大学刑事司法学院 2018 级博士研究生。

① 参见“两高三部”印发《关于在部分地区开展刑事案件认罪认罚从宽制度试点工作办法》的通知；胡云腾主编：《认罪认罚从宽制度的理解与适用》，人民法院出版社 2018 年版，导言第 3 页。

② 魏晓娜：《完善认罪认罚从宽制度：中国语境下的关键词展开》，载《法学研究》2016 年第 4 期。

议；[1] 认事或承认犯罪事实[2]。

第二，认事且认罪说。其中又有两类：第一类，犯罪嫌疑人自愿如实供述自己的犯罪事实，并承认自己的行为是犯罪，其要义包括自愿供述、如实供述以及承认自己行为的性质是犯罪；[3] 不需要认识至正确罪名的程度，只需要对犯罪行为的概括认可即可[4]。第二类，被告人对检察院指控的犯罪事实和罪名予以认可。[5]

有论者在对相关观点进行梳理后主张，“认罪”在实体法上要求如实供述犯罪事实，而在程序法上不同阶段又有不同要求，在证据法层面则指自愿如实提供有罪供述这一证据。[6] 也有人认为，“认罪”因诉讼程序不同而具备层级性，应将犯罪嫌疑人、被告人真实悔罪纳入认罪的范畴，并与刑罚的目的相联系。[7]

可以看出，理论界及实务界对认罪的解读有所差异，主要是由于视角不同所致，比如从实体法、程序法、证据层面或从签署具结书的实际操作的角度进行阐述。

（二）事实层面的“认罪”

就事实层面而言，关于何为“认罪”也有如下几种解读，第一，“认罪”是指犯罪嫌疑人、被告人“如实供述自己的罪行”；[8] 第二，

① 陈卫东：《认罪认罚从宽制度研究》，载《中国法学》2016 年第 2 期。

② 黄京平：《认罪认罚从宽制度的若干实体法问题》，载《中国法学》2017 年第 5 期。

③ 朱孝清：《认罪认罚从宽制度的几个问题》，载《法治研究》2016 年第 5 期。

④ 钱春：《认罪认罚从宽制度的检视与完善》，载《政治与法律》2018 年第 2 期。

⑤ 参见陈瑞华：《“认罪认罚从宽”改革的理论反思——基于刑事速裁程序运行经验的考察》，载《当代法学》2016 年第 4 期；周新：《认罪认罚从宽制度立法的重点问题研究》，载《中国法学》2018 年第 6 期。

⑥ 孙长永：《认罪认罚从宽制度的基本内涵》，载《中国法学》2019 年第 3 期。

⑦ 赵恒：《认罪及其自愿性审查：内涵辨析、规范评价与制度保障》，载《华东政法大学学报》2017 年第 4 期。

⑧ 朱孝清：《认罪认罚从宽制度的几个问题》，载《法治研究》2016 年第 5 期。

"'认罪'实质上就是'认事'，即承认指控的犯罪事实"；[1] 第三，"认罪"包括自愿如实供述，且对指控事实和罪名的认可[2]。

应当说，上述三种侧重点不同的表述在实际运行中大多相差无几。如实供述的犯罪嫌疑人、被告人一般也会承认指控的犯罪事实，但也不排除二者发生背离的可能。

一种情况是犯罪嫌疑人、被告人如实供述罪行，但不承认指控的犯罪事实。一是由于在起诉书等法律文书中描述指控事实时，检察机关不可能将犯罪嫌疑人、被告人的所有供述事无巨细地列入，必然要提炼关键信息并与法律规范相联结，这一过程难免使信息产生一定程度的扭曲或偏离，导致最终表达有可能超出了犯罪嫌疑人、被告人认可的范畴。二是某些犯罪嫌疑人虽然如实供述自己的所作所为，但并不认为自己的行为是犯罪，自然也对"犯罪"事实不予认可。因此存在犯罪嫌疑人、被告人虽然自愿如实供述，但不承认指控的犯罪事实的可能。

与之相对的另一种可能是，犯罪嫌疑人、被告人并未如实供述，但承认指控的犯罪事实，例如以下三种情形：（1）犯罪嫌疑人保持沉默，但承认指控的犯罪事实；（2）犯罪嫌疑人供述部分罪行，同时承认相应的指控的犯罪事实；（3）犯罪嫌疑人并未如实供述，但承认指控的犯罪事实。

情形（2）中，虽然犯罪嫌疑人的供述与指控的事实具有对应性，但由于犯罪嫌疑人并未完全如实供述，只是供述了自己的部分犯罪事实，因此指控的犯罪事实与客观事实相比有所缺漏，由于这种缺漏对犯罪嫌疑人是有利的，其显然愿意承认；情形（3）中，蕴有替他人顶罪、产生冤错案件的隐忧，如交通肇事案中，驾驶人（儿子）醉酒驾驶发生交通事故，为帮儿子逃避处罚，坐在副驾驶座位的父亲主动投案，并供述自己驾车发生交通事故，此时，犯罪嫌疑人（父亲）并未如实供述，但如果对其提出指控，其显然是愿意承认的，甚至期盼此种结果发生；至于情形（1），犯罪嫌疑人并未

---

① 胡云腾主编：《认罪认罚从宽制度的理解与适用》，人民法院出版社2018年版，第77页；不过此书中也有将"认罪"表述为自愿如实供述和承认指控的犯罪事实的情形，同见第77页。

② 王爱立、雷建斌主编：《刑事诉讼法立法精解》，中国检察出版社2019年版，第24页。

供述，更谈不上如实供述。

上述三种情形下虽然犯罪嫌疑人、被告人表示认罪，且承认指控的犯罪事实，但由于其并未如实供述，均不符合认罪认罚从宽制度的适用条件。

（三）狭义的“认罪”

认罪认罚从宽制度中的“认罪”的内涵极为丰富，要确定一个统一的标准实属不易，但准确界定“认罪”又是十分必要的，这不仅是学术旨趣所在，也直接关系到司法实务中案件的办理。

笔者认为，仅就犯罪事实而言，可以从广义和狭义两个层面对“认罪”进行理解。

在广义上，“认罪”是指犯罪嫌疑人、被告人自愿如实供述自己的犯罪事实，并且承认指控的犯罪事实。法律中也有类似表述，《刑事诉讼法》第 15 条就明确规定，“犯罪嫌疑人、被告人自愿如实供述自己的罪行，承认指控的犯罪事实……可以依法从宽处理”。此条基本原则就同时要求如实供述和承认指控的犯罪事实。

具体的程序中，《刑事诉讼法》第 81 条规定批准或决定逮捕时，应当将认罪认罚的情况作为社会危险性的考虑因素；第 162 条规定犯罪嫌疑人自愿认罪的，公安机关应当记录在案，随案移送；第 173 条、第 190 条规定检察人员、审判人员对于认罪认罚的应当履行告知义务；等等。这些规定就是在广义上使用此概念，即告知犯罪嫌疑人、被告人既需要如实供述，也需要承认指控的犯罪事实。不过需要指出的是，侦查程序中并不存在具体的指控，更多是从适用认罪认罚从宽制度的条件而言的。

在狭义上，“认罪”是指承认指控的犯罪事实，并不包括自愿如实供述。承认指控是犯罪嫌疑人、被告人认可和接受指控的犯罪事实；而如实供述则指犯罪嫌疑人、被告人如实提供自己犯罪的过程、后果及动机等信息，此时，对于指控，其有可能认可，也可能否认，也有可能不置可否。

笔者主张应当在狭义上理解“认罪”，即承认指控的犯罪事实。至于“如实供述”则应作为适用认罪认罚从宽制度的前提。此种界定有如下优点：

首先，符合用语习惯。在汉语中，“认”有承认、认可之义，将“认罪”解读为承认指控的犯罪事实与惯常用法相吻合，而“如实供述”则在一般用语习惯上难以被纳入“认罪”中。

其次，与“认罚”相协调。法律规定，犯罪嫌疑人、被告人自愿如实供述自己的罪行，承认指控的犯罪事实，愿意接受处罚的，可以依法从宽处理。据此，“认罚”指愿意接受处罚，即对处罚表示愿意认可和承受。将“认罪”解释为承认指控的犯罪事实与“认罚”的含义相协调。

再次，操作性较强。依此界定，认罪认罚从宽制度的适用可以分为三个层次，其中自愿如实供述是适用前提，承认指控的犯罪事实是认罪，而愿意接受处罚是认罚，层次较为清晰，操作性也较强。事实上，司法实践中认罪认罚具结书的内容也主要包括指控的事实及量刑建议，而不包括有罪供述的具体内容。[①]

最后，在域外，“认罪”同样是指承认指控的犯罪事实，而不包括或基本不包括如实供述的要求。比如德国刑事协商的前提条件是被告人承认指控的犯罪事实；[②] 美国辩诉交易也以被告人承认检方的指控为条件，被告人还须在公开的法庭上作出认罪答辩。[③]

二、认罪认罚从宽制度中的如实供述：全部犯罪事实

虽然学界对于何为认罪有不同观点，但对于犯罪嫌疑人、被告人只有自愿如实供述自己的罪行，才能适用认罪认罚从宽制度，则已达成共识，法律也是如此规定的。如实供述作为认罪认罚从宽制度的适用前提，其重要性不言而喻，但对于何为如实供述，仍然有不同的理解。

事实上，如实供述并非新鲜话题，在自首、坦白及如实回答义务等问题中均对此有所涉及，学界也已进行了大量且深入的研究，在探析认罪认罚从宽制度中如实供述之前，有必要对现有的研究进行简要梳理。

（一）如实供述的含义

对于如实供述，刑法学界主要观点如下：（1）如实的实质是既

---

① 参见胡云腾主编：《认罪认罚从宽制度的理解与适用》，人民法院出版社2018年版，第128页。

② 卞建林、谢澎：《职权主义诉讼模式中的认罪认罚从宽——以中德刑事司法理论与实践为线索》，载《比较法研究》2018年第3期。

③ Federal Rules of Criminal Procedure 10, 11.

不缩小也不扩大自己的罪行。[①]（2）如实是指犯罪人对自己犯罪事实的表述与自己的记忆、与客观存在的犯罪事实相一致，首先指供述符合犯罪人的记忆（主观说），其次才是符合客观事实（客观说）。[②]（3）如实即真实，指犯罪分子所交代的罪行与客观存在的罪行基本一致。[③]（4）是指犯罪分子全面客观地交代自己所实施的全部罪行。[④]（5）是指如实交代自己的主要犯罪事实，所交代的内容和实际发生的案件事实基本一致。[⑤]

有学者将此总结为主观说与客观说主观说认为，只要犯罪嫌疑人根据自己的记忆、认识对犯罪事实进行供述即可，是否与客观事实相同在所不问。客观说认为，犯罪嫌疑人供述的犯罪事实必须与客观事实相一致，虽然不要求完全一致，但是必须大体相当，避免犯罪嫌疑人故意以记忆模糊、认识错误等为由刻意歪曲犯罪事实。目前理论通说为客观说。[⑥]

刑事诉讼法学界又从如实回答的角度对此进行了解读：（1）就是实事求是地回答，是就是，非就非，既不无中生有，又不避重就轻；既不夸大其词，也不故意缩小。[⑦]（2）不能理解为只有在选择回答后才有如实陈述义务，立法原意是对侦查人员的提问，犯罪嫌疑人不仅都要回答，而且必须如实回答，即否定了沉默权及虚假陈述的权利。[⑧]（3）在规定沉默权制度的国家或地区，“如实回答”具有权利和义务的双重属性。针对讯问，犯罪嫌疑人有回答的自由，也有保持沉默的权利；但是，一旦选择回答，则应如实回答，否则

---

① 张明楷：《刑法学》（第四版），法律出版社 2011 年版，第 519 页。

② 周光权：《刑法总论》（第三版），中国人民大学出版社 2016 年版，第 439 页。

③ 杨春洗等主编：《中国刑法论》，北京大学出版社 1998 年版，第 246 页。

④ 李可人等主编：《新刑法教程》，警察教育出版社 1998 年版，第 208 页。

⑤ 黎宏：《刑法学总论》（第二版），法律出版社 2016 年版，第 379 页；刘家琛主编：《新刑法条文释义（上）》，人民法院出版社 2001 年版，第 263 页。

⑥ 陈兴良：《刑法适用总论》（第二版），中国人民大学出版社 2006 年版，第 436 页。

⑦ 陈光中主编：《刑事诉讼法学（新编）》，中国政法大学出版社 1996 年版，第 287 页。

⑧ 樊崇义：《从“应当如实回答”到“不得强迫自证其罪”》，载《法学研究》2008 年第 2 期。

可能承担伪证或藐视法庭等消极后果，而我国犯罪嫌疑人没有回答与沉默的自由，只有如实供述的配合义务。[①] 具体要求是，有罪的被告人应如实供认罪行，提供自己能提供的证据；无罪的被告则应如实陈述无罪事实，提供自己能提供的证据或线索。[②]

由上可见，关于何为如实供述，学界本就众说纷纭，莫衷一是，而认罪认罚从宽制度的出现，更加深了这一概念的复杂程度。

（二）供述主要犯罪事实的不足

许多论者主张认罪认罚从宽制度是对宽严相济和坦白从宽刑事政策的继承和发展，是自首、坦白制度在诉讼程序层面的沿袭、确认和拓展。[③] 由此，有论者在解读认罪认罚从宽制度中的如实供述时提出，关于"如实供述自己的罪行"，应当按照刑法及相关解释性文件中的规定予以把握。[④] 有地方的规范性文件中也有类似规定，如江苏省高级人民法院《关于办理认罪认罚刑事案件的指导意见》（以下简称《江苏指导意见》）中规定，"认罪的实质，是'认事'，即如实供述并承认指控的犯罪事实，其表现形式可以是自首、坦白，也可以是当庭自愿认罪等，具体认定应当依照自首、坦白的刑法及司法解释等相关规定予以把握"。

在刑事实体法中，关于"如实供述"的规定主要集中于自首及坦白制度中。1998 年 4 月 7 日最高人民法院《关于处理自首和立功具体应用法律若干问题的解释》第 1 条将"如实供述自己的罪行"解释为犯罪嫌疑人如实交代自己的主要犯罪事实。2010 年 12 月 22 日最高人民法院《关于处理自首和立功若干具体问题的意见》规定，"除供述主要犯罪事实外，还应当包括姓名……犯罪嫌疑人多次实施同种罪行的，应当综合考虑已交代的犯罪事实与未交代的犯罪事实

---

① 汪海燕：《刑事诉讼法律移植研究》，中国政法大学出版社 2015 年版，第 157—158 页。

② 严端：《被告人如实陈述与沉默权》，载蔡墩铭主编：《两岸比较刑事诉讼法学》，五南图书出版公司 1996 年版，第 101 页。

③ 参见熊秋红：《认罪认罚从宽的理论审视与制度完善》，载《法学》2016 年第 10 期；卢建平：《刑事政策视野中的认罪认罚从宽》，载《中外法学》2017 年第 4 期；黄伯青、王明森：《认罪认罚从宽的实践演绎与路径探寻》，载《法律适用》2017 年第 19 期。

④ 胡云腾主编：《认罪认罚从宽制度的理解与适用》，人民法院出版社 2018 年版，第 77 页。

的危害程度，决定是否认定为如实供述主要犯罪事实。虽然投案后没有交代全部犯罪事实，但如实交代的犯罪情节重于未交代的犯罪情节，或者如实交代的犯罪数额多于未交代的犯罪数额，一般应当认定为如实供述自己的主要犯罪事实……在司法机关掌握其主要犯罪事实之前主动交代的，应当视为如实供述自己的罪行”。

根据此种主张和刑事实体法的相关规定，认罪认罚从宽制度中如实供述是指如实供述主要犯罪事实。从逻辑上看，主要犯罪事实并非全部犯罪事实，而只是部分犯罪事实，即只要犯罪嫌疑人、被告人供述了主要（部分）犯罪事实即属于认罪，就可以适用认罪认罚从宽制度。

应当说，上述规定对解决自首的认定问题意义重大，但认罪认罚从宽制度中直接套用刑事实体法及其解释中的规定是否妥当值得商榷。笔者认为，由于上述文件颁布时仅针对自首，当时并不存在认罪认罚从宽制度及由此引发的刑事诉讼程序变革的问题，对认罪认罚从宽制度而言，实体法中的相关规定已稍显过时，且可能带来以下消极后果：

1. 不利于查清犯罪事实

认罪认罚从宽案件需要具备事实及证据基础，而这种事实和证据基础应当是客观、准确和全面的。如果犯罪嫌疑人仅供述了主要犯罪事实就可以适用此制度，则难免导致遗漏犯罪事实的后果。

根据相关解释，如实交代的犯罪数额多于未交代的犯罪事实，就可认定为如实供述。比如，犯罪嫌疑人多次实施盗窃，数额共 2 万元，而其交代的盗窃数额为 1.4 万元，交代的数额大于未交代的数额，但此时事实尚未查清，证据也并不完备，适用认罪认罚从宽制度明显不妥。

就证据价值而言，供述中往往包含与案件事实、证据有关的大量信息，对查清案件事实仍具有重要意义。实践调研也显示，部分希望适用认罪认罚从宽制度的案件中，对供述的需要是明显而强劲的。[①] 而有所保留的供述在很大程度上不利于口供证据价值的实现，

① 参见国家检察官学院刑事教研部课题组：《检察机关认罪认罚从宽制度改革试点实施情况观察》，载《国家检察官学院学报》2018 年第 6 期。

也无助于减缓认罪认罚从宽制度中司法证明的难度，[①] 自然也不利于查清犯罪事实。

如果犯罪嫌疑人仅交代部分犯罪事实，而公安司法机关又对此听之任之，那么即使之后再想调查其他犯罪事实，也有可能由于时过境迁、证人记忆模糊、证据已经湮灭而无法收集证据。

更重要的是，认罪认罚案件的庭审较为简化，速裁程序中法庭调查、法庭辩论一般可以省略，因此，侦查阶段认定的事实、证据很大程度上锚定了案件的走向。如果犯罪嫌疑人在侦查阶段仅供述部分犯罪，导致其余犯罪事实未被查出，检察机关、审判机关对此一般难以发现，很有可能遗漏犯罪事实，使犯罪无法得到准确、及时的追究。

2. 不利于诉讼顺利进行

我国刑事诉讼要求在查清犯罪事实的基础上，正确适用法律，而犯罪事实不清对于诉讼的顺利推进显然是一种阻碍。

从证明标准来看，查清主要事实并非法定的标准，根据法律规定，认罪认罚案件中侦查终结移送审查起诉、提起公诉、作出有罪判决也都要达到“事实清楚，证据、确实充分”的条件。

值得一提的是，最高人民检察院《人民检察院刑事诉讼规则》第 355 条规定，属于数个罪行的案件，部分罪行已经查清并符合起诉条件，其他罪行无法查清的，可以确认犯罪事实已经查清，这些规定似乎表明查清部分事实也可提起公诉。然而，这主要是考虑到其他罪一时难以查清，可以就已查清的罪提起公诉。[②] 应当说，这是为了及时惩罚犯罪，推进诉讼程序的无奈之举，而非有意为之。

根据法律规定，审查起诉时人民检察院还必须查明是否有遗漏的罪行和其他应当追究刑事责任的人等事项，其中“有无遗漏罪行”是指有没有应当发现而没有发现，或者应当认定而没有认定的犯罪

---

① 参见吕泽华、杨迎泽：《认罪认罚从宽制度的根基、困惑与走向》，载《国家检察官学院学报》2019 年第 3 期。

② 全国人大常委会法制工作委员会刑法室编：《中华人民共和国刑事诉讼法条文说明、立法理由及相关规定》，北京大学出版社 2008 年版，第 335 页；王爱立、雷建斌主编：《刑事诉讼法立法精解》，中国检察出版社 2019 年版，第 318 页。

嫌疑人的罪行。[①] 也可以看出，全部罪行已经查清是提起公诉的应然要求。

此外，在笔者看来，即使在部分罪行无法查清的情况下，可以起诉已经查清的罪行，也不宜在认罪认罚案件中简单照搬此做法，特别是罪行未查清是因为犯罪嫌疑人未如实供述的，对其从宽处理显然并不合理。

从实践角度观察，认罪认罚案件中，在认罪认罚具结书签署后，如果犯罪嫌疑人、被告人又供述出其他犯罪事实或者司法机关又发现其他犯罪事实的，还涉及认罪认罚具结书的撤回、重新签署，以及审理程序转换等问题。此种"程序倒流"也占用了更多的司法资源，降低了司法效率。

可见，当犯罪嫌疑人、被告人并未供述全部犯罪事实，而只是坦白了主要犯罪事实时，刑事诉讼活动的推进会受到不利影响，司法效率也大为降低，与此制度设立初衷不符。

3. 不利于鼓励犯罪嫌疑人全面如实供述

出于保护自己的本能，犯罪嫌疑人、被告人在供述时往往会考虑对自己是否有利，倾向于供述对自己有利的方面而回避对自己不利的内容。如果犯罪嫌疑人、被告人如实供述主要事实即可从宽处理，势必进一步诱发其故意隐瞒部分犯罪事实的心理。

进而言之，如果"懂法"的犯罪嫌疑人、被告人知晓供述主要犯罪事实即属于认罪，并可被从宽处罚，那么其自然很难如实供述全部犯罪事实，而会有意无意地对"次要"犯罪事实予以隐瞒。

此外，此种做法对于真正如实供述全部犯罪事实的犯罪嫌疑人、被告人也不公平，容易形成犯罪嫌疑人、被告人供述越全面所面临惩罚越重，而隐瞒部分犯罪事实反而能够获得较轻处罚的尴尬局面。长此以往将产生劣币驱逐良币的后果，变相鼓励其他犯罪嫌疑人、被告人隐瞒部分犯罪事实。

4. 不利于保障被害人利益

作为犯罪的直接受害者，被害人权益与案件处理直接相关，被害人参与对妥当处理认罪认罚案件不可或缺。对此，法律已有相应体现，如审查起诉时，对于犯罪嫌疑人认罪认罚的，检察人员应当

---

① 全国人大常委会法制工作委员会刑法室编：《中华人民共和国刑事诉讼法条文说明、立法理由及相关规定》，北京大学出版社 2008 年版，第 137 页。

听取被害人一方对相关事项的意见，在审判程序中，对于被告人与被害人没有就附带民事诉讼赔偿等事项达成调解的，不适用速裁程序，等等。

犯罪嫌疑人、被告人只供述主要犯罪事实的，则意味着其承认了对被害人的部分损害，认罪悔罪、赔礼道歉也就由于缺少供述的完整性而影响到其真诚性。因此，被害人的权益无法受到充分保障，被损害的社会关系也无法得以完全恢复。

当案件涉及多起犯罪事实时，只供述其中某几起的，其他潜在被害人根本无从知晓、无法参与诉讼程序，遑论保障其利益，此时其他被害人的权益完全被忽略了。

加之，认罪认罚案件中对司法效率的追求和被诉人权利的高度关注，本就容易忽略被害人利益，如果再允许供述主要犯罪事实的犯罪嫌疑人、被告人适用此制度，被害人的利益则有被进一步放逐的风险。

综上可见，如果犯罪嫌疑人供述主要犯罪事实（遮遮掩掩、避重就轻抑或避轻就重）就可适用此制度，容易产生遗漏部分犯罪事实、影响诉讼顺利进行、诱发嫌疑人隐瞒罪行心理、忽视被害人权益的消极后果，而且使案件处理轻重失衡、顾此失彼，司法的公正和效率均会受到损害；同时，由于难以确保案件的真实性、合法性，可能进而侵蚀认罪认罚从宽制度的正当性根基。

（三）供述全部犯罪事实之倡导

1. 认罪认罚从宽制度与自首、坦白并不等同

认罪认罚从宽制度并不等同于自首、坦白制度。正如有学者所言，认罪认罚从宽制度是在刑事诉讼中，从实体和程序上鼓励、引导、保障确实有罪的犯罪嫌疑人、被告人自愿认罪认罚，并予以从宽处理、处罚的由一系列具体法律制度诉讼程序组成的集体性法律制度。[①] 认罪认罚具有重要的程序价值，指程序上适用较轻的强制措施和从简的诉讼程序。[②] 将认罪认罚从宽等同于既有的自首、坦白的

① 顾永忠：《关于“完善认罪认罚从宽制度”的几个理论问题》，载《当代法学》2016 年第 6 期。

② 陈国庆：《量刑建议的若干问题》，载《中国刑事法杂志》2019 年第 5 期。

从宽效果，严重矮化了认罪认罚从宽制度。[①] 事实上，除自首、坦白外，认罪认罚从宽制度还包含退赃退赔、刑事和解、诉讼程序简化、强制措施宽缓等诸多内容。

同理，如实供述除在实体层面发挥效用外，在证据层面也有提供完整的有罪供述的功效，在程序上还会影响到具体的程序适用，比如具结书的签署和速裁程序。因此，认罪认罚中的如实供述应当考量多重因素，而不宜直接套用刑事实体法中自首、坦白制度的规定。

2. 如实供述与如实回答辨析

“如实供述”不能等同于“如实回答”。“如实回答”是指犯罪嫌疑人、被告人对侦查人员的讯问应该如实回答，其是义务主体，居于被动的证据提供者的地位；而认罪认罚中的“如实供述”则与自愿性相结合，主动性特征明显。以此观之，“如实供述”与原先的“如实回答”也有了微妙的分殊，“如实供述”也在认罪认罚从宽制度萌发出崭新的含义。

尽管如此，二者仍密切相关。具体而言，由于犯罪嫌疑人往往并不完全了解“犯罪事实”的含义，以及自己行为与犯罪的关联性等，其供述中难免夹杂无关信息或者遗漏有关信息。因此，如实供述并不必然要求犯罪嫌疑人完全主动和盘托出，无论犯罪嫌疑人自行如实供述还是如实回答侦查人员讯问，只要其供述或回答的内容包含了自己的全部罪行，都属于如实供述。

其实，这也与讯问程序相吻合，根据《刑事诉讼法》第 120 条的规定，侦查人员在讯问时应当首先讯问犯罪嫌疑人是否有犯罪行为，让他陈述有罪的情节或无罪的辩解，然后向他提出问题。在犯罪嫌疑人陈述完毕之后，侦查人员可以有针对性地开展讯问，以获取与案件相关的全部信息。

从司法实践角度考察，对犯罪嫌疑人一般会进行多次讯问，供述和讯问也掺杂交织在一起，是一个动态的、多回合交互的过程。在开展讯问前侦查人员还会熟悉案情，准备讯问提纲，做到心中有数，讯问时则会详细讯问其犯罪的情节、经过等。

整体而言，主动供述和回答讯问的内容都属于犯罪嫌疑人供述，

---

① 参见赵恒：《认罪及其自愿性审查：内涵辨析、规范评价与制度保障》，载《华东政法大学学报》2017 年第 4 期。

而相应的内容也都会制作成讯问笔录。

3. 如实供述应该指如实供述全部犯罪事实

在笔者看来，认罪认罚从宽制度中的如实供述应当是指如实供述全部犯罪事实，尤其是与定罪量刑相关的全部犯罪事实。

对此，立法人员及部分学者明确提到，自愿如实是指犯罪嫌疑人主动坦白动机，所坦白的内容真实、完整，犯罪嫌疑人供述涉嫌的犯罪事实，应是其涉嫌犯罪的全部事实。[①] 需要承认全部犯罪事实，特别是涉嫌同一罪名下若干犯罪事实的，应当承认全部，即使是单一事实的，也应当承认全部情节。对于只承认部分犯罪事实甚至较轻犯罪事实的，不能适用认罪认罚从宽制度。[②]

事实上，有学者对于“主要犯罪事实”的解读也与上述要求基本一致，主要犯罪事实是相对于整个犯罪过程中的次要的细枝末节的事实而言的，它应是指对于定罪量刑有影响的事实情况，凡是对量刑有影响的事实，无论大小均属于主要犯罪事实。[③] 必须涵盖足以影响定罪量刑的事实细节，主要犯罪事实包括影响定罪的事实和量刑事实。[④]

地方的规范性文件亦然，再以《江苏指导意见》为例，其中明确规定，“下列情形不属于‘认罪认罚’：犯罪嫌疑人、被告人犯数罪，但仅如实供述其中一罪或部分罪名犯罪事实的；犯罪嫌疑人、被告人如实供述自己主要犯罪事实，但未如实供述其他影响定罪量刑的次要犯罪事实的”。

可见，部分规范性文件及学者在表达上诚然采用了“如实供述主要犯罪事实”，但在实质立场或具体适用中则要求如实供述影响定罪量刑的全部事实，而这已明显严格于司法解释中对自首的要求。

上文已经对“主要犯罪事实”进行分析，指出其弊端。与之相对，“全部犯罪事实”的要求下，犯罪嫌疑人、被告人供述了全部犯罪事实，并由此而提供了内容完整、信息全面的供述，为案件的顺

---

① 王爱立、雷建斌主编：《刑事诉讼法立法精解》，中国检察出版社 2019 年版，第 330 页。

② 参见张智辉：《认罪认罚与案件分流》，载《法学杂志》2017 年第 6 期。

③ 吴占英：《坦白成立要件“如实供述自己罪行”理解探微》，载《法学杂志》2016 年第 10 期。

④ 参见黄京平：《认罪认罚从宽制度的若干实体法问题探讨》，载《中国法学》2017 年第 5 期。

利办理奠定事实和证据基础，在程序上犯罪嫌疑人、被告人一般也会承认指控的犯罪事实并选择相应的程序适用（比如速裁程序），显然有助于准确认定犯罪事实，鼓励犯罪嫌疑人、被告人如实供述，提升诉讼效率及保障被害人权益，进而确保案件的真实性及合法性，对此不再赘述。此外，如实供述全部犯罪事实还有如下理由：

第一，“如实”指实事求是，按照实际情况。立法人士在对“如实回答”义务进行说明时已经指出，犯罪嫌疑人在回答侦查人员问题时既不能夸大，也不能缩小；既不能隐瞒，也不能无中生有，或者避重就轻。[①] 对如实供述的理解亦应作如是观，而供述部分犯罪事实显然不属于实事求是，而属于缩小罪行。

而且如上所述，实践中在犯罪嫌疑人供述后，侦查人员还会对其进行详细讯问。比如盗窃案中侦查人员会讯问其“你拿的东西包括什么”“包里有多少钱”等，讯问最后侦查人员往往还会提出“还有没有偷过别的”“还有没有其他犯罪行为”等问题。此时，只要犯罪嫌疑人主动如实陈述，或者如实回答讯问，供述内容都会包含全部犯罪事实。

第二，体现犯罪嫌疑人、被告人积极主动的认罪态度。认罪认罚从宽制度更强调犯罪嫌疑人的认罪悔罪态度，更有利于其教育改革，犯罪嫌疑人、被告人认罪，必须是一种积极主动的认罪。而犯罪嫌疑人在被侦查机关抓获后，不供认自己的罪行，但也不否认侦查机关指出的犯罪事实的，一般不构成认罪认罚。[②] 显而易见，与如实供述主要犯罪事实相比，如实供述全部犯罪事实更能体现出其认罪、悔罪的积极态度。

与辩诉交易不同，认罪认罚从宽制度并不是犯罪嫌疑人、被告人与公安司法机关讨价还价的场合，而是犯罪嫌疑人通过自愿如实供述争取获得从宽处理的制度。因此，犯罪嫌疑人只有完全积极配合公安司法机关，真诚认罪、悔罪并如实供述全部犯罪事实的，才可以适用认罪认罚从宽制度。

分析至此，可以看出认罪认罚从宽制度中“如实供述”至少应

---

① 全国人大常委会法制工作委员会刑法室编：《中华人民共和国刑事诉讼法条文说明、立法理由及相关规定》，北京大学出版社 2008 年版，第 251 页。

② 参见王爱立、雷建斌主编：《刑事诉讼法立法精解》，中国检察出版社 2019 年版，第 21—25 页。

当包括以下两个方面的含义：一是对于自己的全部犯罪事实均应供述，供述部分犯罪事实、避重就轻或避轻就重的供述不属于如实供述，不能适用此制度；二是供述自己并未实施的犯罪，将他人实施的犯罪大包大揽，替他人顶罪，更非如实供述，亦不能适用此制度。

为鼓励犯罪嫌疑人、被告人在认罪认罚从宽适用之初即如实供述自己的全部罪行，建议法律或相关解释将认罪认罚从宽的前提规定为“犯罪嫌疑人、被告人如实供述自己的全部罪行”。但需要指出的是，对于供述主要犯罪事实的，虽然不宜适用认罪认罚从宽制度，但仍然可以根据相关规定认定其自首或坦白，并相应地从宽处理。

三、如实供述的限度

应当承认，在认罪认罚从宽制度中，要求如实供述全部犯罪事实并非没有缺陷，一方面由于超过了现有关于自首的规范性文件中采用的主要事实的标准，有越权之嫌；另一方面也对犯罪嫌疑人、被告人过于苛刻，不利于照顾其利益。更重要的是，供述全部事实的要求带有一定的理想化色彩，谁来判断及如何判断犯罪嫌疑人、被告人是否已经供述了全部犯罪事实仍然有待研判。

笔者认为，在认定是否如实供述全部犯罪事实时不宜过于严苛，应注意平衡多方利益。具体而言，可以从以下几个方面把握。

（一）以客观事实为依据

“以事实为根据，以法律为准绳”是我国刑事诉讼的重要基本原则，公安司法机关进行刑事诉讼活动，必须以客观存在的、经过调查属实的、有证据证明的事实为根据，认罪认罚从宽案件亦然。

在“实质真实证明观”和“职权探知主义”支配下的我国刑事诉讼，更需要注重查清事实，而这种事实首先应当是客观存在的，至少以客观事实为导向，这是认罪认罚案件真实性的要义。

如前所述，一般而言认罪认罚案件案情清楚、简单，收集证据相对容易，事实也易于查清，比如大量的危险驾驶、故意伤害、盗窃等轻微刑事案件查清事实并不存在过多障碍。此种情况下，要求真诚认罪认罚的犯罪嫌疑人提供与客观事实相吻合的供述并非强人所难，一般情况下，其供述也能够与其他证据相互印证，供述的内容符合客观事实。

重视客观事实的还有助于防范冤错案件。特定情形下，无辜之人为追求某种利益或避免严重后果，比如替亲友顶罪或为争取缓刑，也有可能作出有罪供述，使案件表面上符合认罪认罚从宽的外观。此时，对客观事实的强调尤为必要。

概言之，在判断犯罪嫌疑人、被告人是否如实供述全部犯罪事实时，首先应当以客观事实为基准。

（二）以主观事实为协调

供述符合客观事实自然是理想情况，但现实中往往无法绕过以下难题：对于犯罪嫌疑人、被告人主观上已自愿如实供述，但其供述并不符合或并不完全符合客观事实的，应当如何处理。

刑法中的“主观说”已将犯罪嫌疑人、被告人主观层面引入如实供述中，此说主张如实供述，意味着行为人按照自己的记忆供述自己的犯罪行为，而不是作虚假供述。只要犯罪人出于真诚悔悟的动机进行交代，就应当承认供述的“如实性”。[①] 刑事程序法中的证人作证制度也与此类似，对此有学者主张“如实作证”实际上是对证人作证在主观心态方面提出的要求，并不必然意味着证人所言均必须符合客观事实，但必须符合证人亲身感知的案件事实以及证人信以为真的案件事实。[②]

事实上，客观标准和主观标准历来诸多事项的争议点。“客观说”较为客观，判断标准简单，但弊端是较为僵化；而“主观说”则更为灵活，符合个案正义，但其缺点是由于涉及犯罪人的主观而难以判断。正因如此，无论采用何种学说，均难免有所缺憾，运用于对“如实供述”的判断也是如此。

应当说，犯罪嫌疑人的供述毕竟是其主观记忆的表达，在供述过程中，其感知、记忆、表达能力、案发相隔时间等因素都会影响到供述内容的客观性及全面性。换言之，供述与客观事实之间势必存在一定程度的偏离。这种偏离值或偏离度如果在较小范围之内，尚且可以接受，而程度一旦过大，则难免影响到对其供述是否属实的猜疑。至于如何判断，难以给出统一的标准，需要在个案中根据逻辑规则、经验法则以及对在案证据进行综合认定。

不过，与实物证据不同，言词证据可以被不断提取，由此可以

① 周光权：《刑法总论》（第三版），中国人民大学出版社 2016 年版，第 439、443 页。

② 易延友：《公众有权获得任何人的证言》，载《法律科学（西北政法大学学报）》2015 年第 5 期。

满足对细节的填补与对随时出现的疑惑的解答。[①] 如前所述，讯问过程不单单是犯罪嫌疑人的自行陈述，而是侦查人员和犯罪嫌疑人持续互动的过程，一个案件往往会进行多次讯问，而且在侦查人员遇有疑惑时，还会结合已有证据针对性地展开讯问。因此，在证据充分收集的情况下，如果犯罪嫌疑人自愿如实供述，有理由相信其供述内容将不断趋向客观事实。

总之，应当在客观事实的基础上，结合在案证据、距离案发时间以及犯罪嫌疑人的心理动机等各方面综合判断，只要犯罪嫌疑人不是故意隐瞒。有意逃避追究，即使对某些细节确实记不清或无法说清，只要不影响定罪量刑的，也可以认定其如实供述。

（三）如实供述存疑的，不宜适用认罪认罚从宽制度

犯罪嫌疑人、被告人如实供述是适用认罪认罚从宽制度的前提，因此对于是否如实供述存有疑虑时不宜适用认罪认罚从宽制度。具体而言，犯罪嫌疑人、被告人表示认罪，但其有罪供述与物证、书证等其他证据无法印证，或即使能够印证也与常理常情不符的，不宜适用此制度；犯罪嫌疑人、被告人作有罪供述，但其不构成犯罪或全案事实不清、证据不足的，不宜适用此制度。质言之，应当严格防止将不构成犯罪以及事实不清、证据不足的案件通过“如实供述”予以消化。

认罪认罚案件中，证据裁判原则以及仅凭口供不能定案规则仍应遵循，对只有被告人供述，没有其他证据的，不应对此定罪。值得一提的是，犯罪嫌疑人供述了全部犯罪事实，但其中部分事实由于缺乏其他证据而无法认定，经查证不属于替他人顶罪的，可以适用认罪认罚从宽制度。比如，犯罪嫌疑人供述了多起盗窃事实，但由于某一起盗窃由于案发时间过于久远，被害人难以查找以及赃物已经灭失而无法认定的，对其他盗窃的犯罪事实仍然可以认定并适用认罪认罚从宽制度。

认罪认罚从宽制度是一项旨在鼓励、引导、保障确实有罪的犯罪嫌疑人、被告人自愿认罪认罚，因而获得从宽处理和处罚的法律制度，而不是无条件地追求犯罪嫌疑人、被告人认罪认罚的法律制

① 栗峥：《印证的证明原理与理论塑造》，载《中国法学》2019 年第 1 期。

度。[1] 对于犯罪嫌疑人、被告人有罪供述存疑的，不宜适用认罪认罚从宽制度，而应依照普通案件办理，尽可能通过程序的充分展开以保障事实认定的精准性。

（四）有罪供述不等于如实供述

从程序运作来看，犯罪嫌疑人、被告人供述是否属实需由公安司法机关判断，公安司法人员在其中的作用不容小觑，而且容易形成如实供述等于有罪供述的倾向。

其一，认罪认罚案件中，犯罪嫌疑人、被告人希望获得从宽处理，呈现出协助配合公安司法机关的姿态，选择提供有罪供述和认罪认罚；而公安司法人员则希望高效地解决案件，也愿意给予犯罪嫌疑人、被告人从宽处理，双方之间以合作取代了对抗。在双方利益契合的情况下，彼此之间信任度较高，公安司法人员更愿意相信犯罪嫌疑人、被告人的有罪供述属实。

其二，认罪认罚案件中自愿性及诉讼权利保障较为充分，在此前提下，理性之人并不会作出对自己不利的陈述，犯罪嫌疑人、被告人也不大可能违心认罪认罚，加之案情往往较为清楚简单，其他证据易于收集，因此有罪供述就是如实供述的可能性极高。

其三，承担追诉职能的侦控机关本就对追求定罪有一种无法避免的心理倾向，对犯罪嫌疑人、被告人的认罪供述有着天然的亲和性。换言之，侦查人员、检察人员出于职业本能，更愿意相信犯罪嫌疑人、被告人的有罪供述是属实的，而无罪辩解是虚假的，甚至连法官也更愿意相信有罪供述属实。由于绝大部分认罪认罚案件中，犯罪嫌疑人、被告人能够如实供述且确实有罪。长此以往，公安司法人员难免形成路径依赖，即认为其有罪供述即为如实供述。

然而，将有罪供述等同于如实供述既有可能是错误的，也有可能是危险的。如前所述，一方面，有罪供述可能只是供述了部分犯罪事实，而对其他犯罪事实有所隐瞒；另一方面，有罪供述本身也并不总是属实，在犯罪嫌疑人替他人顶罪，或其自身记忆及认识出现偏差等情况下，无辜之人也可能自愿认罪。

如果这种倾向衍射到整个诉讼程序中，将给本就羸弱的无罪辩解权（辩护权）蒙上阴影。有学者已对此表示警惕：如果为了适用

---

① 顾永忠：《关于“完善认罪认罚从宽制度”的几个理论问题》，载《当代法学》2016 年第 6 期。

此制度一味追求认罪，则必将形成追诉机关有罪推定的心理认知与思维定式，积极地以有罪的倾向去追诉犯罪，而不是以一种客观、理性的态度对待犯罪嫌疑。①

有鉴于此，在认罪认罚案件中，公安司法人员应当对“有罪供述”保持足够的谨慎，避免将其直接等同于如实供述。

结　语

在笔者看来，与自首、坦白相比，认罪认罚从宽制度中如实供述的含义有所分野，犯罪嫌疑人、被告人如实供述主要犯罪事实并不足以启动并顺利推进认罪认罚从宽制度，而要求其如实供述全部犯罪事实与此制度更为契合。

全部犯罪事实的要求看似对犯罪嫌疑人、被告人设定了较重的义务，但此要求既是如实供述的应有内涵，也符合认罪认罚从宽制度的价值取向。从犯罪嫌疑人、被告人角度而言，如实供述全部犯罪事实同样有助于及时获得从宽处理。此外，司法实践中大量认罪认罚案件事实情节简单，证据易于收集，犯罪嫌疑人、被告人如实供述全部犯罪事实并无障碍。

如实供述应当以客观事实为基础，同时考虑犯罪嫌疑人、被告人主观认识。对于如实供述存疑的，不宜适用认罪认罚从宽制度，尤其要避免将不构成犯罪或事实不清、证据不足的案件通过“如实供述”予以消化。同时，有罪供述并不总是等于如实供述。

认罪认罚从宽制度的广阔前景不言而喻，但作为其正当性根基的案件真实性不容忽视，对此，对如实供述的实质判断无疑是重要一环。

---

① 吕泽华、杨迎泽：《认罪认罚从宽制度的根基、困惑与走向》，载《国家检察官学院学报》2019 年第 3 期。

论认罪认罚案件中律师有效帮助之困境与出路

魏伊慧*

一、从“法律帮助全覆盖”到“律师有效帮助”

2014年10月，党的十八届四中全会通过的《中共中央关于全面推进依法治国若干重大问题的决定》提出要“完善刑事诉讼中认罪认罚从宽制度”，旨在通过鼓励被告人自愿认罪认罚，加快案件进程，推进案件繁简分流，使得法院能够将更多司法资源投入于疑难案件，是贯彻“以审判为中心”诉讼制度改革的重要途径，也是贯彻“宽严相济”刑事政策的重要方式。但在此背景之下需要完善的认罪认罚从宽制度亦产生了司法公正与诉讼效率之间的平衡问题。[①]公正是司法的灵魂和生命线，离开了司法公正，司法效率必将是反效率、高成本的。[②] 故认罪认罚从宽制度在追求诉讼效率的同时，更应以实现司法公正为优先，强化对犯罪嫌疑人、被告人合法权利的保障，确保其认罪认罚的自愿、真实。

不同于其他刑事案件，由于认罪认罚案件的刑事诉讼程序被相对简化，加重了犯罪嫌疑人、被告人对律师的依赖，律师辩护是否有效对其权益保障影响甚大。[③] 司法机关等机关更是意识到了这一点，在对符合法律援助辩护条件的犯罪嫌疑人、被告人通知法律援

---

* 中国政法大学刑事司法学院2019级博士研究生。

① 相比检察院对重大、复杂的案件可以在1个半月以内作出决定，《刑事诉讼法》第172条规定，犯罪嫌疑人认罪认罚，符合速裁程序适用条件的，应当在10日以内作出决定，对可能判处的有期徒刑超过1年的，可以延长至15日。

② 陈光中：《动态平衡诉讼观之我见》，载《中国检察官》2018年第13期。

③ 熊秋红：《“两种刑事诉讼程序”中的有效辩护》，载《法学适用》2018年第3期。

助机构指派律师为其提供辩护之外，更创造性地提出“法律援助值班律师”（以下简称值班律师）这一概念，[①] 为没有委托辩护律师或不符合法律援助辩护条件的犯罪嫌疑人、被告人提供部分法律帮助，以此实现认罪认罚案件的“法律帮助全覆盖”[②]。对此，2017 年《关于开展法律援助值班律师工作的意见》（以下简称《值班律师意见》）细化了其工作职责，除解答法律咨询，引导和帮助申请法律援助和转交申请材料，对刑讯逼供、非法取证情形代理申诉、控告，以及承办法律援助机构交办的其他任务四项职责外，在认罪认罚从宽制度改革试点中，值班律师还需要为犯罪嫌疑人、被告人提供法律咨询、程序选择、申请变更强制措施等法律帮助。刑事诉讼法保留了其提供法律咨询、程序选择建议、申请变更强制措施、对案件处理提出意见这四项职责。

然而，尽管“法律帮助全覆盖”是实现认罪认罚案件中司法公正的一大方面，但律师能否提供有效的法律帮助，却是实现司法公正和确保犯罪嫌疑人、被告人认罪认罚真实自愿的关键要素。“两高三部”《关于在部分地区开展刑事案件认罪认罚从宽制度试点工作的办法》第 4 条规定，“办理认罪认罚案件，应当保障犯罪嫌疑人、被告人获得有效法律帮助，确保其了解认罪认罚的性质和法律后果，自愿认罪认罚”。因此，本文拟以“认罪认罚案件中律师有效帮助之进路”为研究对象，对目前认罪认罚案件中律师帮助所面临的立法实践困境进行分析，探讨实现律师帮助“有效化”之路径。

二、认罪认罚案件中律师帮助的“形式化”

正如上文所述，值班律师制度的建立有助于实现认罪认罚案件“法律帮助全覆盖”，但就立法与司法实践来看，这也仅仅意味着绝

---

① 2014 年 8 月，由最高人民法院、最高人民检察院、公安部和司法部联合发布的《关于在部分地区开展刑事案件速裁程序试点工作的办法》首次在法律文件中明确提出建立值班律师制度。2016 年 9 月，全国人大常委会发布《关于授权在部分地区开展刑事案件认罪认罚从宽制度试点工作的决定》将值班律师制度作为重要的制度性创新，从而适用于认罪认罚从宽制度，规定，“法律援助机构在人民法院、看守所派驻法律援助值班律师，为没有委托辩护人的犯罪嫌疑人、刑事被告人提供法律咨询、程序选择、申请变更强制措施等法律帮助”。

② 文中的“法律帮助”，既包含委托辩护人与法律援助辩护律师的帮助，也包含值班律师的帮助。

大多数的犯罪嫌疑人、被告人获得的是由不承担辩护职责的值班律师提供的法律帮助，辩护律师的介入比例相当低。甚至，由于值班律师自身定位与派驻方式所限，其权利与职责亦不甚明确与程序化，共同致使认罪认罚案件中的律师帮助呈现“形式化”之趋势，与“有效”这一要求相去甚远。具体表现为以下三个方面：

（一）辩护律师介入率低

法律援助率低、刑事辩护率更低是我国人权司法保障所面临的一大障碍。根据数据显示，2014 年刑事法律援助案件占刑事案件的比例为 23.5%，[①] 2015 年四川省辩护率为 29.3%，2016 年则为 26.7%。[②] 由于刑事诉讼法并不限制适用认罪认罚从宽制度的案件类型，认罪认罚案件的辩护率应与上述数据相差不大。然而，通过学者的实践调研，律师缺位问题在认罪认罚案件之中较为突出，以 161 份被追诉人认罪的卷宗为例，其中只有 21 起案件有辩护律师出庭，占样本量的 13.04%，其余均由值班律师在审查起诉阶段为被追诉人提供法律帮助，[③] 辩护率甚至不足 2016 年四川省全局辩护率的 1/2。笔者之所以对低辩护率作如此强调，是因为辩护律师在实现审前阶段的控辩双方平等对抗上发挥的作用不能够被值班律师简单取代。最为典型的是，辩护律师在审前阶段拥有调查取证权与无罪、罪轻辩护权等对抗性权利，而刑事诉讼法所规定的值班律师，甚至都不具有申请排除非法证据这一权利。此外，虽然刑事诉讼法将被告人认罪作为适用简易程序与速裁程序的前提条件之一，但并不意味着认罪认罚案件的庭审程序会被必然简化，仍能够适用普通程序进行审理。对于适用普通程序审理的认罪认罚案件，辩护律师的参与就显得尤为必要，通过参与庭前会议、庭审和发表辩护词等，以确保被告人认罪属真实自愿。显然，值班律师并不承担这类职责。

（二）值班律师发挥的作用有限

对值班律师承担职责与行使权利之讨论，需回溯到值班律师的

---

① 王迎龙：《论刑事法律援助的中国模式——刑事辩护“全覆盖”之实现径路》，载《中国刑事法杂志》2018 年第 2 期。

② 左卫民、张潋瀚：《刑事辩护率：差异化及其经济因素分析——以四川省 2015—2016 年一审判决书为样本》，载《法学研究》2019 年第 3 期。

③ 周新：《认罪认罚从宽制度立法化的重点问题研究》，载《中国法学》2018 年第 6 期。

定位这一问题上。在值班律师的概念提出之后，其定位问题曾引发学界的热烈讨论。然而，结合2018年刑事诉讼法的修改过程，《刑事诉讼法修正草案（征求意见稿）》第4条规定："值班律师为犯罪嫌疑人、被告人提供法律咨询，程序选择建议，代理申诉、控告，申请变更强制措施，对案件处理提出意见等辩护"；《刑事诉讼法修正草案（二次审议稿）》对该条文作了些许调整，将值班律师提供"辩护"修改为提供"法律帮助"，并删去"代理申诉、控告"的内容，实将值班律师定位为"法律帮助者"，刑事诉讼法则对此规定予以延续。由于"法律帮助者"的定位，值班律师的权责必然受限。在此限制因素之上，另有三种因素使得值班律师在认罪认罚案件中所能发挥的作用越发有限。

1. 刑事诉讼法中检察机关派驻值班律师缺位

《刑事诉讼法修正草案（二次审议稿）》第4条曾规定"法律援助机构可以在人民法院、人民检察院、看守所派驻值班律师"，而刑事诉讼法却将人民检察院删去，由此导致在值班律师派驻于检察机关的缺位问题。刑事诉讼法将犯罪嫌疑人、被告人的认罪认罚情况作为逮捕"社会危险性条件"的考虑因素，因此在审前阶段，认罪认罚的犯罪嫌疑人社会危险性相对较低，以取保候审、监视居住来替代逮捕的可能性较大，更能体现强制措施的必要性与比例性原则。最高人民法院《关于在部分地区开展刑事案件认罪认罚从宽制度试点工作情况的中期报告》（以下简称《中期报告》）亦对此问题有所反映；"认罪认罚案件犯罪嫌疑人、被告人被取保候审、监视居住的占到42.2%。"① 若犯罪嫌疑人被批准逮捕，则应立即送看守所羁押，被派驻于看守所的值班律师便能给予其法律帮助。如果犯罪嫌疑人未被批准逮捕，被决定以取保候审或监视居住，根据《刑事诉讼法》第173条，"人民检察院审查案件，应当讯问犯罪嫌疑人，听取辩护人或者值班律师、被害人及其诉讼代理人的意见"，此时的讯问应当在检察机关的讯问室进行。由于检察机关并无值班律师派驻，犯罪嫌疑人不能及时得到值班律师的法律帮助，随着认罪认罚案件逮捕率的逐步降低，这一现象只会越来越突出。

2019年10月，"两高三部"《关于适用认罪认罚从宽制度的指

---

① 《周强就开展认罪认罚从宽制度试点工作作报告》，载 http：//www.court.gov.cn/zixun-xiangqing-75122.html，2019年11月20日最后访问。

导意见》（以下简称《认罪认罚意见》）第 11 条第 1 款规定“法律援助机构可以在人民法院、人民检察院、看守所派驻值班律师”，弥补了刑事诉讼法中的缺位，但仅为司法解释层面，并存在超越立法意图的致命问题。①

2. 值班律师权利不明确

在 2018 年刑事诉讼法及其生效之前的法律文件中，值班律师的权利是不够明确的。2017 年《值班律师意见》涉及值班律师权利的条文仅有其第 8 条：“人民法院、人民检察院、看守所为法律援助工作站提供必要办公场所和设施。看守所为法律援助值班律师会见提供便利。”《刑事诉讼法》第 173 条第 3 款也作了类似规定，即“人民检察院依照前两款规定听取值班律师意见的，应当提前为值班律师了解案件有关情况提供必要的便利”。但并未对看守所所提供的“便利”与检察机关所提供的“必要的便利”的含义进行解释，含义模糊，不具备可操作性。正如学者所言，值班律师不查阅案卷材料，难以掌握案情；高质量的服务应该是建立在会见被告人的基础上，了解被告人真实需求，以被告人的需求为导向提供的辩护服务，而值班律师不提前会见被告人，双方沟通有限。②《认罪认罚意见》部分回应了这一疑惑，其第 12 条第 2 款规定：“危害国家安全犯罪、恐怖活动犯罪案件，侦查期间值班律师会见在押犯罪嫌疑人的，应当经侦查机关许可。自人民检察院对案件审查起诉之日起，值班律师可以查阅案卷材料、了解案情。人民法院、人民检察院应当为值班律师查阅案卷材料提供便利。”然而，值班律师是否有会见权仍不明晰，并使用“查阅案卷材料”“为值班律师查阅案卷材料提供便利”来替代辩护律师“查阅、复制、摘抄案卷材料”之权利，且仍不涉及调查取证等更显对抗性的权利。

---

① 正如前文所述，2018 年刑事诉讼法将《刑事诉讼法修正草案（二次审议稿）》第 4 条中的“人民检察院”删去，其立法意图是可以被探寻的，即“值班律师不应被派驻于检察机关”，而《认罪认罚意见》却重新将检察院作为派驻机关，法律解释合理性存疑。即便是法律解释主观说，其目标在于探求立法者在制定法律时事实上的意思，也要求“这种意思具有明确性、完整性和可探知性”。参见汪海燕：《非法证据排除规则的解释学检视》，载《中国刑事法杂志》2018 年第 1 期。

② 臧德胜、杨妮：《论值班律师的有效辩护——以审判阶段律师辩护全覆盖为切入点》，载《法律适用》2018 年第 3 期。

3. 值班律师履职“程序化”

值班律师履职程序化首先体现在值班律师履职之“异化”。第一，值班律师的履职有效性难以得到保证。由于值班律师被长期驻派于法院和看守所，其究竟须以维护被告人合法权利为先还是以听从行政司法机关要求为先，刑事诉讼法尚未对此进行说明。由于值班律师不是辩护人，办案机关希望值班律师以配合案件处理工作为主，值班律师制度的参与有效性也难以保证。[①] 也正如学者所言，由于值班律师不具有辩护律师的地位，难以对公诉方的指控给予有力的制衡。[②] 第二，值班律师的“见证人化”趋势。根据《中期报告》，截至2017年11月底，试点法院、检察院适用认罪认罚从宽制度审结刑事案件共91121件103496人，占试点法院同期审结刑事案件的45%。[③] 随着认罪认罚从宽制度在刑事诉讼法中的确立，认罪认罚案件数量只增不减，值班律师“粥少人多”的现象会越发突出。甚至一些检察官在和犯罪嫌疑人完成量刑协商后，再通知律师到场见证，值班律师不仅具有沦为认罪认罚“背锅侠”的嫌疑，更仅作为“见证人”参与案件。《认罪认罚意见》发布以前的调研显示，对于1年以上刑期的案件，值班律师在没有阅卷权、调查取证权等保障的情况下，相关法律风险很难克服，不少律师明确表示拒绝提供见证人式的法律帮助。[④]

值班律师本身所行使的具体职责更呈“程序化”之势，此乃值班律师履职程序化的第二个方面。首先，刑事诉讼法对值班律师介入刑事诉讼的时间未作规定，侦查讯问时的律师在场权也处于缺失状态，不利于保障犯罪嫌疑人认罪的自愿性、真实性。[⑤] 如果其在犯

---

① 周新:《认罪认罚从宽制度立法化的重点问题研究》，载《中国法学》2018年第6期。

② 陈瑞华:《认罪认罚从宽制度的若干争议问题》，载《中国法学》2017年第1期。

③ 最高人民法院:《周强就开展认罪认罚从宽制度试点工作作报告》，载http://www.court.gov.cn/zixun-xiangqing-75122.html，2019年11月20日最后访问。

④ 胡铭:《律师在认罪认罚从宽制度中的定位及其完善——以Z省H市为例的实证分析》，载《中国刑事法杂志》2018年第5期。

⑤ 熊秋红:《“两种刑事诉讼程序”中的有效辩护》，载《法学适用》2018年第3期。

罪嫌疑人认罪认罚后才介入案件，职责自然呈现“程序化”特征。其次，若设置值班律师是为犯罪嫌疑人、被告人提供除法庭辩护外的其他有效法律帮助，刑事诉讼法笼统规定的涉及案件实体层面的对案件处理提供意见与提供法律咨询的职责，难以界定其法律帮助的有效性。关于对案件处理提供意见的职责，《刑事诉讼法》第173条规定了认罪认罚案件中值班律师提出意见且检察院应当听取的事项，却未规定案件侦查终结前侦查机关是否应当听取值班律师意见，以及就哪些事项听取意见。关于提供法律咨询的职责，值班律师应就犯罪嫌疑人、被告人提出的具体问题作咨询意见，还是就案件总体情况作一般意义上的咨询意见，刑事诉讼法未作规定。在认罪认罚案件中，如果仅仅就具体问题作咨询意见，自然难以对犯罪嫌疑人、被告人认罪认罚的自愿真实与合法性作有效帮助。况且，基于值班律师的有限的会见权与阅卷权，值班律师难以了解全部案件情况，不可能对案件处理提出针对性的意见，无法有效行使职责。

三、实现认罪认罚案件中律师有效帮助的两种路径

律师有效帮助，译自 effective assistance of counsel。美国联邦最高法院的一系列判例表明，获得律师有效帮助权是犯罪嫌疑人、被告人的一项宪法权利。[①] 有学者将其译为“有效辩护”。但这不局限于庭审辩护工作，也包括庭前阶段的律师帮助，译为“有效律师帮助”更为贴切。美国联邦最高法院在 Strickland v. Washington 案件中确立了无效辩护的“双重要件标准”，[②] 以促使有效辩护的实现。该标准既重视对律师辩护行为本身的评价，又重视对律师辩护行为可

---

① 在 Glasser v. United States 案中，美国联邦最高法院认为，法院为上诉人指定的律师同时作为该案共同被告人的辩护人，损害了被告人基于宪法第六修正案获得有效律师帮助的权利。

② “任何因为律师的无效辩护而要求撤销有罪或死刑判决的主张，都必须满足两个条件：第一，被指控人必须证实律师的辩护存在缺陷。这要求被指控人证明律师在辩护过程中犯了严重的错误，从而导致被指控人没有获得宪法第六修正案所保证的律师帮助。第二，被指控人必须证实律师的瑕疵行为损害了其获得公正审判的权利。”李本森：《美国刑事无效辩护制度及其对我国的借鉴》，载《北方法学》2016 年第 6 期。

能导致被告人不利的诉讼结果的考量。[①] 因此，在认罪认罚案件中，不能仅关注辩护律师和值班律师权利拥有的权利与行使的职责，更应关注其职责的履行能否为犯罪嫌疑人、被告人带来了好的效果，“有效帮助”也即“有效果帮助”[②]。

为实现认罪认罚案件中的“律师有效果帮助”，笔者将分析讨论两种路径：一是将赋予值班律师更多权利，重点发挥值班律师在认罪认罚案件中的作用，主要依靠值班律师为犯罪嫌疑人、被告人提供有效果的法律帮助，这实际上抛开了《刑事诉讼法》中值班律师“法律帮助者”之定位的限制。二是以实现辩护律师在认罪认罚案件“全覆盖”为目标，保留值班律师提供法律援助“最初一公里”的功能即可，使辩护律师成为实现律师有效帮助的主力。无论是有学者提出的值班律师三种定位，即辩护人、准辩护人、法律帮助者，[③] 还是有学者提出的四种定位，即特殊的辩护律师、实质辩护人、分阶段的“准辩护人”身份以及特殊的法律援助律师，[④] 究其根本，均是以仅提供程序上法律咨询服务与不享有阅卷、会见等诉讼权利的法律帮助者为起点，将在程序、实体上均提供法律帮助的辩护人作为终点，以律师的诉讼权利与职责为影响因素，赋予律师的权责越多，则越向辩护人接近。如果在保留值班律师提供法律援助“最初一公里”的功能的同时，仍旧无视认罪认罚案件中辩护律师介入率低下的现状，谈何实现此类案件中律师的有效果帮助?[⑤]

（一）路径之一：值班律师为有效帮助的提供主体

在当前法律规定之下，使值班律师作为提供有效法律帮助的主体是不具备可行性的。刑事诉讼法已将值班律师明确为“法律帮助者”，但正如上文所述，基于这一定位，不仅刑事诉讼法未规定其所

---

① 张佳华：《有效辩护的法命题解构》，载《甘肃社会科学》2018 年第 4 期。

② 参见左卫民：《有效辩护还是有效果辩护?》，载《法学评论》2019 年第 1 期。

③ 王迎龙：《值班律师制度研究：实然分析与应然发展》，载《法学杂志》2018 年第 7 期。

④ 樊崇义：《值班律师制度的本土叙事：回顾、定位与完善》，载《法学杂志》2018 年第 9 期。

⑤ 下文仍主要称为“有效帮助”，是包含“有效果帮助”内涵在内的“有效帮助”。

能行使的诉讼权利，《认罪认罚意见》也只赋予其部分会见权与阅卷权，并不能作为其提供有效法律帮助的有力支撑。另外，值班律师涉及实体法层面的职责不够清晰，并呈现出“见证人化”之趋势。实践中，值班律师的薪酬也多为固定工资，相较于法律援助辩护律师的补贴金额明显不足，① 还需承担繁重和机械性的工作任务，一个半天能为4—5个犯罪嫌疑人、被告人提供法律帮助，② 对法律帮助质量的提高更毫无精力与动力。最后，在低辩护律师介入率的情况之下，如果值班律师的阅卷、调查等权利仍未得到切实的保障，由于犯罪嫌疑人、被告人在刑事诉讼中既不享有阅卷权，也无法亲自向有关单位或个人调查核实有关证据，在不熟悉控方掌握的证据情况、不了解指控的根据和理由的情况下，选择认罪认罚，其自愿性、明智性无法得到保障，极易导致案件出现不公正的裁判结果，是对被告人有效辩护权的损害。③

综上，如果寄希望于值班律师作为认罪认罚案件中提供有效帮助之主力，改变其定位、增加派驻场所、赋予更多权利、丰富职责与提高薪酬便成为必经之路。其中，“增加值班律师的派驻场所”这一点并无实施难度，况且《认罪认罚意见》已经明确，法律援助机构可以在人民检察院派驻值班律师。关于提高值班律师薪酬，也可采用依据办理案件数量和质量计算薪酬数额的方法，作为值班律师提供有效帮助之重要动力源。关键问题在于，是否应当改变值班律师的定位。如果值班律师变为介于法律帮助者与辩护人之间的中间角色，类似于准辩护人或特殊的辩护律师的性质，则基于这一定位所享有的权利与履行的职责理应得到增强。一旦赋予值班律师完整的会见通信、阅卷权、调查取证权、申请调取证据权、听取意见权

---

① 以法律援助补贴数额较高的北京市为例。北京市值班律师的每个工作日补贴为500元，刑事案件的侦查阶段、审查起诉阶段补贴为1850元/件，审判阶段为3250元/件，可能被判处死刑、无期徒刑以及死刑复核案件为3850元。北京市司法局：《北京市司法局北京市财政局关于修订〈北京市法律援助补贴办法〉的通知》（京司发〔2018〕86号），载 http://sfj.beijing.gov.cn/bjsf/zwxx/tzgg/450107/index.html，2019年11月28日最后访问。

② 陈凯、董红民、唐晔旎：《刑事案件律师辩护全覆盖的实践和思考——以杭州市为例》，载《中国司法》2018年第11期。

③ 参见陈瑞华：《认罪认罚从宽制度的若干争议问题》，载《中国法学》2017年第1期。

等核心权利，根据权责相适原则，值班律师应当履行部分辩护职责，需要提出关乎犯罪嫌疑人、被告人定罪量刑的材料和意见，从程序上为其进行辩护等。此时的值班律师，即不具备反驳指控与出庭辩护功能的“辩护人”。

笔者认为，上述值班律师之定位转变的假设是不现实的。首先，值班律师不只为认罪认罚案件中的犯罪嫌疑人、被告人服务，根据刑事诉讼法，犯罪嫌疑人、被告人没有委托辩护人，法律援助机构没有指派律师为其提供辩护的，由值班律师为犯罪嫌疑人、被告人提供法律帮助。在我国，可能判处 3 年有期徒刑以下刑罚的案件很少符合法律援助辩护条件，委托辩护律师的比例也非常低，却占到刑事案件的 80% 左右。如果值班律师应当在这些案件中履行“准辩护人”之权责，现有的律师资源显然不能应对。如果将认罪认罚案件同其他案件中值班律师的权责区分开来，即值班律师在其他案件中仍为“法律帮助者”，不仅会造成值班律师自身认知的混乱，也会使不认罪认罚的犯罪嫌疑人、被告人无法获得值班律师的有效帮助。再者，2017 年最高人民法院与司法部发布的《关于开展刑事案件律师辩护全覆盖试点工作的办法》（以下简称《全覆盖办法》）规定，“适用简易程序、速裁程序审理的案件，被告人没有辩护人的，人民法院应当通知法律援助机构派驻的值班律师为其提供法律帮助”。对犯罪嫌疑人、被告人认罪认罚后适用简易程序审理的案件，适用的刑期最高为有期徒刑 15 年，数罪并罚可高达 20 年。从刑法理论来说，一般认为将法定最低刑为 3 年以上有期徒刑的犯罪视为重罪，其他犯罪为轻罪。由于重罪案件涉及对被告人人身自由长时间的剥夺，对此应慎重对待。根据刑事诉讼法，检察院对法院适用简易程序进行审理的案件也应派员出席法庭。① 从控辩平等的角度而言，出庭辩护是刑事辩护的核心，即便被告人认罪且同意适用简易程序，辩护律师的介入也必不可少，这并非“准辩护人”身份的值班律师之职责所在。

（二）路径之二：辩护律师为有效帮助的提供主体

基于对上述路径之否定，对于值班律师制度究竟是否为必然的法律援助方式这一问题，笔者将在路径之二中作出解答。值班律师

---

① 参见陈光中、张益南：《推进刑事辩护法律援助全覆盖问题之探讨》，载《法学杂志》2018 年第 3 期。

制度缘起于英国，旨在弥补传统法律援助形式的不足，而非取代传统的法律援助服务方式。值班律师制度的优势在于通过较小的司法投入就可以为更多的犯罪嫌疑人、被告人提供最基本的标准化法律援助服务，其援助服务更类似于“常规化的柜台式服务”。[①] 基于上述制度优势，“两高两部”于 2014 年发布《关于在部分地区开展刑事案件速裁程序试点工作的办法》，为适用速裁程序进行审理的案件中的申请法律援助的犯罪嫌疑人、被告人指派值班律师；全国人大常委会在 2016 年发布的《关于授权在部分地区开展刑事案件认罪认罚从宽制度试点工作的决定》将值班律师制度适用于认罪认罚案件；2017 年《值班律师意见》第 2 条第 2 款明确“法律援助值班律师不提供出庭辩护服务”；刑事诉讼法更将值班律师的服务对象扩展至所有既未委托辩护人、法律援助机构也未为其指派辩护律师的犯罪嫌疑人、被告人。值班律师制度的设立初衷是非常值得肯定的，并为相当数量的犯罪嫌疑人、被告人提供了一定程度的法律帮助。

法治发达国家的值班律师制度，是对其完善法律援助辩护制度的锦上添花。在委托辩护律师或法律援助辩护律师难以迅速介入刑事案件时，由值班律师为犯罪嫌疑人、被告人提供“应急式法律服务”,[②] 能够在第一时间保障犯罪嫌疑人、被告人的合法权利。尔后，覆盖面广的指定辩护制度能够使法律援助辩护律师在值班律师服务之后为犯罪嫌疑人、被告人提供法律援助辩护。以同时设立值班律师制度与国选辩护人制度的日本为例，2009 年开始实施修改后的刑事诉讼法将国选辩护人制度适用的对象扩大到“可能判处死刑、无期或法定刑 3 年以上有期惩戒或禁锢的案件”，2016 年修改、2018 年施行的刑事诉讼法规定“被签发逮捕证”的犯罪嫌疑人、“被逮捕的犯罪嫌疑人”等案件也可以聘请国选辩护人。[③] 数据显示，日本被追诉人自侦查阶段获得律师辩护的比例在 2007 年仅为 19.8%，在 2011 年就攀升为 66.5%，[④] 这一数字在 2018 年刑事诉讼法施行后

---

① 吴宏耀：《我国值班律师制度的法律定位及其制度构建》，载《法学杂志》2018 年第 8 期。

② 吴宏耀：《我国值班律师制度的法律定位及其制度构建》，载《法学杂志》2018 年第 8 期。

③ 田口守一：《刑事诉讼法》，法律出版社 2019 年版，第 178—179 页。

④ 四宫启：《日本刑事法律援助的过去、现在和将来》，载《刑事法律援助的中国实践与国际视野：刑事法律援助国际研讨会论文》，第 459 页。

还可能有一定幅度的增加。

然而，我国目前法律援助的现状是，并不存在值班律师与委托辩护人、法律援助辩护律师间的衔接机制，法律援助辩护的范围极其狭窄的同时，值班律师也仅在犯罪嫌疑人、被告人既未委托辩护人、法律援助机构也未为其指派辩护律师的情况之下提供相当粗浅的法律帮助，并不对所有案件中的犯罪嫌疑人、被告人提供“应急式法律服务”。不但如此，当前存在的企图用“值班律师法律帮助”替代“法律援助辩护”之趋势，实在令人警惕。例如，《全覆盖办法》就将值班律师作为实现“刑事案件律师辩护全覆盖”之重要方式；实务中甚至开展了“值班律师辩护人化”工作，在保障会见权与阅卷权的同时，也赋予值班律师以出庭辩护权，[1] 这不但模糊了“狭义的法律帮助”与“辩护”之间的界限，更违背了值班律师制度的设立初衷。

由此，笔者主张，如果赋予值班律师难以承载的额外权责与功能远远超出值班律师制度的本意，在保留值班律师“应急式法律帮助”之提供者定位的同时，更应着重发挥辩护律师在认罪认罚案件中不可取代的作用，逐步实现辩护律师在认罪认罚案件中的“全覆盖”，主要包括以下三点内容。第一，值班律师工作仍需要平稳开展，并赋予其明确的会见权与阅卷权。值班律师虽然只是标准化法律援助服务的提供者，仍需拥有完整的会见权与阅卷权，以及时会见犯罪嫌疑人、被告人，在事实复杂、证据繁多的必要情形下查阅卷宗，为犯罪嫌疑人、被告人提供更为准确的程序选择建议及相关法律意见。基于区分值班律师与辩护律师身份的认知，《认罪认罚意见》并未给予值班律师完整的会见权与阅卷权，实为理解误区。即便是仅定位为“法律帮助者”的值班律师，也须以诉讼权利作为履职的重要支柱。第二，扩大法律援助辩护的适用范围。首先，法律援助辩护适用的案件范围应当扩大。正如陈光中先生关于法律援助辩护“两步走”的观点：第一步，对于可能判处 3 年有期徒刑以上刑罚的案件，应当对其提供法律援助辩护。第二步，在未来条件成熟时再进一步推广至可能判处有期徒刑以上刑罚的案件，从而建立

① 李刚：《值班律师权利保障的辩护人化路径》，载《检察日报》2019 年 11 月 25 日，第 3 版。

全覆盖的刑事法律援助辩护体系。[①] 其次，审前的法律援助辩护理应得到重视。以浙江省杭州市为例，2017 年上半年，侦查阶段、审查起诉阶段通知法律援助辩护的案件分别为 371 件、251 件，审判阶段通知法律援助辩护的案件数量则为 988 件，差距十分明显。[②] 对于符合法律援助辩护条件的犯罪嫌疑人、被告人，应当及时为其指定辩护。毕竟，辩护律师在审前阶段的调查取证权、申请调取证据权、审前辩护权是值班律师所不能替代的。第三，值班律师与法律援助辩护律师之间的衔接机制需要明确。首先，不应限制值班律师适用的案件范围，只要犯罪嫌疑人、被告人在没有及时得到辩护人的帮助时，都应由值班律师为其提供标准化的法律帮助。其次，对于可能判处 3 年有期徒刑以下刑罚的案件，由值班律师在审前与庭前阅卷、会议阶段为其提供法律帮助，但其不承担出庭辩护职能。对于可能判处 3 年有期徒刑以上刑罚的案件，在辩护律师不能介入案件的因素消失后，必须由法律援助辩护律师或委托辩护律师为其提供法律辩护。

最后的题外之言，笔者欲在此论述“从宽幅度”的确定问题，为律师的有效法律帮助提供保障。由于量刑协商是认罪认罚从宽制度中“控辩协商”的重点，也是犯罪嫌疑人、被告人能够自愿认罚的关键，如果“从宽幅度”不明晰，律师也无法就量刑协商提供有效的法律帮助。对此，《认罪认罚意见》作出了部分回应，不但明确“坚持罪责刑相适应原则”，并在第 9 条第 2 款规定“认罪认罚的从宽幅度一般应当大于仅有坦白，或者虽认罪但不认罚的从宽幅度。对犯罪嫌疑人、被告人具有自首、坦白情节，同时认罪认罚的，应当在法定刑幅度内给予相对更大的从宽幅度。认罪认罚与自首、坦白不作重复评价”，但实际上仍未涉及具体从宽幅度问题的解决。就学者的实务调研来看，从宽幅度还存在地区差异的问题。实践中的从宽主要存在两种方式，即“三二一”方式（在侦查阶段启动的，从宽幅度为 30%，而在审查起诉、审判环节启动的，从宽幅度为 20% 到 10%）和“六四二一”方式（侦查阶段、审查起诉阶段和审

---

① 陈光中、张益南：《推进刑事辩护法律援助全覆盖问题之探讨》，载《法学杂志》2018 年第 3 期。

② 陈凯、董红民、唐晔旎：《刑事案件律师辩护全覆盖的实践和思考——以杭州市为例》，载《中国司法》2018 年第 11 期。

判阶段、庭审结束前四个节点，分别可获得60%、40%、20%和10%的从宽幅度）。[①] 如果犯罪嫌疑人、被告人所处地域不同，能够得到的从宽幅度也不同，当然不利于保障其合法权益。在知晓明确从宽幅度的基础之上，辩护律师和值班律师再与检察机关进行量刑协商，方能有效发挥其提供有效法律帮助的职能。

四、结语

综上，值班律师制度显然为认罪认罚从宽制度尽力追求司法公正与诉讼效率间的平衡起到了推进作用，通过实现认罪认罚案件中的“法律帮助全覆盖”，进一步确保犯罪嫌疑人、被告人认罪认罚自愿性、真实性与合法性。然而，认罪认罚案件中的律师辩护率显然低于所有刑事案件的平均值，意味着绝大多数的犯罪嫌疑人、被告人获得的是由不承担辩护职责的值班律师提供的法律帮助。基于值班律师自身定位与权利行使所限，其职责的履行在立法与司法实践中均呈现出“形式化”的特征，无法实现认罪认罚案件中“保障犯罪嫌疑人、被告人获得有效法律帮助”这一目标。面对上述困境，将值班律师作为有效法律帮助之提供主力的设想是行不通的，只有将辩护律师作为有效法律帮助之提供主体，逐步实现辩护律师在认罪认罚案件中的“全覆盖”，同时完善值班律师与法律援助辩护律师之间的衔接机制，才是实现认罪认罚案件中律师有效帮助的必由之路。值班律师，顾名思义，是“应急式法律服务”的提供者，在赋予其完整的会见权、阅卷权的情况下，应尽可能地为犯罪嫌疑人、被告人提供更为准确的程序选择建议及相关法律意见，而非超越其权责范围，变身为“准辩护人”甚至“辩护人”。不仅现有的司法资源难以满足上述转变，更会在一定程度上削减犯罪嫌疑人、被告人的辩护权。

① 周新：《认罪认罚从宽制度立法化的重点问题研究》，载《中国法学》2018年第6期。

认罪认罚从宽制度中的量刑矛盾与化解

韩　笑*

引　言

认罪认罚从宽制度是一个集合自首、坦白、减刑、假释等具体刑法规定与刑事诉讼程序于一体的综合性法律制度。2018 年 10 月修改的刑事诉讼法在程序法上确立了这一制度，是对已有实体法上认罪认罚从宽制度的完善，从不同阶段以不同方式对自愿认罪认罚的被追诉人给予从宽处理的优待。[①] 在认罪认罚从宽制度呈现实体与程序交融的同时，亦展现出矛盾，提醒我们从刑事一体化的角度对这一制度进行体系化的思考。

刑事实体法与程序法在认罪认罚从宽制度中激发的矛盾主要集中在量刑方面，即如何“从宽处理”认罪认罚的案件，应当给予何种形式的从宽以及达到何种程度的减让。这一矛盾，一方面和我国的刑事司法制度与立法规范有关；另一方面，与刑法未能有效回应刑事诉讼法修改相联系。由于我国刑事实体法律规定的特殊性，罪刑法定主义下发生的认罪认罚在罪名和罪数上相对明确且具有较大的可预期性，调整空间较小，即便是履行国家追诉职能的检察机关在此方面的裁量决定权也颇为有限。但在可采用的刑罚措施和手段、适用程度方面，立法为检察机关预留了较大的裁量余地，使认罪认罚案件中控辩双方协商的关键在于量刑。然而，量刑协商的空间内所蕴含的自由裁量问题却隐藏着一定的潜在风险。贝勒斯曾直指人们对“作出负担/利益决定的人的自由裁量权”有可能会侵蚀程序正

---

* 中国政法大学刑事司法学院 2018 级博士研究生。

① 参见顾永忠：《关于“完善认罪认罚从宽制度”的几个理论问题》，载《当代法学》2016 年第 6 期。

义的担忧。[①] 刑法理论界也提出对量刑减让合理性、刑罚不正义的顾虑。具体来说，基于“被追诉人”的立场，可能担心追诉方的强势地位和明显的信息优势容易使得被追诉人在错误理性中作出不符合最佳利益的选择。[②] 而站在检察机关的角度，既要规避被追诉人恶意利用认罪从宽制度以达成不当目的，也要克制因诉讼效率的功利化需求即对犯罪人作出一律从宽处罚的司法处理。[③] 在量刑本就存在矛盾的基础上，又因“认罪认罚”与自首、坦白的相似性而产生如何评价的问题，以及司法该如何应对量刑建议的提出和采纳，有效处理因不满量刑裁判而上诉或者抗诉的情况。归根结底，需要刑法及时回应并面对程序简化和认罪认罚的刑事被告人。[④]

可见，认罪认罚从宽制度在刑事诉讼法上的完善对传统量刑理论和实体刑法提出了新的挑战。其中暴露出的实体刑法规定与刑事程序法需要调整的地方是认罪认罚从宽制度在刑事一体化视域下继续完善所应探讨的关键点，也需要通过有序的程序控制克服刑罚正义观对量刑裁量正义性的担忧。因此，在实体法与程序法交互并存的认罪认罚从宽制度中，本文将目光集中在刑事实体法规定与程序法规范的矛盾与适配上，呼吁二者在相互磨合中最终实现实质性的契合。

一、认罪认罚从宽制度呈现实体法与程序法的交融与矛盾

自罗克辛贯通“李斯特鸿沟”，刑法不再被认作刑事政策不可逾越的屏障，而普遍认同只有体系性的认识秩序才不再流于偶然和专断。[⑤] 采用整体刑法学的视角可以告别以往偏灰的单一学科研究方法，将认罪认罚从宽制度放置于刑事一体化的视域下讨论，并且将

---

① 参见迈克尔·D. 贝勒斯：《程序正义——向个人的分配》，邓海平译，高等教育出版社 2005 年版，第 76 页。

② 参见李麒、张沙沙：《认罪认罚从宽信任机制的构建》，载《西部法学评论》2018 年第 5 期。

③ 参见王瑞君：《“认罪从宽”实体法视角的解读及司法适用研究》，载《政治与法律》2016 年第 5 期。

④ 参见周光权：《论刑法与认罪认罚从宽制度的衔接》，载《清华法学》2019 年第 3 期。

⑤ 参见［德］克劳斯·罗克辛：《刑事政策与刑法体系》（第二版），蔡桂生译，中国人民大学出版社 2011 年版，第 5 页。

着重点落在宽严相济刑事政策之“宽”上，以实现刑事政策在刑事诉讼法与刑法上的贯通。

（一）刑事诉讼法吸收刑法规定完善了认罪认罚从宽制度

我国刑事司法一直坚持宽严相济的刑事政策，包括该轻而轻实现罪刑均衡、该重而轻给予刑罚宽宥两种情形。[①] 在认罪认罚从宽制度中，被追诉人认罪认罚从而获得程序负担和量刑上的减让是宽严相济刑事政策的一个重要表象。事实上，实体刑法中早已蕴含这一内容，其经典表述是“坦白从宽、抗拒从严”，虽然刑法条文没有对此作专门规定，但在刑法总则和分则规定中皆有体现。[②] 认罪认罚从宽制度追求宽严相济刑事政策，减轻被追诉人诉讼负担的程序性价值在某种程度上与“坦白从宽、抗拒从严”具有共通之处，再次激活了这一政策在司法活动中的应用。

自党的十八届四中全会提出完善刑事诉讼中认罪认罚从宽制度，正式启动了认罪认罚从宽制度在刑事诉讼立法和司法上的试行与推广。2014 年 6 月，全国人大常委会授权最高人民法院、最高人民检察院在全国 18 个城市开展刑事案件速裁程序试点工作，试点期限届满后又决定在原试点城市继续开展刑事案件认罪认罚从宽制度试点。经过将近四年的时间，最终将试点中的成熟经验通过立法上升为法律规范，在全国范围内实行。[③] 这一规定突破传统的立法技术，[④] 把刑事实体法内容糅杂进程序法层面，使得宽严相济的刑事政策程序

---

① 参见陈兴良：《宽严相济刑事政策研究》，载《法学杂志》2006 年第 1 期。

② 例如，《刑法》第 67 条第 3 款规定，“犯罪嫌疑人虽不具有前两款规定的自首情节，但是如实供述自己罪行的，可以从轻处罚；因其如实供述自己罪行，避免特别严重后果发生的，可以减轻处罚”；第 269 条规定，抗拒抓捕或者毁灭罪证而当场使用暴力或者以暴力相威胁的，以抢劫罪论处；等等。

③ 2018 年 10 月 26 日，全国人大常委会审议通过了《关于修改〈中华人民共和国刑事诉讼法〉的决定》，修改后的刑事诉讼法增加第 15 条，规定：“犯罪嫌疑人、被告人自愿如实供述自己的罪行，承认指控的犯罪事实，愿意接受处罚的，可以依法从宽处理。”参见王爱立主编：《中华人民共和国刑事诉讼法修改条文解读》，中国法制出版社 2018 年版，第 1—4 页。

④ 程序法与实体法的规定不是泾渭分明的关系，在刑法里有规定，在刑事诉讼法中也可以规定。比如，辩护人妨害作证在刑法和刑事诉讼法中都有规定。但传统的立法技术主张部门法的专门性和单一性。

法化。简单剖析认罪认罚从宽制度，不难发现这一制度蕴含实体法因素、程序法因素和实体法与程序法的混合因素。“认罪”是被追诉人自愿承认被指控的行为构成犯罪，是一种概括的意思表示；“认罚”则是被追诉人在认罪基础上自愿接受控诉机关提出的实体法责任后果，也是对可能刑罚的一种概括的意思表示。[①] 二者在外观上与刑法规定中的“自首”“坦白”等规定相似，同是量刑减让的重要参考依据，是认罪认罚从宽制度中的实体法因素。纯粹的程序法因素体现在“从宽”中的“程序从简”方面，意指被追诉人认罪认罚的，可以选择不进入复杂程序而通过速裁程序减免相应的程序性负担，是认罪认罚从宽制度功能性价值的程序体现，以通过有序的程序分流机制实现“简案简办、繁案精办”，达成诉讼的效率目标。“从宽”中的“量刑从轻”则是实体法与程序法的混合体现。根据罪刑法定原则的要求，“量刑从轻”需要遵循刑事实体法的规定，依照法律规定的情形给予从宽处理的优待。同时，自由裁量为复杂现实提供了相对弹性的处遇办法，允许司法人员酌情处理纷繁复杂的现实情境。“从宽处理”的过程即是实体法与程序法在认罪认罚从宽制度运作中交融的过程，因此，如何恰当掌握自由裁量权在实体刑法规定的范围内对认罪认罚的被追诉人定罪科刑，是该制度实现宽严相继刑事政策、完成刑罚正义要求的关键。

（二）认罪认罚从宽制度在实体与程序的交融中加剧了量刑矛盾

量刑制度本身即存在矛盾。量刑，是指在法定刑（存在刑的加重或者减轻量刑情节时，据此经修正而形成的处断刑）的范围内，对被告人决定具体刑罚的活动。[②] 不同于法院在定罪过程中坚持的“要么有罪，要么无罪；要么有责，要么无责”的法律立场（这被称作司法裁决的二价性），对犯罪的处罚往往因罪行轻重、造成损害的大小等不同而有所差别。[③] 虽然实体刑法对各具体罪名的法定刑以

---

① 参见陈光中、马康：《认罪认罚从宽制度若干重要问题探讨》，载《法学》2016 年第 8 期。

② 参见［日］城下裕二：《量刑理论的现代课题》，黎其武、赵姗姗译，法律出版社 2016 年版，第 1 页。

③ 参见［英］蒂莫西 · A. O. 恩迪科特：《法律中的模糊性》，程朝阳译，北京大学出版社 2010 年版，第 95 页。

及必要的加重、减免规定，赋予了抽象的判断框架，但关于刑种的选择、任意的刑之减免、酌定减轻、最终的刑量之决定等，并不存在具体的判断基准。① 因此，作为是非之外相对模糊且不确定的半影地带，基于量刑延伸出的自由裁量问题是司法裁判过程中必须严格遵守和把握的。

我国刑事量刑制度更是体现了这一点，当前施行的量刑规则是由最高人民法院在2013年12月发布、于2017年3月修订的《关于常见犯罪的量刑指导意见》（以下简称《量刑指导意见》），该意见涵盖了23种②常见犯罪，从量刑的指导原则、量刑的基本方法和常见量刑情节的适用三个方面进行规范。《量刑指导意见》的出台改变了我国传统估算式的经验量刑方法，在实现量刑标准的统一化、量刑的规范化方面发挥了积极作用。各地结合当地司法实践也进一步制定了细则，使量刑规范逐渐明确和完善。但其基本构架是在有限犯罪内进行的概括式统一，采用比例减免的方式对检察机关的量刑建议和法官的量刑裁量进行合理的控制，努力赋予量刑“客观上的合理性”，以避免出现刑罚上的不正义。认罪认罚从宽制度的确立改变了以往常规的科刑方式，增加“认罪认罚”这一量刑上的考虑因素，尝试以协商的方式换取较轻刑罚，更加容易产生不公正、非理性的量刑过程和结果。该制度的推行扩大了量刑建议的适用范围，也进一步扩充了常见的量刑情节，在刑事一体化的视域下为量刑提出了更多的挑战。事实上，认罪认罚从宽制度在实体与程序的交融中也确实出现了理论冲击与具体适用上的不适反应，加剧了量刑中的矛盾。

二、认罪认罚从宽制度运行中的量刑矛盾

从改革试点到确立完善，认罪认罚从宽制度运行已有5年之久。在制度运行期间反映出的量刑矛盾主要集中在如何处理“认罪认罚”与自首、坦白等量刑情节、量刑建议的提出与采纳、针对量刑的上诉与抗诉三个方面。

---

① 参见［日］城下裕二：《量刑理论的现代课题》，黎其武、赵姗姗译，法律出版社2016年版，第2页。

② 包括2017年5月1日最高人民法院在《关于常见犯罪的量刑指导意见（二）（试行）》中补充规定的8种常见犯罪。

（一）与自首、坦白等量刑情节的处理

我国刑法要求对犯罪分子决定量刑时，应根据犯罪的事实、犯罪的性质、情节和对于社会的危害程度，依照法定从轻、减轻处罚情节等规定判处刑罚。[①] 刑事诉讼法作为规范刑法正确实施的法律，需要严格遵守罪刑法定主义，在刑法条文规定的范围内开展定罪科刑。那么，在认罪认罚案件中，犯罪嫌疑人、被告人自愿如实供述罪行，表示接受处罚是否等同于刑法上的自首、坦白？认罪认罚后的“从宽处理”与自首、坦白的处罚规定是相互竞合还是相互矛盾？解决上述问题，需要回答认罪认罚应否作为独立量刑情节这一疑问。

对此，持否定观点的以《量刑指导意见》为依据，主张“对于当庭自愿认罪的，根据犯罪的性质、罪行的轻重、认罪程度以及悔罪表现等情况，可以减少基准刑的10%以下。依法认定自首、坦白的除外”[②] 这条规定排除了认罪认罚系独立量刑情节的可能，认为将二者区别看待有重复评价之嫌。然而，这一立论所依据的规范基础是在认罪认罚从宽制度确立之前已存在的，不具有直接相关性。相反，通说认为应当将认罪认罚看作自首、坦白之外一个新的独立量刑情节，建议在自首、坦白从轻、减轻的基础上，再次给予被告人相当程度的从宽优待。[③] 主张将“认罪认罚”纳入法定量刑情节，在实体法中予以确定；修订《量刑指导意见》中有关常见量刑情节适用的规定，将认罪认罚设置为独立的量刑从宽情节，明确具体的量刑优惠比例。[④] 笔者赞同将认罪认罚看作一个新的独立量刑情节，在自首、坦白从轻或者减轻的基础上给认罪认罚的犯罪嫌疑人、被告人再度给予适当的从宽处罚，但需要依照刑法的规定进行从宽处理。

实践中，对此有专门规定的规范性解读是，将自首、坦白看作是反映被告人认罪的表现形式之一，具体依照自首、坦白的刑法及

---

① 参见《刑法》第61条、第62条和第63条的规定。

② 参见最高人民法院《关于常见犯罪的量刑指导意见》第三节“常见量刑情节的适用”第6条的规定。

③ 参见周光权：《论刑法与认罪认罚从宽制度的衔接》，载《清华法学》2019年第3期；樊崇义：《关于认罪认罚中量刑建议的几个问题》，载《检察日报》2019年7月15日，第2版等。

④ 参见周光权：《论刑法与认罪认罚从宽制度的衔接》，载《清华法学》2019年第3期。

司法解释等相关规定予以把握。[①] 江苏省高级人民法院《关于办理认罪认罚刑事案件的指导意见》进一步规定，认罪认罚的被告人同时具有自首、坦白情节的，对其从宽时不应重复评价“认罪”的情节，而应当根据自首、坦白情节的具体情况，结合“认罚”情节，综合确定从宽的限度和幅度。[②] 可见，司法实践采取较为谨慎、保守的做法，未将自首、坦白与认罪完全割裂看待，而是将其作为被告人“自愿如实供述自己罪行，对指控的犯罪事实没有异议”反映认罪的具体表象。这是因为地方司法文件需要严格遵守上位法的规定，在刑法关于量刑根据、量刑情节、量刑裁判规定基本不变的情况下，不会突破现有法律规范和基本原理作出较大改变。因此，如何对待认罪认罚的具体情节，统一认罪认罚与自首、坦白共存时的从宽处理决定，相应调整刑法上的量刑规定是首要和前提性的一步。

（二）量刑建议的提出与采纳

1. 检察机关提出量刑建议实现精准化

为贯彻落实认罪认罚从宽制度，全国检察机关于2019年4月召开电视电话会议与网络培训，强调各级检察机关要加强量刑规范化建设，努力实现“精准化、规范化、智能化”量刑建议工作的目标。[③] 由此掀起了理论界对量刑建议精准化的灼热讨论。支持检察机关应提出确定刑量刑建议的观点认为，精准的量刑建议有助于提高量刑协商的确定性、消减庭审的不确定性和潜在风险。[④] 可以更好地激活这一制度的适用，确保量刑建议的合理性、可接受性及认可率，

---

① 参见2019年4月25日山东省高级人民法院印发的《关于适用认罪认罚从宽制度审理刑事案件的指导意见（试行）》第8条的规定。

② 参见2019年8月20日江苏省高级人民法院颁布的《关于办理认罪认罚刑事案件的指导意见》第4条、第10条的规定。

③ 2019年4月12日，全国检察机关为贯彻落实认罪认罚从宽制度在京召开电视电话会议，强调各级检察机关要加强量刑规范化建设，鼓励指导各地结合实际加强实践探索，进一步细化常见罪名量刑标准。同月28日上午，全国检察机关“量刑建议精准化、规范化、智能化”网络培训举行。最高人民检察院副检察长陈国庆讲话强调，各级检察机关要深入推进量刑建议工作，并朝着“精准化、规范化、智能化”目标努力。

④ 参见卞建林：《认罪认罚从宽制度赋予量刑建议全新内容》，载http：//news. jcrb. com/jxsw/201907/t20190729_ 2028805. html，2019年9月25日最后访问。

有效防止事后因量刑问题引发上诉、抗诉以及程序回转等问题。[①] 确定刑的量刑建议有利于实现诉讼经济和司法效率，符合认罪认罚从宽制度的立法目的。但也有保守的观点认为，幅度刑量刑建议比确定刑量刑建议更为科学，[②] 应当为法官预留一个裁量的余地[③]。

对此，争议点在于“何为量刑建议”以及“为何要精准量刑”。笔者赞同认罪认罚从宽制度下的量刑建议“是控辩双方协商的产物，是诉讼合意的表示”[④] 的观点。精准量刑强调，检察机关提出的量刑建议应当是对刑种、刑期以及刑罚执行方式等具体明确的建议。[⑤] 量刑建议精准化、规范化、智能化的目标，是针对当前实践中存在的部分检察官“重定罪、轻量刑”，附加刑、刑罚执行方式、数罪并罚等量刑标准缺位，各机关对于量刑建议沟通衔接不够等现实问题提出的，旨在提升认罪认罚从宽的合理预期和有效运行。应当承认，量刑建议的精准化是未来发展的趋势，但需要依靠更加细致、具体的统一量刑标准，并在量刑建议智能化的辅助下完成。

2. 法院是否必须采纳检察机关的量刑建议

虽然在解释何为量刑建议时已经明确量刑建议与法院独立行使审判权无涉，刑事诉讼法也规定对于认罪认罚的被告人，法官“可以”依法从宽处理。但实践反映出的情况依然引起刑法理论界对“认罪认罚从宽”演变成“认罪当然从宽”的担忧。[⑥] 2019 年 3 月 12 日，最高人民检察院张军检察长在第十三届全国人民代表大会第二次会议上作最高人民检察院工作报告，提到 2018 年度检察机关建

---

① 参见樊崇义：《关于认罪认罚中量刑建议的几个问题》，载《检察日报》2019 年 7 月 15 日，第 2 版。

② 参见臧德胜：《科学适用刑事诉讼幅度型量刑建议》，载《人民法院报》2019 年 8 月 29 日，第 2 版。

③ 参见《认罪认罚从宽制度落地成效不彰学者呼吁加强量刑规范化》，载 https：//www. hugage. com/china/121728. html，2019 年 9 月 16 日最后访问。

④ 参见卞建林：《认罪认罚从宽制度赋予量刑建议全新内容》，载 http：//news. jcrb. com/jxsw/201907/t20190729_ 2028805. html，2019 年 9 月 15 日最后访问。

⑤ 参见《量刑建议如何做到精准化、规范化、智能化？最高检提出五大对策！》，载 http：//www. sohu. com/a/310831743_ 118060，2019 年 9 月 15 日最后访问。

⑥ 参见王瑞君：《“认罪从宽”实体法视角的解读及司法适用研究》，载《政治与法律》2016 年第 5 期。

议适用认罪认罚从宽审理的案件占98.3%，量刑建议的采纳率为96%。一方面，这些数据充分证成了这一制度设计之初所预想发挥的程序性功能与诉讼价值，有效贯彻了宽严相济的刑事政策；另一方面，较高的量刑建议采纳率从微观上也影射出这样一种规律，即侦查阶段难以认罪认罚从宽，检察阶段发生的认罪认罚基本上会从宽，法院一般都会采纳检察机关建议从宽处罚。试点中有法官反映："因和检察官存在认识不一致，对于检察官提出的绝对确定量刑建议有时虽并不完全认同，但进行调整又必须经过复杂的对接程序，所以只得无奈同意检察官的量刑建议。"① 甚至还有法庭不接受量刑建议，检察机关通过行使检察监督职能，向法院发纠正违法通知书的方式变相强制要求法庭接受量刑建议的情况。

实践揭露出认罪认罚案件中的控审矛盾，实质上主要围绕量刑建议展开。在一定程度上看似使法官的定罪量刑权受到限制和约束，司法最终处理原则受到冲击和挑战。但回到理论上的逻辑起点，事实并非如此。量刑建议是控辩协商得出的结果，确定刑的量刑建议是固化协商的一种方式。此间的角色关系发生在检察机关与被追诉方之间，而法官的司法裁判权是对整个案件事实与证据审查后进行的最终处理。虽然法院一般应当采纳检察官指控的罪名和量刑建议，但量刑建议不至于控制法官决断，更不会造成控审关系的紧张。相反，在法官决定不采纳检察机关的量刑建议这一问题上存在有序的解决路径。具体来说，检察机关提出的确定刑量刑建议，法院审查后认为量刑建议不合法或者不合理，有权拒绝采纳量刑建议并根据案件具体情况对被告人定罪处罚。被告人不满的，可以通过上诉予以表达，最终无法达成认罪认罚的，应当根据案件事实和证据通过普通程序重新审理。

（三）针对量刑的上诉与抗诉

一般认为，在认罪认罚案件中，被追诉人签署具结书后可以反悔，但应当区分是否有正当理由。② 有正当理由的，应予支持。无正当理由的，则根据所处的不同阶段作具体判断，在判决生效后发生

---

① 参见卢乐云、曾亚：《认罪协商机制中的法官职权——基于C市认罪认罚从宽制度试点实践的考察》，载《广东社会科学》2018年第6期。

② 参见朱孝清：《如何对待被追诉人签署认罪认罚具结书后反悔》，载《检察日报》2019年8月28日，第3版。

的反悔应当通过提起上诉或者予以抗诉的方式处理。

实践中，认罪认罚案件的服判息诉率并未达到圆满状态，依然存在小部分的上诉情况，虽是诉讼中的正常现象，但也由此产生了认罪认罚的被告人是否享有上诉权的问题。反对观点主要以司法成本和诉讼效率为着眼点，认为肯定认罪认罚被告人的上诉权会背离认罪认罚从宽制度的初衷，因而建议在认罪认罚案件中建立有条件的上诉制度。[①] 肯定观点则主张无论在普通刑事程序还是认罪认罚从宽程序中，被追诉人都享有完全的上诉权。[②] 之所以会就上诉权产生矛盾，争议的焦点在于提高诉讼效率是否为认罪认罚从宽制度设立的本位目的。当前普遍为理论界所接受的观点是，认罪认罚从宽制度的首要目标是实现对被追诉人的实体权利供给，即给予其从宽处罚的优待，而程序的效率化只是该制度的附随效果。[③] 应当承认认罪认罚案件中的被告人依然享有上诉的权利，就认罪认罚的处理过程和结果表达不满。如何有序且正义地实现认罪认罚从宽，离不开检察机关的监督职能，检察机关在认罪认罚案件中的抗诉权是其重要体现，以下将通过两则实例予以说明。

［实例一］ 因一审法院未采纳人民检察院的量刑建议而抗诉。在一起危险驾驶认罪认罚的案件中，浙江省仙居县检察院因一审法院无故未采纳其量刑建议而依法提出抗诉。经台州市中级法院审理后认定，原判定罪正确，审判程序合法，惟在无法定情形以及量刑建议并无明显不当的情况下，未采纳人民检察院的量刑建议不当，依法予以纠正。因此，撤销原判，依法改判。[④]

［实例二］ 因认罪认罚被告人恶意上诉而提起抗诉。这是一起由广东省广州市天河区检察院提起抗诉、广州市检察院支持抗诉的

---

① 参见黄伯青、王明森：《认罪认罚从宽的实践演绎与路径探寻》，载《法律适用》2017年第19期。

② 理由是：（1）提出上诉是被告人享有的法定诉讼权利；（2）允许被告人通过行使提出上诉这一救济权利，可以通过二审程序及时纠正原审判决存在的错误；（3）诉讼诚信原则应当服从于公正裁判目标。参见骆锦勇：《认罪认罚案件的上诉和抗诉问题》，载《人民法院报》2019年8月8日，第6版。

③ 参见左卫民：《认罪认罚何以从宽：误区与正解——反思效率优先的改革主张》，载《法学研究》2017年第3期。

④ 参见范跃红等：《认罪认罚了，量刑从宽建议为何未采纳》，载《检察日报》2019年9月21日，第1版。

"认罪认罚上诉"案件——姜某某贩卖毒品案。姜某某在一审认罪认罚获得从宽处理后，以量刑过重为由提起上诉，企图利用"上诉不加刑"获得更轻的刑罚。天河区检察院认为其认罪动机不纯，不应适用认罪认罚从宽制度，遂依法提起抗诉。二审法院经审理认为，上诉人姜某某在没有新证据的情况下仅以量刑过重为由提起上诉，对原来协商的量刑表示反悔，认罪但不认罚，已不符合适用认罪认罚从宽处理的条件，抗诉机关、支抗机关的意见有理，应予以采纳。①

可以看出，检察机关不仅是认罪认罚从宽制度的参与者，也是保证制度有效运行的维护者。对于一审法院无正当理由未采纳人民检察院的量刑建议，导致被告人的量刑存在畸轻或者畸重，或存在其他可能影响公正审判的情形的，人民检察院可以一审判决确有错误为由提出抗诉。但无论是被追诉人上诉还是检察机关抗诉都是对认罪认罚"从宽处理"结果表达不满的事后救济路径，关键还应以事实基础和案件证据为基础，从根本上增加认罪认罚协商的满意度和确定性，降低审判带来的不稳定因素和错误风险。

三、化解认罪认罚从宽制度量刑矛盾的建议

通过以上梳理可以发现，认罪认罚从宽制度运行中的量刑矛盾是在刑事实体法与程序法交融的过程中产生的。由于既有规定和相关规则未能及时跟进制度修改作出适当调整，配套机制尚未确立，从而激化了量刑的矛盾。这些在制度改革过程中出现的现象，可以尝试通过以下方式化解。

（一）进一步细化量刑指导意见

认罪认罚从宽制度的激励措施在于，以认罪认罚换取从宽处理的好处。相对确定的、具体的预期则是被追诉人选择适用该制度的重要砝码，以尽快摆脱讼累。与此相类似的美国的辩诉交易制度，之所以能够被广泛承认来替代完整的庭审，其中很重要的原因在于：控辩双方可以通过协商达成一个与审判结果近似或者接近的结果，

---

① 参见钟亚雅等：《被告人认罪认罚后又提出上诉广州检方依法抗诉被采纳》，载 http：//www.jcrb.com/procuratorate/jcpd/201904/t20190403_1984671.html，2019 年 9 月 13 日最后访问。

同时又避免了庭审带来的各种成本。[①] 但其前提在于，交易双方都能够精准地校准交易条件，以反映事实、证据强度以及定罪可能性的细微差别。[②] 虽然交易过程可能会受到其他各种因素的牵制和影响，但若“使辩诉交易既能产生让双方满意的结果，又不至于过于偏离庭审结果”，[③] 一个明确且具体的量刑标准是不可或缺的。因此，建议进一步细化量刑规则，将认罪认罚作为单独的量刑情节予以评价，并根据认罪认罚的不同诉讼阶段设置阶梯化从宽幅度。[④]

自认罪认罚从宽制度试点开始，就有试点地区尝试设置阶梯式的量刑机制。例如，河南省登封市制定《刑事案件认罪程度分级和从轻幅度制度》，在不同的认罪阶段（以 ABC 为标识）根据认罪的及时性划分三个认罪等级，在每个阶段开始时即认罪为 A1/B1/C1，最高可以从轻 50% 幅度，逐次递减到 10%；阶段中才认罪的为 A2/B2/C2，实行更弱幅度的从轻，依此类推。[⑤] 厦门市集美区探索实行递减式量刑的“321”阶梯式从宽量刑机制，根据认罪的不同阶段以基准刑为中线给予梯线幅度的减轻。[⑥] 在认罪认罚从宽制度正式确立之后，山东省高级人民法院在审理认罪认罚案件的指导意见中规定，应当根据不同诉讼阶段被告人认罪认罚的积极性、主动性、稳定性，

---

① 参见杨先德：《认罪认罚从宽量刑建议精准化的域外启示》，载《检察日报》2019 年 7 月 16 日，第 3 版。

② 这又被称为“庭审阴影理论”（shadow of trail），是指在诉讼活动中，当事人将在庭审结果预期影响下，通过谈判达成和解。在这一理想模型下，理性的双方能够预测判决结果，共同节约庭审给双方带来的成本，达成双赢交易。参见［美］斯蒂芬诺斯·毕贝斯：《庭审之外的辩诉交易》，杨先德、廖钰译，中国法制出版社 2018 年版，第 22 页。

③ ［美］斯蒂芬诺斯·毕贝斯：《庭审之外的辩诉交易》，杨先德、廖钰译，中国法制出版社 2018 年版，第 2 页。

④ 参见陈国庆：《量刑建议的若干问题》，载《中国刑事法杂志》2019 年第 5 期。

⑤ 参见黄卫东：《破解认罪认罚案件适用比例低难题——认罪认罚试点登封模式》，载《中国检察官》2018 年第 2 期。

⑥ 参见张国轩：《“认罚从宽”的认定和实现方式》，载《国家检察官学院学报》2018 年第 5 期。

确定不同的从宽量刑幅度。[①] 2019 年 8 月，江苏省高级人民法院发布的《关于办理认罪认罚刑事案件的指导意见》中也类似规定：被告人在不同诉讼阶段认罪认罚的，从宽幅度应当有所区别。[②] 基本上，各地制定的处理认罪认罚案件的量刑规则延续了《量刑指导意见》根据案件事实与量刑情节在基准刑的基础上按比例调解从宽幅度的方式。[③] 但由于各地的规定不一，还需要由最高人民法院和最高人民检察院作出司法解释统一认罪认罚案件的从宽幅度与量刑比例。

事实上，20 世纪 70 年代的美国也经历了这一时期。随着辩诉交易制度被宪法承认正式确立之后，美国法官在滥用量刑裁量权和量刑不均衡方面遭遇的批评也越来越多，由此催生了量刑指南等制度，尝试将加重或减轻量刑的因素量化。[④] 但美国的量刑制度相对缺乏弹性，可以使控方提出的交易条件更具有确定性，辩方接受交易条件后的收益更具有可预期性。相比之下，我国设立的量刑规则较为宽松和泛化，还需要针对具体罪名、刑期、从宽幅度、量刑情节和刑罚执行方式等问题作进一步的细化。

---

① 参见 2019 年 4 月，山东省高级人民法院出台的《关于适用认罪认罚从宽制度审理刑事案件的指导意见（试行）》第 9 条："审理认罪认罚刑事案件，应当根据不同诉讼阶段被告人认罪认罚的积极性、主动性、稳定性，确定不同的从宽量刑幅度。被告人认罪认罚后翻供或者不认罚，后又认罪认罚的，按最后认罪认罚的阶段从严掌握从宽量刑幅度。"

② 具体规定在第 10 条："被告人在不同诉讼阶段认罪认罚的，从宽幅度应当有所区别。在侦查阶段认罪，到审判阶段始终认罪认罚的，可以在综合考虑全案事实及其他量刑情节作出拟宣告量刑的基础上 20% 以下从宽处理；从审查起诉阶段开始到审判阶段认罪认罚的，可以在 15% 以下从宽处理；在审判阶段后才认罪认罚的，可以在 10% 以下从宽处理。"

③ 不仅如此，在制定具体量刑细则的同时，各地检察院也开始尝试利用大数据和人工智能系统实现量刑建议的智能化。例如，武汉市硚口区检察院运用"通用性功能 + 定制罪名"智能辅助办案系统，构建精准统一的量刑标准和尺度；广东省南沙区检察院研发的智能量刑辅助系统提供全省乃至全国不同范围的量刑数据，可以将已决类案的判决数据与认罪认罚具结书上的量刑建议刑期进行对比；重庆市检察机关探索开发类案量刑检索库和内外部量刑均衡机制，避免同案不同判等。

④ 参见［美］艾瑞克·卢拉、［英］玛丽安·L. 韦德主编：《跨国视角下的检察官》，杨先德译，王新环审校，法律出版社 2016 年版，第 176—179 页。

（二）规范量刑协商与裁判程序

贝勒斯认为破解自由裁量权担忧的路径是确立标准—说明结论和理由—举证责任—司法审查。当然，设立一套可以将复杂多样的因素全部考虑进去的清晰明确的标准是不可欲的，但通过框定裁量范围、在一定举证责任负担下作出决定并公开所基于的事实证据和理由、接受司法审查的方式控制自由裁量却是可行的。[①] 在认罪认罚案件中，围绕量刑产生的从宽裁量发生在两个阶段。一个是控辩之间就如何从宽进行的协商，另一个是法检之间就量刑建议的提出、调整和最后确定进行的协调与衔接，这两个阶段都需要确定的程序机制予以规范。

在我国，目前虽然相关规范性文件已明确了量刑相关的程序，但随着认罪认罚从宽制度的确立，关于量刑协商的过程、量刑建议的提出等问题都需要新的规范。有学者指出量刑协商的程序性价值没有完全凸显。[②] 实践也反映对于量刑建议的提出和调整存在不少争议。例如，对于是否要在起诉书中直接提出量刑建议，有的观点认为因受制于被告人的认罪认罚表现，具有相对不稳定性，不宜在起诉书中直接表述；但也有观点认为量刑建议是控辩双方经过协商后达成的具结结果，应当在起诉书中直接载明。而对于量刑建议的变更也存在不同认识，包括当庭变更、庭前调整、庭后重新出具新的量刑建议书等不同做法，亟须统一规范。[③] 这也是为实现量刑建议精准化的目标所必不可少的。

因此，在量刑协商方面，检察机关在“案件事实清楚，证据确实、充分”的基础上针对认罪认罚提出的拟量刑建议应当尽可能具体和准确，并且充分听取被追诉人对量刑事实和证据的充分表达。对其提出的合理的量刑意见，应予以采纳；不予采纳的需要充分说明理由并记录在案，详细记载量刑协商的全过程并随案移送。完善值班律师制度，保证被追诉人在明知、明智和自愿的情况下认罪认

① 参见迈克尔·D. 贝勒斯：《程序正义——向个人的分配》，邓海平译，高等教育出版社 2005 年版，第 77—105 页。

② 参见关振海：《检察机关落实认罪认罚从宽制度的四个建议》，载《检察日报》2019 年 8 月 2 日，第 3 版。

③ 参见陈国庆：《量刑建议的若干问题》，载《中国刑事法杂志》2019 年第 5 期。

罚，并确定最终认罪认罚具结书签署的合法性。及时掌握审判机关对同类案件的判罚情况，为认罪认罚的犯罪嫌疑人、被告人提供更多参考意见，争取最大程度的从宽处理结果。同时还要听取被害人对量刑的意见和态度，综合考虑赔偿被害人的经济损失、获得被害人谅解等情节。在量刑裁量问题上，检察机关向法院提出精准的量刑建议，法院一般应当予以采纳。但当存在《刑事诉讼法》第201条规定的五种情形时，经法院审查后认为量刑建议明显不当或存在异议时，则面临调整或不予采纳。在这一过程中，法院应根据案件具体情况和所适用的审理程序决定调整量刑建议的方式和是否需要发生程序转换，换为普通程序重新进行审理。

（三）实现刑法与刑事诉讼法的衔接

最后，回到刑事一体化上讨论，化解认罪认罚从宽制度中的量刑矛盾需要实现刑法与刑事诉讼法的衔接。虽然我国刑事实体法与刑事程序法在法典层面有明显的分野，但不可否认二者具有共生关系，相互依存，相互影响。认罪认罚从宽制度的有效运行离不开完善的实体法依据，这一制度的确立也对实体法提出了如何回应认罪认罚从宽，与其进行衔接的问题。

首先，刑法必须回应认罪认罚从宽制度的实体权利供给目标。[①]在确立认罪认罚从宽制度之初，全国人大常委会审议该制度时，既已确定了应当进一步明晰认罪认罚从宽的适用条件，划清从宽的尺度、界限，防止司法人员自由裁量权过大，避免出现“权权交易、花钱买刑”等司法腐败现象。[②] 这就需要实体法提供明确的认罪认罚“从宽”标准，既可以有效改变控辩协商的量刑环境，使被追诉人在合理预期内认罪认罚；也可以避免司法实践冲击量刑底线，仅凭刑事诉讼法的从宽规定而任意减让刑罚。其次，在具体量刑规定上，需要解决认罪认罚在刑法典的合法地位，回答是否应当将其作为独立的量刑情节，以及与自首、坦白制度之间关系的问题。最后，为了实现公正量刑，除了要在刑事立法上处理好罪与罪之间抽象的

---

① 参见周光权：《论刑法与认罪认罚从宽制度的衔接》，载《清华法学》2019年第3期。

② 《全国人大常委会审议“认罪认罚从宽”：划出尺度严防花钱买刑》，载 https：//www. thepaper. cn/newsDetail_ forward_ 1521360，2019年9月11日最后访问。

罪刑均衡关系及同一罪名下不同罪状与法定刑的罪刑关系，还要在刑事司法中处理好每一案件中具体的罪刑关系及与相近或相似案件所作的量刑决定的均衡关系。[1] 前者是罪刑法定主义下刑事立法在罪责刑相适应原则上的体现，后者则为“同案同判”刑罚正义的理想状态与目标。

认罪认罚从宽制度改革将刑事一体化再次推向理论的热点，提倡刑法与刑诉法的衔接，主张增加程序法规范与实体法规定的协调性。或许我们无法完全避免司法实践中出现制度运行的障碍，实现“同案同判”乌托邦式的法治愿景。但若能够由刑法圈定出一种理性的、可预测的从宽标准与结果范围，使行使公权力的国家司法机关因自由裁量行使尺度具有边界而心生戒律，能够谨慎遵守刑罚正义的要求，合法并妥当地将其自由裁量意志下放到具体案件中，在狭义上满足以相同的法律适用方式对待相同案件，[2] 使认罪者能够罚当其罪、宽当其认，则能更好地体现和发挥这项制度承载的价值。期待在刑事诉讼法先行修改的基础上，继续积攒司法适用经验，为未来刑法的修改创造条件。

① 参见顾永忠：《试论量刑与量刑程序涉及的关系》，载《人民检察》2009 年第 15 期。

② 参见［英］蒂莫西·A. O. 恩迪科特：《法律中的模糊性》，程朝阳译，北京大学出版社 2010 年版，第 236 页。

● 检察专论

公诉被裁判无罪案件的证据与证明标准问题研究

——基于某市检察机关近十年公诉被裁判无罪案件的实证分析

纪丙学*

公诉被裁判无罪案件（以下简称无罪案件）是指检察机关提起公诉后，人民法院根据已经查明的事实、证据和有关的法律规定，宣告被告人无罪的案件。根据我国《刑事诉讼法》第200条的规定，在被告人最后陈述后，审判长宣布休庭，合议庭进行评议，根据已经查明的事实、证据和有关的法律规定，对依据法律认定被告人无罪的，应当作出无罪判决；对证据不足，不能认定被告人有罪的，应当作出证据不足、指控的犯罪不能成立的无罪判决。这些案件暴露出司法机关在证据收集、审查和证明标准把握上存在不同程度的质量问题。

为此，笔者梳理了某市近十年的无罪案件，归纳了司法机关在这些案件中存在的办案质量问题，剖析了出现问题的原因，提出了进一步提高办案质量的意见建议。

一、无罪案件的基本情况

2009年至2018年，某市检察机关提起公诉，被法院裁判无罪后

---

* 中国政法大学司法文明协同创新中心诉讼法学2016级博士研究生。

生效案件共计 65 件 73 人。

第一，案件数量年度分布呈“倒 U 形”，2009 年开始逐年上升，2013 年达到峰值，而后逐年下降（见下图）。

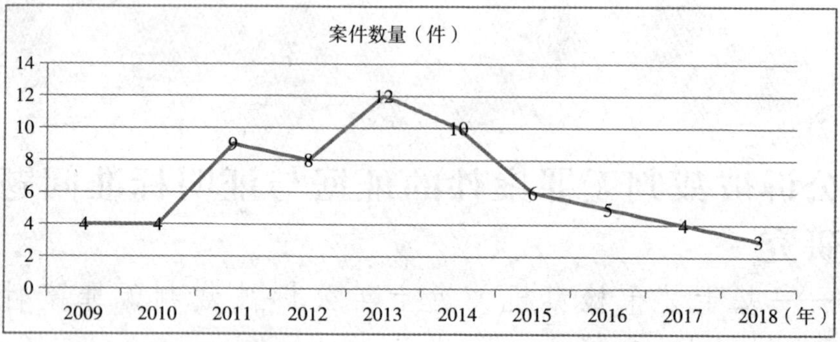

第二，案件类型主要集中在故意伤害、合同诈骗、贪污、强奸、职务侵占、诈骗、受贿和故意杀人等罪名（见下图）。

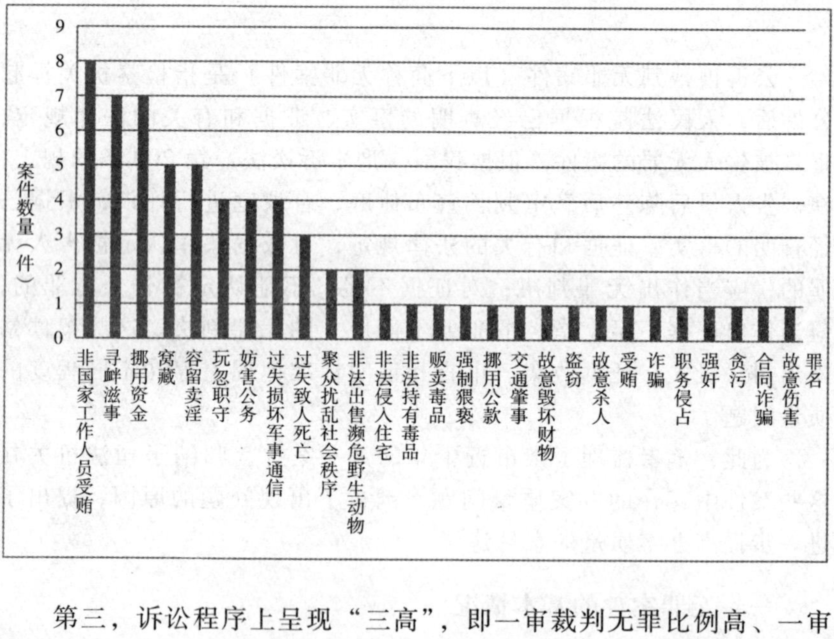

第三，诉讼程序上呈现“三高”，即一审裁判无罪比例高、一审裁判无罪后检察机关抗诉比例高、检察机关抗诉后二审法院维持原判比例高。在 65 件无罪案件中，一审即裁判无罪 47 件，占 72.3%；一审裁判有罪，被告人上诉后，二审发回重审，法院重审裁判无罪 7

件，占10.8%；一审裁判有罪，被告人上诉或检察机关抗诉后，二审改判无罪8件，占12.3%；一审裁判有罪，裁判生效后法院自行启动再审裁判无罪3件，占4.6%。

法院一审裁判无罪的47件案件中，检察机关提出抗诉34件，占一审裁判无罪案件的72.3%；未提出抗诉13件，占一审裁判无罪案件的27.7%；抗诉后二审检察机关撤回抗诉17件，占抗诉案件的50%；支持抗诉的17件案件，二审法院均维持原判。

法院一审裁判有罪，被告人上诉，二审发回重审，重审裁判无罪的7件案件中，检察机关均提出抗诉，其中二审检察机关撤回抗诉2件，支持抗诉5件，二审法院均维持原判；法院一审裁判有罪，被告人上诉或检察机关抗诉后，二审改判无罪的8件无罪案件中，检察机关均未提出抗诉；法院一审裁判有罪，裁判生效后法院自行启动再审裁判无罪的3件案件中，检察机关提出抗诉1件，二审法院维持原判。

第四，证据不足是裁判无罪的主要原因。因证据不足被裁判无罪53件，占81.5%；根据法律规定不能认定被告人构成犯罪裁判无罪12件，占18.5%。其中，以情节显著轻微、危害不大，不认为是犯罪为由裁判无罪3件；以依法不构成犯罪为由裁判无罪9件，包括犯罪主体不适格、行为属正当防卫、犯罪数额未达到刑事处罚标准、没有违反注意义务等。

二、无罪案件暴露出的主要问题

案件被判无罪，原因是多方面的，有的是因为法院审理阶段出现新证据或证据发生变化，有的是因为法院审理阶段刑事处罚标准发生变化，但有的无罪案件还是暴露出证据收集、审查和证明标准把握等方面不同程度存在问题。

（一）证据收集、审查方面

1. 应当收集而没有收集

全面收集证据，充分发掘证据的证明价值，是侦查工作的基本要求。实践中，侦查人员对与案件事实可能有关联的血迹、指纹、足迹、体液等客观性证据没有收集，导致无法准确认定案件事实。如李某某故意杀人案，李某某供称自己居住的小区有监控录像，可证实自己当天的出入情况，但侦查人员未及时调取，后检察机关退回补充侦查时因时过境迁已不能调取，导致缺少犯罪嫌疑人在场或不在场的重要证据。而且，本案现场勘验时提取了5块砖头，上面的血迹形态如何，是溅上的还是拍打死者形成的，也没有分析。现场勘验时垃圾桶内的遗弃物，侦查人员也认为与案件无关而没有提取，由此导致相关事实无法认定。

2. 应当鉴定而没有鉴定

证据与案件的关联性是很复杂的，有的需要经过一定的程序如鉴定或辨认来证明，缺乏这些程序，证据的关联性就不明显。实践中仍存在对物证未鉴定的情况，导致失去指控犯罪的有力证据。如吴某某故意杀人案，现场勘验时，侦查人员在按摩床上发现了毛发并进行了提取，但没有进行鉴定；还提取到了烟盒，对该烟盒是否为吴某某所留也没有进行鉴定。由于被害人是卖淫人员，日常接触人员复杂，由此根据现有证据无法认定吴某某是案发前唯一到过现场的嫌疑人。在陈某某故意伤害案中，现场勘验时，侦查人员在中心现场提取了两枚不完整足迹，对此也未鉴定。

3. 搜查工作不规范

为了证明特定的犯罪嫌疑人与案件存在关联，侦查人员可能会在物证方面寻求突破。这种情况在毒品案件中十分常见，警察可能违反有关禁止违法搜查的规定，进而发现了有罪证据，也可能针对“已知的罪犯”伪造一些有罪证据。[①] 在李某某贩卖毒品案中，侦查人员先后两次搜查李某某所驾驶的奥迪Q7车辆，第一次李某某在场时没搜到毒品，时隔三日后，李某某不在场时，侦查人员又从该车中搜到了毒品，第二次搜查的见证人是厚某某，但对搜查出的毒品扣押时出具的扣押物品清单上的见证人却是杨某某。由于第二次搜查时李某某不在场，其坚决否认自己车内藏有毒品，导致毒品来源的合法性不能证实，最终该搜查笔录未被采信作为定案根据。

4. 讯问时同步录音录像不规范

公安部《公安机关讯问犯罪嫌疑人录音录像工作规定》第10条明确规定了“全程”的含义，即应当自讯问开始时开始，至犯罪嫌疑人核对讯问笔录、签字捺指印后结束。第3条规定，对讯问过程录音录像，应当对每一次讯问全程不间断进行，保持完整性。不得选择性录制，不得剪接、删改。但在姜某故意杀人案中，侦查人员

---

① ［美］布莱恩·福斯特：《司法错误论：性质、来源与救济》，刘静坤译，中国人民公安大学出版社2007年版，第216页。

仅录制了供述的核心部分，未录制讯问开始的过程和结束时的签字确认等环节，没有做到全程录音录像，导致姜某翻供时，该同步录音录像没有发挥作用，该份供述也未能作为定案根据。

5. 组织辨认程序不规范

公安部《公安机关办理刑事案件程序规定》规定，必要时，应当对辨认过程进行录音或者录像。这是保证辨认活动合法性的重要方式，尤其单一辨认，如辨认作案地点、抛尸地点等情况下更应该进行录音或者录像，这是保证辨认公正和避免暗示的有效途径。在陆某故意杀人案中，抛尸地点在陆某供述之前已被发现，侦查人员在陆某辨认抛尸地点时，没有对辨认过程作详细记录，也没有进行同步录音录像，只是拍摄了几张陆某指认抛尸地点时的照片，由于辨认不规范，导致法官对辨认过程是否存在诱使情形产生怀疑。同时，目击人的辨认证言通常对被告人是非常不利的，混杂队列中的其他参与者与嫌疑人在外貌上差别较大可能影响公正性。[①] 供辨认的列队人员应当包括与证人最初对嫌犯的描述类似的人。嫌犯不应在列队中与“陪衬者”相比太突出。而仇某故意伤害案中，侦查人员组织被害人及证人乔某某进行了三次辨认，在组织被害人对照片辨认时，仇某的照片明显亮于其他陪衬对象，在组织乔某某对列队辨认时，仇某的身高明显低于其他陪衬对象，违反了辨认对象应混杂在特征相类似的其他对象的辨认规则，且乔某某的列队辨认是在其已通过照片辨认辨认出仇杰之后进行的重复辨认，其暗示性不言而喻。

6. 连续长时间讯问，使证据合法性受质疑

在受到强制或监禁的情况下，例如长时间接受讯问，犯罪嫌疑人很容易受到角色扮演、假定的犯罪情景和释梦的影响，从而使疲惫不堪的犯罪嫌疑人相信自己莫名其妙地忘记了自己的确从事了某种犯罪行为。洗脑技巧可以导致虚假供述。[②] 最高人民法院《关于建立健全防范刑事冤假错案工作机制的意见》规定，采用刑讯逼供或者冻、饿、晒、烤、疲劳审讯等非法方法收集的被告人供述，应

① ［美］乔恩·R. 华尔兹：《刑事证据大全》，何家弘等译，中国人民公安大学出版社 2004 年版，第 227 页。

② ［美］吉姆·佩特罗、南希·佩特罗：《冤案何以发生》，苑宁宁、陈效等译，北京大学出版社 2012 年版，第 311 页。

当排除。讯问犯罪嫌疑人时，麻醉、冻饿、日晒、干渴、强光照射、困倦疲劳等，均属于不正当的方法。如令其长时间立正不动，剥去其全身衣服，疲劳讯问、不眠讯问，以强烈光线直射其面部，均属强暴，并不以使用暴力为必要。在王某某故意杀人案中，侦查人员对王某某的前四次讯问时间分别是2010年9月16日18：05至23：45、9月17日2：10至5：12、9月17日7：05至10：30、9月17日11：30至13：05。在第四次讯问时王某某第一次作出有罪供述。上述讯问的间隔时间最长不到3小时，最短仅有1小时，存在疲劳讯问的嫌疑。虽然最终该有罪供述没有被排除，但也影响了法官对证据证明力的判断，且王某某多次有罪供述逐渐与现场勘验的情况趋于一致，如掉落地上的两条床单、死者的手机等情节均为王某某后期补充供述，属于“先证后供”情形，不能排除诱供的可能。

7. 违反鉴定规则

鉴定意见能够弥补事实裁判者知识和经验的不足，有助于准确认定事实。但鉴定意见只是证据的一种，并不具有预定的证明力，检材的真实性和鉴定的程序、方法及过程的规范性都会影响鉴定意见的真实性。实践中，有的是随意补充鉴定。

有的鉴定意见是在检材来源不明的情况下出具的。如在冯某某故意伤害案中，冯某某供述是被害人先动手对其头、眼部击打，自己没有还手；被害人则称是冯某某先动手抓其脸部，其用手抓冯某某，被冯某某将右手拇指撅伤。但被害人用于鉴定的X光片是否系其手部光片存疑。经专家证人对成伤机制审查，认为手指被撅伤的可能性小，击打他人造成受伤的可能性较大，由此导致伤害事实存疑。

8. 审查证据不严格、不细致

审查起诉阶段，公诉人对证据间的矛盾没有发现或者没有引起重视，将案件“带病”起诉。在李某某向王某某贩毒案中，李某某辩解自己作为线人一直在贴靠王某某，王某某之所以指认自己贩毒属于挟私报复。民警也证实李某某是线人，在贴靠张某、王某某等，但审查起诉时公诉人并未对此进一步核实。

（二）证明标准方面

1. 提起公诉对证明标准把握不准确

我国《刑事诉讼法》第55条规定了证据确实、充分的标准。证据确实、充分，应当符合定罪量刑的事实都有证据证明；据以定案的证据均经法定程序查证属实；综合全案证据，对所认定事实已排除合理怀疑等三个条件。但有的案件因未达到这一标准导致被判无罪。在刘某某盗窃案中，检察机关指控刘某某伙同他人在甲饭店大厅内，将被害人史某某放在衣袋内的人民币9400元盗走；在乙饭店大厅内，将被害人李某钱包盗走，内有人民币8000余元。法院认为，指控刘某某在甲饭店实施盗窃，现有证据虽能证实被害人史某某钱财被盗，但该处监控录像模糊，无法对案发现场的作案人与刘某某作出同一性鉴定；指控刘某某在乙饭店盗窃，现有证据虽能证实被害人李某钱财被盗，鉴定也对该处监控录像中的作案人和刘某某作出了同一性鉴定，证实刘某某与另外二人到过乙饭店，并显示刘某某有可疑行为，其离开后同案也有可疑行为，但监控录像没有拍摄到具体的盗窃行为。该两起指控事实，没有目击证人，刘某某始终不供述，同案犯也不在案。因此，法院认为检察机关指控刘某某盗窃的证据是不充分的。

在性犯罪领域，虚假被害人向警方报案的方式与真正的被害人相同，因此，各个诉讼阶段都要认真询问被害人，而不能轻信被害人的陈述。[①] 在赵某某强奸案中，检察机关指控赵某某行至同村被害人家中，采用强行亲嘴、搂抱等手段欲强奸，因被害人反抗未遂，被害人因被打伤住院。事发9个多月后被害人报案，并提供烟头、毛发等，称是赵某某意图强奸时所留。法院认为，赵某某与被害人对二人之前是否有不正当关系各执一词，赵某某称二人不正当关系已多年，被害人老公在国外，自己作为村支书多次帮助解决问题，由此发展成不正当关系。被害人住院期间，赵某某还为其按摩。被害人出院后，赵某某还在被害人家中洗澡。对此，被害人予以否认。上述证据不能排除二人有不正当关系的可能。同时，被害人虽被打伤，但是否系赵某某为强奸实施的暴力行为不能证实。被害人向侦查机关提供的烟蒂、毛发，虽鉴定系赵某某所留，但被害人案发后9个多月才报案，且案发后二人仍在交往，因此，不能证明该烟蒂、毛发是案发当日现场提取。且被害人报警是在其丈夫回国以后，也不排除被害人的丈夫发现了自己妻子与赵某某的不正当关系，被害人为掩盖这一关系而报警的可能。由此，法院作出无罪判决。

---

① 最高人民法院刑事审判第三庭：《刑事证据规则理解与适用》，法律出版社2010年版，第162页。

2. 起诉、审判对证明标准的实践把握存在分歧

虽然我国刑事诉讼法对提起公诉、有罪判决的标准都是“事实清楚，证据确实、充分”，但实践对证明标准的把握常常发生分歧。从近十年无罪案件的数量变化看，每当新的规定出台后，起诉、审判对证明标准的把握都会出现磨合期，导致无罪案件出现变化。1997 年刑事诉讼法施行以后，检法经过长期磨合，对证据、证明标准的实践把握逐渐一致，所以 2010 年之前，无罪案件较少且稳定，年均 5 件左右。2010 年 6 月 13 日，“两高三部”印发了《关于办理死刑案件审查判断证据若干问题的规定》和《关于办理刑事案件排除非法证据若干问题的规定》（以下简称“两个证据规定”），确立了证据裁判原则和非法证据排除规则，对证据收集、审查、定案等都作了较详细规定。2013 年 1 月 1 日，修改后刑事诉讼法和最高人民法院《关于适用〈中华人民共和国刑事诉讼法〉的解释》施行，吸收了“两个证据规定”的内容，对证据、证明标准进一步完善，尤其明确了“证据确实、充分”的标准。随着上述系列规定的出台，检法对证据、证明标准的实践把握进入了新的磨合期，所以，从 2011 年开始，无罪案件逐渐增多，到 2013 年达到十年来的最高值 12 件。2014 年 10 月，党的十八届四中全会通过了《中共中央关于全面推进依法治国若干重大问题的决定》，提出了推进以审判为中心的诉讼制度改革。2016 年 10 月，“两高三部”联合发布了《关于推进以审判为中心的刑事诉讼制度改革的意见》。2017 年 2 月，最高人民法院又印发《关于全面推进以审判为中心的刑事诉讼制度改革的实施意见》。随着以审判为中心诉讼制度改革的推进，检察机关不断提高起诉案件质量，检法对证据、证明标准的实践把握也逐渐达成一致，所以从 2014 年开始无罪案件出现了下降趋势，逐年减少且趋于稳定，基本在 5 件左右。

三、出现上述问题的原因剖析

（一）司法理念层面

一是侦查环节取证“重人证、轻物证”。侦查重视调取犯罪嫌疑人口供、证人证言，对物品、痕迹、视听资料、电子数据等物证重视不够，而由于人证自身易变性的特点，在犯罪嫌疑人翻供、证人翻证后，再去补充调取物证时，物证已灭失、毁损，导致证据不充分。二是对证据合法性重视不够。侦查取证合法性意识不强，重结

果不重过程、重实体不重程序，取证主体不适格，一人讯问、辅警参与办案充当见证人；证据来源不清，收集、转移、固定过程不明，大量复印而不提取原件；取证手段不合法，长时间讯问，威胁、引诱犯罪嫌疑人供述等，由于合法性问题导致证据被排除或者不被采信作为定案根据。三是起诉“重打击轻保护”思想一定程度还存在，检察官客观公正义务履行不到位。面对可诉、可不诉的案件时，更倾向于提起公诉，或者面对犯罪嫌疑人实施多起犯罪事实，只要有一起事实证据充分，倾向于对其他证据不够充分的事实一并提起公诉。

（二）制度机制层面

一是“以侦查为中心”的诉讼模式导致有罪的司法惯性。作为第一道工序的侦查是刑事诉讼的中心环节，或者说是认定案件事实的实质性环节，而审判在认定案件事实的作用上被虚化，仅是对“上游工序”的检验或复核。[①] 这种情况下，侦查方向决定起诉、审判方向，侦查基础决定着起诉、审判质量，使犯罪嫌疑人一旦进入侦查程序，定罪成为原则，出罪成为例外，尤其在某些情况下，侦查机关以专项或带着“批示”开展的侦查，更使起诉、审判被“裹挟”前行。二是“事实清楚，证据确实、充分”的证明标准仍然比较抽象，在实践中把握不一致。一方面，“事实清楚，证据确实、充分”过于偏重对证明标准客观层面的表述，忽略了对法官内心确信程度的主观层面。过于强调司法证明的客观目标的立法表述方式，容易造成法官对“事实清楚”的含义作任意解读，以致享有太大的自由裁量权。另一方面，“事实清楚，证据确实、充分”所确立的法律规范，体现了一种“新法定证据主义”的立法理念，对证据的证明力以及待证事实的真实程度确立了限制性的法律规则，而没有交由法官根据经验、理性和良心进行自由判断。这种对定罪标准的法律规范，固然会发挥限制对法官自由裁量权的积极作用，但也以一种公式化的表述方式约束了法官主观能动性的发挥，造成法官机械司法，使法官成为适用证据规则的机器和奴隶。[②] 如上所述，法院一审裁判有罪后，二审改判无罪 8 件，裁判生效后法院自行启动再审裁判无罪 3 件，这些案件在事实、证据上均没有变化，反映出一审

---

① 何家弘：《短缺证据与模糊事实》，法律出版社 2012 年版，第 381 页。

② 陈瑞华：《刑事证据法学》，北京大学出版社 2012 年版，第 260—261 页。

法官与二审法官对证明标准的认识、把握不一致。三是立法上实体与程序分离，导致实践中对实体要件证明困难。如上所述，无罪案件中，故意伤害、合同诈骗、贪污、强奸、职务侵占、诈骗、受贿和故意杀人占比较高。这些案件中，强奸、受贿等犯罪都具有证据“一对一”的特点，而诈骗犯罪在经济纠纷和犯罪之间也往往较难界分。囿于案件性质，这些案件的实体事实在程序上证明难度是较大的。而真实案例，或者说，具体法律争端的解决，从来都是实体与程序的交错适用。欠缺实际操作可能性的刑法发展，无视诉讼证明及事实不明的真实审判困境，[①] 造成了司法实践中的困难。

（三）队伍素质层面

一是随着公安机关内部体制的改革，派出所的刑事侦查职能在不断扩大，办理案件的数量也越来越多，前述自然犯案件中，除命案、毒品案件等重大案件外，均是由派出所负责侦查。而派出所侦查，实践中不同程度上存在证据意识薄弱、取证能力不足、办案水平不高、侦查手段单一、办案不规范、办案力量不足等问题。对重大、疑难、复杂案件，涉及大量取证，警力往往协同、协作不足，还没有形成一支职业化的刑侦队伍。二是检察官对证明标准的把握、对刑事政策的理解能力仍需提高。存在在诉与不诉两可的案件中选择起诉，法院不能作出有罪判决时又选择撤回起诉的情况。

四、进一步提高刑事办案质量的对策建议

（一）完善证明标准的立法

我国刑事诉讼法既规定证据的证明力，又规定证据能力，这实际上使法官陷入两个倾向，一是落入法定证据主义的窠臼，二是进入自由裁量不可控的境地。随着司法责任制的深入落实和庭审实质化的不断推进，证据立法应逐渐弱化对证明力的规定，更侧重于对证据能力的规定，使检察官、法官通过亲历决定证明力大小强弱，通过心证认定事实。

（二）加强实体与程序的交叉研究

无论理论还是立法，要统一研究实体与程序问题。刑法条文之

---

① 林钰雄：《刑法与刑诉之交错适用》，中国人民大学出版社 2009 年版，序言。

规定，只有当其能在程序中得以贯彻施行时，才能在实务上显现其功效。反之，如果没有设计良好的实体刑法与之搭配，也无法成就一种令人满意的诉讼规则。实体刑法与刑事诉讼法在学说上及研究上均有密切关系。这种现象在实务上也均如此。[①] 在刑事立法中，要打破部门法的藩篱，实体法立法中对罪名的成立要考虑程序上的实现，程序法立法也要考虑实体法的效果，增强整体思维和协调性。

（三）推进正规化、专业化、职业化刑侦队伍建设

2017 年初，中共中央印发《关于新形势下加强政法队伍建设的意见》，提出坚持中国特色社会主义政法队伍正规化、专业化、职业化方向，努力建设一支信念坚定、执法为民、敢于担当、清正廉洁的政法队伍。专业化侧重分工和业务层面，即办案组织、业务能力，如专门机构和办案组织、专业化人才、专业化培训等是围绕专业化开展的，解决的是“怎么干好事”的问题，重点在能力。职业化侧重队伍和人员，如职业准入、人员分类管理、入职选任、职业保障等都是围绕职业化开展的，解决的是“什么人干什么事”的问题，重点在稳定。因此，要加强职业化刑侦队伍建设，减少和规范派出所刑事侦查的职能职责，完善重大、疑难、复杂案件专案组侦查工作机制，避免单兵作战，强化警力协同。

（四）强化侦查人员重实物证据收集、重证据合法性的意识

实物证据有客观性、稳定性等特点，较少受主观因素影响，但容易灭失或损坏，要强化及时收集、妥善保管实物证据的意识。要强化程序意识。我国刑事诉讼法和“两个证据规定”要求，对物证、书证、视听资料、电子证据等实物证据的来源及收集、提取、保管过程，都需要有证据加以证明。对实物证据的真实性和同一性加以证明的过程中，勘验笔录、检查笔录、搜查笔录、提取笔录和扣押清单起到了佐证和验证的作用，这是实物证据具备证据能力的前提条件，也即实物证据的鉴真。[②] 如果缺少这些鉴真环节，侦查即使取得实物证据，也是“劳而无功”。同样，调取言词证据也要遵守相应的证据规则，如讯问询问规则、辨认规则、同步录音录像规则等。

---

① ［德］克劳斯·罗科信：《刑事诉讼法》，吴丽琪译，法律出版社 2003 年版，第 9 页。

② 陈瑞华：《实物证据的鉴真问题》，载《法学研究》2011 年第 5 期。

（五）准确认识公诉职能定位

检察官不是也不该是片面追求打击罪犯的追诉狂，而是依法言法，客观公正的守护人，有利不利一律注意。[①] 准此，检察官与被告人并不处于截然对立的关系。无罪判决既不是检察官的“耻辱”，也不等于检察官未尽证明义务。[②] 执法部门的侦查人员过于集中关注他们构建的案件细节，以至于可能无法认识到自己的一己之见所存在的问题。检察官在起诉之前必须坚持考虑更多的证据，同时也必须指出案情假设中存在的不和谐之处。[③] 检察官要严格执行刑事诉讼法和“两个证据规定”，做好证据审查，严格审查证据的来源、形式和内容，排除非法证据，避免把不符合标准的案件提起公诉。同时，对重大、疑难、复杂案件，要加强介入侦查、引导取证。“以审判为中心”的一个重点便是审前程序的诉讼格局之构建，其中，最重要的就是侦检关系的重塑。[④] 通过介入侦查，提出侦查方向、取证要求，使其按照公诉的要求收集、固定证据，引导侦查机关树立“大控方”理念。

---

① 林钰雄：《检察官论》，法律出版社 2008 年版，第 8 页。

② 林钰雄：《严格证明与刑事证据》，法律出版社 2008 年版，第 183 页。

③ ［美］吉姆·佩特罗、南希·佩特罗：《冤案何以发生》，苑宁宁、陈效等译，北京大学出版社 2012 年版，第 326 页。

④ 陈瑞华：《“以审判为中心”的解读与实现》，载《法制日报》2016 年 8 月 24 日，第 9 版。

论检察消费民事公益诉讼的独立功能
——以示范确认公益诉讼为调整方向

谢　凡*

一、问题的提出

近年来，检察公益诉讼案件数量呈现出迅猛增加的明显趋势，但其中通过行政公益诉讼制度解决的案件却占据了压倒性的绝对多数，通过民事公益诉讼程序仅占不到总数的5%。[①] 而在数量相对少的检察民事公益诉讼中，环境民事公益诉讼又占了绝大多数，由检察机关提起的针对侵害众多消费者权益的民事公益案件数量总体数量很少。

相较之下，《民事诉讼法》第55条第2款规定的对“食品药品安全领域侵害众多消费者合法权益等损害社会公共利益的行为”提起检察民事公益诉讼的条款在实务中几乎没有得到多少检验。这一现状似乎表明，在我国现行法律体系之下，对侵害众多消费者合法权益的行为通过民事公益诉讼来救济权利的立法意图在实际的运行中遇到了一定的阻碍。原因在于，首先从规范层面看，对于侵害消费者合法权益的行为来说，其本身既可以作为独立的民事诉讼由权利受到侵害的主体单独提起，又可以通过《民事诉讼法》第53条规定的代表人诉讼进行救济，因此这类消费诉讼的性质不同于环境公

* 中国政法大学民商经济法学院2016级博士研究生。

① 2017年7月至2018年间，我国检察机关提起公益诉讼案件总数为10925件；2018年，全国检察机关提起立案的公益诉讼案件总数为113160件，其中行政公益诉讼108767件，民事公益诉讼4393件。数据来源分别为：最高人民检察院2018年3月9日在第十三届全国人民代表大会第一次会议上作的工作报告、最高人民检察院2019年3月12日在第十三届全国人民代表大会第二次会议上作的工作报告。

益诉讼，其本质上仍属于私益诉讼。[①] 由于从顺位上讲，对通过传统民事诉讼可以解决的纠纷，公益诉讼总体上保持谦抑符合该制度设立的初衷，因此消费民事公益诉讼也多少受此制约。其次，从理论上看，在我国公益诉讼制度部分理论问题尚未解决的前提下，检察机关作为法律规定的拟制原告，在现有法律规范体系下提起消费公益诉讼，必然会遭遇诸如处分权来源、损害赔偿是否正当处理等多方面难题。最后，从检察机关在该诉中的身份看，检察机关在我国地位的特殊性使其在消费民事公益诉讼中具有公益诉讼起诉人与法律监督者的双重身份，[②] 这也为具体规则在公益诉讼中的适用与平衡增加了一定的难度。综合上述等原因，当前实践中绝大多数侵害众多消费者合法权益的行为，即使其在侵害作为个体消费者的同时也损害了社会公共利益，最终鲜少由检察机关提起消费民事公益诉讼予以解决。相较检察行政公益诉讼、检察环境民事公益诉讼等其他诉讼，在当前的公益诉讼体系中，检察消费民事公益诉讼似乎并未发挥出其原先预设的独特制度功能。

二、检察消费民事公益诉讼功能的现实运行

（一）检察消费民事公益诉讼功能运作总体状态

从整体上看，自检察机关提起公益诉讼试点阶段开始，行政公益诉讼案件的比例就始终占其提起公益诉讼案件总数比例的绝对多数。尽管《检察机关提起公益诉讼试点方案》并未对行政公益诉讼和民事公益诉讼的功能与侧重予以规定，但通过数据可以观察到，在检察机关提起公益诉讼的两年试点阶段中，试点检察机关处理公益诉讼案件以行政公益诉讼诉前程序为其主要方式，占公益诉讼总数的约 85%，而民事公益诉讼的案件数量仅占案件总比的不到 3%。[③] 在试点阶段结束之后，十二届全国人大常委会于 2017 年 6 月

---

① 段厚省：《环境民事公益诉讼基本理论思考》，载《中外法学》2016 年第 4 期。

② 李浩：《论检察机关在民事公益诉讼中的地位》，载《法学》2017 年第 11 期。

③ 在试点阶段中，各试点检察机关总共办理案件 9053 件，其中行政公益诉讼诉前程序案件数量为 7676 件，民事公益诉讼诉前程序 227 件，社会组织提起诉讼 35 件，检察机关支持起诉 28 件。数据来源：《试点两年检察机关办理公益诉讼案件》，载《检察日报》2017 年 7 月 1 日，第 2 版。

通过了关于修改民事诉讼法和行政诉讼法的决定，在《民事诉讼法》第55条新增第2款、《行政诉讼法》第25条新增第4款规定了检察机关提起公益诉讼的具体情形，正式将检察机关提起公益诉讼作为一种新的诉讼类型予以明确。在此基础上，2018年，全国检察机关提起行政公益诉讼数量持续增加：行政公益诉讼案件占总数的96%左右（这其中通过向行政机关发出检察建议解决的案件数量又占前者数量的93%），而提起民事诉讼的案件数量仅占其提起公益诉讼总数的仍不到3%。[①] 在为数极少的民事公益诉讼案件中，环境民事公益诉讼案件又占据了其中的绝大多数，消费民事公益诉讼案件几乎罕见——例如2016年至2018年间，通过中国裁判文书网能够检索到的检察机关提起消费民事公益诉讼案件裁判文书仅有8份。另外，在试点阶段结束后最高人民检察院公布的26起检察机关提起公益诉讼试点工作典型案例中，检察消费民事公益诉讼也仅有1起；[②] 在最高人民检察院新近再次发布的26个公益诉讼典型案例中，[③] 通过检察消费民事公益诉讼解决的案件仍仅有1例[④]。

由此可见，尽管检察机关提起公益诉讼制度被同时写入了民事诉讼法和行政诉讼法，但从实践运行情况看，相较检察行政公益诉讼和检察环境民事公益诉讼，检察消费民事公益诉讼并未发挥出其作为独立诉讼类型的应有功能。也就是说，《民事诉讼法》第55条新增第2款中设计的检察机关对食品药品安全领域侵害众多消费者合法权益等损害社会公共利益的行为提起诉讼的预设功能在实践中

① 在2018年度全国检察机关提起立案的113160件公益诉讼案件中，通过向行政机关发出检察建议处理的案件数量为101254件，通过提起民事诉讼处理的案件数量为3228件，另公告督促有关社会组织提起民事诉讼1721件。数据来源：最高人民检察院2018年3月9日在第十三届全国人民代表大会第一次会议上作的工作报告。

② 参见最高人民检察院于2017年6月30日公布的《26起检察机关提起公益诉讼试点工作典型案例》之案例17：湖北省十堰市人民检察院诉周克召民事公益诉讼案。

③ 该批案例为最高人民检察院于2019年10月10日发布的《检察公益诉讼全面实施两周年典型案例》及《“保障千家万户舌尖上的安全”公益诉讼专项监督活动典型案例》。

④ 该案为《“保障千家万户舌尖上的安全”公益诉讼专项监督活动典型案例》之案例8：海南省海口市人民检察院诉海口琳雄物资工贸有限公司龙桥分公司等生产、销售不合格包装饮用水民事公益诉讼案。

尚未得到良好的发挥，对比其他公益诉讼类型来看运行相对低迷。

（二）检察消费民事公益诉讼提起范围的限制

根据最高人民法院《关于审理消费民事公益诉讼案件适用法律若干问题的解释》（以下简称《消费民事公益诉讼解释》）第1条第2款规定，法律规定或者全国人大及其常委会授权的机关和社会组织提起的消费民事公益诉讼，适用本解释。因此，在民事诉讼法将检察机关明确为可以提起公益诉讼主体之后，检察机关应当被认为是可以针对经营者等商业主体对众多不特定消费者合法权益的行为、或是具有危及消费者人身、财产安全危险等损害社会公共利益的行为提起消费民事公益诉讼的适格主体。

然而，《民事诉讼法》第55条修改后的立法表述却是“人民检察院在履行职责中发现食品药品安全领域侵害众多消费者合法权益等损害社会公共利益的行为”，可以对其提起诉讼。其中针对检察机关提起公益诉讼的范围——“食品药品安全领域侵害众多消费者合法权益等损害社会公共利益的行为”这一要件的表述方式，容易使人产生仅在食品药品安全领域内侵害众多消费者权益的行为才能够成为检察消费民事公益诉讼提起对象的误读。同时，由于《消费者权益保护法》第47条规定了对“侵害众多消费者合法权益的行为”，中国消费者协会以及在省、自治区、直辖市设立的消费者协会有提起诉讼的权利，且《消费民事公益诉讼解释》第1条第1款又再次重申了上述消费者协会对“侵害众多不特定消费者合法权益或者具有危机消费者人身、财产安全危险等损害社会公共利益的行为”的诉权，单从文义上看，可能得出检察机关提起消费民事公益诉讼的对象必须是食品药品安全领域内的侵害这一推论。

结合实践中提起消费者公益诉讼的情况来看，近年来检察机关提起消费民事公益诉讼数量极少且又几乎完全集中在食品药品领域。根据立法的本意，作为检察民事消费者公益诉讼补充，消费者协会本应在其他侵害众多消费者权益的领域内提起民事公益诉讼以形成良好互补。但遗憾的是，数年来能够通过裁判文书网检索到的由消费者协会提起的消费民事公益诉讼案件仅有2起。[①] 可见，由检察机关对食品药品安全领域内侵害消费者权益并损害社会公共利益行为

---

① 这两起案件分别为广东省消费者委员会诉广州悦骑信息科技有限公司案与中国消费者协会诉雷沃重工股份有限公司、北京天华旭自行车商店案。

提起诉讼、同时由消费者协会承担其余部分的民事公益诉讼这一立法预期在实践中并未发挥其应有的互补功能。由是观之，对食品药品安全领域之外的、侵害众多消费者合法权益等损害社会公共利益的行为提起民事公益诉讼这一救济模式，已成为我国现行公益诉讼制度运行中的相对短板。

（三）检察消费民事公益诉讼对损害赔偿功能的排除

由于《消费民事公益诉讼解释》第13条规定，原告能够请求被告承担的民事责任的方式被限定在停止侵害、排除妨碍、消除危险、赔礼道歉的范围之内，而将消费民事公益诉讼主体提出损害赔偿请求的可能性排除在外，因此在近年来食品药品领域案件的消费民事公益诉讼中，检察机关亦未能对侵害人提起损害赔偿这一诉讼请求。诸如在海口市人民检察院诉琳雄公司龙桥分公司案[①]中，因琳雄公司龙桥分公司生产大量不符合国家食品安全标准要求的不合格包装饮用水（且该饮用水易引起肠道炎、脑膜炎等多种疾病），销往海南省多个市县，对广大消费者健康构成潜在危害，在公告期届满没有法定的组织提起诉讼之后，检察机关即对此提起了民事公益诉讼，并提出如下诉讼请求：（1）判令被告发布公告，召回已生产的部分饮用水；（2）判令被告停止生产、销售不合格产品以消除公益危害；（3）判令被告在新闻媒体上赔礼道歉；（4）支付检察机关因该诉产生的部分专家咨询费用。通过该案可以看到，尽管食品药品领域侵害众多消费者的行为在绝大多数情况下必然对被侵害人造成损害结果，但在当前的制度中，检察民事消费公益诉讼并不具有对侵害行为提起损害赔偿这一功能。与此同时，由消费者协会作为主体提起的消费民事公益诉讼也因相同的原因在实践中未对侵害行为提出损害赔偿诉讼请求——在中国消费者协会诉雷沃重工股份有限公司案[②]中也可以观察到与上述检察消费民事公益诉讼中相同的情况。

整体看来，目前我国消费民事公益诉讼没有包括针对侵害众多消费者合法权益行为的损害赔偿功能。有观点认为，目前制度中关

---

① 参见最高人民检察院近日发布的《“保障千家万户舌尖上的安全”公益诉讼专项监督活动典型案例》第8号案例：“海南省海口市人民检察院诉海口琳雄物资工贸有限公司龙桥分公司等生产、销售不合格包装饮用水民事公益诉讼案”。

② 参见北京市第四中级人民法院（2016）京04民初94号民事调解书。

于排除消费民事公益诉讼损害赔偿功能的规则缺乏合理性，应当考虑将损害赔偿纳入该诉的责任承担方式。[①] 但从理论上说，即使检察机关可以依职权作为公共利益的代表提起公益诉讼，也并不能直接得出其就直接具有处分该诉中全部诉讼标的这一结论。与环境公益诉讼不同，消费者公益诉讼本质上客观存在作为个体的实际权利受侵害之人，立法之所以选择将损害赔偿请求权排除在该诉之外，也是在此基础上考虑到公益诉讼损害赔偿在我国目前的法律体系中欠缺实体法律规定的支持，加上司法解释亦对此无涉及，因此其在消费民事公益诉讼中的审判实践中暂时未得到适用。[②]

但该结论显然不等于对检察消费民事公益诉讼如何承担损害赔偿功能发挥这一命题考量的搁置。仔细观察可见，目前学界与实务界关于消费民事公益诉讼损害赔偿功能之论争，均将检察机关或者消费者协会提起的民事公益诉讼作为全部纠纷得以彻底解决的最后一个程序作为探讨的前提。而事实上，检察消费民事公益诉讼作为维护公共利益的手段而非唯一终局性程序，其功能也并非万能。据此，在该认识的基础上、在现行制度总体框架下考虑检察民事消费公益诉讼与民事赔偿损害诉讼如何合理、高效衔接，可能是更为实际的选择。

综上，我国现行检察消费民事公益诉讼并未发挥出其独立功能，总体来看存在以下两方面的问题。首先，该诉作为民事公益诉讼"民事"的功能被弱化，主要表现在其未能发挥出区别行政消费公益诉讼与刑事附带民事公益诉讼的独特制度功能。整体上，该诉在实践中被运用的频率过低，与前述两种公益诉讼相比尚未形成公共利益维护的良好生态；具体看，作为针对侵害众多消费者权益提起的诉讼程序，该程序目前无法解决损害赔偿这一最传统与核心的民事责任承担问题，对消费者权益保护起到的作用过于单一。其次，检察消费民事公益诉讼中"公益"的功能也没有找到作用的核心对象，主要表现在其功能与现有制度功能的重合，以及对侵害众多消费者

① 诸如李友根：《论消费者协会公益诉讼的损害赔偿请求权——对最高人民法院司法解释立场的商榷》，载《政治与法律》2017 年第 9 期；杜乐其：《消费民事公益诉讼损害赔偿请求权研究》，载《法律科学（西北政法大学学报）》2017 年第 6 期等。

② 参见最高人民法院民事审判第一庭编著：《最高人民法院消费民事公益诉讼司法解释理解与适用》，人民法院出版社 2016 年版，第 235 页。

权益与社会公共利益定位的模糊方面。从程序功能上看，现行制度下的检察消费民事公益诉讼与代表人诉讼均能够针对侵害众多消费者权益行为提起诉讼。然而，检察消费民事公益诉讼中针对“损害社会公共利益”的侵害行为进行救济的预设功能却因“公共利益”在实务中难以判断而运行受阻。在现代社会中，检察民事消费公益诉讼中“损害社会公共利益”与环境公益诉讼中的“公益”概念事实上并不具有完全相同的涵义。因此笔者认为，只有将检察消费民事公益诉讼中“损害社会公共利益”的内涵扩大解释为对消费者合法权益造成大规模类似侵害的行为，该诉才能发挥出检察机关作为提起主体的独特功能优势。

三、检察消费民事公益诉讼功能调整参照：德国民事诉讼法中的消费者示范确认诉讼

2018 年 11 月，德国民事诉讼法第六编中新增示范确认诉讼（Musterfeststellungsklage）作为主要解决针对大规模侵害消费者合法权益行为提起诉讼的民事程序。

事实上，从 20 世纪 70 年代起，就已有德国学者开始关注在大规模侵害中受到侵害的消费者之权利救济相关问题并指出：针对许多大规模侵害消费者权益的行为，消费者大多担心实力相差悬殊导致的败诉风险，且其中的大多数潜在适格原告还认为，就准备诉讼付出的时间、金钱成本已经超过其维权可能得到的赔付，[①] 所以对损失金额较小的侵害，其提起诉讼的意愿和可能就极低——在这种情况下，商业主体对消费者造成数量庞大、但是个体损失小的侵害，反而能够摆脱法律的制裁。由此，针对大规模、集团侵害消费者权益行为规制和救济的法律制度构建开始逐渐受到关注。此后，欧盟委员会的调研结果也证实了上述学者的观点：根据其调研结果，[②] 约 20% 的欧盟消费者在涉及争讼金额低于 1000 欧元时就不再有意愿提起诉讼。更有约半数消费者认为，争讼金额低于 200 欧元以下的纠纷甚至不能促使其产生维权的想法，因为单是聘请律师的费用都可能超过索赔获得的补偿。

---

① Hein Kötz, Public Interest Litigation: A Comparative Survey, in M. Cappelletti (ed), Access to Justice and the Welfare State, p. 85 – 117.

② Green Paper on Consumer Collective Redress, COM (2008) 794 final, p. 4.

在此基础上，为了进一步保障消费者遭遇侵权行为（尤其是在跨境消费时受到的侵害）时获得救济的可能、促进欧盟内部消费者集体赔偿机制的建立，欧盟委员会于2008年发布了《消费者集体赔偿绿皮书》。该绿皮书指出，大规模侵害消费者权利的行为不仅对作为个体的消费者产生侵害，更可能造成市场畸形——针对这种行为，通过团体提起诉讼的方式来进行权利救济和市场规制可能是最佳方式，欧盟各国应当积极探索相关程序规则，但为了避免鼓励诉讼的可能，各国立法时应遵循欧盟法的框架，排除惩罚性赔偿的相关立法。① 可以看出，《消费者集体赔偿绿皮书》已经开始考虑将针对消费者权益进行大规模侵权的普通商业行为也纳入团体诉讼的提起对象。

在2008年《消费者集体赔偿绿皮书》发布后，欧盟委员会在2011年再次为“致力于建立一种更加统一的欧洲集体赔偿方式”举行公开咨询。2012年，欧洲议会又通过了《迈向统一的欧洲集体赔偿法》决议，呼吁欧盟成员国推进联盟内部的集体赔偿提供统一诉诸司法工作进程，特别是针对侵犯消费者合法权益的行为。

随后在2013年，欧盟委员会又再次发布了旨在促进诉诸司法，制止市场非法行为的《成员国在受欧盟法保障的权利受到侵害时集体提起不作为和损害赔偿程序的共同原则》建议书，以促进欧盟各国推进受侵害消费者能够在其合法权益受到大规模侵害的情况下获得赔偿的适用程序构建进程，在保障其权利的同时避免滥诉的可能。②

尽管德国团体诉讼制度已经有超过百年的历史，但先前其团体诉讼相关规定始终零散分布在不作为之诉法、反不正当竞争法等单行法中，民事诉讼法始终未对团体诉讼相关程序予以规定。另外，由于提起上述团体诉讼的范围相对较小、对提起主体团体的标准也较高，不作为诉讼在实践中被提起的数量总体并不多，因此在欧盟委员会陆续发布《消费者集体赔偿绿皮书》和《成员国在受欧盟法

---

① 欧盟委员会特别提出，鉴于欧洲各国的司法体系，欧洲对美国集体诉讼中的灵活性过高的惩罚性赔偿制度应当保持消极的态度。参见 Green Paper on Consumer Collective Redress，COM（2008）794 final，p. 12。

② Gemeinsame Grundsätze für kollektive Unterlassungs - und Schadensersatzverfahren in den Mitgliedstaaten bei Verletzung von durch Unionsrecht garantierten Rechten，ABl. 201，26. 7. 2013 L. S. 62.

保障的权利受到侵害时集体提起不作为和损害赔偿程序的共同原则》建议书后，德国终于在2018年在民事诉讼法中增加了消费者示范确认诉讼的程序规则，以响应欧盟委员会的号召。

虽然示范确认诉讼在德国法上仍旧属于团体诉讼，但该诉的总体立法理念却能够为我国检察消费民事公益诉讼制度的发展提供参考方向。作为新的民事诉讼类型，该诉讼程序中的具体规则设计也可以为我国检察消费民事公益诉讼的功能调整提供相应的参照样本，为我国检察机关针对大规模侵害消费者权益损害社会公共利益的行为提起的公益诉讼的制度构建提供借鉴与改良的思路。

（一）示范确认诉讼及其提起主体条件

德国民事诉讼法最终规定，示范确认诉讼是指确认消费者和企业或企业主之间存在或者不存在据以提出权利请求所依赖的事实和法律关系（确认目标）等前提条件的诉讼。能够提起该诉的主体，应当满足下列条件：[①]（1）至少10年在专注于同一工作领域的行业协会、社团，或者至少包括350名自然人组成的上述组织。（2）在《不作为之诉法》第4条规定名单中的团体或者在欧洲议会和理事会发布的《关于保护消费者提起不作为之诉的第2009/22 / EC号指令》[②] 第4条规定的，在欧盟委员会的团体名录中至少已经存续4年的团体；另外，由公共资金资助成立的消费者中心或者其他消费者协会被推定视为这类团体。（3）以非商业性活动或者咨询服务为其法定职责，尽其所能地关心消费者的利益。（4）不以牟利为目的提起诉讼。（5）这些团体和行业协会接收的由公司资助的款项不得超过其财产资金总数的5%。若对最后两个条件存疑，法院可以要求该社团或者协会公开披露其财务情况。

（二）示范确认诉讼的提起

要提起示范确认诉讼，首先至少需要有10名消费者请求主张权利或者确认法律关系以明确该诉的确认目标。当该程序被发动后，审理法院应当在14天之内发布公告，并在公告中声明下列事宜：[③]（1）当事人名称；（2）法院名称和本次示范确认之诉编号；（3）确

---

① §606 Abs. 1 ZPO.

② Richtlinie über Unterlassungsklagen zum Schutz der Verbraucherinteressen, ABl. 110, 1. 5. 2009 L. S. 30.

③ § 607 Abs. 1 ZPO.

认目标；（4）对生活案件事实的简单陈述；（5）诉讼登记簿中记载的公告时间；（6）消费者加入权利主张请求或者法律关系的权利，其取决于他们在诉讼登记簿中的登记、注册的形式、期限、效力以及是否撤回的情况；（7）和解的效力，以及登记加入程序的消费者退出和解的权利，其形式、期限以及退出和解的效果；（8）联邦司法局在示范确认之诉程序终结后，根据加入该诉程序的消费者的申请，有为其提供记载有其权利主张相关的、记载于诉讼登记簿上的书面记录材料的义务。

此后，消费者可以根据公告的确认目标申请登记请求权或者法律关系，并依此在诉讼登记簿上登记。根据欧盟委员会建议书的规定，[①] 诉讼登记簿能通过电子化的方式操作，以便利消费者登记参诉。消费者在诉讼登记簿上登记时，只有包含下列准确信息才生效：[②]（1）消费者的姓名和住址；（2）受理该示范确认之诉的法院和编号；（3）该示范确认之诉的明确被告；（4）消费者主张请求权或者法律关系对象和理由以及请求金额。当然，若消费者想撤回登记加入诉讼，须在言词辩论程序开始之前提出。

最后，若在公告发布之后的两个月之内至少有50名消费者通过有效地在登记簿上注册加入该程序，则示范确认诉讼得以成立。

（三）示范确认诉讼提起后的效力

自示范确认诉讼被提起之日起，对该诉的被告即不得提出另外的、由相同生活案件事实和确认目标形成同一诉讼标的之类似示范确认诉讼；[③] 已经登记参加诉讼的消费者也不能对由相同生活案件事实和确认目标的诉讼标的再提起另诉[④]。如果登记参加诉讼的消费者在诉讼登记簿信息公告之前就已经对被告提起了诉讼，且该诉已涉及示范确认目标以及相关生活案件事实，则法院应当暂停该诉讼的审理，除非示范确认诉讼已经形成既判力、程序终结或者发生了消

---

① Gemeinsame Grundsätze für kollektive Unterlassungs – und Schadensersatzverfahren in den Mitgliedstaaten bei Verletzung von durch Unionsrecht garantierten Rechten, ABl. 201, 26. 7. 2013 L. S. 65.

② § 608 Abs. 2 ZPO.

③ § 610 Abs. 1 ZPO.

④ § 610 Abs. 3 ZPO.

费者撤回登记的情况。[1]

（四）示范确认诉讼的审理及裁判

一般情况下，示范确认之诉的第一审程序适用州法院相关规定。[2] 在案件审理过程中，法庭应当最迟在第一次言词辩论时，对案件相关诉讼请求予以查明。[3] 经过审理后，示范确认诉讼的判决应当在诉讼登记簿上进行公告之后作出，最终形成的示范确认判决将在法院和已经登记的消费者、被告之间就确认目标和相关生活案件事实产生拘束力；但若消费者已经有效地撤回登记，则该拘束力不产生。[4] 另外，对示范确认诉讼判决当然可以提起上诉，该上诉适用德国《民事诉讼法》中的许可上告制，[5] 针对示范确认判决提起上诉也应当在诉讼登记簿上公告[6]。

（五）示范确认诉讼的和解

在前述欧盟理事会建议书提出的“选择加入制”基础上，德国在其民事诉讼程序中设置了示范确认诉讼和解相关规则，因此法院和解原则上可以对已经登记的当事人发生生效或者不生效两种效果。法院有权对和解协议进行审查——当法院认为和解方案为有效、友好解决纠纷的方法，或者法院综合考虑事实和诉讼情况后认为该请求确认的法律关系本身具有不确定性时，其应批准和解，且该批准的裁定不能被声明不服。[7] 法院审查和解协议后以裁定的形式批准该和解协议，且该裁定必须在诉讼登记簿中公开公告；随着裁定的公告，该和解协议的效力及于未声明退出和解协议的消费者。[8]

示范确认诉讼的和解应当包含以下规定：[9]（1）对已登记消费者的偿付；（2）已登记消费者提供的其具有偿付受领权的证明；（3）偿付的到期日；（4）各方当事人之间费用分摊的分配。在和解

---

① § 613 Abs. 2 ZPO.

② § 610 Abs. 5 ZPO.

③ § 610 Abs. 4 ZPO.

④ § 613 Abs. 1 ZPO.

⑤ § 614 ZPO.

⑥ § 612 Abs. 2 ZPO.

⑦ § 611 Abs. 3 ZPO.

⑧ § 611 Abs. 5 ZPO.

⑨ § 611 Abs. 2 ZPO.

协议被法院批准后，消费者应收到该和解协议，包括关于和解的效力、退出和解的权利及其形式和期限的说明。消费者可以在法院批准和解协议后的一个月之内声明退出和解程序，但其必须提交法院或者律师事务所作出的记录书面文件。另外，出于对和解协议接受程度的考量，该制度明确了仅有当声明退出和解协议的消费者数量少于30%时，该和解协议才生效。①

四、检察消费示范确认公益诉讼功能调整的主要方向

（一）我国公益诉讼体系引入消费示范确认诉讼的必要性

通过前文对德国示范确认诉讼制度的概括介绍可以发现，该诉是德国在欧盟消费者权益维护集体框架下，针对大规模侵害消费者合法权益的商业行为提起民事诉讼进行救济的设计的诉讼。包括德国在内的欧盟各国开始逐渐意识到，在现代社会形成的大宗交易经济模式下，产品或者服务提供者的非法行为往往导致大量权利受到相同侵害的消费者的涌现。若这种单个侵害本身并不特别严重，则针对这种类型的侵害，绝大多数的消费者考虑到投入产出比，往往就放弃了作为个体进行救济、索赔的权利——这种情况下，不法商家反而比诚信的企业获得了更大的竞争优势。② 但这种愈演愈烈的情况显然对权利受侵害的消费者和稳定的市场环境造成了双重打击。针对这类问题，德国民事诉讼中的传统制度，诸如团体诉讼代理人制度③也显得无力。而在团体诉讼方面，虽然此前德国法中针对不法商业行为已经确立了不作为诉讼和投资示范诉讼，但其尴尬的处境在于，这两种诉讼模式在解决大规模侵害普通消费者权益的情况中，均受一定条件的限制：不作为诉讼的程序制度仅允许相关团体依据不作为请求权以及撤去不当得利请求权进行诉讼，若消费者欲提起损害赔偿请求权，就已经突破了该诉讼制度的“不作为”框架。④而在投资者示范诉讼中，当事人虽然可以主张损害赔偿请求，一方

① § 611 Abs. 5 ZPO.

② Diskussionsentwurf des Bundesministeriums der Justiz und für Verbraucherschutz：Entwurf eines Gesetzes zur Einführung einer Musterfeststellungsklage. S. 9.

③ § 79 Abs. 2 ZPO. 根据本条规定，消费者中心和其他获得公共资助的消费者团体，有权在其专业范围内收集消费者的要求，作为诉讼代理人代理诉讼。

④ Diskussionsentwurf des Bundesministeriums der Justiz und für Verbraucherschutz：Entwurf eines Gesetzes zur Einführung einer Musterfeststellungsklage. S. 10，11.

面其适用范围仅限于资本市场领域；另一方面，该诉要求由受到损害的当事人首先提起诉讼，[1] 在当事人未起诉的情况下，团体并不能直接介入起诉。因此，以消费者的损害赔偿请求权为侧重点为其提供相应民事救济的诉讼模式就有其重要性与迫切性。在此背景下，德国消费者示范确认诉讼最终诞生。

对比我国的情况可以看到，我国消费民事公益诉讼目前的运行困境与德国先前的情况颇有相似之处。尽管早在2016年《消费民事公益诉讼解释》就已经出台实施，但相较其他公益诉讼类型，作为专门针对侵害众多不特定消费者合法权益、危害公益行为提起的诉讼，消费民事公益诉讼在实践的运行中始终未能发挥出其应有的作用。事实上在过去检察民事公益诉讼起步阶段的探索中，由于刑事附带民事公益诉讼相对其他诉讼类型更加简单，所以在2019年之前的公益诉讼实践中，刑事附带民事诉讼的适用比例明显畸高，占据总数的76.7%；[2] 独立的民事公益诉讼，尤其是消费民事公益诉讼的功能发挥效果实际不很理想。

首先，现行制度下的消费民事公益诉讼与传统消费者纠纷民事诉讼的区分度不高。有学者指出，在大部分情况下，实现维护社会公共利益这一目的实际上通过民事诉讼就能解决，而这种诉讼在现代社会被提起的数量还将显著增加。[3] 所以过去，我国消费者权益保护相关纠纷也始终通过普通民事诉讼解决。另外，在消费者维权领域中，大规模商业侵害对象的最小单位最终仍是独立的民事主体，其本身即可提起独立的民事诉讼，也就是说，消费者本身就能够在民事法律体系中找到实体法上的请求权基础，对自身遭受的侵害进行救济。对此笔者以为，严格对应环境公益诉讼中因实体请求权缺乏而需要通过特殊的公益诉讼程序进行救济的、具有不特定性的“公益”概念，在消费者公益诉讼中实际上并不存在。基于对环境公益诉讼和消费公益诉讼中“公益”概念混同理解的“大公益诉讼”制度设立理念，我国现行消费民事公益诉讼制度就出现了在很多情

---

① § 2 Abs. 2 KapMuG. 本条规定，具有相应诸如损害赔偿请求权或者合同履行权等实体请求权当事人应当为示范诉讼申请提出的主体。

② 张璐：《最高检：未来三五年公益诉讼类案件多发、稳升》，载《新京报》2019年1月7日。

③ Hein Kotz, Public Interest Litigation: A Comparative Survey, in M. Cappelletti (ed), Access to Justice and the Welfare State, p. 85.

况下与民事诉讼法中规定的代表人诉讼功能重合的情况，但相比代表人诉讼，其在主体资格、损害赔偿的请求权等方面甚至还有更多制约，可能发挥的救济作用相对有限。

其次，现行制度下的消费民事公益诉讼与检察消费行政公益诉讼的功能基本重合。目前，由于检察机关高度贯彻“诉前实现保护公益目的”理念，主要通过发出检察建议的方式督促行政机关积极履职的方式在实践中效果显著，[①] 因此消费行政公益诉讼案件占据消费公益诉讼案件总数的绝对多数。而在消费民事公益诉讼案件中，根据《消费民事公益诉讼解释》的规定，检察机关和消费者协会对侵害消费者权益行为提出的诉讼请求亦被限定在请求排除妨碍、停止侵害等方面，其最终效果与行政消费公益诉讼诉前程序中督促行政机关依法履行监管职责的效果并不存在显著差异——两种程序的侧重点均在于使侵害停止或防范侵害重复发生，对已经产生侵害的损害赔偿问题均无涉及。

在上述结论的基础上，研究消费民事公益诉讼的应然功能显得很有必要。在“公益”功能方面，我国消费公益诉讼中的“损害社会公共利益”概念，也应当被理解为大规模相同或者类似的侵权行为所侵害的市场和社会秩序。当大规模侵害行为产生，但个体消费者因诉讼成本和风险之故不欲提起诉讼时，消费民事公益诉讼的功能才能与传统民事诉讼甄别开来。在“民事”方面，损害赔偿请求权应当被纳入消费民事公益诉讼制度，以保障受侵害人得到切实救济，同时也有助于民事公益诉讼真正回归民事诉讼制度框架下发挥其应有作用。而示范确认诉讼正是在民事诉讼程序的框架下对侵害众多消费者权益和市场秩序的行为提起的诉讼。所以，将其经过本土化改良之后引入我国公益诉讼制度，能够补强现行消费民事公益诉制度体现出的弱势，激活其在实践中的运行，继而发挥出其在消费者权益维护方面应当体现的“民事”“公益”诉讼功能。

（二）检察机关提起消费示范确认公益诉讼的天然优势

首先，相较于德国由团体提起的方式，在我国改由检察机关提起消费示范确认公益诉讼，符合我国检察机关作为法律监督主体与

---

① 张军：《树立“诉前实现保护公益目的是最佳司法状态”理念》，载最高人民检察院网站，https：//www. spp. gov. cn/spp/zdgz/201910/t20191023_435518. shtml。

公益诉讼代表的双重身份。在公益诉讼制度未被现行立法明确规定以前，从20世纪90年代起，鉴于当时的行政诉讼法和民事诉讼法明确规定了检察机关的法律监督职能，我国检察机关就已经开始基于法律监督职能直接或者督促其他团体、组织进行公益诉讼的实践探索。[①] 检察公益诉讼被正式写入民事诉讼法和行政诉讼法后，在履行职责的过程中发现针对侵害众多消费者权利损害社会公共利益的行为及其相关线索时，检察机关的法律监督职能也体现得十分明显[②]——如果检察机关履职过程中未能以检察监督职能完成线索收集过程，就不能提起后续的公益诉讼。从该角度看，由检察机关这一具有法律监督与公益维护职能的国家司法机关针对其履职过程中发现的侵害众多消费者权利损害社会公共利益的行为收集证据并提起公益诉讼，除了能更有助于消费者的权利得到救济之外，也有利于大规模消费者侵权案件中所涉公共利益，诸如食品药品市场秩序的维护。

其次，由检察机关提起消费示范确认公益诉讼，能有效解决团体提起诉讼动力不足的问题。关于我国公益诉讼拟制原告提起动力不足的情况，尽管理论界近年来已有不少研究针对该问题和原告起诉的激励机制进行了探讨，[③] 然而实践中最终由团体提起的消费民事公益诉讼仍然鲜少；在近年来消费者协会提起的为数不多的公益诉讼中，还存在案件最终在并未取得进展的情况下即草草告终的情况[④]。可见在我国现行法律制度下，由消费者协会作为拟制原告提起消费公益诉讼的模式并未起到预期效果。同样，在德国实践中，一

① 参见最高人民检察院民事行政检察厅编：《检察机关提起公益诉讼实践与探索》，中国检察出版社2017年版，第33页。

② 蔡虹：《检察机关的公益诉权及其行使》，载《山东社会科学》2019年第7期。

③ 关于该方面的探讨，参见白彦：《论民事公益诉讼主体激励机制的建构》，载《北京大学学报（哲学社会科学版）》2016年第2期；陈亮：《环境公益诉讼激励机制的法律构造——以传统民事诉讼与环境公益诉讼当事人结构差异为视角》，载《现代法学》2016年第4期；余彦：《驱动视角下消费民事公益诉讼的主体安排及其激励机制》，载《江西师范大学学报（哲学社会科学版）》2018年第5期。

④ 诸如某省消保委诉某铁路局公益诉讼案，最终该案原告称与被告已经“达成谅解”，在上诉期间内撤回上诉。参见（2015）沪铁受初字第1号民事裁定书。

方面由消费者协会这一主体提起的团体诉讼的情况亦是少见,[①] 另一方面，德国学者对团体亦即德国法上的行业协会和社团、组织等团体担当示范确认诉讼主体这一重任仍然多抱有忧虑。研究者指出，虽然这些具备主体资格的团体多是长期在资本市场纠纷处理中具有十年以上专业经验的团体，但由于其以往处理案件的标的额往往十分可观，所以对这些团体能否在如今大规模侵害消费者、但消费者的损失均较小的案件中具有同样的积极性这一点持保守观点。[②] 而在我国的司法体系中，由于公益诉讼检察目前已经被列为新时代四大检察工作的重要方面，在此制度基础上引入由检察机关提起的示范确认公益诉讼，能够有效解决包括消费者协会在内的社会组织提起公益诉讼动力不足的问题，契合检察机关目前阶段“统筹推进，依法履行公共利益代表职责”这一发展方向。

最后，由检察机关提起消费示范确认公益诉讼，有利于解决社会组织公益诉讼中起诉资金不足或者滥诉的两极问题。由于我国的公益诉讼制度总体在理论和具体制度的设计上还相对处于初步阶段，在其他类型的公益诉讼实践中随意起诉的情况确有存在。德国法中为了防止团体随意提起消费示范确认诉讼，对该诉仍然适用民事诉讼法关于诉讼费用的规则，即诉讼费用由败诉方当事人承担[③]——在这种情况下，高昂的诉讼费用实际上就发挥了尽可能防止团体诉讼随意起诉的功能。而我国公益诉讼制度对社会组织等拟制原告的诉讼费用缴纳一直采取相对宽和的态度，在败诉的情况下原告可能也不需要承担诉讼费用。诉讼费用这一防止滥诉的杠杆在我国公益诉讼制度中就无法发挥其应有的效能。对试图提起公益诉讼的绝大多数社会组织而言，高额的诉讼费用确是一个无法回避的难题，这也正是德国消费示范确认公益诉讼制度中，法院在诉前要对起诉团体的财务状况进行事先审查的原因。在我国实践中，也出现过社会组织因“天价诉讼费”而无法提起公益诉讼的情况以及因社会组织败诉最终无力支付高额诉讼费用的情形。[④] 因此，由检察机关提起消费

---

① MüKoZPO/ Micklitz, Rott, UklaG §4 Rn. 21.

② MMR 2019, 8.

③ § 91 Abs. 1 ZPO.

④ 诸如在绿发会诉常隆公司等公益诉讼案中，绿发会因败诉须承担超过189 万元的诉讼费用，该案诉讼费用截至报道日仍处于缓交状态。具体参见：《常州法院回应“天价公益诉讼费”》，载《法制日报》2017 年 2 月 8 日。

示范确认公益诉讼，能够解决民事主体作为团体诉讼原告时因诉讼费用无法提起诉讼或者完成诉讼的问题。同时，检察机关作为法律监督者和公益诉讼代表的这一双重身份，随意提起消费示范确认公益诉讼的可能性也大大降低。

（三）检察消费示范确认公益诉讼功能调整的主要方向

1. 对确认目标和相关事实法律关系的确认

不同于我国现有的公益诉讼类型，检察消费示范确认公益诉讼首先属于确认之诉。从定义看，确认之诉旨在有拘束力地确认某一法律关系存在或者不存在，或者在少数情形下确认文书是否真实，确认判决原则上不具有执行力。[①] 德国《民事诉讼法》在引入示范确认诉讼时，为了确认对象拘束力的考虑，对该诉的确认对象在立法中进行了扩大解释，[②] 将其扩大为“消费者和企业之间是否存在据以提出权利请求所依赖的事实和法律关系”，并将其概括为示范确认诉讼的“确认目标”。结合德国法对该诉的定义，我国的检察消费示范确认公益诉讼应当是由检察机关提起的、确认侵害众多消费者合法权益等损害社会公共利益的这一确认目标（包括事实和法律关系）是否存在的民事公益诉讼。根据这一定义可以看到，该诉与现有公益诉讼体系中已经存在的诉讼类型相比均有不少的差异；但同时，确认之诉作为公益诉讼运行的功能优势也十分明显。

首先，相较给付之诉，确认之诉更适合作为公益诉讼在实践中运行。根据《消费民事公益诉讼解释》第 13 条的规定，消费民事公益诉讼的原告可以请求被告承担停止侵害、排除妨碍、消除危险、赔礼道歉等民事责任，因此过去消费民事公益诉讼的性质被确定为给付之诉。与给付之诉相比，确认之诉在公益诉讼制度中的运用更加灵活。给付之诉一般均需要有实体法上相应的请求权基础。而确认之诉则没有这方面的要求。理论上看，其可以突破实体法意义上的请求权，可以针对绝大多数的权利和各种法律关系予以确认。[③] 尽管确认示范公益诉讼的这一功能上在消费民事公益诉讼上的优势并

① 参见［德］罗森贝克等：《德国民事诉讼法》（下），李大雪译，中国法制出版社 2007 年版，第 655 页。

② NJW 2018，2921.

③ 参见［德］罗森贝克等：《德国民事诉讼法》（下），李大雪译，中国法制出版社 2007 年版，第 656 页。

不十分明显，但该种模式如果能够在消费公益诉讼实践中被检验有效，则日后确认之诉在解决环境民事公益诉讼中因诉权缺乏实体法上请求权基础而产生的程序问题方面将会发挥极大的功能优势。在消费民事公益诉讼中，确认之诉的优势主要在确认该诉的确认目标是否存在，继而对其形成既判力方面。虽然在公益诉讼中，确认之诉相比给付之诉的弱势也十分明显——当事人并不能直接根据确认判决申请执行，但确认之诉却可以在一个诉讼程序内即确认数百名甚至更多消费者受到了被告行为的侵害这一事实法律关系，对纠纷的最终彻底解决有着重要的价值。在检察机关作为主体提起的示范确认公益诉讼中，由于检察机关具有全面了解案情的能力，因此由其作为主体承担确定该诉确认目标的重要任务，也能保障维护社会公共利益这一目标得到最大程度的实现。

其次，经过检察消费示范确认公益诉讼的审理，法院认为该诉被告的商业行为与合法权益受侵害的众多侵害消费者之间不存在法律关系，可以通过确认程序作出消极的确认判决。该诉被告可以据此免受针对同一事实引发的重复起诉，继而从实质上为该诉两造提供平等的法律保护。

2. 对众多分散消费者损害赔偿请求权的合并

德国示范确认诉讼合并的是各个独立诉讼中的损害赔偿请求权，而非损害赔偿诉讼本身。[①] 该规则可以让所受侵害比较轻微的消费者最终也有可能通过诉讼得到应有的赔偿。在我国的消费公益诉讼司法实践中，虽然独立的消费确认公益诉讼尚不存在，但给付判决中也会包含确认的内容。

中国消费者协会诉雷沃重工股份有限公司、北京天华旭自行车商店等消费民事公益诉讼案[②]中，雷沃公司故意生产、销售外廓尺寸不符合强制性国家标准的正三轮车，并为其出具虚假车辆合格证，共计制造生产了不合格车辆 31085 台，售出 26959 台。其部分经销商也存在以虚假证书销售上述不合格车辆的情况，实际售出不合格

---

① Zypries, Verbraucherschutz durch Verfahrensrecht, Der Erfolg der Verbandsklage und die Zukunft der kollektiven Rechtsdurchsetzung, Rede bei der Tagung *Gemeinsam stark – Neue Klagerechte für Verbraucher* der verbraucherzentrale Bundesverband am 17. Juni 2008, Berlin.

② 参见北京市第四中级人民法院（2016）京 04 民初 94 号民事调解书。

三轮车870台。除提出请求停止侵害、排除风险等诉讼请求之外，中消协还提出了要求确认被告的行为属于“对众多不特定消费者的欺诈行为”这一诉讼请求。该确认请求仅要求对该不法行为的不法性质进行确认，未对不法行为与受侵害消费者之前的法律关系提出确认请求，质言之，该诉讼中已经被查明的事实与相关侵权法律关系最终并未通过该公益诉讼产生既判力。从理论上看，本案中购买了不合格车辆的个体消费者不能通过该公益诉讼的生效判决要求被告公司进行损害赔偿。但颇具意趣的是，该案最终在审理法院的主持下达成了调解协议，在该协议中，雷沃公司承诺将对消费者进行损害赔偿。通过该案可以看出，我国部分消费民事公益诉讼已经开始对如何最大限度地保障消费者权益进行有效的思考与探索。

由此可见，消费示范确认公益诉讼将消费者的损害赔偿请求权予以合并，并借助确认诉讼程序使对该法律关系以及该诉确认目标的确认产生拘束力。此后，权利受到侵害的消费者即可以根据该确认判决通过民事诉讼程序对被告主张损害赔偿并获得具有执行力的裁判文书。[①] 对此，有学者担忧，在诉讼登记阶段中，审理法院对消费者登记的内容不进行实质审查，在此阶段若出现消费者请求登记不全的情况，则该缺失部分的请求即可能无法通过程序进行确认。[②] 有鉴于此，我国在移植该制度时，应当结合消费公益诉讼的特征，发挥检察机关提起公益诉讼这一“中国模式”优势，[③] 对参与诉讼登记时消费者提交的请求权申请的重要构成要件进行指导或者审查，以免出现上述情形，最终影响公益诉讼的起诉效果。

从另一个角度看，检察示范确认公益诉讼仅对合并损害赔偿请求权后案件的事实、法律关系与确认目标予以裁判，而将后续消费者实现损害赔偿请求权、获得偿付的过程交还给传统民事诉讼解决的模式，也解决了目前检察公益诉讼中的重大难题：损害赔偿数额的确定问题。

---

① Geuther/ Gavrilis, Musterfeststellungsklage: Verbraucher gegen Unternehmen, 12. 06. 2018 Deutschlandfunk.

② VuR 2019, 83.

③ 李维、王丽坤：《张雪樵应邀在青海省人大常委会授课时指出：公益保护“中国模式”的优势逐渐显现》，载《检察日报》2019年9月28日，第1版。

3. 增加选择加入、退出与和解机制

实践中存在权利受到侵害的民事主体提起传统民事诉讼请求救济，但法院却以案件涉及公共利益、应当适用公益诉讼程序审理而不予受理的情形。[①] 因此，明确民事公益诉讼中权利受到侵害的民事主体仍旧可以根据其自由意志以自己提起诉讼的方式进行权利救济就很有必要。

德国示范确认程序赋予消费者选择加入、退出自由选择权的机制，主要是吸收了欧盟委员会此前在《对违法反不正当竞争行为提起损害赔偿诉讼的白皮书》中提出的思路框架。这一机制价值在于，其明确赋予消费者两条可选路径：消费者可以自己就侵权行为提起传统民事诉讼，也可以选择加入团体诉讼；在言词辩论开始之前，消费者亦可以退出登记与诉讼。[②] 有观点称该机制的存在将使团体诉讼失去意义、增加司法机关的负担。[③] 另有观点认为，该制度为部分消费者提供了搭便车的机会：有的消费者会先提出个人诉讼，若在个人诉讼中预知到败诉的风险，即撤诉登记加入消费示范确认诉讼中。[④]

若我国以检察机关替代消费者团体作为该诉的提起主体，基于对检察权以及检察机关检察监督与公益代表这一双重身份的信任，登记参诉的消费者在程序中退出诉讼的可能性并不高，个别退出程序消费者并不会影响检察消费示范确认诉讼的运行。而“搭便车”，笔者认为这正是检察公益诉讼制度存在的价值。若消费者在传统民事诉讼的开始阶段因自身能力、证据获取相关因素无法抗衡实力较强的商业主体而预估到败诉的风险，继而登记加入检察机关提起的消费示范确认诉讼，恰恰说明了该诉在现代社会存在的必要性与重要性。此外，鉴于传统民事诉讼还设有撤诉限制与诉讼费用两道调节杠杆，个体消费者对商业主体大规模侵害消费者权益行为提起滥

---

① 关于这类情况，具体参见例如（2017）沪民申 323 号民事裁定书、（2018）津 01 民终 2272 号民事裁定书等。

② NJW 2018，2921.

③ Zypries，Verbraucherschutz durch Verfahrensrecht，Der Erfolg der Verbandsklage und die Zukunft der kollektiven Rechtsdurchsetzung，Rede bei der Tagung *Gemeinsam stark – Neue Klagerechte für Verbraucher* der verbraucherzentrale Bundesverband am 17. Juni 2008，Berlin.

④ NJW 2019，411.

诉的可能性并不大。

除了在消费者参诉这一环节上的选择加入、退出机制，示范确认诉讼在其独特的和解制度设计中也同样秉承了当事人自治原则，由其自由决定是否选择加入或者退出和解的机制。选择加入、退出和解制的存在，有利于推进诉讼和解的达成可能。而达成和解，则有助于减轻当事人在示范确认诉讼结束后实现权利的负担。法院通过裁定确定和解的内容后，该裁定的效力将及于所有未声明退出和解的消费者；同时，因退出和解并不影响消费者登记行为本身，消费者退出和解的行为并不影响诉讼时效的中断状态，当事人仍可以通过自己提起诉讼来完成权利救济。我国检察公益诉讼实践已经表明，“诉前实现保护公益目的是最佳司法状态”①。正如目前已经在行政公益诉讼中发挥巨大作用的诉前程序一样，以用最小的司法资源获得最佳的效果为目标，在消费者民事公益诉讼中推进和解的达成、为当事人争取到最大的权利，也是检察消费示范确认公益诉讼制度的重要应然功能。

4. 通过程序衔接激活现有诉讼类型

在检察消费示范确认公益诉讼已经达成和解协议或者获得确认判决的前提下，通过我国现有法律体系之下的民事诉讼解决该诉的后续程序衔接问题，存在多种可能的选择方向。首先，在示范确认诉讼之后衔接个体消费者实现权利的程序。对于经过法院批准生效的和解协议，消费者可以通过司法确认程序对和解协议的效力予以确定；对于法院作出的示范确认判决，损害赔偿金额较低的，则可以尝试通过小额诉讼程序解决。其次，在示范确认诉讼之后衔接消费者集体实现权利的程序。此时由于确认目标及其相关法律事实问题均已经诉讼产生既判力，适用代表人诉讼解决后续赔偿问题相对而言将更加高效。由此可见，检察消费示范确认公益诉讼的引入，还可能激活目前我国民事诉讼实践中诸如小额诉讼、代表人诉讼等相对运行低迷的诉讼类型，使其重新焕发功能生机。

五、结语

总体来看，我国目前的公益诉讼制度中仍然缺乏针对大规模侵

① 张军：《树立“诉前实现保护公益目的是最佳司法状态”理念》，载最高人民检察院网站，https://www.spp.gov.cn/spp/zdgz/201910/t20191023_435518.shtml。

害消费者权益、损害社会公共利益行为进行有效规制的民事公益诉讼程序。虽然德国检察机关并不介入民事诉讼活动，示范诉讼程序在德国均由相关具有资质的团体提起，但该制度能够为我国消费民事公益诉讼功能的重新定位提供相对清晰、明确的调整思路。首先，对我国检察消费民事公益诉讼而言，增加示范确认公益诉讼以发挥给付之诉受制于理论障碍无法发挥的损害赔偿功能，符合消费者权益维护诉讼的最终目的。其次，示范确认公益诉讼由检察机关作为主体提起，能够有效结合检察机关的职责优势，使众多因为诉讼成本高、胜诉可能低而放弃维权的消费者可以直接根据确认判决认定的侵权法律关系以及确认目标，在后续的程序中获得索赔。具体来说，该程序通过诉讼登记制度合并消费者的损害赔偿请求权，将对消费者而言最困难的诉讼环节，即对侵权法律关系确立的认定予以一次性集中完成，并积极通过这种方式推进经营者、商业主体与消费者进行和解。如此，消费民事公益诉讼作为“民事”和“公益”诉讼的独立程序功能才能够得到准确发挥，检察消费民事公益诉讼这一相对低迷的诉讼类型也就自然能被重新激活。

论检察机关提起规范性文件审查之诉

冯　健*

现行《行政诉讼法》第53条、第64条为规范性文件①一并审查提供了合法性依据，但是该制度并未在实践中发挥良好的作用。这种末端一并解决行政规范性文件合法与否的问题方式很大程度上给行政诉讼制度的发展带来了新的困扰，提出一并审查请求率和启动一并审查率双低的局面②直观暴露出该项制度定性偏失、体系架构不合理、程序过于粗放等问题。究其根本原因在于，我国现行行政诉讼体系属主观诉讼，要求所涉之诉必须与公民、法人或其他组织存在现实的利害关系，这直接导致了大量合法性存疑的规范性文件以未被行政行为明确引用等原因而排除在规范性文件一并审查之诉之外。此外，一并审查制度功能取向的双重形态，不仅仅要求法院在认定规范性文件是否合法的基础上判断行政行为是否合法，进而实质性地解决行政争议，而且要求法院对被认定为不合法的规范性文件采取一种非判决式的处理方式，以期从源头上防止基于不合法规范性文件而产生的行政行为失序现象的出现。③ 但是，从一并审查制度运行四年多来的效果来看，一并审查制度并没有实现其预设目标。

既然构建一并审查制度的目的之一是从源头上化解规范性文件

---

* 中国政法大学法学院2018级宪法学与行政法学博士研究生。

① 本文所称规范性文件指的是规章以下的规范性文件，也包括国务院所作出的决定、命令。

② 程琥教授在《新行政诉讼法疑难问题解析与实务指引》第十三章中对规范性文件一并审查制度运行状况进行了实证考察。他对2015年5月1日至2016年4月30日的行政裁判文书进行全文检索，发现在各级法院作出的42412份行政判决中，提出规范性文件一并审查请求的仅126件，占比约0.30%，启动一并审查请求的8件，占提出一并审查请求的6.35%。

③ 参见耿玉娟：《规范性文件附带审查规则的程序设计》，载《法学评论》2017年第5期。

不合法的问题，那么我们为何不把问题提前，在规范性文件不产生个案效力时就加以纠正呢？相比之下，构建具有客观诉讼性质的规范性文件之诉[①]，具有源头化解规范性文件合法性缺失、低成本、高效率等优势，有利于构建更加和谐有序、合法性有保证的规范性文件构成体系，为建设法治政府、促进行政机关依法行政提供有力的制度保障。

一、构建客观诉讼性质的规范性文件审查之诉的必要性

（一）洗垢求瘢：现行规范性文件一并审查制度的缺陷

法律的生命力在于执行，制度的生命力在于实施，评价一个法律制度的好坏需要考量其实施效果，提出一并审查请求率很大程度上能够反映公民、法人和其他组织对规范性文件一并审查制度的认可度和信任度。如前所述，根据2015年5月1日至2016年4月30日的数据统计，提出一并审查请求率和启动一并审查率双低乃客观事实。此外，笔者对2016年5月1日至2019年10月1日的数据再次作了统计，发现规范性文件提出一并审查率相较于前一年度不升反降，仅为0.24%。可见，规范性文件一并审查制度应用率不高恐怕不能归咎于新制度产生后的普及、适应过程，其自身的制度设计仍存在一些问题。

首先，现行规范性文件一并审查之诉属主观诉讼范畴，不仅需要依附于具体行政行为，而且需要保证该具体行政行为与一并审查的规范性文件之间有明确的利害关系（最高人民法院《关于适用〈中华人民共和国行政诉讼法〉的解释》第145条要求仅可对所“依据”的规范性文件进行一并审查）。利害关系要件和过于狭窄的受案范围导致为数众多的行政违法行为无法接受司法审查，延缓了行政法治的进程。[②]

其次，法院对规范性文件并不具有完整的司法审查权，是一种

---

① 本文认为，现阶段一并审查制度存在诸多问题，应当允许对规范性文件进行直接审查，并将这种审查定性为客观诉讼性质，由检察机关直接行使国家的法律监督权，对其规范性文件进行全面审查。下文所指规范性文件审查之诉，笔者都将其定义为带有客观诉讼性质的诉讼。

② 朱学磊：《论行政公益诉讼的宪法基础——以传统行政诉讼模式的合宪性危机为线索》，载《现代法学》2016年第6期。

准裁判，即使法院经审查认为行政行为所依据的规范性文件不合法，也不能作出如同被诉行政行为一样的裁判。[①] 正是这种并不完整的司法审查权，再加上《行政诉讼法》第53条和第64条原则性的规定，法院在审理相对人提起的规范性文件一并审查请求时难以以统一的标准和尺度进行司法审查。即便2018年最高人民法院出台的《关于适用〈中华人民共和国行政诉讼法〉的解释》中用7个条文对案件管辖、一并审查提出的时间、审查标准、处理方式以及部分程序作出了相关规定，法院在实际审理具体案件时也难有积极作为。以上原因直接导致了法院以被诉行政决定书中“未注明适用”、行政决定书“未援引”、规范性文件并非“直接依据”等为由不予启动一并审查或对原告提出的“正当理由”进行严格限定，不在庭审中认可一并审查请求。[②]

再次，行政诉讼法并没有对不合法的规范性文件设置任何强制性规定，仅在最高人民法院《关于适用〈中华人民共和国行政诉讼法〉的解释》第149条规定，对于不合法的规范性文件，法院可以向制定机关、主办机关或者共同上一级行政机关发送司法建议。司法建议并不具有强制性，其产生的效果也比较有限，常有法院发出司法建议后便再无下文，致使一并审查制度沦为摆设，长此以往司法的权威性将受到巨大的折损，相对人的合法权益也难以得到有效保障。

最后，法院对规范性文件进行细致、全面的审查不具有期待可能性，即使人民法院上主观有意为之，在客观上也难以完全实现。规范性文件所涉及的内容不仅仅是法律，同时也包含大量的专业性知识、政策性因素，而法官的日常工作是适用法律作出判决裁定，难免对政策性因素把握不足、拿捏不准，强行要求法官脱离“本行”去做“外行”，极易适得其反、产生负面效果。

（二）择善而从：定性客观诉讼，弥补主观诉讼之缺

根据国务院办公厅《关于加强行政规范性文件制定和监督管理

---

① 参见黄学贤：《行政规范性文件司法审查的规则嬗变及其完善》，载《苏州大学学报（哲学社会科学版）》2017年第2期。

② 参见程琥：《新行政诉讼法疑难问题解析与实务指引》，中国法制出版社2019年版，第295—298页。

工作的通知》（国办发〔2018〕37号）对规范性文件所下的定义，[①] 我国规范性文件用以弥补法律、法规、规章之漏洞，涉及公民、法人和其他组织的权利义务，具有普遍约束力，具有明显的行政管理特性。其适用对象的不特定性、适用方式的反复性将会对公民、法人和其他组织的生活产生极大的影响。而客观诉讼具有公益性、抽象性、预防性、严格性等特征，[②] 能够完美契合、解决规范性文件所引发的各种争议。公益性表明客观诉讼的目的在于以公共利益为出发点监督行政行为的合法性，因此原告并不局限于权利受到实际损害的公民、法人或其他组织，也包括行使法律监督权的检察机关；抽象性表明客观诉讼审查的对象并不局限于具体行政行为，也可包含抽象行政行为，不以个案正义为最终目标，追求的是一种宏观的公平正义，涉及事项更多、覆盖群体更广；预防性表明客观诉讼不要求实际损害为起诉条件，只要存在潜在的、可能发生的风险即可提起，防止不可逆风险的形成；严格性表明客观诉讼的适用范围不及主观诉讼，客观诉讼影响更大、范围更广，需要谨慎适用，因此严格性对客观诉讼的原告提出了更高的要求。首先，其必定是能够代表公共利益；其次，必须掌握足够的专业知识和法律技术，能够对法律、政策等进行全盘、充分的衡量与考虑，这有这样才能够胜任客观诉讼原告这一重要角色。

从域外经验来看，德国规范审查之诉虽服务于主观的法律保护，但其兼以行政合法性监督为目的，从规范审查之诉的适法性、理由具备性以及判决效力来看，具有鲜明的客观诉讼属性，是一个“客观的对抗程序”。[③] 从我国自身的客观诉讼探索实践来看，自2015年7月1日，十二届全国人大常委会第十五次会议作出《关于授权最高人民检察院在部分地区开展公益诉讼试点工作的决定》以来，检察院已经在生态环境和资源保护、国有资产保护、国有土地使用权

① 行政规范性文件是除国务院的行政法规、决定、命令以及部门规章和地方政府规章外，由行政机关或者经法律、法规授权的具有管理公共事务职能的组织（以下统称行政机关）依照法定权限、程序制定并公开发布，涉及公民、法人和其他组织权利义务，具有普遍约束力，在一定期限内反复适用的公文。

② 欧爱民：《论行政诉讼的客观化》，载《求索》2004年第7期。

③ 参见姚腾越：《德、日、法行政诉讼性质浅析——以主观诉讼和客观诉讼的二分为视角》，载《研究生法学》2014年第3期。

转让、食品药品安全等领域进行了提起公益诉讼、捍卫公共利益的探索，形成了良好的社会影响和丰富的实践经验。因此，将规范性文件审查之诉定性为客观诉讼，并以客观诉讼模式进行理论和实践创新有迹可循、有经验可以借鉴。

客观诉讼性质的规范性文件审查之诉至少可以带来两方面的有利影响：第一，它可以弥补传统主观诉讼原告地位弱势、专业和法律知识不足等弊端，还能一定程度上缓解原告经济压力，减少原告因不堪诉讼成本而放弃司法救济的可能性。现阶段，我国行政诉讼的原告法律知识的匮乏是一个不容争辩的事实，当事人通常会通过委托律师等形式寻求相对专业的法律服务，但是法律从业人员的水平参差不齐，原告欲寻求较好的法律服务也得在经济上付出更大的成本。第二，可将规范性文件合法性争议前移，提升法的安定性，减少规范性文件合法性存疑在司法审判中的影响，为人民法院的司法审判工作减压。通过传统主观诉讼一并审查规范性文件合法性在理论上也具有化解争议、定分止争的功能，但是这是一种通过个案来推动规范性文件审查的方式，也是一种末端解决争议的方式，运行难度较大，化解争议也不彻底。即便法院确定案件所涉规范性文件不合法，作出有利于原告的判决、实现个案正义，也会因裁判信息公开度不高等原因难以使其他法院知晓，待同类案件再出现时，其他法院不得不重新审查，重复劳动无疑给原本就不堪重负的法院增添了新的压力。建构客观诉讼性质的规范性文件审查之诉可以将规范性文件合法性争议前移，将矛盾化解在规范性文件的个案适用之前，这样可以让行政机关适用规范性文件过程中更有底气，让法院在一定程度上减轻司法审判的压力。

（三）优势互补：形成主客观并行的规范性文件审查诉讼制度

德国、日本、法国等国家的成功经验一定程度上验证了构建主客观并行的诉讼制度的可行性与必要性。我国公益诉讼制度的有效运行也说明了客观诉讼在我国存在生长的“土壤”和成长的空间，其与我国现行行政诉讼的完美契合与优势互补更为中国特色争议化解体系的构建增添了浓墨重彩的一笔。

建构客观诉讼性质的规范性文件审查之诉并不意味着对一并审查规范性文件之诉的摒弃，相反，二者能够优势互补。前者注重规范性文件合法性的普遍审查，由法律监督机关依职权进行，无须个案的推动；后者在注重个案正义实现的同时附带审查规范性文件的合法性，需要当事人依申请提出。后者对前者来说是一个补充的过程，即在前者出现遗漏或因社会的发展、时代背景的变化而产生不适应现实的情况下以个案推动的方式来实现普遍正义。在规范性文件审查领域，客观为主、主观为辅，主客观并行形成中国特色的规范性文件审查诉讼制度。

二、检察机关提起规范性文件审查之诉的基础

（一）法律制度基础

我国宪法和人民检察院组织法为检察机关提起规范性文件审查之诉提供了合法性依据。《宪法》第 134 条及《人民检察院组织法》第 2 条均规定，人民检察院是国家的法律监督机关。规范性文件的效力层级虽低于法律、法规和规章，但其具有明显的行政管理职能，影响着公民、法人和其他组织的权利义务，也属于广义法的范畴，因此人民检察院作为国家的法律监督机关，监督规范性文件的合法性是宪法和人民检察院组织法的应有之义。

此外，从西方国家尤其是大陆法系国家检察制度的产生和发展来看，其主要是体现对国家和社会公共利益的保护，这也是催生检察机关（检察官）行政公诉权的根本和直接原因。[①] 法国现代国家创建中对检察权及其制度的废立反复的过程及其历史经验教训表明，创设检察权的一个重要目的，在于通过统一追诉方式和标准，保证法律在法国全境范围内统一实施，消除法制不统一而造成的地方割据隐患，以此来维护国家权力的政治权威，保障国家政治的统一性，实现对社会秩序的整体管制。[②] 可以说，检察机关的产生是为维护公共利益而生，是为维护客观法秩序而生。

检察权的有效行使是国家治理体系和治理能力现代化的客观需要，也是构建法治国家的必要保证。检察机关提起规范性文件审查之诉是一种直接审查，不需要依附其他具体的行政行为而启动。直接审查体现的是司法权与行政权的“对峙”以及司法机关对行政机关的监督制约，而不是司法权与立法权的“对峙”和司法机关对权

---

① 袁本朴：《检察机关提起行政公益诉讼刍议》，载《人民检察》2015 年第 3 期。

② 周叶中、王洪涛：《检察权在现代国家治理体系中的三个维度》，载《湖南大学学报（社会科学版）》2019 年第 2 期。

力机关的对峙。[①] 检察机关提起规范性文件审查之诉与现有的检察行政公益诉讼相同，本质上是检察权、行政权、审判权通过诉讼方式展开宪法上分权制衡关系而形成的一种特殊的诉讼类型。[②] 其核心是通过检察权对行政权的监督与制约来维持权力之间的平衡，以防止行政权的过度“膨胀”侵害公民、法人和其他组织的合法权益。如果说行政机关对行政相对人所作出违法的具体行政行为是一种“点对点”伤害，那么合法性缺失的规范性文件造成的必定是“点对面”的伤害，其侵扰程度远远高于违法的具体行政行为所产生的伤害，因此迫切需要检察权的介入，以制衡“膨胀”的行政权。

（二）诉的利益基础

根据主观公权利和保护规范理论，当事人与被诉行政行为之间的利害关系应当属于行政机关在作出行政行为时所要考虑和保护的法律上的权益，否则，即使法院认可其原告资格，但在对行政行为合法性进行实体审查时，仍然不会将行政机关未考虑原告诉请保护权益的情形，作为认定行政行为违法的标准。[③] 可见，现行行政诉讼制度需要一个具体行政行为作为“桥梁”，并辅以需要考虑和保护的法律上的权益才可以推动诉讼的进行，其仅保护当事人的主观公权利，而不保护反射性利益。因此，为保护不被行政诉讼制度所涵盖的反射性利益，构建客观诉讼性质的规范性审查之诉，由检察机关以行使检察权的形式来对这部分反射性利益具有合理性。

客观诉讼的原告资格虽然宽泛，但并非任何人针对违法行政行为均可以提起诉讼，还是要求原告具有诉的利益。[④] 诉的利益这种“过滤功能”被称为“消极功能”。[⑤] 检察机关提起规范性文件审查

---

① 程琥：《新行政诉讼法疑难问题解析与实务指引》，中国法制出版社2019年版，第328页。

② 参见高家伟：《检察行政公益诉讼的理论基础》，载《国家检察官学院学报》2017年第2期。

③ 李年清：《主观公权利、保护规范理论与行政诉讼中原告资格的判定——基于（2017）最高法行申169号刘广明案的分析》，载《法律适用（司法案例）》2019年第2期。

④ 刘艺：《构建行政公益诉讼的客观诉讼机制》，载《法学研究》2018年第3期。

⑤ 张卫平：《诉的利益：内涵、功用与制度设计》，载《法学评论》2017年第4期。

之诉也需要满足存在诉的利益这一前提条件。从我国现有的立法体制来看，无论是民事诉讼，还是行政诉讼，其制度设计均仅限于传统诉讼法建立于“诉讼利益”理论之上的“被害者诉讼”，即原告只有在自己的权利和法律上的利益受到侵害时才可以启动诉讼程序，是一种主观诉讼的形式。[①] 检察机关提起规范性文件审查之诉定性为客观诉讼诉后，考察的是所涉事项对于公共利益是否具有必要性和实效性，如果确实与公共利益关系紧密或者相关，则认定具有诉的利益，反之则没有。如上所述，检察机关的法律监督权是宪法赋予的，检察机关提起规范性文件审查之诉是在人民主权原则下，以国家强制力为依托、以人民的名义，通过诉讼的方式防止规范性文件侵蚀人民的合法权益。因此，检察机关提起规范性文件审查之诉的利益基础就是公共利益。

三、检察机关提起规范性文件审查之诉的具体构建

（一）关于提起规范文件审查之诉的主体

1. 提起规范文件审查之诉的主体的确定

研究提起规范性文件审查之诉的主体实际上就是解决原告资格的问题，笔者认为定性为客观诉讼性质后的规范性文件审查之诉，其原告范围不宜过宽，应当限制为具有法律监督职能的检察机关。

检察机关能够作为适格原告主要可归纳为以下几点原因：首先，检察机关是宪法规定的国家法律监督机关，具有国家强制力保证；其次，自 2015 年公益诉讼试点开始，检察机关已经在公益诉讼领域积累了丰富的经验，能够为同为客观诉讼的规范性文件审查之诉提供经验支持；再次，检察机关拥有一批法律知识丰富、实务技能达标的专业人才，能够应对提起规范性文件审查之诉过程中出现的各种程序问题和实体问题；最后，检察机关提起规范性文件审查之诉扩展了检察机关法律监督的范围，符合新时代检察机关法律监督理论创新发展的要求。

公益诉讼领域社团组织凭借其专业、技术、经济实力上的优势，致使多数学者肯定其在诉讼过程中的价值，认为其应当成为公益诉讼的适格原告。但在定性为客观诉讼的规范性文件审查之诉领域，

---

① 胡卫列：《论行政公益诉讼制度的建构》，载《行政法学研究》2012 年第 2 期。

社团组织不宜作为适格原告，理由如下：第一，根据《社会团体登记管理条例》第6条[①]的规定，社团组织的登记管理机关和业务主管机关皆是具有公权力背景的行政机关。如果赋予其具有规范性文件审查之诉的适格原告资格，就会产生“以下犯上”的错觉，让被监管单位反过来去监督其监管单位或其兄弟单位、上级单位，其实际运行效果必然达不到理想状态。第二，规范性文件属于广义法的范畴，社会团体作为私主体审查规范性文件合法性并提起规范性文件审查之诉，这就有私权利过度干预公权力的嫌疑。第三，公益诉讼领域借助的是社团组织在专业、技术方面的优势，但是在规范性文件审查领域，绝大多数的社团组织并不具有优势，甚至完全是“门外汉”。让“外行人”审查“内行人”制定的专业性极强的、带有法律性质的文件，显然有些本末倒置，实际运行过程中会产生诸多不必要的麻烦。

公民也不具备成为规范性文件审查之诉适格原告的现实条件，主要有两点理由。第一，我国公民法律素质普遍偏低，不具备专业的法律知识，且公民通常不会主动关注某个规范性文件的合法性问题，只有在涉及自身利益时才会有所侧重。等到具体情况出现，公民对某个规范性文件“过分”关注时，基于利己主义心态，通常会有产生有利于己方的理解方式，在得到法院的否定判决后，又会质疑司法的权威性、作出“官官相护”的不恰当理解。长此以往，恐使行政权、司法权等公权力的权威性大打折扣。第二，公民过度参与司法，可能造成滥诉的风险，为原本就已经非常有限的司法资源增添压力。公民滥用诉权的情况时有发生，最明显的就是政府信息公开领域，由于《政府信息公开条例》规定不明确、不完善等原因，在正常的信息公开申请之外，极少数当事人利用现有立法漏洞提起

① 《社会团体登记管理条例》第6条规定：国务院民政部门和县级以上地方各级人民政府民政部门是本级人民政府的社会团体登记管理机关（以下简称登记管理机关）。国务院有关部门和县级以上地方各级人民政府有关部门、国务院或者县级以上地方各级人民政府授权的组织，是有关行业、学科或者业务范围内社会团体的业务主管单位（以下简称业务主管单位）。法律、行政法规对社会团体的监督管理另有规定的，依照有关法律、行政法规的规定执行。

了大量非正常申请。[①] 例如，陆红霞案中，陆红霞等三人从 2013 年开始先后提起至少 94 次政府信息公开申请，仅 2014 年 1 月 2 日当天就向南通市人民政府提出 10 件申请。其中，所提申请多有相同或类似，如重复申请公开市、区两级人民政府年度财政预算报告，二十余次申请公开城北大道相关审批手续等信息。申请公开的内容繁多、形式各异，如政府公车数量、牌照及品牌，接处警电话号码及监控录像，拘留所伙食标准等信息，且很多系以信息公开的名义进行咨询询问。[②] 可见，公民如具备提起规范性审查之诉的资格，极有可能过度参与司法、造成滥诉的风险，现阶段不具备赋予公民原告资格条件。

综上，在赋予规范性文件审查之诉原告资格时应采取审慎的态度，检察机关是最适合担任此角色的主体，社团组织和公民现阶段还不具备赋予原告资格的条件。当然，社团组织和公民在具体的实践中对规范性文件的合法性存疑的，可以向检察机关提出审查建议和相关证明材料，辅助检察机关提起规范性文件审查之诉。

2. 提起规范文件审查之诉检察机关的管辖问题

检察机关对规范性文件审查的管辖应当对地域管辖制度和层级管辖制度进行更加合理的设计，以满足其特殊的制度需求，防止因管辖问题造成制度推进的客观不能或客观障碍。

在地域管辖方面，宜采用属地管辖原则，而非异地管辖原则。因为规范性文件的出台除法律因素以外，还有其政策因素和地方因素，异地管辖检察机关对规范性文件出台地的政策背景、人文因素等的了解相对没有本地区检察院透彻，难以对其进行正确适当的裁量、作出符合公平正义的审查。

在层级管辖方面，需要充分考虑我国存在“大政府”的客观现状，要防止强势的政府对检察机关行使法律监督权的侵扰，因此应割离政府对检察机关之间可能产生侵扰的路径，具体设想如下：对于乡镇级人民政府、县级人民政府所属部门、派出机关所出台的规范性文件由县级检察机关进行审查；对于县级人民政府、市级人民

① 参见耿宝建、周觅：《政府信息公开领域起诉权的滥用和限制——兼谈陆红霞诉南通市发改委政府信息公开案的价值》，载《行政法学研究》2016 年第 3 期。

② 参见《最高人民法院公报》2015 年第 11 期，陆红霞诉南通市发展和改革委员会政府信息公开答复案。

政府所属部门所出台的规范性文件由市级检察机关审查；对于市级人民政府、省级人民政府所属部门出台的规章或规范性文件由省级检察机关审查；对于省级人民政府、国务院及其所属部门出台的规章或规范性文件由最高人民检察院进行审查。

（二）关于规范性文件审查之诉的范围

《检察机关提起公益诉讼改革试点方案》（以下简称《试点方案》）将行政公益诉讼的试点案件范围确定为生态环境和资源保护、国有资产保护、国有土地使用权出让等领域。这种分块式的列举虽然达到了明确案件范围的目的，突出了重点，但是造成了受案范围的过于狭窄，有挂一漏万之嫌。有学者认为《试点方案》所规定的受案范围缺乏许多亟待保护的公共利益，如弱势群体的保护。一个社会的文明程度，不在于强者的权限有多宽广，而取决于弱势群体的基本权益能否得到保障。[①] 诚然，现阶段检察机关充分考虑了现阶段的社会现状和司法实践能力，在确定受案范围时采用的是渐进式的拓展方式，待未来有更好的条件后可逐步扩大案件受案范围，虽然是对现实的一种妥协，但可能也是现阶段较为合适的方式。

确定规范性文件审查之诉的范围与公益诉讼的范围存在本质上的区别。公益诉讼将公共利益分块式切割并由此确定受案范围的方式，并不适用于确定规范性文件审查之诉的范围，因为规范性文件本身具有数量巨大、体系庞杂、覆盖领域全面等特点，并且一个规范性文件中可能同时包含多方面的公共利益形式，欲对其人工的进行分块分类，其难度系数可想而知。笔者认为，所有规范性文件应纳入规范性文件审查之诉的受案范围，但应对新旧规范性文件有所区分。由于规范性文件数量巨大，即便是经验丰富、业务能力强的检察机关也难以承受制度建立初期的审查压力，因此以制度确立的具体时间为时间节点，初期检察机关的主要着力点应是依职权审查这个时间节点以后出台的规范性文件的合法性，在此期间若社团组织或者公民对这个时间节点以前出台的规范性文件合法性有疑义的，可以向检察机关提出，再由检察机关根据实际情况判断是否有提起规范性文件审查之诉的必要。待制度平稳运行后，检察机关应当依职权、分阶段对时间节点以前的规范性文件进行审查。

---

① 秦前红：《检察机关参与行政公益诉讼理论与实践的若干问题探讨》，载《政治与法律》2016 年第 11 期。

关于规章是否应该纳入规范性文件审查之诉的受案范围，有学者从“参照”与“依据”两者之间的区别出发，提出“参照”中包含法院的自由裁量权，法院认为“参照”的规章合法性没有问题就可以适用，反之则可以不适用。[①] 笔者对此表示认同。既然作为司法机关的人民法院在司法审判阶段可以对规章进行“隐性审查”，那么同为司法机关又兼具国家法律监督机关职能的人民检察院将问题前置，将规章纳入规范性文件审查之诉的审查范围是没有任何障碍的。

综上，狭义的规范性文件和规章都应当成为规范性文件审查之诉的审查对象。由于两者的体量庞大，在制度建立初期，检察机关可能需要承担巨大的审查压力，但是从长远来看，该项制度可以促使规范性文件更加规范、合法性基础更加坚实，为法治政府的建设提供助力。

（三）关于规范性文件审查之诉的程序

1. 关于诉前程序

公益诉讼诉前程序的良好应用为规范性文件审查之诉的程序设计提供了良好的指引作用和思路。从检察机关提起规范性文件审查之诉的目的来看，诉讼并非其欲实现的最终目的，通过检察机关的审查、发现规范性文件中所存在的合法性问题才是其目的所在。如果通过诉前程序，规范性文件制定主体可以发现错误、认识错误并及时纠错，那么规范性文件审查的目的就已达到，没有必要浪费稀缺的司法资源来再次确认规范性文件的违法性，“无讼”的状态是行政机关、检察机关、审判机关三大主体共同追求的一种和谐状态。诉前程序反映出的是检察权的谦抑性，是同作为国家公权力的检察权对行政权的充分尊重。[②] 作为一种非诉讼形式的手段，诉前程序相较于普通诉讼程序，显然更符合和谐社会的建设要求。

现有经验显示诉前程序通常以“柔性”的检察建议形式进行，在规范性文件审查之诉领域，检察机关在审查过程中发现规范性文件不合法的情况，也可以以检察建议的形式告知规范性文件制定主体，并要求其在规定时间内答复，若制定主体在答复内未履行答复

① 参见李烁：《论规范性文件司法审查制度》，载《研究生法学》2015 年第 5 期。

② 胡卫列：《论行政公益诉讼制度的建构》，载《行政法学研究》2012 年第 2 期。

义务，则检察机关可以采用“刚性”的诉讼形式请求人民法院作出判决。刚柔相济的“组合拳”形式的检察权既体现了对行政权的尊重与忍让，又体现了作为国家监督机关的人民检察院捍卫公共利益、维护客观法秩序的坚定决心。

2. 关于调查权

检察机关在对规范性文件审查的同时，有权要求规范性文件制定主体提供规范性文件制定过程中的法律依据、政策背景材料、调研材料等必要材料，制定主体应一次性提供所有材料，并且这个过程的时间不宜过长。毕竟制定规范性文件本身是一个严谨的过程，其制定过程必定有各种法律依据、政策背景材料以及调研材料作为支撑。基于程序正当原则的要求，规范性文件制定主体无法提供上述材料或者在接受检察机关审查过程中收集材料的，应当认定为程序违法。

（四）关于规范性文件审查之诉的起诉条件

检察机关提起规范性文件审查之诉需要满足两个条件：第一，检察机关通过诉前程序以检察建议形式告知规范性文件制定主体其制定的规范性文件不合法，制定主体在规定时限内既没有书面回复，也没有对所涉规范性文件作出相应调整；第二，检察机关认为合法性依据缺失的规范性文件确有影响公共利益的可能。

公共利益向来是一个抽象的概念，至今也难以形成一个统一的说法，未来也不具有形成统一意见的可能性，这就需要人民法院在受理规范性文件审查之诉是进行综合考量。行政公益诉讼采用“实际损害原则”衡量检察机关是否具有诉的利益，即检察机关提起行政公益诉讼必然是行政行为已经造成了公益的实际损害，因此，应当提供行政行为违法或者不作为造成公共利益受到具体损害的初步证据。[①] 相较而言，规范性文件审查之诉如果采用“实际损害原则”判定检察机关是否具有诉的利益难度就更大，毕竟行政公益诉讼所涉及的生态环境和资源保护、国有资产保护、国有土地使用权转让、食品药品安全等领域相对具体，可由相关专业机构或组织为检察机关提供鉴定意见，以满足法院的审查标准。规范性文件具有内容抽象、覆盖面广、涉及领域多等特点，可以说凡是有行政管理的地方

---

① 刘艺：《构建行政公益诉讼的客观诉讼机制》，载《法学研究》2018 年第 3 期。

就有规范性文件的存在。欲在规范性文件审查之诉中采用第三方专业机构或组织提供证据材料的方式难度系数可想而知，这是客观上不能实现的。因此，检察机关在提起规范性文件审查之诉时，人民法院不应当以“实际损害原则”作为起诉审查条件，而是应当以“维护客观法秩序”为标准进行衡量，只要是维护意在维护客观法秩序的，皆可认定此诉讼符合诉的利益的要求。

（五）关于规范性文件审查之诉的审查内容

有学者认为在规范性文件一并审查时，应当遵循全面审查原则，既要审查程序，又要审查实体；既要审查法律，又要审查事实；既要审查形式合法性，又要审查实质合法性。① 笔者认为法院难以做到如此细致、全面的审查，奢求法院在司法审判过程中做这种审查，无论是从实际能力出发或者从效率出发都是不切实际的，但是在检察机关进行规范性文件审查过程中可贯彻这种全面审查原则。

首先，应当审查制定主体制定规范性文件是否有制定权、是否有上位法依据、是否超越职权。在制定权限方面，我国长期存在行政机关内设机构发布具有外部性作用的规范性文件的问题。内设机构所发公文原本只能在行政机关内部流通，仅作为行政机关内部工作的一种指导，而外部化后的公文就会直接影响公民、法人和其他机关的合法权益。制定权限不清容易导致规范性文件出现严重越权，容易造成规范性文件与法律、法规、规章之间矛盾冲突。如有些地方政府规章改变法律规定，增加了处罚种类、幅度、数额等内容。②

其次，应当审查制定主体在制定规范性文件过程中的程序是否合法。随着各地规范性文件制定管理规范的出台，行政规范性文件与规章在制定程序上的同质化趋势越发明显，一般也设置了立项、起草、调研、听取意见、报送草案、合法性审查、审议决定、签署公布等步骤和程序设置。③ 但是很少有行政机关在制定规范性文件过程中严格按照制定的管理规范运行，以至于法院在一并审查过程中

---

① 参见程琥：《新行政诉讼法疑难问题解析与实务指引》，中国法制出版社 2019 年版，第 308 页。

② 程琥：《新〈行政诉讼法〉中规范性文件附带审查制度研究》，载《法律适用》2015 年第 7 期。

③ 李成：《行政规范性文件附带审查进路的司法建构》，载《法学家》2018 年第 2 期。

不得不对规范性文件制定的程序问题予以规避。[①] 检察机关在规范性文件合法性审查过程中审查程序问题，有利于倒逼行政机关制定规范性文件规范化。

最后，应当审查规范性文件内容的合法性。现阶段人民法院在一并审查规范性文件合法性的过程中，通常只审查与具体案件相关，并且具体行政行为是依据其所作出的规范性文件条文，对该规范性文件中的其余条文往往不加以评判，致使一并审查制度对规范性文件的合法性审查只停留在表面。检察机关在审查规范性文件合法性时需要对整个规范性文件进行审查，而不能仅仅审查其中部分条款，应当审查规范性文件的内容是否违反法律保留原则，是否与上位法的内容相抵触，以及是否与上位法的基本原则相抵触。

当检察机关发现规范性文件不合法并通过诉前程序以检察建议形式告知规范性文件制定主体，制定主体逾期不答复也不作出修正的，检察机关可提起规范性文件审查之诉。人民法院在受理检察机关提起的规范性文件审查之诉后，也应根据检察机关的审查内容进行司法审查，以确定所涉及规范性文件的合法性。

四、结语

公益诉讼的成功已经证明中国有适应客观诉讼发展的肥沃土壤，构建客观诉讼性质的规范性文件审查之诉也不失为一种解决现阶段规范性文件规范化程度不高问题的好办法。检察权作为宪法规定的国家法律监督权，理应在新时代为维护公共利益、维护客观法秩序作出应有的贡献。构建检察机关规范性审查之诉制度，带有明确的问题导向性，能够解决现阶段一并审查制度审查不彻底、审查不规范、审查流于形式等问题，能够真正使规范性文件驶入法治化轨道。

作为一种前端纠错机制，客观诉讼属性的规范性审查之诉不以个案推动为前提条件，是对现有的规范性文件一并审查制度的有力补充，两者“前后配合”“主客观并行”，定能更好地维护公共利益、维护客观法秩序，保障公民、法人和其他组织的合法权益。

---

① 在《行政规范性文件附带审查进路的司法建构》一文中，李成教授对200起行政诉讼案件进行了整理，仅有2起案件法院对涉案行政规范性文件制定程序的合法性作出碎片化评价，且均将程序合法作为强化文件整体合法性的论据。

比较研究

美国《联邦证据规则》的最新发展（2017—2018年）

汪诸豪*

一、近两年发展综述

长期以来，美国对《联邦证据规则》（Federal Rules of Evidence）的修订一直极为审慎。上次修法生效于2017年12月1日，修订了规则803（16）古旧文件传闻例外（将本条限制为仅针对1998年1月1日之前制作的文件）和规则902自我鉴真规则［新增子项902（13）和902（14）允许通过当庭展示适格专家签发的认证书来对部分电子证据进行鉴真］。[①] 其目的是应对日常案件审理中数量日益增长、形态呈现多样化的电子证据。有关这两项证据规则的修法背景和论证，笔者已于《美国〈联邦证据规则〉的最新发展（2016

---

* 证据科学教育部重点实验室（中国政法大学）、司法文明协同创新中心、中国政法大学证据科学研究院副教授。

① 有关《联邦证据规则》803（16）和902的最新文本，参见美国联邦法院系统网站“当前最新规则”页面，载https：//www. uscourts. gov/rules - policies/current - rules - practice - procedure；另见美国联邦证据规则咨询委员会主席William K. Sessions给美国司法会议规则委员会主席Jeffrey S. Sutton的备忘录（2016年5月7日），载https：//www. uscourts. gov/sites/default/files/2016 - 05 - 07 - evidence_ rules_ report_ to_ the_ standing_ committee_ 0. pdf。

年)》报告中有过详述，此篇不再赘述。[①]

另有两条联邦证据规定现已进入正式的修法程序，分别是：规则 807 其余传闻例外及规则 404“品格证据和其他犯罪、错误或行为”。规则 807 修订提案之目的并非扩张“其余传闻例外”的范围，而是着眼于对规则本身的技术性改进，以便更有利于审判法官和律师使用，减少歧义。该条修订案已于 2018 年 9 月 13 日获得了美国司法会议（Judicial Conference of the United States）的批准，报送美国最高法院审核。若其能够获得美国最高法院接受并且美国国会对此无异议，则该条修订案将于 2019 年 12 月 1 日正式生效。[②] 规则 404 修订提案主要是针对 404（b）款“其他犯罪、错误或行为”的文本进行微调，其目的也是对规则本身的技术性改良，以便更有利于审判法官和律师使用，减少歧义。与此同时，立法者还寄希望于通过对 404（b）款的修订能够在司法程序上实现对被告方的更公平对待。目前，该条修订案已获得联邦证据规则咨询委员会（Advisory Committee on Evidence Rules）审议批准，报送美国司法会议规则委员会（Committee on Rules of Practice and Procedure）审核。若能顺利通过各项程序，该条修订案最早将于 2020 年 12 月 1 日正式生效。[③]

---

① 详见《中国诉讼法治发展报告（2016）》第五章“外国诉讼法的发展状况”第四节“外国证据法的最新发展”（卞建林主编，中国政法大学出版社 2017 年版）。笔者在该文中基于美国联邦证据规则咨询委员会 2015—2016 年的会议记录和报告人 Daniel J. Capra 署名文章，判断《联邦证据规则》803（16）古旧文件传闻例外会被废止，但最终 2017 年 12 月 1 日生效的修订案采用了缩限而非废止规则 803（16）的方案。请以实际生效法规为准。

② 有关《联邦证据规则》807 修订案的修法背景、论证及草案文本，参见美国司法会议规则委员会主席 David G. Campbell 报送美国最高法院的备忘录（2018 年 10 月 24 日），载 https：//www. uscourts. gov/sites/default/files/scotus_ federal_ rules_ package_ 2018_ 0. pdf。

③ 有关《联邦证据规则》404 修订案的修法背景、论证及草案文本，参见美国联邦证据规则咨询委员会主席 Debra Ann Livingston 给美国司法会议规则委员会主席 David G. Campbell 的备忘录（2018 年 5 月 14 日，后于 2018 年 7 月 16 日修订），载 https：//www. uscourts. gov/sites/default/files/2018 _ proposed _ rules _ amendments_ published_ for_ public_ comment_ 0. pdf。另见美国联邦法院系统网站“待定规则修订案”页面，载 https：//www. uscourts. gov/rules – policies/pending – rules – and – forms – amendments#a1。虽然上述两项修订案预期将于文中所列日期生效，但不排除基于各种各样的原因而最终生效日期延迟或者甚至撤回的情况。

除了以上两项已明确挂上修法日程表的修订案，笔者通过查阅2017—2018年所有公开的美国联邦证据规则咨询委员会会议记录、议程和报告，梳理出以下《联邦证据规则》条款存在未来修订的可能性，包括：规则801（d）（1）（A）传闻豁免之陈述人-证人的先前陈述、美国最高法院Pena-Rodriguez案判决对规则606（b）“禁止陪审团成员就案件裁决结果作证的规定及其例外”的影响，规则106书证或经录制陈述完整性的规定，规则609（a）（1）通过刑事定罪记录弹劾证人可信性之基本规则、证人弹劾与正誉程序概览，规则611说明性证据，规则615证人退场的规定，以及美国最高法院Crawford案判决对传闻例外规定的影响等。[①] 虽然看似涉及面很广，但无论是已提上修法日程表的规则807和规则404修订案，还是针对上述其他规则的潜在修订，其本质上都属于对美国《联邦证据规则》的零星技术性修补，而非联邦证据规则咨询委员会近年来着力解决的重点证据问题领域。

美国《联邦证据规则》最新发展热点和咨询委员会工作的重心究竟在哪儿呢？对于这个问题的解答依然需要落脚于对美国联邦证据规则咨询委员会相关文件的研读。通过对近四年以来联邦证据规则咨询委员会所有公开文献的梳理，笔者发现2015—2016年美国《联邦证据规则》的修法重心在于回应新兴的电子证据问题。但伴随着规则803（16）和规则902修订案的生效，以及由联邦证据规则咨询委员会牵头起草但最终仅以执笔人个人名义出版的《电子证据鉴

---

① 参见美国联邦证据规则咨询委员会会议记录（华盛顿D.C.，2017年4月21日），载https：//www.uscourts.gov/rules-policies/archives/meeting-minutes/advisory-committee-rules-evidence-april-2017；美国联邦证据规则咨询委员会会议记录（马萨诸塞州牛顿中心，2017年10月26日），载https：//www.uscourts.gov/rules-policies/archives/meeting-minutes/advisory-committee-rules-evidence-october-2017；美国联邦证据规则咨询委员会会议记录（华盛顿D.C.，2018年4月26—27日），载https：//www.uscourts.gov/rules-policies/archives/meeting-minutes/advisory-committee-rules-evidence-april-2018；美国联邦证据规则咨询委员会议程（科罗拉多州丹佛市，2018年10月19日），载https：//www.uscourts.gov/rules-policies/archives/agenda-books/advisory-committee-rules-evidence-october-2018。

真最佳操作指南》的问世,[①] 美国联邦证据规则咨询委员会对电子证据问题的重点关注和回应已暂告一段落。与此同时，2016 年美国总统科学与技术顾问委员会（President' s Council of Advisors on Science and Technology）发布了一份题为《刑事诉讼中的司法鉴定：确保特征比对方法的科学有效性》的报告，很快引发了一场针对美国司法鉴定界的信任危机。[②] 在接下来的两年（2017—2018 年）里联邦证据规则咨询委员会的工作重点也从电子证据转移到了研究如何从立法角度来回应司法鉴定的挑战以及更宽泛的多伯特案和规则 702 项下科学证据审查标准问题。

在进入对修法热点问题的讨论之前，笔者将在本文第二部分简要介绍一下美国《联邦证据规则》的修法流程，以期对读者理解该过程中各家参与机构的职责、各机构之间的关系以及修法进度的概念起到一定积极作用。

二、美国《联邦证据规则》修法流程简介

美国国会将《联邦证据规则》编写的权力委托给了美国最高法院，后者为此专门制定了一套规则起草程序。首先是成立美国司法会议作为联邦法院系统的政策制定机构。司法会议下设多个委员会，分别负责包括案件管理、智慧法院、规则制定、修订等事宜在内的多方面工作。值得一提的是，司法会议下属的规则委员会（Committee on Rules of Practice and Procedure）是其众多委员会中唯一需要向公众披露会议内容的部门。

美国司法会议规则委员会内设五个咨询委员会，分别负责联邦上诉、破产、民事、刑事和证据规则的起草和修订。任一咨询委员会提出的任何一项规则修订建议首先需上报给规则委员会的常务委

---

① 参见 Paul W. Grimm，Gregory P. Joseph 和 Daniel J. Capra：《电子证据鉴真最佳操作指南》（West Academy Publishing，2016 年），载 http：//www. jha. com/us/filemanager/authenticatingdigitalevidence. pdf（2019 年 2 月 27 日最后访问）。

② 参见美国总统行政办公室－美国总统科技顾问委员会：《刑事诉讼中的司法鉴定：确保特征比对方法的科学有效性》（2016 年）（President's Council of Advisors on Science and Technology，Executive Office of the President，Forensic Science in Criminal Courts：Ensuring Scientific Validity of Feature－Comparison Methods 44 n. 94（2016），载 http：//obamawhitehouse. archives. gov/sites/default/files/microsites/ostp/PCAST/pcast_ forensic_ science_ report_ final. pdf。

员会进行审核。常务委员会审批通过后，会将新修规则草案上网公布，征求公众意见。收集汇总的公众意见交由相关的负责咨询委员会考虑。该负责的咨询委员会有权自主决定是否要吸收公众意见来对原规则修订草案加以完善。该规则修订案后续会提交给司法会议规则委员会，再由司法会议规则委员会提交至美国最高法院，最终转交给美国国会。美国国会若未在规定时间内提出任何修改意见，则该联邦规则草案会自动生效，成为法律。[①]

从咨询委员会最初提出一条规则修订草案至其最终生效成为法律，走完该流程通常需要三年左右时间。毫无疑问，这不是一个轻松的过程，其中需要顾及权衡多方主体的利益。从法院的角度来说，法官们希望规则易于适用，同时警惕任何可能限制其自由裁量权的规则。对美国司法部而言，任何可能会给其刑事检控工作带来负担的规则（例如对法庭科学证据的限制使用）都不是好消息。相反，对于律协，尤其是刑事辩护协会而言，任何对美国司法部不利的规则都会引起关注或支持。此外，法学家们总是希望规则具有理论深度、适宜教学，并且往往觉得自己的想法会比咨询委员会更高明。咨询委员会的工作不易由此可见一斑。亦好理解的是每年新生效的修订案数量之少，甚至没有。即便是零星出炉的新规则，大多也是四平八稳，措辞考究。

按照惯例，美国司法会议证据规则咨询委员会于每年 4 月和 10 月会召开两次全员会议。相关的会议记录和报告、附件资料均会在事后上网，向公众公开。目前，证据规则咨询委员会主席是美国联邦上诉法院法官黛布拉·安·利文斯顿（Debra Ann Livingston），报告人是美国福特汉姆大学法学院教授丹尼尔·卡普拉（Daniel J. Capra），成员 8 人（其中包括 3 名联邦地区法院法官、一名联邦检察官、一名联邦公设辩护律师、一名州最高法院法官和两位律师代表）。此外，证据规则咨询委员会设有一个顾问席位，目前由美国俄克拉荷马大学法学院教授莉莎·瑞克特（Liesa Richter）担任，以

① 参见 Daniel J. Capra：《规则制定的可能性：美国司法会议证据规则咨询委员会对司法鉴定专家意见挑战的回应》，载《中国法学前沿》2018 年第 1 期（Rulemaking Possibilities：Efforts of the United States Judicial Conference Advisory Committee on Evidence Rules to Address the Challenges to Forensic Expert Testimony，Frontiers of Law in China，Vol. 13，Issue No. 1，35 - 42，2018）。

及多个联络人席位（以方便证据规则咨询委员会与规则委员会常委会及美国司法会议下设的其他多个咨询委员会之间的沟通、协调和互动）。咨询委员会主席有权随时召集组建小组分委会（Subcommittee），以便根据司法实践的需要就重要的具体问题灵活开展专题式研究。①

三、热点问题：司法鉴定的美国危机与《联邦证据规则》的最新发展

毫不夸张地说，美国的司法鉴定（或被称作法庭科学）正在经历一场空前的信任危机。最早点燃这把火的是美国国家科学院国家研究委员会（National Research Council of U. S. National Academy of Sciences）2009年发布的一份题为《美国法庭科学的加强之路》的报告。② 美国国家科学院（简称NAS）是美国国会立法机关在科学技术方面的领衔顾问团体。2005年美国国会委托NAS的研究部门国家研究委员会（简称NRC），对司法鉴定行业首次展开科学研究。历时4年，NAS报告出炉，揭露了许多常规司法鉴定方法中的严重问题，其中就包括了缺乏能确立其科学性的严格和适宜研究。NAS报告指出："刑事审判中提出的许多鉴定证据——例如，咬痕、枪械和刀痕的辨别——都缺乏有效的科学性，也没有关于出错率的数据和解释其科目限度的可靠性检验。"③

这份NAS报告在美国国内乃至全球范围内产生了影响。虽然有一些司法鉴定人员开始着手弥补自身鉴定门类所缺失的科学有效性数据，但更多的美国司法鉴定部门对NAS报告的评估表示错愕和怀疑。许多美国检察官认为，虽然NAS报告指出了司法鉴定的发展进步空间，但是该份报告的结论不应该对常规使用鉴定方法在法庭上的可采性产生影响。从实际操作层面来看，这份报告对美国法官在

---

① 参见Daniel J. Capra：《规则制定的可能性：美国司法会议证据规则咨询委员会对司法鉴定专家意见挑战的回应》，载《中国法学前沿》2018年第1期。

② 参见美国国家科学院国家研究委员会：《美国法庭科学的加强之路》（2009年）［National Research Council，Strengthening Forensic Science in the United States：A Path Forward（2009）］，载http：//www. ncjrs. gov/pdffiles1/nij/grants/228091. pdf。

③ 参见美国国家科学院国家研究委员会：《美国法庭科学的加强之路》（2009年），第107—108页。

案件审理中习惯性地采纳鉴定意见的做法确实影响不大。[①]

但显然美国主流科学界并不打算就此放过司法鉴定行业。作为对NAS报告的跟进，奥巴马总统委派总统科学技术顾问委员会（President's Council of Advisors on Science and Technology，PCAST）就确保美国法律系统中司法鉴定证据的科学有效性提出了采取进一步措施的建议。总统科技顾问委员会是美国行政部门在科技方面的领衔顾问团队。2016年9月，题为《刑事诉讼中的司法鉴定：确保特征比对方法的科学有效性》的PCAST报告发布。[②] 这份报告是总统科技顾问委员会为期一年的研究成果，在此期间PCAST的专家们审阅了2100多份科学文献，以及大量来自美国司法鉴定界、联邦调查局（FBI）和美国国家标准与技术研究院（NIST）专程提供的有价值材料。PCAST还为此专门成立了一个专家组，其中包括了10位现任或已退休的资深法官、两位美国前任总检察长、两家美国知名法学院的院长和两名统计学家。[③]

2016年PCAST报告的结论与2009年NAS报告的判断一致，即美国法院长期以来采纳的许多司法鉴定方法缺乏有效的科学性证据支持。与NAS报告相比，PCAST报告更进一步聚焦于《联邦证据规则》702下司法鉴定专家意见证言的可采性问题。其将注意力集中在了一类特定的司法鉴定方法上，即"特征比对鉴定法"（Forensic Feature - Comparison Methods）。[④] 该类鉴定包括了对DNA、毛发、指纹、枪械和射出弹片、刀痕、鞋印和轮胎压痕、咬痕和手写笔迹的

---

① 参见Eric S. Lander：《修正联邦证据规则702：PCAST报告和确保刑事审判中特征比对鉴定方法可靠性的步骤》，载《福特汉姆法律评论》2018年第4期（Fixing Rule 702：The PCAST Report and Steps to Ensure the Reliability of Forensic Feature - Comparison Methods in the Criminal Courts，86 Fordham L. Rev. 1661）。

② 参见美国总统行政办公室－美国总统科技顾问委员会：《刑事诉讼中的司法鉴定：确保特征比对方法的科学有效性》（2016年），载http：//obamawhitehouse. archives. gov/sites/default/files/microsites/ostp/PCAST/pcast_ forensic_ science_ report_ final. pdf。

③ 参见美国总统行政办公室－美国总统科技顾问委员会：《刑事诉讼中的司法鉴定：确保特征比对方法的科学有效性》（2016年），第viii－ix页。

④ 参见美国总统行政办公室－美国总统科技顾问委员会：《刑事诉讼中的司法鉴定：确保特征比对方法的科学有效性》（2016年），第44页。

分析。[①] 这些鉴定方法的共同特点是通常都会涉及鉴定人对两份样本（例如，其中一份样本采自犯罪现场，而另一份样本来自于嫌疑人）的特征进行比对，以判断二者是否有可能出自同一来源。[②] 有些特征比对鉴定方法是完全客观的，而另一些则不可避免地会涉及鉴定人的主观判断。[③]

PCAST 选择聚焦此类鉴定方法是有原因的。首先，这些鉴定方法在美国刑事司法中常年获得了广泛应用；其次，长期以来业界主张这些鉴定方法具有很高的准确性，且绝大多数普通民众对此深信不疑；而事实证明，冤假错案中常常会涉及此类鉴定；而且这些鉴定方法均关涉计量学（Metrology，有关测量和比对的科学）——一门有着明确科学性标准的学科。[④] 简而言之，确保这些鉴定方法的可靠性具有实践上的重要性和可行性。

PCAST 报告认为，根据《联邦证据规则》702 和多伯特案（Daubert）确立的科学证据可采性标准，法院必须要考虑的一个关键问题是：特征比对鉴定方法具有科学有效性的标志究竟是什么？对此，简洁的回答是：必须有该方法在实践中应用效果的实证研究证据。PCAST 报告强调，直接的实证研究检测是确定特征比对鉴定方法之科学有效性的唯一途径。科学有效性并不要求某种方法达到完美，而是强调必须公布基于实证研究得出的该方法出错概率的估计。在特征比对鉴定方法的问题上就是要了解实际上来自不同来源的两份样本被错误认定同一性的概率（诸如一百万分之一、六百分之一、五十分之一或者三分之一，等等）。[⑤] 而这恰恰是绝大多数特征比对鉴定方法长期以来所缺失的。

PCAST 报告点出了美国司法鉴定界长期以来自认为方法可靠的

① 参见美国总统行政办公室－美国总统科技顾问委员会：《刑事诉讼中的司法鉴定：确保特征比对方法的科学有效性》（2016 年），第 23 页。

② 参见美国总统行政办公室－美国总统科技顾问委员会：《刑事诉讼中的司法鉴定：确保特征比对方法的科学有效性》（2016 年），第 146 页。

③ 参见美国总统行政办公室－美国总统科技顾问委员会：《刑事诉讼中的司法鉴定：确保特征比对方法的科学有效性》（2016 年），第 47 页。

④ 参见美国总统行政办公室－美国总统科技顾问委员会：《刑事诉讼中的司法鉴定：确保特征比对方法的科学有效性》（2016 年），第 44—46 页。

⑤ 参见美国总统行政办公室－美国总统科技顾问委员会：《刑事诉讼中的司法鉴定：确保特征比对方法的科学有效性》（2016 年），第 48 页。

误区，即他们对自己的工作程序深信不疑。具体而言，美国司法鉴定部门长期以来一直在强调：鉴定人拥有大量的个案工作“经验”；优良的职业操守，例如拥有鉴定职业协会、认证项目、同行评议期刊、能力验证和职业操守规则。PCAST 报告一方面承认大量的工作经验和良好职业操守的重要性毋庸置疑，但另一方面强调经验和职业操守并无法保证方法本身是否具有可靠性，因为二者均无法评估方法的准确性。个案工作经验提供不了关于准确性的信息，因为办案不等于知道正确答案。而职业操守关注的是过程而非结果。为了进一步阐释这一点，PCAST 联席主委、美国哈佛大学和麻省理工学院 BROAD 研究院主任埃里克·兰德（Eric S. Lander）在一篇相关论文中举了一个伪科学的例子，称巫术也可以就其领域作出上述主张。巫师也可以主张他们有读心术和预言方面的大量个案经验，并且他们同样拥有自己的职业协会、认证项目、同行评议期刊、能力验证和职业操守规则。[①] 尽管拥有这一切，巫术显然不会被接受为具有科学有效性——不具备《联邦证据规则》702 项下的可采性——因为他们的方法无法通过确定其准确性的恰当实证研究检验。同理，司法鉴定方法要想被认为可靠且具有科学有效性，针对其的准确性开展实证研究检验是无法被取代的工作。

综上所述，美国立法和行政两大部门的领衔科学顾问团队——美国国家科学院和美国总统科技顾问委员会——均已介入了对司法鉴定/法庭科学的审查。二者一致认为，长期以来司法鉴定方法缺乏严肃的科学有效性，许多鉴定方法的准确性在司法实务中被严重夸大，并且对鉴定方法的误用实际导致了许多起冤假错案。此外，无论是在联邦还是州的层面，不论在民事还是刑事案件中，许多美国法官不知道该如何将可靠性和科学有效性的概念运用到对某一既定科学学科的司法审查。他们往往更倾向于接受可靠性的表象（比如鉴定人的经验和职业操守），而不去追究其实际可靠性。此外，许多美国法官不愿意去挑战长期积累起来的关于处理鉴定方法可采性的先前判例，即便这些判例法距离当前问题已然久远。

对此，PCAST 报告在最后部分给出的建议是，最有效的解决办

① Eric S. Lander：《修正联邦证据规则 702：PCAST 报告和确保刑事审判中特征比对鉴定方法可靠性的步骤》，载《福特汉姆法律评论》2018 年第 4 期（1661 - 1679，at 1673 - 74）。

法应该是由美国司法会议出面澄清特征比对鉴定“可靠方法”的含义。PCAST 报告提议由联邦证据规则咨询委员会发布一条新的咨委会注释和一份最佳操作指南，以便为众法院提供清晰的指引。作为替代性解决方案或额外举措，证据规则咨询委员会也可以考虑修改《联邦证据规则》的相关规定。[①]

自 1993 年美国最高法院在多伯特案［Daubert v. Merrell Dow Pharmaceuticals, Inc., 509 U. S. 579（1993）］中确立了审判法官在审查科学证据问题上的“守门人”角色以及专家证人证言的可采性标准，并于 2000 年通过修订《联邦证据规则》将多伯特案标准纳入规则 702 以来，美国法院对多伯特案标准的实际运用一直不尽如人意。实际案件审理中，法官对科学证据的可靠性审查往往没能起到“守门人”应有的作用。联邦证据规则咨询委员会注意到了这个问题，并一直在等待合适的时机来再次修订规则 702。而 PCAST 报告的发布正是启动相关工作的良机。2016 年 10 月（PCAST 报告发布后一个月），在美国加州洛杉矶举行的美国司法会议证据规则咨询委员会年会上，时任主席威廉·塞申斯（William K. Sessions）法官宣布，证据规则咨询委员会要认真研究 PCAST 报告的内容；作为回应的第一步，拟于 2017 年秋季年会期间召开一次应对司法鉴定证据挑战的专题研讨会，并考虑重新修订《联邦证据规则》702 相关事宜。

由联邦证据规则咨询委员会牵头，主题为“法庭科学专家证言、多伯特案和《联邦证据规则》702”的专题研讨会于 2017 年 10 月 27 日在波士顿学院法学院如期举行。种种迹象表明，这并非一次寻常的学术研讨，而是美国司法会议证据规则咨询委员会在探索对司法鉴定证据和更宽泛范畴意义上的科学证据展开新一轮规制征程上迈出的第一步。研讨会由联邦证据规则咨询委员会报告人卡普拉教授主持，美国司法会议规则委员会主席大卫·坎贝尔（David Campbell）法官、证据规则咨询委员会现任主席利文斯顿法官和前任主席塞申斯法官悉数参会。来自美国科技顾问委员会、认知神经学、统计学、美国司法部国家法庭科学委员会、视觉科学、美国联邦调查局实验室和美国国家标准与技术研究所的 7 位知名科学家，美国联邦巡回和地区法院的 5 位资深法官，美国 5 家法学院的 6 位知名证

① 美国总统科技顾问委员会：《刑事诉讼中的司法鉴定：确保特征比对方法的科学有效性》（2016 年），第 145 页。

据法专家，以及来自公共司法服务部门和私人法务机构的多位鉴定负责人、检察官和律师，先后代表美国科学界、法院、学术界和实务界发言。[①] 本次研讨会的主要议题并非 PCAST 报告中任何具体结论的是非曲直，而是将 PCAST 报告作为起点，探讨美国司法会议证据规则咨询委员会在应对特征比对鉴定方法之科学有效性、司法鉴定证据的挑战以及多伯特案和《联邦证据规则》702 项下更为普遍的科学证据问题中应该起到的角色。换句话说，面对司法鉴定的美国危机和规制专家证言的多伯特案和规则 702 中的问题，证据规则咨询委员会应该做些什么。

波士顿专题研讨会与会人员形成了两项基本共识。首先，司法鉴定证据的主要问题之一是鉴定人在结论中言过其实。例如，称鉴定意见存在“零出错率”或者某颗子弹“实际上不可能”是从其他枪械中弹射出来的。再如，鉴定人经常作证称其结论达到了其专业领域的合理确定程度，殊不知该术语本身就是一种夸大，没有任何科学性意义，只会起到迷惑陪审团的作用。NAS 报告和 PCAST 报告中均强调了司法鉴定存在结论言过其实的问题，而审判法官对此却基本无动于衷——法院往往依赖先前判例进行裁决，而不对具体专家的具体意见是否夸大了鉴定结果展开问询。联邦证据规则咨询委员会所收集整理的判例法汇编似乎也印证了这一点。在 70 个相关汇编案例中，大约有 40 起案件涉及审判法院未能控制住鉴定人言过其实的问题。

波士顿专题研讨会上达成的另一项共识是司法鉴定和专家证言挑战在美国民事和刑事案件中的鲜明反差。民事案件中，律师们常诉苦抱怨大量的诉讼资源被无谓消耗在了多伯特案标准质询上。而刑事案件中，律师们的顾虑却是庭审上对鉴定专家证言的关注不足。其背后的根本原因在于美国《联邦民事诉讼规则》的审前证据开示要求（Rule 26 of the Federal Rules of Civil Procedure）比《联邦刑事诉讼规则》的相关审前证据开示要求（Rule 16 of the Federal Rules of Criminal Procedure）要强大得多。美国民事诉讼的审前证据开示程序赋予了诉讼当事人强大权利，以便要求对方当事人披露专家证人的详细有效信息。此外，在美国民事诉讼中，当事人还可以自行在审

---

① 参见 Daniel J. Capra：《鉴定专家证人证言、多伯特案和规则 702》，载《福特汉姆法律评论》2018 年第 4 期（1463 - 1550）。

前与对方当事人的专家证人开展询证存录，以便充分了解该专家的意见、方法论和支持性事实基础。因此，民事案件的审理中，若律师要对专家证言的可采性提出挑战，其支持信息通常是充分、扎实的。相反，根据刑事诉讼规则的规定，只有在极罕见的例外情况下，刑事律师才可以在审前对专家证人开展询证存录。而且审前对专家的披露是粗略和结论性的，很难对律师在法庭上交叉询问专家证人或挑战其证言提供帮助。

联邦证据规则咨询委员会在2018年举行的两次年会上继续对司法鉴定证据和潜在可行的《联邦证据规则》702修改方案进行了深入探讨。证据规则咨询委员会主席利文斯顿法官还召集组建了一个小组分委会，任命联邦地区法院（北卡中区）主审法官托马斯·施罗德（Thomas D. Schroeder）为主任，就美国司法会议证据规则咨询委员会在解决有关司法鉴定顾虑方面所可能起到的作用展开密集研究。该小组分委会已于2018年9月向联邦证据规则咨询委员会提交了一份研究备忘录。至此，美国司法会议证据规则咨询委员会已就该议题形成了如下共识：

第一，PCAST报告中提出的由美国司法会议证据规则咨询委员会发布一条新的咨询委员会注释，详细说明司法鉴定科目科学性标准的建议不可取。对《联邦证据规则》条款本身不进行任何改动而专门修订一条咨询委员会注释的做法在法律上是不允许的。虽然后经讨论，对《联邦证据规则》中某一条进行相对小的修改或许是恰当的做法，但是证据规则咨询委员会坚持认为为了新增一条咨询委员会注释而去修改某条证据规则的做法不是好的规则制定模式。而且，这样的一条咨询委员会注释在字数上会大大超过修法限制，并需要融合大量的科学知识，其描述本身很有可能就会伴有争议。最后，随着科学的发展和法庭科学的不断进步，这样一条注释还有容易过时的风险。

第二，PCAST报告中提出的由美国司法会议证据规则咨询委员会发布一份有关司法鉴定证据的最佳操作指南，以便为众法院提供指引的建议也不可取。首先，和新增一条咨询委员会注释的建议一样，形成这样一份最佳操作指南需要大量科学知识的支撑和人力成本投入，联邦证据规则咨询委员会恐会捉襟见肘。其次，更为严重的是，以咨询委员会名义发布最佳操作指南的做法有法律上的问题。一个鲜活的教训就是由联邦证据规则咨询委员会牵头制作的有关电子证据鉴真的最佳操作指南最终不得不以执笔人个人的名义出版，原因之一就是顾虑到制定最佳操作指南或许已在咨询委员会的规则制定权范畴之外。最后，市面上已经有许多关于司法鉴定证据的著作，若再制作一本无法以美国司法会议证据规则咨询委员会名义署名的“最佳操作指南”，其效果可想而知。

第三，主张美国司法会议证据规则咨询委员会可以针对司法鉴定证据在《联邦证据规则》中专门创制一条独立、详细规则的建议不可取。规则 702 本身具有足够的延展性，能够涵盖所有形式的专家证言，其中包括鉴定意见，而为司法鉴定证据单独设立一条证据规则会破坏掉这一前提。而且，“司法鉴定”一词难以明确定义，实践中会造成潜在的包含不充分情况。再者，鉴定人或法庭科学专家应当同其他所有专家证人一道适用相同的证据可采性审查标准，没有理由认为鉴定人要适用不同或更高标准。另外，假设为司法鉴定证据设立了专门的联邦证据规则条款，也很有可能陷入两难的风险，即若规定得过于详细则很可能会过时，若规定得太过宽泛则很可能无效。

第四，鉴定人在司法鉴定结论中言过其实的问题很难通过修法以外的其他途径解决。该看法的形成主要是基于三方面的认识。首先，证据规则咨询委员会收集整理的判例汇编表明，有些美国法院的确在努力控制鉴定人在法庭上夸大结论的行为，但真正会这样做的法院实在太少了。因为绝大多数法院依赖于该领域的先前判例来做裁定，而先前判例中的做法通常就是允许鉴定人作证称自己的结论达到了“合理程度上的科学确定性或职业确定性”。其次，人们可能会设想 NAS 报告、PCAST 报告以及其他各式各样的教育类资料可以引导法院更好地应对司法鉴定人言过其实的问题。但案例汇编却表明，这些报告对法院产生的实际影响非常微弱。考虑到法院在评估司法鉴定意见问题上严重依赖先前判例，若想要法院真正行动起来抵制夸大的鉴定意见，修法是必要的路径。最后，美国司法部虽然也在努力制定防范司法鉴定结论言过其实的措施，但其“自救”效果有限，且与《联邦证据规则》相关规定的修改之间并不相互冲突。

第五，目前看来，最为可行的做法是对《联邦证据规则》702 进行修订，以防止审判法院采纳言过其实的专家意见，并且规则 702 的修改不应对司法鉴定和其他类型的专家意见证言进行区分。一直以来，规则702均是对所有专家证言适用，若新修订的限制仅适用于司法鉴定人，则会打破规则702的既有平衡。再者，鉴于“司法鉴定”的定义尚不明确，若规则702的修订仅适用于司法鉴定，那么必将形成大量关于案件中所涉科目是否属于司法鉴定的争议。此外，言过其实的问题并不仅仅发生在司法鉴定中，其他类型的专家意见证言中同样可能出现。因此，若证据规则咨询委员会认定了要修改规则702以规制言过其实的问题，其不会仅针对司法鉴定证据。

第六，联邦证据规则咨询委员会要与联邦刑事诉讼规则咨询委员会展开紧密合作，后者正在探索对美国联邦刑事案件审前“证据开示”程序规则（规则16）的修改。证据规则咨询委员会支持对《联邦刑事诉讼规则》16的修订向《联邦民事诉讼规则》26靠拢，尽可能地发展出刑事案件被告方在审前对专家证人进行开示的权利。

四、小结

截至笔者撰稿时，美国司法会议证据规则咨询委员会针对司法鉴定证据、多伯特案科学证据审查标准和《联邦证据规则》702修订案的讨论仍在继续，但初步的方案如上文所述已经形成。通过对上述美国司法鉴定热点问题的追踪和对证据咨询委员会回应的梳理，笔者有以下三点感受：

第一，PCAST报告抛给美国联邦证据规则咨询委员会的议题看似一个从立法层面如何引导审判法官对司法鉴定证据的科学有效性进行有效审查的问题，但其背后是一个更为深刻和复杂的问题，即法律和科学如何进行对话和开展合作。科学性证据（包括司法鉴定证据）已经大量进入法庭，乃至在很大程度上左右着案件的判决结果，这是不争的事实。虽然法律人大多很不擅长谈论和思考科学问题，但为了确保庭审是一场理性的事实认定活动，立法者必须找到一种合适的方式能够指引司法者在法庭上对科学证据的可靠性开展实质审查。为此，无论法律界还是科学界很可能都需要朝着彼此的方向继续勇敢地往前走，迈出自己的舒适区，继续寻找共同语言。

第二，虽然美国司法会议证据规则咨询委员会手中掌握着起草修订《联邦证据规则》的自主权，但是在修法的实际操作中，咨询委员会在选择修法议题和具体规则修订方案时均秉持着极为谨慎的态度。咨询委员会主席和报告人作为这项工作的负责人，其在修法过程中的更多时间里是倾听者而非发号施令者。倾听各方面专家的意见并反复、及时交流，以及公开征求社会大众评议是任何一项联邦规则的修法必经之路。此外，咨询委员会对自身定位的清醒认识也令人印象深刻。对任何一项有价值的议题，咨询委员会首先考虑的是自身对于该问题的解决能够起到什么样的作用，解决该问题的最佳途径是通过立法、司法还是其他途径，咨询委员会权限的边界在哪里，哪些事情能做、哪些事情不能做。一个很好的例子就是联邦证据规则咨询委员会认为自己无法起草有关审查司法鉴定证据的“最佳操作指南”，因为这很可能超出了美国司法会议授予其的权限范围。

第三，虽然任何一项美国联邦规则的修订从正式进入修法日程表到生效至少要经历三年左右的时间，但令人印象深刻的是此过程中从头至尾的公开透明程度和各方面人士的参与度。咨询委员会一年两次会议的详细记录、议程和报告均置于美国联邦法院系统网站上，供公众随时自由下载。咨询委员会主席就专题问题召集小组分委会开展工作所形成的研究报告和报告人就专题问题撰写的备忘录以及收集整理的全国案例汇编均会作为咨询委员会报告的附件随同挂在网站上供公众浏览。甚至连一项修法议题正式启动前两三年的准备工作材料也会上网公示。举个例子，针对司法鉴定证据和《联邦证据规则》702修法议题在波士顿学院召开的专家研讨会上所有发言人提交文章和发言内容均事后发表在了美国《福特汉姆法学评论》杂志上。笔者在撰写本文时，收集到了有价值的数千页相关第一手资料。如此公开透明、公众参与度高、立法理念审慎的修法过程能够在最大程度上保障法律发展的科学性和正确性，并为新旧法之间的实践转型起到很好的承前启后的过渡作用。

刑事裁判思维方式比较研究

张昱琦[*]

法官作为依法行使国家审判权的审判人员，其在审判中的思维方式以及决策模式吸引了法律专业人士和学术研究者的更多注意。从司法实践中可以发现，我国的裁判理论以及决策方式随着司法改革的逐步推进也在潜移默化中演变，这一发展变化过程受到法学理论与司法实践的共同影响。一直以来，我国对司法程序的研究始终局限于司法机关和法典，直到最近，人们才开始对司法决策的思维与人性方面有所了解。而我国在刑事司法领域的诸多制度及规范都来自于对西方法律的移植，尽管这其中也包含了法律本土化的过程，但西方法学理论对我国刑事法律规范的深刻影响不容小视，这种比较研究的方法是适用的。同时，对刑事裁判思维方式的研究不仅属于法学领域，还涉及心理学、逻辑学、行为学以及思维科学等学科的交叉，需融入交叉学科中全新的理念以寻求裁判思维更科学、严谨的路径。

一、裁判思维方式的学术考察

在18—19世纪的欧洲大陆，由于理性主义盛行，由大前提和小前提而推出结论的三段论推理成为法律裁判思维的主要理论模型。意大利著名法学家贝卡里亚否认法官拥有对法律的解释权，因为其含有立法的性质，他认为，若承认法官对法律的解释权，则“法律的精神可能会取决于一个法官的逻辑推理是否良好，对法律的领会如何；取决于他感情的冲动；取决于被告人的软弱程度；取决于法官与被侵害者的关系；取决于一切足以使事物的面目在人们波动的

* 中国政法大学刑事司法学院2019级博士研究生。

心中改变的、细微的因素”。[①] 同样，提出形式理性法理论的德国伟大思想家韦伯也对三段论理性深信不疑，甚至预言未来将出现“自动售货机型的司法和法官”。[②]

与上述思想家的哲学思考风格有显著区别的是霍姆斯大法官，其思想具有很深的“实用主义”烙印。霍姆斯认为，法官对其判决所可能引起的社会后果而产生的直觉促进了法律的发展，即司法判决的作出依据是其可能产生的效果。其著作《普通法》（1881）的开篇名句“法律的生命从来不是逻辑，一直都是经验”代表了其所坚持的实用主义的思想。[③] 霍姆斯曾言：“我毫不犹豫地承认法官确实并且必须立法。”[④] 而法官立法的渊源是意识形态，[⑤] 他坚信“被感知的时代必需、流行的道德和政治理论、公开表述的或无意识的公共政策直觉、甚至法官与其同胞分享的偏见，在决定何为应当支配人们的规则问题上，都比三段论的作用更大”。[⑥] 其观点不仅旗帜鲜明地站在了法条主义思想的对立面，还为我们多角度研究法律裁判思维开辟出新的路径。

之后，接替霍姆斯职务的美国联邦最高法院大法官卡多佐在其著作《司法过程的性质》中对美国自霍姆斯以来所形成的实用主义法哲学进行了系统化的阐释，并结合多年的法官任职经验，对现实主义和实用主义提出了自己的理解。卡多佐认为，“司法过程的最高境界并不是发现法律，而是创造法律”，[⑦] 法官的思维不应被认为是仅能依靠传统的逻辑推理得出，而应综合考量逻辑、历史、习惯、道德、法律的确定性和灵活性、法律的形式和实质等因素，探究引

---

① ［意］贝卡里亚：《论犯罪与刑罚》，黄风译，北京大学出版社 2008 年版，第 12—13 页。

② Max Weber, *On Law in Economy and Society* 354（Max Rheinstein ed., Edward Shils and Max Rheinstein trans., Harvard University Press 1954）.

③ Oliver Wendell Holmes, Jr., *The Common Law* 1（1881）.

④ Southern Pacific Co. V. Jensen, 244 U. S. 205, 211（1917）（dissenting opinion）.

⑤ Oliver Wendell Holmes Jr., *The Path of the Law*, 10 Harvard Law Review 466（1897）.

⑥ Oliver Wendell Holmes, Jr., *The Common Law* 1（1881）.

⑦ ［美］本杰明·卡多佐：《司法过程的性质》，苏力译，商务印书馆 2019 年版，第 94 页。

导结论形成的影响力。[①]

作为法律经济学创始人之一的美国法学家波斯纳评价卡多佐相关著述时，认为其是“对我们拥有的实用主义法理学的最完全表述”。[②] 同时，他认识到，作为分明的对立理论的实用主义和法条主义理论，任何一者均不能完整描述法官裁判的思维过程，他将司法行为分为九种理论：态度理论、战略理论、社会学理论、心理学理论、经济学理论、组织理论、实用主义理论、现象学理论以及法条主义理论。[③] 同时，他用简洁而有力的论证排除了上述“司法行为的九种理论”中的七种，仅留下了法条主义和实用主义相互博弈，在此过程中，他还援引了部分经济学的理论，提出“作为劳动力市场参与者的法官”，为自己的理论建立了一个框架。而他对司法决策思维理论的贡献不仅在于他对法官思维运作的基本模型所进行的重塑——这无疑是对相关理论研究的进一步深入与升华——其价值还在于，在已有理论架构的基础上，创造性地提出司法决定的作出所依据的是“一种实证的审判决策理论”。[④]

在大陆法系的德国，法学家卡尔·恩吉施对法律思维的观点与以适用判例法的英美等国法学家存在理论的相似性，但也有所区别，相似性在于他同样否认绝对的法条主义思维模式。他认为，法官有服从于制定法的义务，但在具体的法律适用问题上不能僵化与教条，“只有基于属于‘法’的更大范围的、制定法与之适应的价值，才能适用、解释制定法，在必要时补充和续造制定法”，[⑤] 以保证裁判结果的适当性。这种“正确地”适用制定法的观点可以在某种程度上被认为承认了法官对法律的“创造性”价值，但在方法论的层面，其又与实用主义法学派存在本质的不同。他提出，裁判者在超越制定法做裁判时，不能以自然、社会、道德、尊严、公共利益等哲学

---

① ［美］本杰明·卡多佐：《司法过程的性质》，苏力译，商务印书馆 2019 年版，第 vi 页。

② Richard A. Posner, *Cardozo: A study in Reputation* 28 (1990).

③ ［美］理查德·波斯纳：《法官如何思考》，苏力译，北京大学出版社 2009 年版，第 17 页。

④ ［美］理查德·波斯纳：《法官如何思考》，苏力译，北京大学出版社 2009 年版，第 17 页。

⑤ ［德］卡尔·恩吉施：《法律思维导论》，郑永流译，法律出版社 2004 年版，第 240 页。

思维作为指引，虽然法律与哲学关系密切，但必须明确法律方法论与法哲学之间的分工，否则将损害法的独立性，因此，裁判者对制定法的修正要从立法者的角度出发，“步立法者自己的后尘”，保证其解释、理解、类比、推理等不超出法律的界限。[①]

对于裁判思维方式的国内研究，我国法学界目前并没有形成理论上的体系化，也没有明显统一或相对立的观点出现，可以说，很多学者都从自己独有的角度对此问题提出了各自的看法，从概念问题到理论的核心，这其中所体现出的是多样性的特色，仍需要不断拓展与深化理论认识。

郑成良教授在其公开发表的论文中阐明过其关于法律思维方式的认识，他认为，法律思维要始终贯彻“法治”的理念，把法治的观念深化为法律人的认知方式，按照法律的逻辑结构来观察、思考和处理司法问题，思维运作的核心是判断合法性的问题，“即围绕着合法与非法来思考和判断一切有争议的行为、主张、利益和关系”。[②] 在此理论基础上，他还对法律思维的基本特征进行了抽象与概括，使之区别于道德思维。[③] 然而，其概括与分析所反映的只是法律人应遵循的普遍性的价值选择，体现的是法律人思维共性的问题，在法治理念的视角下不乏学术价值。但若从具体的方法论角度而言，其论述缺乏从抽象到具体、从普遍到特殊的内在系统性分析，就司法裁判者决策思维本身的论述并不深入，可以说，这种思维倾向不属于法律方法论意义上的法律思维。[④]

季卫东教授将裁判思维概括为三个方面，主要内涵为“依法办事”“兼听则明”以及“三段论的逻辑推理”。[⑤] 他认为，此思维方

---

① ［德］卡尔·恩吉施：《法律思维导论》，郑永流译，法律出版社 2004 年版，第 222 页。

② 郑成良：《法治理念与法律思维》，载《吉林大学社会科学学报》2000 年第 4 期。

③ 郑成良教授概括的法律思维的基本特征：（1）以权利义务为线索；（2）普遍性优于特殊性；（3）合法性优于客观性；（4）程序问题优于实体问题；（5）理由优于结论；（6）形式合理性优于实质合理性。

④ 陈金钊：《法律思维及其对法治的意义》，载《法商研究》2003 年第 6 期。

⑤ 季卫东：《法治秩序的建构》．中国政法大学出版社 1999 年版，第 199—200 页。

式不仅适用于作为裁判者的法官，对参与诉讼活动的检察官、律师等也同样适用，而其思想也传达出一种法条主义的思维立场，即以传统的法律文本作为决定案件结果的依据或指导，逻辑思维应缜密、推理应严谨，这也是法律职业者区别于其他行政职业者的核心之所在。

若从思维运行的普遍性到特殊性的方式看待裁判思维问题，谌洪果先生和陈金钊教授都提出过自己的见解。他们研究了一般思维的运作模式，并将其与司法裁判思维过程进行比较分析，并从中提炼出法律思维运作的普遍规律。谌洪果先生把思维过程区分为思维方式与思维方法两个不同的维度，他认为裁判思维方式的选择受到人的品格、背景、阅历等个体性因素的影响，而裁判方法则主要与法律解释、逻辑推理、司法论证等方法论层面的因素相关联，二者虽不相同，却为司法裁判的作出共同发挥着作用，不可分割。同样是裁判思维的问题，陈金钊教授也对思维的运作模式提出了全新的认识，他将思维方式拆分为“法律思维结构”“法律思维方法”和“法律思维程序”三个部分，其内涵包括但不限于谌洪果先生的上述观点。但总体而言，陈教授认为，裁判思维运行的模式应当是基于司法“前见”，以法律作为出发点和逻辑推理的基本依据，最终实现裁判者所期待的社会效果，即实现法治的追求，而裁判思维的运行将必然掺杂了法官的个人情感等因素，更离不开逻辑推理、解释、论证等工具性要素价值的发挥。

就刑事裁判思维主体角度进行理论研究的方面，最有深度也是最成体系的应属北京大学法学院的苏力教授，其有多本译著都是关于裁判思维的，例如《法官如何思考》《超越法律》等均系对美国大法官波斯纳著作的译作，因此，其理论观点也受美国实用主义法律思想影响较大。苏力教授认同美国实用主义者的决策思维与模型，对法教义学的裁判思维持反对意见，他认为，法律人绝不是只会机械套用法律条文的法律“机器”，而是能够“超越法律”之外，并能从裁判可能带来的后果出发进行司法推理，注重“考量后果”，如此才是法官理想的司法决策模式。[①] 他排斥法教义学的思维方式，认为其与法律实用主义思维方式难以融合。而这一理论的提出在我国

---

① 苏力：《法律人思维?》，载《北大法律评论》（第 14 卷第 2 辑），北京大学出版社 2013 年版。

目前的司法体制下也引起学者广泛的思考。让法官依据判决的社会效果作“创造性”裁判，这在美国等判例法国家仍存在较大争议，那么此理论能否适用于制定法国家就更有待进一步考量了，毕竟，在英美法系与大陆法系之间，法律思维存在较大的差异，最明显的差异即体现在逻辑推理的大前提之上。在适用制定法的国家，法教义学的方法已为法律人所认同并严格遵守，因此，法律规范的强约束力早已在潜移默化中深入人的思维。相反的是判例法国家，其所遵循的并非规范性法律条文，“超越法律”的思维就存在较大的空间。综合来看，制定法国家的法官在创设法律的效果上与判例法国家相比确实存在明显的弱化。

对此，复旦大学法学院孙笑侠教授在裁判思维的选择方式上就部分否定了苏力教授的观点，认为“在强调社会后果的时候，不可以夸大‘超越法律’的功能和意义，更不可以否定对法律规则作特定思维的法教义学方法。两者本来不应该是取一舍一的简单关系，而应当加以结合和协调。实际上，两者也是可以结合的、可以协调的”。[①] 他坚持认为，实用主义法律思维有着重要的理论价值，这一点毋庸置疑，但法教义学同样可以实现“超越法律”的目的，同时兼顾“考量后果”。其理论支撑体现在法教义学方法论中对法律漏洞进行填补的过程中，即通过法的扩大解释、限缩解释、体系解释、历史解释、当然解释、目的解释、合宪性解释、比较法解释和社会学解释等方式实现法律漏洞的填补，以及针对不确定概念和条款进行“价值补充”等司法活动，而裁判者对社会效果的关注与考量也是通过在法律所规范的程序内合理使用法教义学的方法来实现的。

笔者认为，制度的合理性始终离不开实践的检验，个案公正的实现很大程度上依赖于法官的裁判，尽管讨论裁判思维看起来具有较大的主观性，但其理论背后所包含的客观逻辑其实足以支撑对该类问题的研究，这也是刑事司法领域不容忽视的问题。同时，裁判者的思维方式也不是绝对“难以捉摸”的，法官在个案裁判中每一次有意或无意的选择都存在一定的内在逻辑相关性，反映裁判思维存在与运行的价值选择。上述国内外法学学者们的研究尽管观点不一，但他们都具备强大的逻辑内核，是可以被我们反复推敲与论证

---

① 孙笑侠：《法律人思维的二元论——兼与苏力商榷》，载《中外法学》2013 年第 6 期。

的。从英美法学者的研究来看，不论是法条主义思维模式还是实用主义思维模式，抑或司法决策的其他模式，其理论基础的丰富性与牢固性都为我们进一步探究裁判者的思维方式提供了必要的素材；而国内学者的观点则更符合成文法的体系性架构，立足于我国的司法现状，从而引发我们关于三段论推理的适用、裁判思维的“创制性”分歧、思维的影响要素以及内外部制约等问题的思考，笔者将在下文进行阐述。可以肯定的是，裁判思维受来自裁判者自身或外部环境等诸多因素的影响，这些影响要素有些会对司法决策过程指明可感知的判断方向，有些则在潜移默化中影响着裁判结论的形成。通过对影响裁判思维要素的分析，我们可以据此归纳出裁判思维运行的一般模式，发现隐藏在思维内部的逻辑性与规律性，为司法裁判者的决策活动提供理性选择与理论支撑。

二、刑事裁判思维的影响要素分析

在刑事诉讼活动中，对犯罪嫌疑人的定罪与量刑均需要法官通过刑事裁判思维的方式，达到内心确信的标准，最终确定应适用的罪名与刑罚。然而，由于裁判过程存在较大的主观性，导致裁判思维可能受到来自内外在多种因素的影响，裁判偏差是难以避免的。若想尽最大可能地实现司法公正，制度方面的改良对纠正裁判偏差的作用是有限的，只能深入法官的思维领域寻找答案。思维科学与认知心理学告诉我们，裁判思维的运作方式是将待决事项与一定的主客观标准进行衡量与综合判断，最后形成结论。在法学领域，三段论的演绎推理等逻辑推理过程也是依此方式展开，能够对此思维运行理论进行印证。因此，这其中影响裁判结果的关键问题为两个部分：一是主客观判断标准；二是衡量与判断能力。其中，影响主客观判断的标准主要有法律规范要素、客观激励要素（包括收入、权力、名誉、尊重）以及社会环境要素（包括舆论、政策、习俗）等方面，而影响人的衡量与判断能力的要素则主要包含先验概率要素（包括种族、性别、年龄、性格、阅历、教育、意识形态）等方面的内容。这些影响要素中，先验概率是无意识的，而法律规范要素、客观激励要素和社会环境等要素则通过潜意识或显意识的方式进入裁判者的思维领域，再通过显性思维与隐性思维的方式作用于裁判结果的产生过程。因此，本文对裁判思维影响要素的系统性分析可以将那些被思维所遮蔽的、不易被认识的因素重新被拉回认识的领域，使裁判者对其可能存在的裁判偏差产生合理的警觉，这也是使裁判结果回归公正的有效途径。

（一）法律规范要素分析

在理论界，概念法学派十分强调法律规范思维对司法裁判的绝对影响，他们认为，法学与自然科学所使用的逻辑推理形式是相同的，相信法律由一系列存在严密内在逻辑联系的概念所组成，裁判思维即依据法律规范进行逻辑推断的思维。按照这一理论，每一项司法判决的结果都必须源于立法条文或条文中明确反映的内容。寻求立法机关的意志是裁判思维运行的唯一功能。当条文的含义明确时，法官可以通过对条文的字面解释获得立法意志。在条文含义不够清楚的情况下，法官们将行使“逻辑解释”的职责，即“在法律精神中”找到立法意志。[①] 概念法学派的理论基础是，司法概念总是包含有一个正确的含义，而这种固有的含义可以通过古老的演绎推理方法，特别是三段论方法来获取。尽管一些极端的概念法学者对法律规范的概念存在误解，错误地认为法律规范是“封闭的”，法律规范概念的内涵可以做到逻辑计算那样精确，法律规则可以概念化并借助不同层次的抽象达成完整无缺的体系，[②] 这也招致反对者的批判。但司法裁判不能超越法律规范概念也是大多数学者所承认的，他们所批判的只是极端概念主义者的极端观点，并不反对法律规范的概念本身。相反，正是法律规范思维要素保证了法官裁判思维的逻辑性与严密性，其对裁判思维的规范性指引具有普遍的价值。

正如马克思所言：“法官除了法律就没有别的上司”，“法官的责任是当法律运用到个别场合时，根据对法律真诚的理解来适用法律”。[③] 在刑事裁判思维的运行过程中，法官依法裁判是为世界所公认并普遍遵守的事实，不论是英美法系还是大陆法系均是如此。尽管立法相较于司法而言必然具有一定的滞后性，或许制定法更新的速度不能与司法实践中新类型的刑事司法实践相适应，但制定法的传统依旧得到法律人的普遍遵守，因为遵循法律规范背后的主要力量坚持规范是创造稳定的必要条件，而由此带来的“思维定式”也

① Julius Stone, *Legal System and Lawyers' Reasonings* 215 (1964).

② [英] 哈特：《法律的概念》，许家馨、李冠宜译，法律出版社 2006 年版，第 127 页。

③ 《马克思恩格斯全集》（第 1 卷），人民出版社 1956 年版，第 76 页。

成为影响刑事案件裁判的重要因素。因此，指导法官裁判思维的核心为法律规范要素，其不仅体现在对裁判的事实认定、法律适用等实体性裁决方面，还体现在对裁判选择适用法律程序的部分。

在实体性裁决方面，法律规范并不是影响裁判思维结果的唯一要素，法官的司法裁判思维仍受到其他内部与外部多种因素的影响，包括但不限于道德、宗教、情感等，但法律规范思维也与其他思维要素之间有着明确的界限，其他各思维要素应服从于法律规范要素，并以此为前提条件。我国司法裁判的过程是裁判者以事实认定为基础的，根据法律规范对犯罪嫌疑人定罪与量刑的过程，通常情况下，以法律规范为中心的思维要素同样以三段论的演绎推理为表现形式，为裁判者司法决断的作出提供可被大众所认可的思维依据，同时也为法官的裁判文书说理提供论证依据，反映出司法裁判的逻辑理性，符合法律的可预测性要求。因此，作为一个具有中立价值的概念，法律规范的思维要素始终为社会大众法律认知的形成发挥重要影响，也为司法裁判者的思维模式的形成提供最坚实的思想支撑。

在程序性事项中，作为衡量司法公正的重要指标，程序公正已被社会各界广泛认可，并成为司法执业者普遍的价值追求，违反法定程序的审判必然导致不公正的结果，也不能被认定为有效的审判。因此，司法裁判思维必然受法律规范要素的影响，在保证司法程序的公正性方面发挥应有的作用。在对程序性事项的决策过程中，法律规范思维要素能够使刑事诉讼各参与者不偏离制度规范的轨道，以减少控辩双方对不确定性裁判结果的担忧，是法官决策理性的保障。此外，法律规范要素还能确保法官在裁判时达到对事实真实的考量与对程序公正考量的思维上的平衡，这同时也体现了法律规范思维参与到司法决策的总体思维模式的有益结果。

从我国法官职业制度的角度考察，法官属于公务员序列，通过法律职业资格考试进入司法领域，需要经历层层选拔，在体制内级级晋升，这与美国法官的终身制相比存在明显的差异性。此种职业经历与专业背景必然导致其在裁判思维运行过程中对法律规范的严格适用。这也反映出法律规范要素在我国法官裁判思维构成体系中的重要地位。

（二）客观激励要素分析

法官的裁判思维方式还受到客观激励要素的影响，主要包括裁判者的收入、权力、名誉、尊重等，这些因素有意识或无意识地进入人的思维，影响着法官对某一案件裁判的主客观判断标准。尽管客观激励要素对于裁判思维的影响并非主要方面，这些要素也并非仅影响法官的思维，这或许是人类在作决断时都难以避免的需要被考虑到的因素，但不论其对法官裁判思维的影响有多么微弱，其均应被列入研究的范畴。

收入、权力、名誉、尊重等与审判活动无直接相关性的因素是如何进入人的思维，进而影响裁判结果呢？一个中间因素不容忽视，即法官对成为一名“好”法官的期待。尽管法官裁判时需以法律规范要素为首要指引，并在立法所规范的框架内裁判，但法律仍然赋予法官一定的自由裁量空间，其对立法未明确规定的事项仍具有较大的解释权限。在进行司法解释或行使自由裁量的思维活动中，成为一名“好”法官的期待是对其裁判思维较大的约束。而法官的收入、权力、名誉、尊重等要素的获得也必须借由成为“好”的法官而非一个懒惰或固执的法官来实现。经验表明，大部分法官都认可自己是“好”法官的事实，因此，外在的客观激励要素在法官的内在自我约束下内化为思维过程的一部分，影响着裁判结论的形成，虽然这些要素被内化了，但仍然是真实存在的。

就收入要素而言，其可以被认为法官期望通过利用其职业所收获的货币报酬，这是每一个参与劳动力市场的人所共同追求的物质利益法官也不例外，当然希望因履行好本职工作而获得稳定的收入，同时还希望通过晋升等方式获得更大的经济利益。然而，有时候，收入激励作用的发挥还会因法官存在不同的目的而产生不同的指引，其中，其可能还混杂了政治、政策、舆论等其他社会环境要素的影响。例如，在美国，负责法官任命的部门会参考部分政治性要素对法官进行考量，若法官对现任政府抱有支持态度，则其获得任命或晋升的可能性就会比那些反对者更多，这也会直接影响法官的收入。在我国，法官的政治立场是统一的，但其思维仍会受政策、舆论与收入的综合影响，从而共同作用于裁判思维路径的选择。

在收入因素之外，一些非货币收入也会对司法裁判思维产生可能的影响，例如权力、名誉、尊重等。对于很多法官而言，其在劳动力市场中寻求的并不仅是经济收入，因为从事律师实务等工作完全比做法官收获得多。因此，对于那些坚定做法官的人，权力、名誉、尊重等非货币收入可能在其思维影响要素中会占有较大的比重。由于人都具有社会性，因此，社会中的人对自己的名誉、受到他人的尊重等都报以极大的关切，这完全符合人的本性，即使这并不能为其带来任何形式的收入。名誉、荣誉等非物质性要素能为法官司法决策的慎重性产生激励的效果，作为国家公务员序列的一员，法官可预期的经济收入是相对稳定的，如果不能以收入作为证明自己的方式，法官就会从货币以外的方面增加自己的获得感，这也是证明自己是“好”法官的有效途径。在这些非货币收入要素之中，权力是收获名誉、尊重的来源，却也不是唯一来源，每一要素都可能成为影响司法决策的独立来源，但在多数情况下，各要素是共同发挥作用的，在不同程度上影响法官裁判思维的运行。

（三）社会环境要素分析

社会环境要素是以舆论、政策、习俗等为主要内容，通过影响裁判者主客观判断标准，进而影响裁判思维的外在影响要素。其看似并非影响司法裁判的主要因素，也并不符合现代司法独立的制度设计，却映射出中国传统文化与传统观念对司法体制与司法决策的影响力，也体现出悠远的制度与文化价值。

概括而言，舆论、政策与习俗分别反映的是民众的普遍理性、政府的战略指引以及社会的传统价值，这些要素是世界各国都基本具有的，在我国也同样存在，并且反映出司法制度的中国特色。首先，舆论在司法裁判过程中反映了民众对依法公正裁判的期待，是处于抛开裁判技术理性的大众视角。舆论对裁判思维的影响可追溯到古代非职业化的法官审判模式，在此模式下，法官采用非专业的大众思维方式进行裁判，并追求判决能够顺应民意，即判决是以舆论为导向的。在此审判传统的影响下，现代法官虽强调职业主义，但专业思维与大众思维之间仍缺乏明显的边界，其根源在于从西方国家移植而来的制度与我国传统的法律文化之间尚未完全融合，这一深刻的社会历史因素使法官极易受到大众舆论的影响。同时，司法活动所追求的“努力让人民群众在每一个司法案件中感受到公平正义”也体现出司法裁判对群众情感的尊重，使舆论成为影响裁判思维的要素之一。

其次，政策也影响裁判者的思维与判断，此处的“政策”是一个广义的概念，既包括立法政策，也包括司法政策，还当然包括一般意义上所理解的由国家机关、政党等组织制定的行政政策。作为国家法律制定的依据，立法政策关乎一国的法治命运，不仅是立法机关所应遵守的，对司法裁判者同样具有重要的价值导向，例如

“惩办与宽大相结合”“严防冤假错案”“保护隐私”等，这些原则属于我国的立法政策，但其对于裁判思维的作用与法律规范要素相当。对于司法政策，有学者会将其与司法解释混同，事实上，司法政策并不具有司法解释的效力，不是审判活动中要求被强制适用的规范，但这并不影响其对审判工作的指引与规范作用，也属于裁判者裁判时应考虑的内容。此外，法官在裁判时也不免会从行政政策的角度考虑判决的合理性，这是一种政策直觉，主要在法官解释法律时得以体现，保证了法官裁判结果的一致性与连贯性。

最后，法官裁判还会受到习俗的影响，其原因在于，尊重好的习俗就是尊重社会传统的价值观，这样的判决才会具有更高的社会可接受性，更体现法律效果与社会效果的统一性。当然，对于已经偏离社会核心价值的习俗，法官完全可以在思维运作过程中将其予以排除，因其每一个裁判结论所反映的都是法官个人的独立价值判断，在某种程度上，法官所作出的判例虽不具有法律的强制力，却能为人的行为起指引作用，并促进社会习俗的变迁。因此，综合来看，裁判思维受舆论、政策与习俗等社会环境要素的影响，但思维活动本身也能够影响各要素的发展、改革与变迁，二者是互为因果的关系。

（四）先验概率要素分析

所谓“先验概率”（prior probability），又称“先验”，本意是指事情尚未发生时依经验和推理得到的事情可能发生的概率。审判活动中的先验概率是指法官在审判进行前，在自己的种族、性别、年龄、性格等因素的影响下，或同时依据自身的阅历、受教育程度以及道德、宗教、政治思想等意识形态要素，而对案件裁判结论的预先的估计。或许法官自己都没有意识到他会有这样的一个先验概率，但先验概率的存在是不可否认的，并且会进一步影响法官的“事后概率”（posterior probability）。例如，在证人出庭作证之前，法官对此言词证据的真实性判断就已经有预先的估计（即先验概率），这一预估的产生可能是依据之前其对类似案件的经验作出的，也可能是依据法官本身的种族、性别、性格、意识形态等其他原因而作的判断，不论基于先验的产生原因为何，其早已存在于法官的潜意识思维之中，当证人出庭并提出相关言词证据后，法官会对该证人证言的真实性进行分析判断，而法官的先验概率会对他在完整接收证人出庭所述信息之后进行的再判断造成影响，进而影响其对言词证据真实性的最终判断。

同理，法官对案件任何环节的裁判均不可避免地受到思维中先验概率的影响，这种主观概率呈现在不同法官的思维中都不尽相同。因此，不同的法官即使以相同的方式评估相同的信息，最终也会因不同人所持有的不同的先验概率而导致结果判断上的不同。当然，从法官思维的角度考察，裁判者还可能会因自身所独有的先验概率而形成一套独有的基于先验概率的认知结构，[①] 如此即可导致不同法官的先验概率不同、裁判结论不同，但结论形成的原因却是相同的。这充分说明了先验概率对法官裁判思维所产生的影响，法官会具有不同的先验概率，通过不同的认知结构去看待案件相关的信息，并最终形成不同的裁判理由及裁判结论。

与先验概率密切相关的因素主要有种族、性别、年龄、性格、阅历、教育等个人背景因素，以及道德、宗教、政治思想等意识形态因素。实践发现，在美国等多民族融合的国家，当案件涉及种族、年龄或性别差异性等问题时，法官的裁判会受到这类因素的影响，同时，这些因素还会与法官的职业阅历、教育背景等相互交织，共同影响司法的决策与判断。关于教育，任何国家都无法否认其对法官思维形成的重要性，特别是教育当中的职业训练环节，对裁判观点的形成尤为重要。同教育相当，阅历也丰富了法官关于司法行为价值的判断，如果法官在入职前的阅历使他对某一行业或某一群体存在内心的价值倾向，则与之相关的司法裁判也会受到影响。综合来看，上述个人背景因素是一个人区别于其他人的固有标识，不仅会形成价值观，影响法官对一案件的价值分析，还会塑造法官对外在环境予以回应的天性，例如勇敢或是怯懦，这些心理会最终反映于案件的裁判过程中。[②] 关于意识形态要素，其可以被认为是道德、宗教、政治思想等要素的集合，也是对政治、经济等社会问题所持的基本信念，反映于法官基于案件所持的价值观与世界观。这些要素能成为法官裁判案件时潜在的思想规范，成为思维的目标，渗透

---

① C. K. Rowland and Robert A. Carp, *Politics and Judgment in Federal District Courts* 165 (1996).

② ［美］理查德·波斯纳：《法官如何思考》，苏力译，北京大学出版社2009年版，第88页。

于人们思维的全过程。[①] 因此，意识形态要素通常以价值评判的方式统摄法官关于案件事实的认知，进而影响法官司法决策的最终形成。

三、刑事裁判思维运行的一般模式探索

尽管在思维科学的领域，人类对思维之运作过程的探索尚难以作出确切的推论，然而，从法学研究的视角，一个裁判结论的形成必须经历一步步思维确定的过程，简言之可概括为寻找法律规范、认定事实证据以及适用法律规范，作出其与被认定事实的符合性判断。在这一司法决策的形成过程中，法官的裁判思维受上文所述要素之影响，倾向于类型运行，故在总体上形成了可被类型化的分析与决策模式，笔者概述为规范性与创制性融合的思维模式、潜意识与显意识交织的思维模式、论证与引证相结合的思维模式。这三种思维模式既反映了不同国家关于裁判思维的普遍性选择，又代表了我国司法裁判的思维特征，为法官及刑事诉讼活动的参与者对裁判思维形成较清晰的认识提供有益探索。

（一）规范性与创制性融合的思维模式

如同上文所述，西方学者对于法官裁判思维模式的研究主要存在两大观点的分立，即“法条主义”模式与“实用主义”模式。法条主义被认为是一种司法行为的实证理论，在此模式下，司法决策均由“法律”所确定，此“法律”的意义被认为是指正式的法律规范——例如宪法和制定法文本以及同一或某高层级法院先前的判决所表达的，或是可以通过逻辑推断出这些法律规范性文本中衍生出来的一整套已有规则。[②] 因此，法条主义者强调法官的裁判思维应严格遵循法律规范，认为法律的存在对任何人都具有约束力，这其中也必然包括对法官裁判的约束，而法官作出的每一份判决也必须严格服从法律的规范，或仅能采用独特的法律推理模式，不能做任何超出法律原旨的扩大或类推性解释，否则，此裁判行为将被认定为超出法律许可范围的、毫无限制地滥用自由裁量权的行为。概括地说，法条主义者在作出司法决策时，绝不会从传统法律文本（主要是成文法、宪法条款和判例）之外寻找指导，对他们来说，法律是

---

① 李麒：《法律移植与文化适应：基于非法证据排除的实践分析》，载《政法论坛》2016 年第 5 期。

② Frederick Schsuer, *Formalism*, 97 Yale Law Journal 509 (1988).

一门拥有自主知识和技术领域的自主学科。这些技术，例如将法律条文与手头的案例进行类比，即遵循或区别规范性条文，可以使司法决策具有一种思维上的严谨性。

持相反立场的法律实用主义者则认为，在许多情况下，这种明显的严谨性只是表面现象。没有人能够负责任地支持一个纯粹的规则或一个纯粹的标准，在很大程度上，在标准之上选择何种规则取决于法官的政策性判断。法律实用主义者认为法条主义所要求的对法律规范严格遵守所造成的影响实则掩盖了司法程序的现实性需求，特别是限制了司法决策可选择的范围和程度。它导致一种受规则约束的方法和对规范性文件中强制因素的过度尊重。同时，它也缺乏灵活性，不允许法律根据社会发展变化的新要求以及习俗等因素的产生或演变而发展，并过分倾向于防止任何特定的规则或原则因其公正价值和效用价值的变化而被重新评价。此外，它还助长了一种毫无根据的假设，即法律是一种具有内在连贯性的自然现象，不应受人为因素的影响而改变。其结果是，法条主义推理似乎是单纯而不必要的模拟，甚至是机械的套用，在推动审判向更加健全、完善的方向迈进的过程中，它排除或抑制了法官这一司法角色对审判活动的有效推动。因此，实用主义者认为，想要成为一名“好”法官就意味着法官必须以实用主义为指引，必须承认法律具有不确定性和滞后性，法律规范在本质上具有可塑性，承认司法推理是一种创造性的活动。他们反对法条主义者所称的将法律限定为“有限的领域”①，在他们的认知里，大多数案件都属于“开放的区域”。在这个开放的领域里，“法律”不是由一组写在规范性文件中的命题组成，也不是由可以找到和应用的先例组成。相反，被执行的法律是“由法官创造的，使用法律命题作为原材料”的一种“创造性的活动”。然而，实用主义并不是像批评者经常声称的那样，是一种“一切皆有可能”的判断方式，因为实用主义的司法自由裁量权依然会受到内部和外部的约束限制。

总体而言，相较于西方国家（特别是判例法国家）司法决策思维模式的对立，我国以马克思主义的方法论分析问题、指导实践，

① Frederick Schsuer, *The Limited Domain of the Law*, 90 Virginia Law Review 1909, 1914 - 1918, 1945 (2004). “有限的领域”即认为司法决策的规则已给定，只需依材料进行逻辑推理。

故更倾向于兼采法条主义与实用主义之长处，从而避免落入主观与片面之中。即我国司法裁判的过程既非绝对禁锢于法律规范的框架内，也非无边界的自由裁量，而是这两种思维模式融合、混杂与交织的过程。这其中较难有明确的思维界分，毕竟，人的思维并非机器一般非此即彼或仅能做机械性选择，在多数情况下，裁判者的思维是多种因素混合影响下的无规则运转，因此，笔者在此将其描述为规范性与创制性融合的思维模式，力求以较客观、全面的方式揭开司法裁判的“神秘面纱”。

尽管国内外较多学者都对法条主义司法决策模式持否定的态度，但事实上，法条主义，或是法条主义的裁判技巧在我国法庭日常案件的裁决中占有一席之地。在我国的司法实践中，重大、疑难、复杂案件仅属于少数，而常规案件与简单案件则在审判总案件数中占据了绝对的多数。因此，对于此类常规案件与简单案件而言，法官适用明确的法律规定即可实现公正、快速的审判，而对无争议的事实也可完全适用已有的法律规则，以三段论的推理模式进行司法决策，其结论将是明确和直接的。

但从另一个角度而言，尽管判决是明确和直接的，但这并不意味着法条主义会得到全部的认可，也不意味着其可适用于所有的司法裁判，只是在决定简单、常规案件方面，法条主义者与实用主义者在裁判思维的实际运作中选择了一致的方式，故这两种不同决策思维所展现的差异性也并不那么明显了。因此，我国司法裁判的作出绝非仅依靠法条主义而实现的，在多数情况下，其往往是与实用主义共同作用的结果。可以认为，我们的司法决策既存在规范的一面，又离不开法官应有的创造性裁判过程。具体而言，对于一些适用现有法律规范较难处理的案件，实用主义的具有“创造性”的思维方式就是裁判者不可缺少的思维路径选择。在这些案件中，裁判结果对案件本身及其可能带来的制度后果以及社会效应往往影响较大，故需要对裁判结果给予较多的考量。因此，务实的法官将探寻规则背后的目的和多重后果的平衡，平衡对案件当事人的直接影响和包括制度后果及社会效果在内的系统后果，然后跳出规范的束缚而进行创造性的思维活动。就如波斯纳所认识的那样，实用主义思维模式告诉法官对规则目的的探索是有价值的，他们还要考虑司法决策的后果，但后果本身却不具有规范性意义，只能够取决于未来。因此，规范性与创制性融合的思维模式是向前看的，它在尊重法律条文的同时也将法官带入了法律背后的社会现实，而这正是法律试图塑造的社会现实。

（二）潜意识与显意识交织的思维模式

法官并非裁判案件的机器，也非圣人，同样会在对司法案件进行裁判的过程中受到各种内外在因素的共同影响而选择意识融合性的思维模式，在这一点上，他们同普通人并无本质的区别。从思维科学和心理学的领域分析，人的思维与心理活动可以由潜意识与显意识进行划分，那些能够被意识所认识的思维过程是显意识，无法被认知或尚未被认知到的思维过程即为潜意识，二者共同构成人类思维的统一整体。对于裁判活动而言，法官的思维受法律规范要素、收入、权力、名誉、尊重等客观激励要素以及以舆论、政策、习俗等为主要形式的社会环境要素的影响，这些影响要素是能够被意识和被感知的，共同成为影响司法裁判的显意识要素；同时，法官的裁判思维还受到潜意识的操纵，主要表现为先验概率要素的影响，具体包括种族、性别、年龄、性格、阅历、教育等个人背景要素，以及道德、宗教、政治思想等意识形态要素，影响人对一法律案件的衡量与判断能力。这两种思维意识方式在类型上具有人类所共有的普遍性特征，但在法官这一特殊职业群体身上却表现为特殊的形式，即在司法的语境下，裁判思维模式是潜意识与显意识共同交织的司法决策过程，认识到思维意识形态的交织与融合使我们对裁判思维一般模式的分析具有现实意义以及特殊的价值。

通常，在潜意识思维模式下，法官裁判主要依靠的是其对案件及其相关信息的经验与直觉判断，这是一种潜在的、难以言表的，甚至无法被思维活动主动而准确地捕捉到的一种思维运行模式，与逻辑的、可被描述的、环环相扣、步步深入的思维逻辑形成反差。然而，我们并不能依此断定潜意识思维是非理智的，事实上，它是基于法官经验与直觉的理智思考模式。在决策形成时，潜意识思维能够以裁判需要为导向，迅速提取大脑中对待决事项的经验与直觉要素，并将逻辑推理中不完整的信息予以补充，最终形成完整的思维链条。美国法学家弗兰克对于潜意识思维有过相关论述，他认为，裁判结论的形成首先由来自潜意识的预感所决定，大部分的司法决策过程并非来自由前提推导出结论的明确的过程，而是从潜意识中既存的模糊结论开始，不断发现能够印证该结论的前提，而这一整套的思维过程均需要以法官潜意识认知的准确性为基础。[①] 因此，潜意识思维真实存在，而其对裁判结果的意义也得到了学者们的肯定，对法官而言，专业知识的不足可以借由学习予以补足，而潜意识思维判断的准确性则需要长期的认知积累，并从实践中不断获取。

显意识是与潜意识相对立的概念，主要是指法官裁判过程中所能够被感知的思维过程，其可以表现为由理性主导的逻辑推理、受外在激励或约束因素影响而形成的主观判断等。显意识思维模式贯穿法官裁判推理的全过程，是较容易因教育的不同或认知主观方面的不同而改变的思维模式。法官阅历的增长与其显意识思维模式的运用成反比，因为显意识思维模式显然比潜意识思维更加耗时、更加复杂，对逻辑推理方法的要求也更加严苛。然而，现代司法要求法官的裁判思维活动应保证显意识思维的运用，并要将思维运作过程在裁判说理中反映出来，从而制衡那些易导致错案产生的直觉推理。

在现实的司法裁判过程中，潜意识思维和显意识思维在人的大脑中是共同交织的状态，二者在发挥作用时并不冲突。同时，这两种思维模式常随着法官学识的增长、阅历的丰富以及经验的积累而出现转化的趋势，一种显意识思维可能用久了就会产生思维惯性，并转化为潜意识思维，而潜意识思维也是显意识思维的基础，意识的正确性大多由显意识思维来保障。我们很难区分哪一种思维在裁判活动中是主动的，二者更没有主要与次要之区分，但对思维模式的区别研究将有助于法官对思维的运行过程产生更加直观与准确的认知，从而对其所运用的裁判思维进行更好的反思与重塑。

（三）论证与引证相结合的思维模式

“论证”与“引证”都是裁判者在司法决策的过程中所应运用的思维方式，只是不同国家对论证型思维与引证型思维的选择偏好有所区别。例如，在美国，法官是刑事诉讼程序的中心，司法的独立理性较强，法官在对案件进行独立论证之时本应有较大的思维空间去结合法学前沿理论、法学学者的观点或国内外不同的法律学说进行引证式思维，使案件裁判结论更加精准、更有说服力。但是美国法官却并未如此执行，因为法学学者们的想法往往脱离实践，他

---

① ［美］博西格诺：《法律之门》，邓子滨译，华夏出版社 2002 年版，第 27—34 页。

们只关心理论问题，不关心实际结果，也不了解法官们的具体裁判现状，导致法官对学术观点的普遍排斥心理。然而，我国法官的思维模式恰与之相反，在实践中，我国的法官过分看重学术理论对裁判结论的指引，同时对国外的前沿理论动态也十分关注，甚至会直接引用外国的法律或判例来证明其裁判结论的合理性，但不能理性地论证基于自己独立思考后的结论，导致引证有余、论证不足思维特点的普遍化发展。

事实上，对国内外权威观点的适度引证是促使理论联系实际，同时使实践不偏离理论发展轨道的良好方式，但其不应成为法官逃避理性论证的合理手段。波斯纳曾言，“法官和其他大多数法律人一样，都是过度的引证者”。[①] 这说明引证型思维对于法官群体乃至大多数法律人而言都是一种常用的思维模式。然而，以引证代替论证并不能反映其视野的开阔，这恰是一种思想的封闭与理论的不自信。同时，由于法律的专门化发展倾向，学者与裁判者之间的差异性也在逐步增强，引证型思维也将面临较大的转型，引证方式以及引证的依据或将在未来的法律中逐步明确。

尽管不同的国家关于法官应采取论证型思维还是引证型思维模式的偏好不同，但论证与引证相结合的思维模式是广泛存在的，这一点不容忽视。论证是裁判思维的基础，而引证是法官面对论证过程中的逻辑难题而形成的解决思维困境的合理出路，这或许还是源自法官裁判的本能选择。我们在研究法官裁判思维时必须对此裁判模式保持全面清晰的认识，并给予充分的尊重，如此才更有助于实现两种思维模式的协调与平衡。

---

① ［美］理查德·波斯纳：《法官如何思考》，苏力译，北京大学出版社2009年版，第318页。

论国际投资仲裁中腐败行为的证明

——兼评 UFG v. Egypt 案

卫楚楚*

一、背景概述

在国际商业贸易和外商投资中，行贿及索贿等腐败行为普遍存在且由来已久，其对全球经济产生极为消极的影响。① 透明国际发布的一项调查显示，在来自 26 个国家 2700 多位首席执行官中，近 40% 的执行官表示其在对外投资过程中曾遭遇当地政府官员索取贿赂的情形。②

享誉全球的国际投资争端解决中心（简称 ICSID）③ 作为《解决国家与他国国民间投资争端公约》（简称 ICSID 公约或《华盛顿公约》）④ 的延伸，是世界上第一个专门解决国际投资争议的仲裁机构，其致力于为解决会员国和外国投资者之间争端提供便利，促进投资者与东道国之间的相互信任，对投资者提供实质性保护，从而鼓励国际私人资本向发展中国家流动。因此，在国际投资争端案件中，投资者常常通过国际投资仲裁对东道国提起诉求进而维护自己的权利和利益。值得注意的是，近 20 年来东道国在面临该类国际投

---

* 中国政法大学国际法学院 2017 级博士研究生。

① Bruce W. Klaw, *State Responsibility for Bribe Solicitation and Extortion: Obligations, Obstacles, and Opportunities*, 33 Berkeley J. Int' l L. 60 (2015).

② Transparency International, *Global Corruption Report* 2009: *Corruption and the Private Sector* (2009), available at http: //files. transparency. org/content/download/107/431/ file/2009_ GCREN. pdf.

③ 英文全称为 "The International Center for Settlement of Investment Disputes"。

④ 英文全称为 "The Convention on the Settlement of Investment Dispute Between States and Nationals of Other States"。

资争端案件时试图通过提出腐败抗辩来减免自己本应担负的赔偿责任，而该类案件的数量呈稳步上升趋势。① 腐败抗辩的主要内容是东道国控诉投资者在参与投资的过程中存在腐败行为，由此投资者基于该涉腐投资所产生的任何诉由均不成立。② 如果仲裁庭在管辖权异议阶段对此类抗辩予以支持，将导致该案件不再进入实体审理阶段，进而导致仲裁庭无法对腐败行为（其中既包括投资者的行贿行为又包括东道国政府官员的受贿行为）进一步审查。即使该类案件进入实体审理阶段，一旦东道国成功证明投资者在投资过程中存在腐败行为，将导致投资合同可撤销甚至无效，而东道国对投资者无须进行任何赔偿，这无疑对投资者将产生极为不利的影响。许多法学评论家一致认为仲裁庭在审理腐败抗辩时应当采取极为谨慎的态度并对之予以合法且适当的处理，否则，对腐败抗辩的不当处理将不可避免地损害《华盛顿公约》的签署目的。③

二、查明事实——腐败行为证明之困境

虽然学术界和实践界普遍认为跨国腐败不仅违反社会道德，更违反法律规范，因而应当受到惩罚及制裁。然而，从当事人的角度来看，证明腐败行为的发生则十分困难，主要原因在于腐败行为属于合谋行为，在此过程中，双方都极力协助对方避免留下任何证据以证明其非法行为，以免日后被检举或调查。④ 与此同时，从仲裁庭的角度来看，同检察院、法院等国家机关不同，国际投资仲裁庭在调查取证方面的权力极为有限。⑤ 然而，这些不利因素并不能阻止国

---

① 例如：*Inceysa Vallisoletana S. L P. Republic of El Salvador*，ICSID Case No. ARB/03/26，Award（August 2，2006）；*Metal – Tech Ltd. v Republic of Uzbekistan*，ICSID Case No. ARB/10/3，Award（October 14，2013）。

② Camille I. Aromas，*The Corruption Defence*：*An Asymmetrical Treatment Between the Investor and the Host State*，DivinaLaw：https：//divinalaw. com/corruption – defence – asymmetrical – treatment – investor – host – state/#_ ftn3.

③ 更多信息参见：https：//icsid. worldbank. org/en/Pages/icsiddocs/ICSID – Convention. aspx。

④ Karen Mills，*Corruption and Other Illegality in the Formation and Performance of Contracts and in the Conduct of Arbitrations Relating Thereto*，ICCA Congress Series No. 11（A. J. van den Berg（ed.），Kluwer，2003），295.

⑤ 例如，仲裁庭没有强制证人出庭的权利。

际仲裁庭承担其协助各国打击全球腐败的国际使命和责任。

（一）基于东道国调查所提供的案件事实进行仲裁的风险

有些法学评论家试图通过将国际投资仲裁庭调查取证这一环节纳入各国国内调查取证的司法程序中，从而使其摆脱事实查证之困境。一方面，顺应全球反腐败运动的热潮，越来越多的资本输出国对跨国商业腐败行为相继予以立法及司法等方面的有效规制；[①] 另一方面，在国际投资仲裁实践中，部分案件的仲裁庭开始注意到各国国内司法机关通过反腐败调查所获得的事实对其裁决结果所造成的决定性影响。例如，Niko v. Bangladesh 案的仲裁庭在其裁决中曾明确表示："国内机构在收集证据及对腐败行为作出必要的证明方面具有得天独厚的优势"。[②] 再如，Siemens v. Argentina 案[③]中，阿根廷政府曾以等待美国反腐机关对西门子进行海外反腐败调查（简称 FCPA 调查）[④] 的结果为由向仲裁庭申请中止仲裁程序，虽然该申请并未获得仲裁庭的支持，且仲裁庭裁决西门子获得阿根廷政府高达 2.17 亿美元的赔付。时隔一年，由于西门子在 FCPA 调查中承认其员工在包括阿根廷在内的海外国家中具有行贿当地政府官员的行为，阿根廷政府据此申请 ICSID 委员会对 2007 年的仲裁裁决予以修改，最终该案以西门子放弃对阿根廷政府的索赔权而告终。该案件的结局大反转在学术界和实践界引发热议，而其中反映出的国际投资仲裁庭在调查腐败事实方面所存在的不足以及国际仲裁程序与国内反腐败调查程序之间的嵌入和衔接问题值得深思。此外，以上仲裁案件

---

① 美国于 1977 年颁布《反海外腐败法》（简称 FCPA），是第一部针对贿赂海外政府官员之行为予以规制的法律；英国于 2010 年颁布《反贿赂法》；法国于 2016 年通过《关于提高透明度、反腐败以及促进经济生活现代化的 2016－1691 号法案》（简称 Spain II 或《萨宾第二法案》）；中国于 2011 年颁布的《刑法修正案（八）》，将"为谋取不正当商业利益，给予外国公职人员或者国际公共组织官员以财务的"行为以行贿罪论处。

② *Niko Resources (Bangladesh) Ltd v. People's Republic of Bangladesh*, ICSID Case Nos. ARB/10/11 and ARB 10/18. Decision on Jurisdiction dated 19 August 2013, para. 425.

③ *Siemens A. G. v. The Argentine Republic*, ICSID Case No. ARB/02/8, Award (January 17, 2007).

④ FCPA 调查指美国证券交易委员会联合美国司法部根据《反海外腐败法》针对涉嫌海外行贿的公司及其职员所进行的反腐败调查。

的发展均传递出以下信息：各国司法机关在协助国际投资仲裁庭就有关腐败等案件事实的调查方面或将担任举足轻重的角色。

不容忽视的是，国际投资争端解决机制旨在为外方投资者提供一个更加有效的、寻求赔偿救济的途径，从而避免东道国当地的司法机构在裁决过程中对其政府予以特殊的偏袒与保护。同理，笔者认为，国际投资仲裁庭在决定是否应当采纳东道国方提供的腐败调查结果作为裁决依据时应持谨慎态度，并结合时事政治及法律等背景因素对具体案件进行具体分析，酌情而定，如此方能更好地维护投资仲裁制度所具有的独立性及中立性的本质。否则，由于腐败调查结果对案件的裁决具有决定性的作用，如果国际投资仲裁庭对东道国司法机构提供的证据事实不加辨别取舍而一味采纳作为其裁决的依据，将不可避免地令其沦为东道国当地司法机构的傀儡，进而失去其作为第三方所应具有的独立性和公正性。

如上所述，各国的国内司法机构在调查腐败事实方面具有得天独厚的优势，国际投资仲裁庭在裁决过程中若能对其调查结果加以科学运用，不仅可以节约司法资源，更可以有效地解决仲裁庭面临腐败等问题调查取证难的困境。对于各国的国内反腐败调查是否会被其所在国的政治目的所左右，甚或沦为东道国用于其加大腐败抗辩筹码的工具[①]等情形，我们应当时刻保持警惕。

以下，笔者将就东道国国内司法机构在不同情况下所具有的不同调查动机进行分类讨论，进而指出国际投资仲裁庭在不同情况下对其提供的调查结果应当持何态度。除此之外，国际仲裁庭应当就东道国司法机关所提供的调查事实中的关键部分进行独立的评估和判断。

1. 东道国政府欲证明腐败存在的情形

为了协助投资仲裁案件中的东道国获胜，东道国的司法机关可能会挖掘并提供相关的证据以证明外方投资者在投资过程中具有行贿行为，而国际投资仲裁庭一旦采纳该证据，就极有可能支持东道国的腐败抗辩，进而裁决由于投资违法，外方投资者的利益不受保护。在以往的裁决中，国际投资仲裁庭对于东道国是否对受贿方，

① Aloysius P. Llamzon, *Corruption in International Investment Arbitration*, Oxford International Arbitration Series, published by Oxford Press on 4 November 2014, para. 9. 02.

即其政府官员予以刑事处罚并未过问，从客观事实上造成处罚不公，即合谋犯的行贿方因丧失赔偿权利而受到惩罚，而东道国政府官员作为受贿方却依然可以逍遥法外，其母国则因其受贿行为而受益。

2. 东道国欲证明腐败不存在的情形

司法实践表明，东道国的司法机构经过调查后并非总能提供有利于其政府进行腐败抗辩的调查结果。例如，仲裁庭指出：“在 Fraport AG v. Philippines 案[①]中，当地检察机关所提供的调查结果显示，投资者在投资过程中并未实施违反当地反腐败法律法规的行为，而该调查结果显然同东道国在该仲裁案中提出的腐败抗辩这一主张相冲突。”[②] 在笔者看来，这并不意味着上述调查结果必然值得信赖。在该种情况下，仲裁庭应当进一步了解东道国涉及腐败的官员是否依旧在任，如果在任，那么东道国的司法机关所给出的腐败行为未曾发生的结论并不一定可靠，这些涉腐官员很有可能利用自己的职位对当地公检法机关施加不正当地影响，从而令其得出无有证据证明腐败行为发生这一结论。从东道国的角度，我们不难发现东道国内部多方之间亦存在利益冲突。例如，证明腐败行为确有发生将增加东道国在投资仲裁中获胜的概率，从而免除东道国向外方投资者进行违约赔偿的责任，进而为国库节省开支。然而，从另一方面来看，基于腐败行为的共谋性，一旦证明投资者在投资过程中存在行贿行为，无疑意味着届时在任官员涉嫌受贿，而在腐败法律制定及执行较为严苛的国家，这些官员将很有可能遭到国内公检法机关对其进行刑事指控和定罪判刑。

（二）仲裁庭对于案件关键事实的独立审查

关于各国国内司法机关的腐败调查结果是否可信并值得作为证据加以采纳这一问题，笔者认为国际投资仲裁庭需要基于个案，综合各方面的因素，分情况讨论、分析和抉择。

具体而言，在仲裁庭审查东道国司法机构提供的同腐败相关的证据时，第一个考量因素应当为涉嫌腐败的官员是否依旧在任；接下来仲裁庭应整体俯瞰东道国的法治现状，并通过观察其相关的立

---

① *Fraport AG Frankfurt Airport Services Worldwide v. The Republic of the Philippines*, ICSID Case No. ARB/03/25, Award (August 16, 2007).

② *EDF (Services) Limited v. Romania*, ICSID Case No. ARB/05/13, Award (October 8, 2009).

法和执法情况来判断其司法机构的独立性。毋庸置疑，对于一个缺乏独立性的司法机构来说，其提供的证据极有可能受到当地政府官员个人或者行政机构的干涉，该类证据的可信度也因而大大降低。

还有一种情形，其曾出现在前文所提及的 Siemens v. Argentina 一案的审理过程中。[1] 美国曾对西门子发起 FCPA 调查。该调查独立于该投资仲裁案。由于美国作为独立的第三方国家，既不是仲裁申请方西门子的母国德国，亦不是仲裁被申请方东道国阿根廷，因此其天然具备的独立性应当令其调查结果的可信度大大增加。笔者认为，当腐败调查由独立于仲裁当事方的第三方展开时，仲裁庭对其调查结果予以采用的门槛应当相较于前述两种情形有所降低。

三、证据规则的适用——对 UFG v. Egypt 案的分析

正如 Thomas Wälde 在 Thunderbird v. Mexico 案[2]中所指出的："在评估它们（此处指用于证明腐败的证据）时，应当考虑到商事仲裁法律之复杂艰深性，同时亦应兼顾考虑到现实生活赋予我们的对外方投资实践更为'务实'的理解。"[3] 换言之，在面临证明腐败这一法律问题时，仲裁庭应当考虑采用更为灵活的证据规则和证明方法，以便与证明腐败的困难程度相匹配。虽然不同案件的仲裁庭在实践中对于证据规则和证明方法的适用并未达成一致，但通过对一系列相关仲裁案件进行梳理，我们可以发现一些证据规则方面的适用趋势。下文将对 ICSID 最新公布的 UFG v. Egypt[4] 一案进行详细分析，以期一窥该案仲裁庭所采用的证据规则和证明方法构成对历任仲裁庭所适用的证据规则之延续。

（一）案件事实与背景

根据投资仲裁报告（简称 IA Reporter），仲裁申请人 Union Feno-

---

① *Siemens A. G. v. The Argentine Republic*, ICSID Case No. ARB/02/8, Award (January 17, 2007).

② *International Thunderbird Gaming Corporation v. The United Mexican States*, UNCITRAL Award (January 26, 2006).

③ *Thunderbird v. Mexico*, Separate Opinion of Thomas Wälde, para. 3: "... they need to be assessed not only from the lofty spheres of commercial arbitration law, but also with a real – life understanding of the 'coal – face' of foreign investment practices."

④ *Unión Fenosa Gas, S. A. v. Arab Republic of Egypt*, ICSID Case No. ARB/14/4, Award (August 31, 2018).

sa Gas（简称 UFG 或申请人）在埃及杜姆亚特市建立的天然气液化厂（简称杜姆亚特工厂）于 2004 年开始投产，且计划将液化天然气（简称 LNG）出口至西班牙。根据埃及通用石油公司（简称 EGPC）和 UFG 的前任公司所签署的销售采购协议（简称 SPA），原料天然气由埃及本土生产提供。然而，从一开始，EGPS 就未能向杜姆亚特工厂提供足量的天然气。多年来，经过多轮磋商谈判，双方虽对 SPA 协议作出了修改，但仍未能解决天然气供给短缺的问题。①

与此同时，随着埃及国内市场对天然气需求的激增，伴之以 2011 年和 2013 年的政治动荡与危机，对于 UFG 来说，情势更加恶化，其工厂几近闲置，无法自产天然气，而 UFG 为了遵守其先前签署的出口合同，不得不去其他地方购买天然气以满足其对西班牙市场的供给。因此，UFG 于 2013 年向埃及发文告知其将就埃方的违约行为提起仲裁请求并将于 2014 年正式开启仲裁程序，寻求价值超过 32 亿美元的赔偿。②

（二）管辖权异议——腐败抗辩

被申请方埃及政府辩称仲裁庭应当拒绝行使对该案件的管辖权，原因在于仲裁申请方的投资项目是通过腐败等非法行为获得的，且申请方在这些非法行为中构成当事方。换言之，申请方的投资因其具有非法性当然丧失双边投资协议（简称 BIT）③ 和 ICSID 公约对其赋予的保护。④

（三）仲裁庭的案件分析及裁决

根据被申请方埃及同申请方的母国西班牙曾签署的双边投资协

① Damien Charlotin, *Union Fenosa v. Egypt*: *In Now - surfaced Award*, *Tribunal Dismisses Necessity Defence and Sees No Abuse in Investor Pursuit of Multiple Arbitrations*, Investment Arbitration Reporter（"IA Reporter"）, published on October 22, 2018.

② Damien Charlotin, *Union Fenosa v. Egypt*: *In Now - surfaced Award*, *Tribunal Dismisses Necessity Defence and Sees No Abuse in Investor Pursuit of Multiple Arbitrations*, Investment Arbitration Reporter（"IA Reporter"）, published on October 22, 2018.

③ Agreement on the Reciprocal Promotion and Protection of Investments between the Kingdom of Spain and the Arab Republic of Egypt, signed on 3 November 1992 and entered into force on April 26, 1994.

④ *UFG v. Egypt*, Award, para. 7. 2.

议，仲裁庭认同被申请方提出的观点，即根据埃及法律规定，如果西班牙投资者在埃及进行投资的过程中涉嫌腐败，那么该投资不受投资协议的保护，进而，仲裁庭应当驳回申请人的仲裁申请。同时，仲裁庭充分认识到一旦东道国的腐败抗辩成功，不论从案件的管辖、可受理性还是实体审理方面，都将对申请方的索赔权产生致命影响。[①]

1. 举证责任及举证责任的转移

仲裁庭在其裁决书的开头明确表示，被申请人作为腐败抗辩的提出方应当承担证明责任。[②] 其主要依据是民事程序中通用的证据规则——“谁主张，谁举证”，除此之外，仲裁庭无须就此证明责任的分担赘言。

对于举证责任的转移问题，正如由国际商会仲裁院的仲裁庭所作的一项裁决指出的：“举证责任的转移应仅在特殊情况下发生，且应当具足充分的理由。”[③] 虽然对于当事人来说证明腐败极为困难，但 UFG 仲裁庭对证明责任的转移依旧持谨慎态度，正如其在裁决中所述：“怀疑不等同于证明……未解的疑团背后或许存在无辜的解释，因此，在未能提供解释的情况下，无解不等同于腐败行为得以证实。”由此，仲裁庭进一步决定：“证明腐败行为的责任依旧由指控方承担，而非由对方承担证明腐败行为不存在的证明责任。”[④]

2. 证明标准

（1）“盖然性权衡”的证明标准与“清楚而令人信服”的证明标准

不同于举证责任的“非此即彼”，证明标准所具有的“程度渐进”的内在属性令仲裁庭在对其适用方面表现得更为灵活，也导致各仲裁庭所采纳的证明标准缺乏一致性。这引发大量学者和评论家对证明标准的采纳问题予以密切关注和热烈讨论。

尽管如此，基于过往仲裁庭所作出的裁决，我们不难发现“盖然性权衡”作为民事诉讼中的一般证明标准为绝大多数仲裁庭所采纳。英国法官邓宁勋爵在 Miller v. Minister of Pensions 一案中针对“盖然性权衡”一词给出了清晰的定义：“如果一项证据足以让仲裁庭认为：‘相较于无，我们更认为实际情况可能是有’，那么当事人

---

① *UFG v. Egypt*, Award, para. 7. 48.

② *UFG v. Egypt*, Award, para. 7. 52.

③ ICC Award No. 6497 (1994), p. 73.

④ *UFG v. Egypt*, Award, para. 7. 112.

的证明责任便已经履行，否则，如果‘有’和‘无’的可能性均等，那么证明责任便未得到履行。”[①]

值得注意的是，对于像腐败、欺诈、贿赂等更为严重的、涉及刑法的指控，仲裁庭大多数时候会采用更高的证明标准。[②] 在实践中，“清楚而令人信服”的证明标准常常为仲裁庭所采纳。在涉嫌腐败的 Siag v. Egypt 案中，仲裁庭采纳了该证明标准并作出如下说明：“仲裁庭认可由仲裁申请人所提出的此案应当适用比‘盖然性权衡’标准更高的证明标准，同时，该证明标准又要低于‘排除合理怀疑’这一标准。申请人赋予该证明标准的名称为‘清楚而令人信服’的证明标准。”[③] 同年 EDF v. Romania 案的仲裁庭亦采纳了同样的证据证明标准并给出以下理由：“本案中的腐败指控涉及当时罗马尼亚政府的最高官员，该指控的严重程度要求适用清楚而令人信服的证明标准。”[④]

从实体法角度来看，成功证明腐败行为的发生将导致一系列严重的法律后果，包括但不限于合同无效、不可执行或者仲裁庭缺乏管辖权等；从程序法角度来看，采纳一个更高的证明标准将有助于防止当事人恶意利用腐败指控达到令案件退出仲裁程序等目的。在 UFG v. Egypt 案中，仲裁庭亦就此点对被申请方埃及政府的腐败抗辩动机提出怀疑：“被申请方在仲裁开始之后才提出腐败抗辩，以期对管辖权进行异议，其行为令仲裁庭怀疑该抗辩的提出是为了方便其实现仲裁战略之目的。”[⑤] 此外，仲裁庭进一步批评被申请方不应为了战略目的而提出腐败抗辩，从而恶意拖延仲裁程序之进度。

（2）“盖然性权衡”证明标准在 UFG v. Egypt 案中的适用

EDG v. Romania 一案的裁决曾试图对理论界和实践界对于腐败行为证明标准的选取予以高度概括：“对于腐败行为的证明，国际仲

---

① *Miller v. Minister of Pensions* (1947) 2 ALL ER 372.

② Yves Derains, Josefa Sicard - Mirabal: *Introduction to Investor - State Arbitration*, published by Wolters Kluwer, 2018, p. 201.

③ *Waguih Elie George Siag and Clorinda Vecchi v. The Arab Republic of Egypt*, ICSID Case No. ARB/05/15, Award (June 1, 2009), paras. 325 - 326.

④ *EDF (Services) Limited v. Romania*, ICSID Case No. ARB/05/13, Award (October 8, 2009), para. 221.

⑤ *UFG v. Egypt*, Award, para. 7. 112.

裁庭及法学评论家们一致认为应当适用更高的证明标准。”① 而就在仲裁实践呈现采纳更高证明标准趋势时，近年来一些英国法下的案件对于是否应当将违法行为的严重程度同证明标准的高低联系起来提出质疑。② 针对该质疑，英国上议院在 Re B（Children）案中作出如下总结：“现在是时候做一个一劳永逸的总结了，即在民事案件中仅有一个证明标准，那就是当争议事实发生的可能性大于未发生的可能性时，事实发生得以证明。”③ 虽然英国上议院明确表明其不认同针对严重指控采纳更高的证明标准这一观点，但其认为指控的严重程度同盖然性的程度（事实发生的概率）应当呈正相关，即在“盖然性权衡”证明标准之下，当事人在对具有刑事性质的指控（包括腐败）进行证明时，仲裁庭或法院应当要求该当事人的证明具有更高程度的盖然性，即证明事实发生的概率要比一般民事指控成立的概率（超过 50%）要大。ICSID 发布的 2011 年 Libananco v. Turkey 一案的仲裁庭亦持相同观点：“虽然我们认同一般的观点‘控告的严重程度越高，证据的证明力应当越强’……但这并不意味着需要一个更高的证明标准，也许仅仅需要当事方提供更具有说服力的证据……”④

遵循上述有关证明标准的趋势并借鉴 Libananco v. Turkey 一案的裁决，UFG v. Egypt 的仲裁庭决定将“盖然性权衡”的证明标准作为全案的证明标准，其认为该投资仲裁不属于刑事程序，因此没有理由去适用一个更高的证明标准。⑤

证明标准从低到高大致可以被分为以下三种：“盖然性权衡”“清楚而令人信服”及“排除合理怀疑”。仲裁界的整体实践趋势反映出其对证明标准的选取和采纳经历了一个从“盖然性权衡”到“清楚而令人信服”，再回归至“盖然性权衡”的循环。而再度回归的“盖然性权衡”标准同起点处的“盖然性权衡”标准相比，其内涵更为丰富。笔者认为，新近的“盖然性权衡”标准具有如下特色：如果证明一个行为的发生将导致严重的法律后果，那么仲裁庭在审

① *EDF v. Romania*, Award, para. 221.

② Llamzon's Book, para. 9. 16.

③ *In re B（Children）（FC）*, UKHL 35（2008）, para. 13.

④ *Libananco Holdings Co. Limited v. Republic of Turkey*, ICSID Case No. ARB/06/8, Award（September 2, 2011）para. 125.

⑤ *UFG v. Egypt*, para. 7. 52.

理过程中应当适用更高的证明“门槛”。然而，这里所谓的“门槛”并不一定指证明标准，而是指同一个证明标准下不同的证明程度或力度。

对于“腐败抗辩”的证明，近年来仲裁庭采纳“盖然性权衡”证明标准的同时提高了对证据证明力度的要求，该实践趋势向参与国际投资的双方当事人及学术界传递出以下几层信息：首先，不同于先前仲裁庭对“腐败抗辩”采取回避等保守态度，如今的仲裁庭对于案件中的腐败问题持更为积极的态度，其更倾向于将跨国腐败的隐秘性纳入证明的考量范围之中，同时，越来越多的仲裁庭认识到有关腐败的直接证据多呈缺失状态，进而导致证据链条中断等问题；其次，如若仲裁庭频繁拒绝对腐败问题予以审理，将导致仲裁庭无法发挥其在国际反腐方面的震慑作用，而仲裁庭针对腐败证明标准所做的调整反映出其在承担国际反腐败的使命方面迈出了一大步；最后，从法理学层面来看，以上案件呈现的证明标准的变化趋势表明，仲裁庭根据案件的不同情况，在证据规则方面享有相当广阔的自由裁量权。[①]

3. 间接证据、“示警红旗”以及“连点法”

在直接证据不存在或者难以获得时，国际投资仲裁庭有时会酌情对间接证据予以采纳。[②] Corfu Channel 案认为：“在实践中，如果当事方无法直接证明其所提出的指控，那么旁证[③]可以被采纳。”[④]

在 UFG v. Egypt 案中，仲裁庭充分认识到腐败行为的隐蔽性以及当事方证明其真实发生的难度，据此，仲裁庭没有采纳更高的证

① 这里提及的“自由裁量权”源于投资仲裁中的三大特质：第一，仲裁庭往往将双边投资协议作为案件的准据法（lex causae），而该类协议中往往不包含对证据规则的规定；第二，国际争端解决多为原则所规制，缺乏程序上的规定；第三，证据规则本身既不严苛，也不具有极高的技术性。

② 参见 Yves Derains，Josefa Sicard - Mirabal：*Introduction to Investor - State Arbitration*，published by Wolters Kluwer，2018，p. 201。

③ 此处的“旁证”是对“间接证据”的另一种翻译，其定义为：不能单独直接证明，而需要与其他证据结合才能证明案件主要事实的证据。

④ *Corfu Channel*（*UK v Alb*），1949 ICJ 4（9 Apr. 1949）；*see* Lucy Reed，*Confronting Complexities in Fact - Finding and the Nature of Investor - State Arbitration Fact - Finding in Interstate Disputes*，106 Am. Socy. Intl. L. Procs. 233，235（2012）（citing *Corfu Channel*（*U. K. v. Albania*），Judgment on the Merits（25 Mr. 1948）ICJ Reports 4（1949）.

明标准，经再三权衡，其进一步提出：“间接证据在证明腐败方面同直接证据具有同等的证明力。”[①] 此外，仲裁庭还将其他更为宽松和灵活的证明方法引入整个裁决过程中，例如“示警红旗”和“连点法”等。在此基础上，仲裁庭对于被申请人提出的“腐败指控”做了十分详尽的分析：[②]

（1）“警示红旗”——缺乏经验

首先，基于双方提供的案件事实：El Komy 在生产和销售天然气方面没有任何相关背景经验，且从未向杜姆亚特项目提供任何资金支持，[③] 仲裁庭认定申请人选择 El Komy 先生作为当地的合作伙伴既不是为了资金，[④] 也不是为了利用他的专业特长。[⑤] 而 El Komy 先生本人在相关投资领域缺乏经验这一事实本身足以成为一面“警示红旗”，警示申请方雇用 El Komy 先生的目的是为了行贿当地官员。据此，仲裁庭对会议内部备忘录和申请方同 El Komy 先生签署的多个版本的合同草本进行了颇为细致的审阅，认定 El Komy 先生自身拥有足够的资源，这令其在此项目中不是一个简单的经纪人或者代理人的角色，而是投资者一方重要的商业合作伙伴。对于 El Komy 先生的公司 EATCO 在该项目中所扮演的角色，仲裁庭指出，其作为“代理人”一角的事实本身无法证明申请方具有任何行贿意图。[⑥]

此外，仲裁庭并未在传真、会议纪要及其他沟通函件中发现任何证据证明申请方的行贿意图，因此，El Komy 先生缺乏相关经验的“警示红旗”所指向的申请方具有行贿意图的怀疑被排除。然而，考虑到腐败行为的共谋性特征，笔者对于仲裁庭的观点并不苟同，一个具有理性思考能力和基本法律常识的自然人在意图行贿时，不会刻意留下能够证明其怀有不法意图的书证物证。而无书面证据能够暗示腐败意图的事实本身并不能构成排除该“警示红旗”所指向的合理怀疑的唯一理由；再者，虽然在裁决书中仲裁庭指出“在证明腐败方面，间接证据同直接证据具有同等的证明力”，但在此处推理中，仲裁庭并未遵循。

---

① *UFG v. Egypt*, para. 7. 52.

② *UFG v. Egypt*, para. 7. 65.

③ *UFG v. Egypt*, para. 7. 67.

④ *UFG v. Egypt*, para. 7. 94.

⑤ *UFG v. Egypt*, para. 7. 100.

⑥ *UFG v. Egypt*, para. 7. 78.

（2）“警示红旗”——酬劳丰厚

被申请人提出的第二面“警示红旗”是申请人曾向 El Komy 先生和他的公司 EATCO 支付过丰厚的酬金，以期其对埃及政府官员施加“不当影响”，[①] 从而获得投资机会。尽管仲裁庭认同此类报酬数额过于丰厚，[②] 但其认为这并不足以构成令其重新审视当事人当初所做的商业决定的理由，[③] 随后，仲裁庭进一步罗列出 El Komy 先生及其公司为该项目所做的贡献，这令上述的报酬看起来更为合理。[④]

（3）“警示红旗”——说客合法

被申请方又提出申请方雇用 El Komy 先生的主要原因在于，El Komy 先生认识对其投资项目拥有决定权的高层官员，方便其行贿。仲裁庭认为该“警示红旗”相当有力，然而，仲裁庭话锋一转提出：“当外商投资者准备在受当地东道国政府及法律高度监管的领域进行投资时，例如自然资源领域，雇用当地说客几乎成为必须。”同时，仲裁庭还认同说客认识政府高官是其能够为该项目作出贡献的一个无形的宝贵财产。因此，仲裁庭得出以下结论：“游说可以有各种形式，而向说客支付佣金并不必然意味着其构成犯罪或者行使了其他不当行为。”[⑤] 笔者认为，仲裁庭将说客合法化的做法一方面反映出仲裁庭对投资者商业决策的尊重以及对投资者在东道国进行商业活动处于劣势的担忧，另一方面，仲裁庭并未进一步就何种情况下的雇佣说客行为将构成非法进行释明，这令该裁决对以行贿为目的雇用说客的行为丧失震慑作用。而这是未来仲裁庭需要完成的使命。

（4）对“警示红旗”的整体评估以及“连点法”的运用

在一一分析被申请方提出的“警示红旗”之后，仲裁庭得出以下结论：“虽然此案中含有多面颇为经典的‘警示红旗’，但在辩方无法证明腐败存在的情况下，即便‘最红’的‘警示红旗’也无法成为有力的证据。”[⑥] 然而，在笔者看来，该处裁决具有十分明显的逻辑漏洞，本案中的“警示红旗”应当被视为一种间接证据，而仲

① 在 *UFG v. Egypt* 的裁决原文中此“不当影响”为“back - channel influence”。

② *UFG v. Egypt*，paras. 7. 79，7. 84.

③ *UFG v. Egypt*，para. 7. 110.

④ *UFG v. Egypt*，para. 7. 88.

⑤ *UFG v. Egypt*，paras. 7. 101 - 102.

⑥ *UFG v. Egypt*，para. 7. 113.

裁庭应适当通过合乎常理的解释在这些红旗之间进行连线，并据此判断腐败行为是否发生以及发生概率的大小。Aloysius P. Llamzon 教授在其书中提出：“‘警示红旗’及相似的腐败标志都可被当作一种潜在间接证据中的一种证据形式，一旦证明成立，将导致举证责任的转移，进而要求反方举出相反的证据予以证明。”[①] 然而，基于上述仲裁庭的结论和分析，我们看到仲裁庭认为只有当腐败行为得以被证明，这些“警示红旗”才具有证明意义，这里对“警示红旗”的作用和意义不免有本末倒置之嫌。正确的因果链条应当是由仲裁庭来判断这些“警示红旗”是否足以证明腐败行为的发生，而非通过证明腐败行为是否发生去衡量“警示红旗”的证明价值。

四、结论

相较于先前仲裁庭对“腐败抗辩”所采的消极态度，UFG v. Egypt 一案的仲裁庭对涉及“腐败抗辩”的仲裁请求并未在管辖权异议初期或者可受理性裁决等阶段就予以驳回，而是对腐败行为是否发生作了十分详尽的分析和推理，其对“警示红旗”以及“连点法”等非主流的证据规则的大胆适用值得称赞。其裁决也显示出当今仲裁庭对于处理涉及腐败的投资仲裁案件更为自信。

值得注意的是，一方面，腐败作为投资仲裁中一项相当严厉的指控，仲裁庭往往要求举证责任方提供更具说服力的证据予以证明；另一方面，腐败自身所具有的隐秘性则令其证明变得极为困难。为了走出此进退两难之困境，仲裁庭在选择证据规则时具有自由裁量权，同时，仲裁庭在仲裁过程中致力于找到一条创新之路，以期将证明标准调整到适当的位置——既不过高，导致从事腐败行为的当事人逃之夭夭；又不过低，令投资者在捕风捉影的腐败面前丧失获得东道国对其进行赔偿的权利。

总而言之，笔者认为，证据规则可以被看作仲裁庭所拥有的“百宝箱”，其在审理案件时，可以在合乎程序的限度内选择最适合的“工具”。众多“工具”中，证明标准因其对案件的结果具有决定性的影响而尤为重要，而其他“工具”，包括间接证据、推理和假设、“警示红旗”“连点法”等都在对腐败行为的证明过程中起到不可或缺的辅助作用。仲裁庭对证据规则和方法的灵活适用，有助于

---

① Llamzon’s book, section 9.11.

其在当事人双方利益之间寻求最大平衡。一系列由 ICSID 新近发布的涉腐投资仲裁案件传递出以下信息：国际投资仲裁庭对于承担国际反腐败的任务普遍持更加开放和积极的态度，与此同时，随着学术理论界的不断发展，仲裁庭所适用的证据规则在实践层面上也将越来越得以明晰。

对我国内地构建个人破产免责制度的思考
——以我国澳门特区及葡萄牙相关制度为视角

简静霞*

一、问题的提出

在我国内地尚未设立个人破产制度，但近年来，最高人民法院多次呼吁“推动建立个人破产制度，完善现行破产法，畅通‘执行不能’案件依法退出路径”。

2019年6月11日，最高人民法院公布《关于深化执行改革健全解决执行难长效机制的意见——人民法院执行工作纲要（2019—2023)》，指出要推进完善强制执行法律体系及配套制度，开展与个人破产制度功能相当的试点工作，为建立个人破产制度打下实践基础。2019年6月22日，国家发改委、最高人民法院等13个部门联合发布《加快完善市场主体退出制度改革方案》，提出分步推进建立自然人破产制度，重点解决企业破产产生的自然人连带责任担保债务问题，明确自然人因担保原因而承担与生产经营活动相关的负债可依法合理免责，为启动破产制度改革提供了政策“切入点”。① 学界也在为设立个人破产制度积极建言献策。②

但是，对于在个人破产程序中，是否要确立个人破产免责制度，却是个颇具争议的话题。

---

* 中国政法大学民商经济法学院2012级博士研究生。

① 《多部门印发〈加快完市场主体退出制度改革方案〉》，载 http://www.gov.cn/guowuyuan/2019-07/16/content_5410058.htm，2019年11月13日最后访问。

② 参见王欣新：《用市场经济的理念评价和指引个人破产法立法》，载《法律适用》2019年第11期。刘冰：《论我国个人破产制度的构建》，载《中国法学》2019年第4期。

个人破产免责制度是指在破产程序终结后，依照破产法的规定，对于债务人未能依破产程序清偿的债务，在法定范围内免除其继续清偿的责任。通过个人破产免责制度，使诚实而不幸的债务人，在尽自己全部力量偿还债务后仍不完全清偿者，得以免责。与此同时，让他摆脱沉重的债务负担，以重新开始正常的生活。

而个人破产不免责制度，是指债务人对债务的清偿责任，不因为破产程序的终结而消灭，破产程序中未足清偿的部分，在债务人的财产状况恢复后，仍应负完全清偿的责任。

正如学者齐树洁指出的，破产免责制度不是破产法创立之初就与之相随，而是当破产法从单纯保护债权人利益，发展到开始重视保护债务人利益后才开始出现。[①]

早在1347年，意大利佛罗伦萨已经出现自愿破产和免责的实例，被视为现代破产制度的真正起源。“破产有罪”与“债务救济”观念冲突的历史，更可以追溯至3800年前的汉谟拉比法典。“破产有罪”的传统观念也是逐步改变的。1841年，美国国会通过了《1841年北美破产法》首次允许非企业主的债务人破产和自愿破产。1898年的《美国破产法》确立了破产免责主义。[②] 至于德国直到1999年，才确立了消费者破产免责制度，在此之前奉行破产不免责制度。

早期的破产免责制度是源自英美法特有的一种社会政策性法律制度。其原意是：当善良、诚实的事业家陷于破产境地时，在法院的监督下使其偿还一部分债务，其余的债务则在法院的认定下给予免责，从而使债务人恢复失权、走向新生。现代破产法逐步由不免责主义走向免责主义，而奉行不免责主义的国家和地区在逐渐变少。

我国澳门特区和葡萄牙，前者采取个人破产不免责主义，后者采取个人破产免责主义，本文试图通过对二者相关制度与司法实践的介绍和比较，再结合现时内地的个人破产制度的设计蓝图，为我国内地个人破产制度和个人破产免责制度建设提供经验。同时，内地的学界意见和建议、个人破产法改革以及其他民商事法律改革的未来进程，也将对澳门特区起到重要的示范和引领作用。

---

① 齐树洁：《破产法研究》，厦门大学出版社2005年版，第515页。

② 刘静：《个人破产“罪”与“赎”》，载新华网2019年11月5日。

二、我国澳门特区和葡萄牙的个人破产程序

（一）我国澳门特区的个人破产不免责主义

在我国澳门特区个人破产制度奉行折中主义，破产法不为商人特有，在破产法内有两套破产程序：商业企业主适用破产制度，包括法人企业主和个人企业主；针对非商业企业主的债务人（民事自然人及其配偶、或非牟利社团法人）则适用“无偿还能力”制度。

根据澳门现行法律规定，个人破产制度采取“个人破产不免责主义”。澳门《民事诉讼法典》第1193条规定：“一、如无偿还能力人之财产经清算后全部债权人并未获全额支付，无偿还能力人仍须对尚欠数额承担责任。二、尚欠数额须以无偿还能力人嗣后所取得之财产支付；在无偿还能力程序中债权经审定之任何债权人提出申请后，得在该程序中扣押该等财产，随后对该等财产作清算，并按尚欠数额之比例将清算之所得分配予各债权人。”

经清算后，无偿还能力人对尚欠数额承担责任，须以无偿还能力人嗣后所取得之财产支付。即使在破产程序终结后，债权人仍可在原有无偿还能力程序中，提出追索债权的申请。具体做法是，债权人可在原有无偿还能力程序中，提出声请扣押无偿还能力人嗣后所取得的财产，随后对该等财产作出清算，并按尚欠数额之比例将清算之所得分配予各债权人。

此外，债权人在行使上述权能时，受到一般追诉时效的限制。根据法律规定，[①] 时效为15年。

一旦时效经过且完成，民事债务便不得再被要求返还。民事债务的性质转变为自然债务性质，对时效已完成之债自愿作出给付以履行债务之人，不得请求返还该给付，即使在不知时效已完成之情况下亦然。[②] 如此可见，无偿还能力人的清偿责任，是直至债权人的债务得到完全满足，或直至时效完成为止。

另一个人破产制度的特殊情况是个人破产中除了可宣告债务人（民事自然人本人）无偿还能力外，为了避免债务人转移资产予他人予以逃避债务，对于债务人身边或关系非常密切之人，法律可宣告这类人士“无偿还能力”，只要他们同样需为债务负责即可。此类人

---

① 澳门《民法典》第302条的规定。

② 澳门《民法典》第297条第3款的规定。

士尚包括债务人之配偶及合伙人。就配偶方面，只要是债务人已婚且债务亦须由其配偶承担，得在同一程序中宣告两人无偿还能力。[①] 至于合伙人方面，法官亦得宣告合伙人处于无偿还能力的状况。[②] 当债务人为已婚，倘其债务被视为夫妻二人共同债务时，在破产程序中，其配偶就有加入共同诉讼的正当性，以共同要求破产免责。另外，债务人亦可共同起诉夫妻二人，以声请宣告该夫妻二人破产，而夫妻二人此时也可共同声请破产免责。

根据澳门地区初级法院的统计数据显示，自 2009—2018 年的 10 年间，澳门初级法院录有破产案或无偿还能力案的卷宗总数为 71 宗。

从上述数字可见，澳门地区的破产或无偿还能力的申请卷宗是很少的，就是说很少有人声请无偿还能力案（个人破产案），本文认为，原因在于：第一，在澳门地区这样的细小经济圈，中小企业占据了市场的大多数。澳门地区从小渔村发展到今天，部分中小企业是通过家族治理模式发展起来的，或以独资商人方式经营，或以成立小规模公司经营，一般以融资借贷取得资金作为经营模式的大型公司不占主流，因而企业主或个人破产率不高。第二，个人破产程序冗长而繁复，在很多环节都需要专业人员的参与，人力、物力、时间成本使很多债权人裹足不前。债权人，尤其拥有担保物的债权人，还可以通过民事执行程序，通过对查封、扣押的债务人财产的强制执行，获得单独债务的清偿。这从民事执行案的数量约每年 1000 多例也可得到印证。第三，尽管设有个人破产制度，但因法律上采用了个人破产不免责制度，对债务人来说吸引力不大，不能充分发挥个人破产制度的功能。

（二）葡萄牙的个人破产免责主义

葡萄牙的个人破产程序（无偿还能力程序）与我国澳门特区的基本规定相差不大。但是，葡萄牙在 2004 年修改了个人破产程序并加入了破产免责制度。该制度允许债务人自然人在债务人资产清算

① 澳门《民事诉讼法典》第 1185 条第 2 款的规定。

② 澳门《民事诉讼法典》第 1185 条第 3 款的规定。

后或在程序结束后的 5 年内赦免在破产程序中未全额支付的债务。①

通过观察破产免责制度在德国和美国的运行情况可以发现，从该机制获益的人主要是社会中下阶层。② 葡萄牙的情况与欧洲其他国家类似，在现实被宣告破产的个案中，大多数债务人是一般消费者和劳动者，个人破产制度的受益者主要集中在社会中的中下阶层。

在司法实践中，个人宣告破产的案例大幅增加，葡萄牙司法部的数据显示，2016 年葡萄牙已裁决的破产案中，属于个人或家庭的破产案件占了当中七成，而这种情况仍继续有所增加。

在 2004 年生效的破产法适用的头几年中，几乎没有个人或家庭成员声请破产。2008 年在全球经济危机影响下，葡萄牙国民家庭才开始适用这一程序。自 2008 年以后，此类案件的数量每年持续增长，至 2016 年的数据显示，个人破产已经占了葡萄牙宣布破产的七成以上。③

葡萄牙在 2004 年修改了《无偿还能力及企业整顿法典》（以下简称《CIRE 法典》），并引入了个人（自然人）破产程序和破产免责制度的条文（第 235 条至第 248 条）。其中没有限定“自然人”的范围，主体可以是消费者、商自然人（独资商人），也可以是从事自由职业的人士（如律师、手工艺者）。

在诉讼程序上，债务人必须将破产免责的请求，与破产声请一起提出，或在债务人提起破产程序的情况下，在传唤发出后 10 日内提出申请。④

---

① 2004 年 3 月 18 日，第 53/2004 号法令颁布《无偿还能力及企业整顿法典》，在立法序言中指出，《无偿还能力及企业整顿法典》以创新的方式、结合偿还债权人的基本原则，给予破产自然人摆脱某些债务的可能性，从而使他们能够在经济上得到恢复。“剩余债务的免除”在美国被普遍采用，德国破产法也纳入了相关规定。

② 许德风：《破产法论——解释与功能比较的视角》，北京大学出版社 2015 年版，第 520—521 页。

③ https://dgpj. justica. gov. pt/Noticias - da - DGPJ/Estatisticas - trimestrais - sobre - processos - de - insolvencia，2019 年 11 月 14 日最后访问。

④ 《CIRE 法典》第 236 条的规定。

如果法官认为声请中没有出现可将免责请求初端驳回的七个理由,[①] 例如，自然人/债务人在破产程序启动前的10年内曾被免除过剩余债务，或债务人违反了在破产程序中负有的提供信息、合作等等义务，或债务人对破产原因的出现或加重负有责任等，方可受理债务人的申请，并作初端批示，制作“债务支付计划”“破产免责计划”。[②] 在破产程序终结后的5年内，债务人须将部分可支配收入交给法院选任的受托人，由受托人依法对该等款项进行管理和分配。受托人每年须对这些款项进行处置。[③] 法官还必须确定破产程序的结束日。

债务人必须将所有依法不被排除且属可支配收入范围内的其本人资产转移给受托人，以便后者收集并适时将之用于支付债权人的余债。在这5年的转让期，法院规定了债务人可获的最低收入以维持债务人及其家人的最低生活水平，以及维持他们从事专业活动所必需的资源。[④]

在这5年转让期，债务人必须遵守某些义务，否则法院最终不会给予他免责诉讼中未支付的债务。债务人不得以任何理由隐瞒或掩饰他所赚取的收入，且必须在收到要求时告知法院和受托人其收入和资产。此外，债务人需要从事有报酬的职业，而且不可无正当理由地放弃工作，即使失业也须努力找工作，不能拒绝工作。债务人必须向法院和受托人告知住所或工作条件的任何变化[⑤]（例如，工作的时数减少，遭遇了涨薪，或被解雇等变化）。

相反，如果债务人在故意或严重过失情况下，违反了在转让期

---

① 《CIRE法典》第238条具体包括：（1）该申请非在规定的期限内提出；（2）在3年内故意或因重大过失书面提供了错误或不完整的财务信息，以期从公共机构处取得信贷或津贴或避免向该等机构支付；（3）在10年内曾被免除过剩余债务；（4）违反了提出破产申请的义务；（5）债务人对破产原因的出现或加重负有责任；（6）在10年内实施了破产犯罪并被判处刑事责任且该判决已转为确定；（7）违反了在破产程序中负有的提供信息、合作等义务。

② 《CIRE法典》第239条的规定。

③ 《CIRE法典》第241条第1款的规定。

④ 《CIRE法典》第239条第3款规定，除非法官有相反的决定，否则债务人及其家庭的最低生活水平不得超过国家最低工资的3倍。葡萄牙自2020年1月1日起，全国最低工资为635欧元。

⑤ 《CIRE法典》第239条第4款的规定。

内分配给他的职责和义务，包括在转让期间内未将其应承担的可支配收入交付给受托人，或无合理理由而未提供所要求的信息，且该事实足以损害破产程序所要求的满意度时，则法院有权依法“拒绝给予免责”的决定，[①] 拒绝释放债务人的剩余债务支付的责任。

法律规定了“破产免责的例外”，免责范围不包括的债务有扶养费、因债务人因故意实施犯罪、不法行为而衍生的赔偿、罚款，以及税收债务等。[②] 这些债务不能通过破产免责机制豁免。即使债务人被宣告无力偿债，甚至获得破产免责，上述特定债务依然继续存在，债务人仍有责任支付。

最后，还有“破产免责决定的废止”的规定：如果事后证明存在可将免除请求初端驳回的情形，或者债务人在 5 年期间内没有履行其义务，因此对债权人获清偿造成严重损害的，可以将破产免责决定废止。[③]

在司法实践中，葡萄牙个人宣告破产的案件并不鲜见。2018 年已裁决的个人破产案件，占全部已裁决的破产案件的 77.8%，达到 8352 宗。以 2007 年和 2019 年作比较，已裁决的个人破产案件的百分比从 18.4% 上升到 77.8%，升幅 4 倍。[④]

（三）葡萄牙的个人破产案件实务经验

葡萄牙当局对葡萄牙法院宣布破产的数量的分析指出，大多数无力偿债的破产者选择了免债的声请。[⑤] 但是，从多年的破产免责的案件经验来看，法院并不轻易批准免责声请，而且结果也不尽是双赢。

首先，在时间上，法院处理个人破产之声请、个人破产免责请求之批准以及资产清算可以持续至少一年，再加上 5 年的转让期或考验期，这样一来，所花的时间已经过 6 年。即使债务人没有违反任何规则，他也以履行债务为名而被剥夺正常生活数年，但最后仍

① 《CIRE 法典》第 244 条第 2 款的规定。

② 《CIRE 法典》第 245 条第 2 款的规定。

③ 《CIRE 法典》第 246 条的规定。

④ https：//dgpj. justica. gov. pt/Noticias - da - DGPJ/Estatisticas - trimestrais - sobre - processos - de - insolvencia，2019 年 11 月 14 日最后访问。

⑤ Catarina Frade e Ana Filipa Conceição，“A reprodução do estigma na insolvência das famílias”，in Revista Crítica de Ciências Sociais，2013，p. 135 - 152.

有可能因免责的请求被拒绝而功亏一篑，仍需负担剩余债务。

其次，债务人的心理负担程度。不少于6年的漫长过程，债务人因被宣告破产而被切断借贷市场，无法获得信誉，无法自由地选择自己的职业、学历和福祉。随着破产过程的进行，债务人无法控制自己的财务和生活，该段时间的人生好像不属于他。更糟的是，当他到达磨难的终点时，还存在得不到免责批准的风险。

最后，葡萄牙的司法判例大多表明，在批准“债务支付计划”“破产免责计划”的初期，法官不会即时以债务人因无财产可供执行而拒绝给予债务人此等机会，除非债务人知道或不可能不知道，其本人处于缺乏改善经济状况的前景。若处于此状况，法官可视债务人不具备“破产免责计划”的条件，继而初端驳回声请。

但是，在转移期间内，假若债务人的工作或其他收入，即使经过他个人的努力，远远低于法官确定的赡养费和其他费用所需的最低限额，债务人根本无法交出多余收入，这可能最终意味着，债务人将永远不会交付任何款项。若法官得出结论认为，债务人无法向受托人交出任何其可支配的收入，意味着他违反了第239条第4款规定的债务人于此期间须履行的义务（包括须工作赚取收入、交付其可支配的收入），那么法官有权提前解除上述计划，以避免无用的诉讼流程。

也就是说，对一些自始完全无还款能力、完全无希望偿债的债务人，法官可视其不具备“破产免责计划”的条件，继而初端驳回其申请。但若情况允许，法院还是会先给予这些债务人一个重新开始的机会，给予他考验期限，当发现还是无法进行下去时，就会提前解除债务人的上述计划，并拒绝批准免责。

三、我国内地个人破产程序及个人破产免责制度的探讨

在我国内地，对于是否设立个人破产免责制度，一直有不同的声音。支持者指出，个人破产免责制度作为个人破产法中最具特色的制度之一，既是对债务人与债权人利益的合理衡平保护，也是在债务人合理免责与逃避债务和不当行为之间博弈的领域。在建构个人破产免责制度时候，只有诚实的债务人才可以享有免责待遇，对那些进行欺诈债权人、损害债权人利益的行为或违反破产法规定义

务者，是不适用免责制度的。[①] 只要进行周全的制度设计，个人破产免责制度既不会被滥用以逃债，也不会产生过巨的司法成本，同时还有鼓励创新和社会保障的功能。[②] 个人破产制度最核心的就是债务豁免制度（又称个人破产免责制度）。各国对破产免责制度都十分谨慎，我国也不应例外，尤其是在严格限制适用条件和债务免责范围方面。[③]

反对者则认为，个人破产制度容易导致债务人逃债和损害债权人的后果。例如，2004 年《企业破产法（草案）》征求意见时，贾志杰就提到，实施个人破产制度的前提是，国家具有比较完备的个人财产登记制度和良好的社会信用环境。目前我国这方面的制度还不完善，将上述个人破产纳入本法调整的时机尚不成熟。[④]

学者许德风在提到个人破产制度的正当性及必要性时，表达了上述担忧只是对个人破产制度的误解。为防止个人破产制度被滥用，其提出了一些意见，个人破产程序的首要目的在于实现债权和保护债权人的利益，而非免责个人剩余债务。[⑤]

个人破产制度主要目的之一是重建债务人的经济能力，使自然人能从负债的境地恢复过来。[⑥] 各国的破产立法普遍认为，既然法律给予债务人破产的机会，实际上就是要债权人和债务人共同分担债务不能清偿的风险，并且给予破产债务人经济上自立的机会，这也是破产法的社会功能之一。本文认为，个人债务免责制度是个人破产法的必然配套制度。

本文支持设立个人破产法时应同时设立个人破产免责制度。但必须厘清的一个概念是，个人破产不等于不用还债，免责是一个结果，偿还才是一个过程，债权人应在债务人可被免责之前，获得

---

① 王欣新：《用市场经济的理念评价和指引个人破产法立法》，载《法律适用》2019 年第 11 期。

② 许德风：《论个人破产免责制度》，载《中外法学》2011 年第 4 期。

③ 刘冰：《论我国个人破产制度的构建》，载《中国法学》2019 年第 4 期。

④ 贾志杰：《关于中华人民共和国破产法（草案）的说明》，载安健主编：《中华人民共和国企业破产法释义》，法律出版社 2006 年版，第 279 页。

⑤ 许德风：《破产法论——解释与功能比较的视角》，北京大学出版社 2015 年版，第 520 及背页。

⑥ 王卫国、朱晓娟等编著：《破产法——原理 · 规则 · 案例》，清华大学出版社 2006 年版，第 8—9 页。

"二次清偿"的机会。因此，为设立个人破产免责制度，下一步就应该考虑是采用当然免责主义还是限制性免责主义。

美国的破产法采用了当然免责主义，在破产程序中若法院没有专门作出拒绝给予债务豁免的决定，债务人就会自动获得债务免责。在美国破产法律制度中，免责宽恕几乎是自动运作的。

部分欧洲国家确立了债务免责的范围和条件，以及对债务人施加某些行为和限制。在破产免责主义中，给予债务人免责优惠，但同时规定一定的条件。简言之，就是奉行限制性免责主义。有一种理论认为，[①] 个人破产免责制度是"获得的开始"(earned start)，而不是"新的开始"（fresh start)，因为它将通过展示其优点而实现新的开端。"新的开始"的想法意味着，债务人的未来资产（由其主动性，工作的力量以及新机会赋予的动力）的获得，债务人无须考虑和负担他过去的债务，使他可以重新出发。

为达到破产免责的目的，在部分欧洲国家，破产免责制度是奉行许可免责制度。例如，德国破产法于1999年1月生效，其中引入了剩余债务的免除（第286条至第303条)，规定个人破产程序仅适用简易破产程序。然而，在简易破产程序启动前还需经过"法庭外和解"和"法庭内和解"清偿债务的两个子程序。债务人、债权人需进行庭外和解或庭内和解等强制性前置程序。债务人的主要义务是在破产程序之前和破产程序期间，与其债权人多番谈判。在庭外和解或庭内和解均告失败后，方启动简易破产程序。[②] 债务人可以提交司法付款计划，并提交债权人批准。按照过往经验，付款计划持续期间，债务人的债务已有所减少。[③]

个人破产的问题牵涉社会问题众多，十分复杂，所以在个人破

---

① Ferreira, José Gonçalves: "A Exoneração do Passivo Restante", Coimbra Editora, 2013, p. 165. Udo Reifner, Johanna Niemi - Kiesiläinen, Nik Huls, Helga Springeneer: "Overindebtedness in the European Consumer Law: Principles from 15 European States", Publisher: Books on Demand GmbH , 2010, p. 256.

② 李戈、林洋：《大陆法系的个人破产制度》，载人民法院报官网，2019年9月13日最后访问。

③ Ferreira, José Gonçalves: "A Exoneração do Passivo Restante", Coimbra Editora, 2013, p. 165. Udo Reifner, Johanna Niemi - Kiesiläinen, Nik Huls, Helga Springeneer: "Overindebtedness in the European Consumer Law: Principles from 15 European States", Publisher: Books on Demand GmbH , 2010, p. 256.

产法中要制定多样程序、多样渠道、多样方式解决个人债务问题。其中，自由财产制度及破产免责制度是重要的手段，而破产免责制度无疑是最具特色的制度之一。

在我国内地将来设计的个人破产法律制度中，应当至少包括四项内容，即自由财产、破产免责、失权与复权，具体构想如下。

（一）财产自由制度

自由财产是指不属于个人破产财产范围、不受破产程序执行、能够由债务人自由支配的个人合法财产。

我国内地企业破产法中的“债务人财产”，通常称为“破产财产”，是破产申请受理时属于债务人的全部财产，以及破产申请受理后至破产程序终结前债务人取得的财产。企业和个人破产制度不同，企业有专门的会计记录财产，法律对企业财产有明文规定，企业破产容易被界定。

一般而言，存款、动产、不动产、财产权益等均属于个人财产的范围。为了更准确地掌握个人破产财产，有必要建立个人财产登记制度。本文认为，财产实名登记制度有助于记录和排查，也可减少个人转移或者隐藏财产而逃避债务的情形。

自由财产制度设立之目的，就是为了债务人及其家庭成员的基本生活提供必要的金钱和财产保障，为其继续工作提供合理的条件。

个人破产与企业破产不一样，企业在清算破产时已处于停顿状态，即使企业内所有财产被列入破产财产范围，也不会造成企业的更大不便，然而，个人破产制度中的破产人为自然人，他需要生存，且他若有家庭，其家庭成员也赖以他为生。基此，为使债务人得以继续生活，就有必要确保债务人的基本生存需要。在该期间内，法院须为债务人设定“最低生活保障之执行”“最低限度的自由财产制度”，使债务人在接受财产被限制之余，能过上体面及适度的生活，亦让他可以保留一些具纪念性的物品，可保障他的人格权、尊严权。

学者王新欣认为，自由财产制度的合理的范围应当是，保留债务人作为工薪职工的工作工具和日常生活用品与费用，仅在此范围内有浮动调整的余地。[①] 本文认为，我国内地将来立法时，应考虑自

---

① 王欣新:《用市场经济的理念评价和指引个人破产法立法》，载《法律适用》2019 年第 11 期。

由财产的保留，但范围仅为了维持个人破产人的生活水平，且一定要低于一般工薪阶层的生活水平，这样才能够体现出责任和公平。

（二）破产免责制度

如前文分析，结合我国内地的国情，确立个人破产免责制度时，不宜向债务人提供立即和无条件的“重新开始”，而应循序渐进地以“许可债务免责”“附条件的免债”设定制度内容。

一般要求在个人破产诉讼程序结束后，设置一个为期5年或以上的资产转让期，以进行资产转移。债务人须将所有依法不被排除、属可支配收入范围内的其本人资产转移予法院所委托的受托人，以便后者收集并适时将之用于支付债权人的余债，而债务人不得向法院隐瞒其收入和资产。另外，在该期间内，债务人须继续偿还债务，并按计划规定，支付最低还款额或履行最低比例的债务。

同时，在上述期间内，设立“限制高消费制度”。限制债务人的高消费，一方面可以使债务人从过去挥霍的生活中矫正过来，建立正确人生观及价值观。另一方面，可以让债务人节省开支，将更多的财产用以履行剩余债务。同时还能防止破产人恶意逃避还债，避免债务人挥霍资产以逃避债务。

如果没有理由提前终止该程序，5年转让期届满，法院听取债务人和债权人的陈述后，决定是否释放或免除债务人的剩余债务。如果债务人违反其职责，则法院有权拒绝释放债务人的剩余债务。如果债务人没有违反其职责，法院将免除剩余债务。

此外，可以借鉴其他实行个人破产免责制度的国家和地区的经验，规定不能通过免除剩余债务的机制予以释放或赦免的债务范围，比如一些非市场背景下产生的债务，尤其是子女扶养费、夫妻之间扶养费、债务人所犯的不法行为而衍生的赔偿、罚款、税收、公共债务等。

（三）失权制度和复权制度

“失权制度”，是指破产人因破产宣告所受的破产程序以外的公私权力限制或资格限制等一系列社会所给予的否定性评价。

设立“失权制度”，是为了限制债务人（当处于破产阶段时），不得从事某类职业的限制（如不得担任国家公职主要人员或公司经理、董事等），以防止债务人从事财务高风险工作而产生更多债务。失权制度也要求债务人被宣告破产后只有权享受基本生活，不能再进行奢侈消费。破产失权是对破产人的一种责任约束。

此外，有必要设立“复权制度”，以帮助被限制权利的债务人在免除剩余债务后，恢复原来权利，重新建立自己的生活。

（四）个人破产制度的配套措施

为防止滥用剩余债务免除制度，必须保障债权人的知情权、异议权、监督权。

为防止个人逃债、废债的可能性，应保留债权人对债务人欺诈性转让或藏匿财产的追索权。[①] 允许债权人在剩余债务免除决定宣告后一年之内申请撤销该宣告。

为对破产免责制度给予辅助和支持，可强化不歧视原则，确保债务人不因申请破产救济、剩余债务免除计划而被歧视，消除破产人的心理阴影和社会对破产人不合理歧视，以保障其人格权和尊严权。

有学者提出，应尽快着手解决个人破产法的社会配套法律与制度建设问题。例如，进一步完善财产登记制度、健全财产查询系统、建立财产变动实时监控系统等；完善社会信用制度，包括征信制度、失信惩戒、信用修复等；进一步完善社会保障制度，解决破产人在自由财产制度保障之外的生活、工作与社会救济问题等等。[②]

此外，还可以通过法庭许可和审查，对债务人采取申请前诚信资格、申请免责中诚信审查，以及免责后的诚信考验，以信用为尺度评估免责对象，平衡债权人和债务人之间的利益冲突。

总之，将来修法时，除了为“执行难”提供确切的解决办法外，应当充分借鉴相关国家和地区的实践经验，参考专家学者的建言献策，为建立完善的个人破产制度及其配套措施打下坚实的基础。

① 《破产后欠债可以不还吗？又不想变“老赖”，个人能申请破产吗？这个可以有!》，载 http：//24kbox. com/article/1993018582997？ more ＝% 201，2019 年 11 月 14 日最后访问。

② 王欣新：《用市场经济的理念评价和指引个人破产法立法》，载《法律适用》2019 年第 11 期。

● 博士生论坛

挑战、风险与应对：缺席审判中被告人辩护权的实现

褚晓囡*

被告人参与刑事审判是正当程序的要求，因此刑事审判以对席审判为原则，强调被告人的在场。然而，出于各种主客观原因，刑事诉讼中往往会出现被告人死亡、丧失诉讼行为能力、逃跑等情况，一味坚持在场原则将阻碍国家刑罚权的实现，难以及时定分止争，造成公正与效率之间的冲突。为消解冲突，缺席审判成为解决问题的重要手段。刑事缺席审判以有诉必审理论、起诉法定主义、效率侧重理论、尊重被告人自主选择是否出庭的人权保障理论等作为其存在基础，[①] 具有正当性。贪污贿赂类案件中因被告人逃往境外导致无法追逃追赃的问题更为突出，缺席审判的价值更加显著。在高压反腐的背景之下，2018 年我国刑事诉讼法修改中增设缺席审判程序，贪污贿赂犯罪案件被纳入适用范围，同时符合特定条件的严重危害国家安全犯罪、恐怖活动犯罪案件也可以缺席审判。

虽然缺席审判程序的设立目的是境外追逃追赃，带有明显的打击犯罪的倾向，但是不能将其简单地理解为一种制裁手段，在制度设置上不能忽略人权保障问题，否则实施过程中将失之偏颇，难以保证诉讼的公正性。辩护权作为被告人的核心权利，是维护被告人

---

* 中国政法大学刑事司法学院 2018 级博士研究生。

① 樊崇义：《腐败犯罪缺席审判程序的立法观察》，载《人民法治》2018 年第 13 期。

合法权益的重要手段。一方面，在缺席审判案件中由于被告人不在案，辩护人的介入成为必然。因此刑事诉讼法赋予被告人及其近亲属委托辩护人的权利，在委托辩护人缺位的情况下提供法律援助律师以保障被告人的辩护权。另一方面，被告人缺席这一天然的缺陷给辩护人提出了更高的要求，同时也给辩护权的行使带来了一定的障碍。在推动以审判为中心改革的背景下，辩护权的虚置将进一步导致对审判中心的背离，如何保障辩护权的实现是亟待解决的问题。

本文以辩护在缺席审判中的重要意义为逻辑前提，分析被告人缺席对辩护带来的挑战与风险，并在刑事诉讼法相关规定的基础，就如何落实被告人的辩护权进行分析论证，以期能够更好地落实缺席审判中被告人权利，为缺席审判的目的实现创造前提。

一、前提：缺席审判中保障被告人辩护权的必要性

辩护是刑事案件的被追诉人及其辩护人反驳指控，提出有利于被追诉人的事实和理由，论证被追诉人无罪、罪轻或者应当减轻、免除处罚，维护被追诉人的程序性权利，以保障被追诉人合法权益的诉讼活动。[①] 辩护权是被追诉人的核心权利，既可以由本人行使，也可以通过辩护人行使。缺席审判中被告人不在场，自行辩护受限，保障辩护权更加具有必要性。

（一）是缺席审判案件得以公正审判的要求

公正审判包含实体公正和程序公正两方面。被告人针对控方指控进行反驳，提出新的事实和理由，有利于案件的实体公正；为维护自身权益参与刑事诉讼程序并表达意见，保障了程序公正。随着正当程序理念的发展，在世界范围内，公正审判权已成为民主法治社会中公民所享有的一项基本人权。[②] 1966 年《公民权利和政治权利国际公约》第 14 条确立了为实现公正审判受刑事指控者所拥有的最低限度的人权保障，其中第 3 款（丁）项规定被告人有以下权利："出席受审并亲自替自己辩护或经由他自己所选择的法律援助进行辩护；如果他没有法律援助，要通知他享有这种权利；在司法利益有

---

① 陈光中主编：《刑事诉讼法》（第六版），北京大学出版社、高等教育出版社 2016 年版，第 142 页。

② 熊秋红：《解读公正审判权——从刑事司法角度的考察》，载《法学研究》2001 年第 6 期。

此需要的案件中，为他指定法律援助，而在他没有足够能力偿付法律援助的案件中，不要他自己付费。”实质意义上的公正不仅应当保证被告人有权进行辩护，也要保证辩护实现的可能性。在与国家对抗中的弱势地位和刑事诉讼程序设计的复杂性以及法律问题的专业性决定了被告人难以充分行使辩护权。律师的介入能够弥补被告人知识与技能的不足，保证被告人与控方维持基本的势均力敌。因此，受到刑事指控的人有权得到律师的有效辩护是公正审判的基本特征之一。①

我国缺席审判程序适用的案件属于比较严重的犯罪，由于被告人不在场，自行辩护的空间非常有限，更加需要辩护人的介入来弥补其不在场而自行辩护不能的缺陷，以保障审判的公正性。辩护人介入既是保护被告人实体权利的重要手段，也有利于维护诉讼程序的平衡，可以说在我国缺席审判中辩护人的这一作用更加显著。我国刑事诉讼法在缺席审判程序中规定了被告人有委托辩护人或者由其近亲属代为委托辩护人的权利，是保障被告人辩护权以实现案件公正审判的重要体现。

（二）是缺席审判程序正常运行的前提

现代意义的刑事诉讼是等腰三角形结构，实行控诉方和辩护方就事实和法律问题进行对抗，法官居中裁判的运行模式，辩护方是刑事诉讼的重要一极。在对席审判中，被告人和其辩护人共同行使辩护职能，即使没有辩护律师的介入，仍然能够形成完整的三方结构。缺席审判是一种审判程序，应当建立完整的控辩审三方结构。由于被告人不在场，如果没有辩护人，则辩护是处于一种全无的状态，此时三方构造变成两方格局，庭审活动无法进行；即使进行下去，法官仅能根据控方的单方指控对被告人进行定罪量刑，裁判完全变成对指控事实的确认，不符合当代法治的基本原则。

缺席审判中，必须要有辩护人的参与才能真正形成现代意义上的三方格局，缺席审判才能称为审判，辩护人不仅要参与而且必须出席法庭。因此缺席审判程序中，被告人没有委托辩护人的，要为其提供法律援助辩护，这是缺席审判程序正常运行的前提条件。我国刑事诉讼法将缺席审判案件纳入了法律援助的范畴，没有委托辩护人的被告人由法院提供法律援助辩护，也是基于此确立。尽管在

① See Salduz v. Turkey［GC］, 27 November 2008, §51.

立法过程中曾有反对意见，认为缺席审理的案件，有的犯罪嫌疑人、被告人犯罪性质恶劣，潜逃国外意图逃避法律制裁，经济上也不困难，为其提供法律援助不符合法律援助的定位，系浪费有限的司法资源。[①] 但是立法者仍然保留了此项规定。除了案件公正审判的考虑，审判结构的完整、程序的正常运行是另一决定性因素。

（三）是缺席审判制度目的实现的关键

缺席审判制度的确立是为了解决我国因被告人缺席导致案件止步不前、追逃追赃不能的问题，具体如何设置是我国法律范围的事，但是其执行需要其他国家的协助，也就意味着缺席审判仅为引渡或者遣返提供了依据，其目的实现离不开其他国家的配合。在日益重视人权保障和正当程序的今天，出于对公正审判的追求以及对本国司法权的尊重，各国引渡法规和引渡条约对缺席审判均持慎重态度。因此要想确保缺席审判制度目的的实现，其程序设计必须对标国际标准。[②]

《联合国引渡示范条约》第 3 条列举了“拒绝引渡之强制理由”。其中，(f) 项规定，如果被请求引渡人没有得到或者不会得到《公民权利和政治权利国际公约》第 14 条所载的刑事诉讼程序中的最低保障标准，则不得准予引渡。(g) 项则更明确地规定，请求国的判决系缺席判决，被定罪的人未获有审判的充分通知，也没有机会安排辩护，没有机会或将不会有机会在其本人出庭的情况下使该案获得重审，不得准予引渡。2000 年《联合国打击跨国有组织犯罪公约》第 16 条第 13 款以及 2003 年的《联合国反腐败公约》第 44 条第 14 款关于引渡的内容中也规定，在对任何人就本条所适用的任何犯罪进行诉讼时，应当确保其在诉讼的所有阶段受到公平待遇，包括享有其所在国本国法律所提供的一切权利和保障。可见，在国际公约的层面，辩护权作为公正审判的底线标准，是获得引渡的前提。保障缺席审判中被告人获得辩护是缺席审判能够得到其他国家认可进而配合引渡的必要条件。

综上，被告人庭审在场权的缺失更加凸显了辩护人的作用，缺

① 李寿伟：《中华人民共和国刑事诉讼法解读》，中国法制出版社 2018 年版，第 726 页。

② 施鹏鹏：《缺席审判的进步与局限——以境外追逃追赃为视角》，载《法学杂志》2019 年第 6 期。

席审判中不仅应当有辩护人的参与，而且要保障辩护人参与的有效性。基于辩护制度的重要性，有学者指出，评价一国的刑事缺席审判制度，必须一并考虑该国律师辩护制度的实质发展程度，因为准对席效果保障是审判障碍型缺席审判制度结构的基本方面。[①]

二、挑战：缺席审判中辩护人职责更重且权利实现更难

辩护率低是我国刑事辩护的突出问题，受制于经济条件以及认识水平等多种因素的影响，绝大多数的被追诉人没有聘请辩护律师，加上我国法律援助并非全覆盖，实践中大约有70%的刑事案件，没有律师的介入。[②] 而对于缺席审判的案件，我国刑事诉讼法规定在被告人及其近亲属没有委托辩护人的情况下国家为其提供法律援助。因此，有学者指出，从法律上，缺席审判不仅不会削弱律师辩护，反而强化了律师辩护。[③] 不可否认，刑事诉讼法的这一规定确保了每一缺席审判案件都能有律师介入，但这仅是辩护的第一步，权利能够落实才是辩护的关键，仅从制度层面看，缺席审判中律师辩护呈现另外一番景象，主要原因在于辩护律师的职责更重与权利落实更难之间的矛盾。

（一）缺席审判中辩护人的职责更重

1. 被追诉人自行辩护受限，辩护人职责加重

对席审判中被追诉人和辩护人共同行使辩护权，自行辩护不因辩护人的介入受到影响，相反，被追诉人的出席给律师辩护提供了更多可能。

审前阶段，被追诉人通过接受讯问时辩解或者主动书写辩解材料实现自行辩护，犯罪嫌疑人、被告人的供述和辩解是法定的证据来源，讯问犯罪嫌疑人是侦查的必经程序，由此审前阶段的自行辩护得以实现。审判阶段，被追诉人通过主动陈述、接受讯/询问、与证人和其他同案犯对质、参与质证以及最后陈述等方式实现自行辩

---

① 初殿清：《刑事缺席审判的分类与制度结构》，载《人民法院报》2019年1月24日，第6版。

② 顾永忠主编：《刑事法律援助的中国实践与国际视野》，北京大学出版社2013年版，第15页以下。

③ 顾永忠：《2018年刑诉法再修改对律师辩护的影响》，载《中国法律评论》2019年第1期。

护。虽然存在犯罪嫌疑人未到案仍然启动侦查或者侦查后脱逃的情形，但如果侦查阶段能够到案，侦查机关必然会对犯罪嫌疑人进行讯问，依然能够保障其自行辩护权。同时，由于刑事诉讼法以及相关司法解释规定，被告人不到案或者到案后脱逃，案件要中止审理或者退回人民检察院，到案后再进行审判也就保障了被告人在审判阶段自行辩护的可能。

上述被追诉人自行辩护的方式均是以在案为前提的，这是因为2018年刑事诉讼法修改之前，我国没有缺席审判程序，无须考虑被告人不在场的情形。2018年刑事诉讼法增设缺席审判程序后也没有就该问题作出规定。根据现行法律，缺席审判案件被告人在审判阶段的自行辩护难以实现。该程序强调的虽然是被告人审判程序的缺席，但是除了极少数审判阶段脱逃的情况，一般情况下被追诉人在审前阶段也不在案。由于其全程不在案，被追诉人的自行辩护权受到全方位的限制，辩护只能依靠辩护人来实现，并且因为被告人不在案加大了律师辩护的难度。

2. 程序性辩护和量刑辩护的重要性凸显

被告人缺席使程序性辩护的重要性凸显。缺席审判作为一种例外，仅对特殊案件并符合特殊条件的情况下才能适用。根据我国刑事诉讼法的规定，案件符合五个条件才能启动缺席审判：一是贪污贿赂犯罪案件以及需要及时进行审判，经最高人民检察院核准的严重危害国家安全犯罪、恐怖活动犯罪案件；二是犯罪嫌疑人、被告人在境外；三是起诉书中有明确的指控犯罪事实；四是法院将传票和起诉书副本送达被告人；五是被告人未按要求到案。缺少任何一个条件都不能进行缺席审判。因此对于辩护律师而言，案件是否属于缺席审判的案件范围、是否符合缺席审判的适用条件，成为辩护的重点。控方需要提供证据证明缺席审判的案件满足上述五个条件，而相关条件的证明并非易事，如“身处境外”、是否送达，这也就为辩护人程序性辩护提供了空间。对缺席审判启动是否具有合法性的辩护是缺席审判中律师辩护的第一步，也是关键的一步。

防止被告人因缺席了审判程序获得更重的惩罚，即量刑辩护的重要性凸显。在定罪后，确保被告人获得与其罪行相适应并符合量刑情节的刑罚是量刑辩护存在的价值。在缺席审判中，如何防止因被告人潜逃境外不合作的态度而对其采取超过法律限度的“从严处罚”,[①] 是辩护律师应当额外关注的问题。犯罪嫌疑人、被告人供述和辩解作为法定的证据来源，对于案件事实的及时查明具有重要意义，刑事诉讼打击犯罪的目的决定了需要被追诉人的配合，而不配合很容易被公安司法机关视为对诉讼活动的变相干扰。过去我国“坦白从宽、抗拒从严”的刑事政策就是公安司法机关内心态度的真实反映。当前“抗拒从严”的做法虽然逐渐少有提及，但是就办案人员的主观认识来讲，难以避免因被追诉人给其工作带来的“障碍”使其产生严加惩处的心理。被告人在法官送达开庭通知后仍旧不到案，显示了“不配合”的态度，必然会给及时查明案件事实带来障碍。但是，缺席审判作为刑事程序，公正是其第一要义，不应当具有惩罚性，这就需要辩护律师在量刑辩护中维护被告人的合法权益。

（二）缺席审判中辩护权更难实现

辩护活动离不开被追诉人的参与和与被追诉人的沟通。一方面，辩护人是被追诉人合法权益的维护者，在辩护过程中应当及时与其进行沟通，听取意见；另一方面，被追诉人的参与能够为辩护活动提供方便和更多的可能。当前刑事诉讼法中规定的律师辩护权实现方式均以被追诉人在案为前提，缺席审判中被追诉人无法参与庭审过程，审前程序中往往也不在案，空间上的障碍也影响了辩护律师和被追诉人之间的交流，给律师辩护带来了困难。

1. 被告人缺席克减辩护律师的信息来源

证据是裁判的基石，对案件事实的认定必须以证据为依据，这是证据裁判原则的要求，辩护活动也应以证据为基础和支撑。会见、阅卷和调查取证是辩护人获取证据、了解案件信息的重要方式，也是辩护权本身的内容。由于被告人的缺席，三项权利受到不同程度的影响，导致辩护人失去非常重要的证据来源，影响了辩护权的实现。

犯罪嫌疑人、被告人供述和辩解的缺失影响了辩护人的阅卷权。如前所述，讯问犯罪嫌疑人是侦查机关获取案件信息的重要来源，是刑事案件的必经程序。侦查人员在讯问犯罪嫌疑人时，既要让他陈述有罪的情节，也允许其陈述无罪的辩解，犯罪嫌疑人自行书写

---

① 段威：《缺席审判制度中律师的价值与使命——基于事实建构的视角》，载 http：//www. sohu. com/a/275093418_ 711028，2019 年 10 月 20 日最后访问。

供述和辩解也为法律所允许。侦查人员应如实记录犯罪嫌疑人的口供并归入侦查卷宗。被追诉人作为案件的亲历者，其供述和辩解能够较为全面地反映案件事实，辩解本身也是其本人辩护意见的自然流露。侦查机关没有获得犯罪嫌疑人的供述和辩解，相应的，辩护人丧失了通过案卷全面了解案件信息以及捕捉辩护方向和要点的可能。

如果说被追诉人不在案间接影响了辩护人的阅卷权，会见权和调查取证权则受到了直接影响。得到有效法律援助的权利包括私下和律师交流的权利。如果律师无法和当事人会见，并且不能在没有监视的情况下获得秘密指示，他的帮助作用就很小。[①] 对于缺席审判中的辩护人而言，会见的目的有三：一是核实有关证据，根据刑事诉讼法的规定，自案件移送审查起诉之日起，辩护律师就可以核实有关证据。二是获取有关证据和证据线索，被追诉人作为案件的亲历者，是案件信息的重要来源，通过会见被追诉人可以提供一些证据以及一些无罪或者罪轻证据线索，律师可以做一些证据的固定和搜集工作，为以后的辩护做准备。这是辩护人进行调查取证的重要线索来源。与阅卷获得的案件信息相比，通过会见获得的信息可能更为真实。[②] 三是会见也是辩护律师与被追诉人建立信任关系，及时沟通辩护方向和辩护策略的渠道。但是在缺席审判程序中，由于被追诉人身处境外，二者之间的沟通与交流存在空间上的障碍，辩护律师难以见到被追诉人，会见权和调查取证权的实现受阻，直接限制了辩护律师了解案件信息的来源，同时也阻碍了被追诉人和辩护律师之间建立信任关系的可能。

2. 辩护律师庭审辩护策略失效

刑事辩护讲究策略和技巧，好的策略和技巧未必能够事半功倍，但一定程度上可以增强辩护的效果。辩护的策略和技巧主要体现在庭审阶段，而一些庭审上策略和技巧的实现又依赖于被告人的在场。缺席审判中，由于被告人不在案，被告人丧失主动陈述、被动接受讯问和对质的机会，导致整个庭审模式发生重大变化，辩护律师固

---

① See S. v. Switzerland, 28 November 1991, §48; Brennan v. the United Kingdom, 16 October 2001, §58.

② 参见臧德胜、杨妮：《论值班律师的有效辩护——以审判阶段律师辩护全覆盖为切入点》，载《法律适用》2018 年第 3 期。

有的辩护策略难以适用。主要体现在以下方面：第一，庭审发问技巧失效。被告人在案时，法庭调查阶段其要接受控辩审三方的讯问/询问，对于辩护律师而言，可以通过发问挖掘案件事实真相，找出辩护理由，因而辩护律师非常重视法庭上的发问技巧。而在缺席审判中，被告人不到场，向被告人发问的环节缺失。第二，追寻证言之间矛盾的辩护策略无法适用。我国的证明方式采用印证证明模式，证据印证的主要方式是通过证据补强、增强主证据的证明力。① 通过对案件同一事实的不同种类证据之间进行横向对比，补强证据的证明力；反之，通过证据之间的相互矛盾，来瓦解证据的证明力，突破证据链的完整性，以达到事实无法认定的目的。缺席审判中被告人全程不在案，审判阶段，辩护人无法通过被告人与证人或者同案犯的对质进行对比，而面对面对质非常有利于防止说谎、发现错误、揭穿假话、把握事实。② 由于侦查阶段也不在案，也无法通过犯罪嫌疑人的供述和审前证人证言、同案犯供述直接比对以发现证据矛盾。

如果说阅卷会见和调查取证是辩护人进行辩护的保障，那么辩护人的辩护权通过陈述权、提供证据权、提问权、辩论权等得以具体化，③ 而这些权利在缺席审判中都受到了不同程度的减损。抛开具体权利，被告人在场也更有助于辩护。例如，其可以协助律师质证，被告人经历完整的案件过程，参与质证可以充分发现证据真实性方面存在的问题；在被告人出席法庭的情况下，对于庭审中可能出现的新情况，被告人和辩护律师可以及时沟通，随时调整辩护策略；等等。但是在被告人缺席的情况下，这些都无法实现。

辩护难一直是我国刑事诉讼的痼疾，与一般案件中辩护难是因为公权力机关的“限制”不同，缺席审判中的辩护难则是因为被告人的不在场导致辩护人的职责更重和权利难以落实。在原有辩护难题没有解决的前提下，被告人的缺席使辩护难问题雪上加霜。

三、风险：辩护难、审判中心的弱化和侦查中心的强化

（一）辩护难与审判中心的弱化

侦查中心和审判中心是刑事诉讼中相对的一组概念。侦查中心

---

① 参见陈光中主编：《证据法学》，法律出版社 2011 年版，第 271 页。

② 龙宗智：《论刑事对质制度及其改革完善》，载《法学》2008 年第 5 期。

③ 熊秋红：《刑事辩护论》，法律出版社 1998 年版，第 6—7 页。

强调侦查机关所收集的证据以及所认定的案件事实，既是公诉机关提起公诉的依据，也是法院作出裁判的根据。[①] 审判为中心强调审判对于侦查和审查起诉阶段的制约作用，侦查和审查起诉都要受到审判的检验。相较于侦查程序的封闭性以及打击犯罪的倾向，审判的独立、公正和中立性决定了其是社会公平正义的最后一道防线，理应成为刑事诉讼程序的中心。但是在我国，流水线式的诉讼构造和案卷笔录中心主义的审判方式使刑事诉讼程序呈现出典型的以侦查为中心。在此语境下，审判程序成为对侦查过程和结果的确认，甚至成为对侦查不法行为的补救。法官缺乏独立性，审判难以发挥最后的防线作用保证结果的公正；法官缺乏中立性，被告人的辩护权难以得到保障。为此，党的十八届四中全会提出推进以审判为中心的诉讼制度改革，提出以审判为中心必须要贯彻直接言词原则和证据裁判原则。针对案卷笔录中心主义的问题，尤其强调以庭审的作用，强调事实证据调查在法庭，定罪量刑辩论在法庭，裁判结果形成于法庭。

从以审判为中心要实现的目的来看，其要求审判对侦查和审查起诉的制约。这一目标离不开辩护方的参与。审判中心强调庭审的功能，那么必须要保证控辩双方的平等对抗，确保双方能够对定罪量刑问题进行充分的举证质证，开展交叉询问以及对争议问题的辩论活动。有学者明确提出，审判实质化显然以辩护的实质化为条件，辩护缺乏实质化则审判很难实质化，以审判为中心也就失去了实质意义。[②] 因此，可以说保障被告人的辩护权是审判为中心的必然要求和应有之义。

而在缺席审判中，被告人的辩护不仅难以达到对席审判的效果，反而受到了进一步的减损，审判中心的地位进一步弱化。具体而言，各诉讼参与人出庭是直接审理原则的要求，也是保障言词审理的前提。在对席审判的前提之下，由于被告人在案，以审判为中心的诉讼制度改革尤其强调证人和鉴定人的出庭。但是被告人作为案件的当事人，并且审判活动围绕着其本人和犯罪事实展开，其出庭参与庭审是贯彻直接言词原则的必然要求和不可或缺的方面。在当前我

---

① 陈瑞华：《论侦查中心主义》，载《政法论坛》2017 年第 2 期。

② 参见张建伟：《审判中心主义的实质内涵与实现途径》，载《中外法学》2015 年第 4 期。

国证人不出庭的问题没有得到解决的情况下，被告人不出庭，直接审理和言词审理就无法实现。证据裁判原则首先要求作为认定犯罪事实和作出裁判依据的证据必须具有客观性、关联性和可采性，必须经过法定程序审查判断才能作为定案依据。[①] 这就要求证据必须经过出示、辨认和质证等法庭调查程序，并且排除非法证据成为贯彻证据裁判原则的重要方面。在被告人不在案的情况下，非法证据排除主要针对证人证言的排除，而证人不出庭，加上被告人不在案难以对质，对于非法证据的排除更加困难。直接审理和言词审理缺失使法官丧失了亲历性，法庭审理不得不依赖控方移送的案卷材料以及辩护人向法庭提交的证据。辩护意见的提出有利于法官综合控辩双方的意见认定事实，防止法官完全以侦查机关的卷宗作出裁判。但是缺席审判中辩护人虽然出席庭审，但其难以通过本人的途径获取案件信息，对案件的了解完全来源于侦查机关收集的证据，因而难以提出新的辩护要点和证据，法庭调查必然围绕侦查机关收集的证据材料。而非法证据排除的难以实现，使辩护人对侦查机关提出的证据更加束手无策，难以进行实质的制约。过去在对席审判中言词审理、非法证据排除难的问题在缺席审判中因为被告人缺席进一步加剧，审判中心地位弱化。甚至可以说，缺席审判中法庭作出的判决完全建立在侦查机关的基础之上，是对侦查机关收集的证据的审查和确认。如果说，对席审判中，因主客观原因法庭可能对卷宗有所偏爱；缺席审判中，庭审则彻底沦为完全的案卷中心主义。[②]

（二）辩护难与侦查中心的强化

侦查中心的强化和审判中心的弱化相互作用必然会进一步压缩被追诉人辩护的空间，带来其程序性权利的丧失。但是仅就结果意义而言，如果侦查人员能够依法充分行使侦查职权，侦查的中心地位并不必然导致结果的不公。然而，侦查权作为一种公权力，具有天然的被滥用的风险，在缺席审判中我们需要警惕侦查权被滥用的另一种风险：侦查的走过场。

被告人不在案既给辩护带来了难题，也给侦查带来了障碍。口

① 陈光中、郑曦：《论刑事诉讼中的证据裁判原则——兼谈〈刑事诉讼法〉修改中的若干问题》，载《法学》2011 年第 9 期。

② 黄豹：《刑事缺席审判程序对侦查的冲击与影响研究》，载《法学杂志》2019 年第 8 期。

供在过去的侦查活动中占据着重要地位，尽管刑事诉讼法规定没有口供也可以定案，但是侦查人员更希望能够获得犯罪嫌疑人的口供。一方面，口供有利于侦查机关更快地查明案件事实；另一方面，侦查机关可以在犯罪嫌疑人口供中获得其他证据线索，进而加快案件的侦破。有学者统计，在证据类型中，犯罪嫌疑人供述、证人证言和书证占案卷证据性材料的80%左右；犯罪嫌疑人供述更一直占据整个证据性案卷材料的30%以上。[①] 相较于一般的刑事案件，贪污贿赂类犯罪中口供的作用更加突出。贿赂行为一般仅发生在行贿人和受贿人两者之间，而且往往在非常隐蔽的场合，无传统意义上的犯罪现场、目击证人、被害人，少有能将被调查人与犯罪联系起来的实物证据。[②] 因此，在贿赂犯罪中，案件的证据特征主要为证据种类少、取证困难，言词证据和涉案财物作用突出，依靠间接证据形成完整的证据链等。[③] 贪污犯罪案件同样如此，言词证据较多而物证、书证少，间接证据多直接证据偏少，传来证据多于原始证据。[④] 在犯罪嫌疑人口供缺失的情况下，贪污贿赂类案件的侦查变得更加困难。

破案的需要和侦查的困难迫使侦查机关不得不寻找解决问题的出路。侦查机关在知道这类案件的庭审形式后，极有可能在侦查过程中“抢先一步”搞好“形式主义”——在证据的收集、现场的勘查、物证的审查等过程中敷衍了事、简单应付，甚至不排除在某些特殊情况下，个别执法主体为完成考核任务，作出一些捏造证据、歪曲事实、张冠李戴的行为，从而出现南辕北辙的冤假错案。[⑤] 另外，我国刑事诉讼法规定，无论是缺席审理过程中还是裁判生效后被告人到案的，案件都要重新审理，侦查机关完全具有“补正”机

---

① 左卫民：《中国刑事案卷制度研究——以证据案卷为重心》，载《法学研究》2007年第6期。

② 谢小剑：《贿赂犯罪案件的查办需求与程序供给——兼论监察调查程序的改革思路》，载《政法论坛》2019年第5期。

③ 参见田海明、李萍：《贿赂违纪行为证据运用》，法律出版社2011年版，第238—240页。

④ 参见薛正俭：《贪污犯罪案件的证据收集、审查与认定》，中国检察出版社2015年版，第12页。

⑤ 黄豹：《刑事缺席审判程序对侦查的冲击与影响研究》，载《法学杂志》2019年第8期。

会，也进一步加剧了侦查走过场的可能。

四、应对：缺席审判中被告人辩护权的实现

犯罪嫌疑人和被告人参与对自身权利的处分有利于查明案件事实真相，也是保障其程序性权利的必然选择。就其辩护权的行使而言，被告人不在案导致自行辩护的缺失，凸显了律师有效辩护的极端重要性，但律师的辩护也存在诸多困境。辩护权的全面弱化进一步加剧了庭审的虚化和侦查中心的强化，带来的后果是审判的不公，由此导致缺席审判程序的价值减损。缺席审判中必须要保证辩护权的实现。但是刑事诉讼法仅仅规定了审判阶段被告人可以委托律师和获得法律帮助，对于被告人的辩护权如何落实并没有规定。笔者认为，为保障辩护权的实现，必须弥补被告人在场权缺失的不足，具体而言应当从以下几个方面对辩护权的行使进行保障。

（一）辩护人介入的时间提前

对于缺席审判案件审前阶段辩护人能否介入，刑事诉讼法并没有提及。立法机关相关的条文释义认为，对涉嫌贪污贿赂犯罪案件的在境外的犯罪嫌疑人，检察院在审查起诉阶段应当告知其有权委托辩护人，但无须为其指派律师辩护。[①]

在某种程度上，刑事诉讼的历史就是辩护权扩充的历史。[②] 我国刑事诉讼中，辩护人介入的时间经历了从审判阶段到审查起诉阶段，再到当前侦查阶段就可以介入的发展历程。辩护人介入的时间越早，越有利于保障被追诉人的合法权益。在缺席审判中，案件的启动是重要的辩护要点，辩护人在审前阶段介入可以有效防止不符合缺席审判条件的案件进入审判阶段，因此，更加应当保障缺席审判的被追诉人在审前阶段获得律师辩护。由于监察体制改革后，贪污贿赂案件由监察委进行调查，监察法否认了在此期间辩护人介入的可能。因此，贪污贿赂类案件仅能够在审查起诉阶段介入，立法解释具有合理性。对于危害国家安全和恐怖活动犯罪案件虽然立法解释并未提及，但并无法律限制审前阶段的介入，因此对于此两类案件审前

---

① 李寿伟主编：《中华人民共和国刑事诉讼法解读》，中国法制出版社2018年版，第728页。

② ［日］田口守一：《刑事诉讼法》，张凌、于秀峰译，法律出版社2019年版，第172页。

阶段也应当允许辩护人介入，但是侦查阶段仅能辩护律师介入。

对于辩护人介入的具体时间，笔者认为可以比照当前刑事诉讼法的规定进行变通。根据当前刑事诉讼法的规定，犯罪嫌疑人被第一次讯问或被采取强制措施之日可以委托律师；人民检察院自收到移送审查起诉的案件材料之日起 3 日以内，应当告知犯罪嫌疑人有权委托辩护人。两者都是以犯罪嫌疑人在案为前提。在缺席审判案件的审查起诉阶段，可以比照犯罪嫌疑人在案的情况，规定即使犯罪嫌疑人不在案，人民检察院自收到移送审查起诉的案件材料之日起 3 日以内，应当告知犯罪嫌疑人或者其近亲属有权委托辩护人。但是对于侦查阶段，时间节点以犯罪嫌疑人来设置，这一规定在犯罪嫌疑人不在案的情况下显然难以适用。笔者认为不应当以此为理由直接推导出辩护人不能介入，否则控辩双方对审判阶段准备的起点不一致影响双方的平等对抗。被告人缺席时，辩护律师介入的时间可以考虑与被告人到案时律师介入大致相同的时间。笔者认为，日后相关司法解释应当明确犯罪嫌疑人不在案的情况下审前阶段委托律师的权利，并且明确委托律师的具体时间。

对于在审前阶段应否提供法律援助的问题，立法机关给出了完全否定性的答案，但有学者认为，（贪污贿赂类案件）在审查起诉阶段，犯罪嫌疑人未委托辩护人的，人民法院也应当通知法律援助机构指派律师为其提供辩护。[①] 对于这两种观点，笔者均不赞同。在审前阶段提供法律援助存在时间上的悖论。探讨缺席审判案件的被告人审前阶段是否要提供法律援助辩护是一种回溯视角，而案件的正常流程是从审前到审判阶段，审前阶段不到案并不意味着审判期间不到案。我国的刑事法律援助并非全覆盖，如果在审前阶段提供法律援助辩护，之后被告人到案，其未必符合法律援助辩护的条件，因缺席反而获得了更多法律的保障，“否定性行为获得了肯定性评价”，有失公平。但是尽管如此，笔者仍认为并不能一刀切。根据我国《刑事诉讼法》第 35 条的规定，犯罪嫌疑人、被告人可能被判处无期徒刑、死刑，没有委托辩护人的，人民法院、人民检察院和公安机关应当通知法律援助机构指派律师为其提供辩护。

---

① 杨雄：《对外逃贪官的缺席审判研究》，载《中国刑事法杂志》2019 年第 1 期。

（二）辩护人现有权利的落实

根据前文所述，律师辩护权利的实现需要会见、阅卷和调查取证等权利的保障。根据体系解释，对席审判案件中辩护人享有的这些权利，缺席审判案件中的辩护人同样享有，权利的正当性并无问题。但被告人不在案给权利的行使带来了障碍，辩护人行使权利的方式应当进行相应调整，对此问题，刑事诉讼法并没有给予回应。笔者认为，有权利和权利能否实现是两个层面的问题，并且两层面之间有着巨大的鸿沟，必须保证律师会见调查取证等权利的实现，否则律师的辩护权将被虚置。

与委托人进行有效沟通和交流是实现有效辩护的条件之一。[①] 律师通过倾听被追诉人诉说案件经过和诉求了解案件信息、构建辩护策略，并在沟通中建立彼此的信任。因而，必须保障交流的权利，并且应当为双方之间的交流提供便利。对于会见权，被追诉人身处境外，辩护人会见要到境外方能实现，这一行为是否需要相关机关的许可？刑事诉讼法规定危害国家安全犯罪、恐怖活动犯罪案件，在侦查期间辩护律师会见在押的以及被监视居住的犯罪嫌疑人，应当经侦查机关许可；审查起诉和审判阶段，即使是这两类案件，会见也不需要相关部门的许可，并且会见时间和次数都不受限制。侦查阶段是收集证据的阶段，担心辩护律师的介入会影响犯罪嫌疑人供述和辩解，但是需要许可并不意味着会见权的剥夺。在缺席审判程序中，会见并不会影响侦查机关对证据的收集，但是考虑到对辩护律师搜集到的证据的适用问题，辩护人跨境会见应当告知相关机构。除了会见权外，通信权也是辩护律师和犯罪嫌疑人进行有效交流和沟通的重要方式，会见是当面的直接交流，通信则是通过书信往来。在地域相隔的情况下，通信相比会见更便捷。通信权从字面意思理解是通过书信进行交流的权利，考虑到当前技术的发展，通过视频、电话等方式进行交流更为便捷。因此，法律应当允许缺席审判中辩护人通过书信、电报、电子邮件、视频等方式与被追诉人进行交流，[②] 以保障其“通信权”。对于辩护人和被追诉人的通信是

---

① 陈瑞华：《有效辩护问题的再思考》，载《当代法学》2017 年第 6 期。

② 参见武晓艺：《理论缺失与制度隐患：刑事缺席审判制度的法治化重构——兼论我国〈刑诉法修正案〉的完善》，载《海南大学学报（人文社会科学版）》2019 年第 3 期。

否应当受到限制或者监管，笔者认为并无必要。但是应当强调，辩护律师在执业活动中知悉委托人或者其他人准备或者正在实施危害国家安全、公共安全以及严重危害他人人身安全的犯罪的，应当及时告知司法机关。

被追诉人在案情况下，辩护律师可以向其核实证据，而在缺席审判中，辩护人通过阅卷获知的更多的是控方整理好的证据并且不含有犯罪嫌疑人的供述和辩解，由此辩护人的调查取证权的重要性更加突出。被追诉人身在境外，可能一些证据在境外，因此需要辩护人跨境取证。最高人民法院《关于适用〈中华人民共和国刑事诉讼法〉的解释》第405条第2款的规定，当事人及其辩护人、诉讼代理人提供来自境外的证据材料的，该证据材料应当经所在国公证机关证明，所在国中央外交主管机关或者其授权机关认证，并经我国驻该国使、领馆认证。其重要目的是保证取证过程的真实性。笔者认为，境外取证无疑会花费很多时间，公权力机关应当给予充分的配合。除了调取证据，辩护律师还有申请调取证据的权利。在我国，调查取证和伪证罪的模糊关系导致辩护律师出于自保的需要不敢行使该项权利，并且还普遍存在相关单位和个人不敢作证或者不愿配合的问题。缺席审判的案件往往是大案、要案，相对较为敏感，更是突出了这一问题的严重性。笔者认为，缺席审判案件中尤其应当保证辩护人申请调取证据的权利，在符合法律规定的前提下，司法机关应当以同意为原则，以拒绝为例外。

（三）保障被告人的自行辩护权

有学者指出，到庭受审是被告人诸多受法律保障的程序性权利行使之前提，“亲自辩护是一例，对质诘问又是一例”。[①] 因此，一经法定程序告知出庭而被告人拒不到案的，则可以视其放弃了出庭权及其衍生出的其他诸如自行辩护、最后陈述等权利。[②] 根据这一观点，加之缺席审判中辩护律师的介入，似乎对于被告人自行辩护并无保障的必要和可能。

笔者认为虽然在缺席审判中被告人放弃了出庭权，但是并不意

---

① 林钰雄：《2015年刑事程序法裁判回顾：从国际人权公约内国法化的观点出发》，载《台大法学论丛》2016年第45卷特刊。

② 袁义康：《刑事缺席审判程序的合理性及其完善》，载《华东政法大学学报》2019年第2期。

味着放弃了自行辩护权，被告人的自行辩护权应当得到保障。第一，针对自身的指控进行反驳是一项自然权利，辩是诉的本能反应。[①] 辩护并不以任何条件作为前提，出庭仅仅是为被告人的辩护提供便利。并且只有向被告人提供向法庭发表意见的机会和权利才真正尊重了被告人的主体地位。[②] 第二，自行辩护是一切辩护的来源和基础，委托辩护和法律援助辩护都是自行辩护的延伸。律师介入只是为了增强被追诉人的辩护能力，不能取代被追诉人本人的辩护活动。如果承认放弃在场权就意味着放弃自行辩护权，委托辩护和法律援助辩护就丧失存在的基础。第三，被追诉人具有和公权力机关进行交流和对话的愿望。缺席审判直接处分被告人的实体权利，潜逃的犯罪嫌疑人、被告人往往不同程度上也想和公安司法机关等沟通，尤其是在认罪认罚从宽制度背景下。[③]

因此，如果被告人愿意行使自行辩护权，则应当允许。我国刑事诉讼法规定了缺席审判案件要向被告人送达传票和起诉书副本，由此给被告人行使辩护权提供了可能和渠道。另外，根据刑事诉讼法的规定，案件移送审查起诉之日辩护律师可以向犯罪嫌疑人、被告人核实有关证据，与辩护律师的会见和通信能够保证其了解在案证据情况，为其提出反驳意见提供了可能。但是被告人不在案，其自行辩护的方式难以通过和被告人在场情况下采用相同的方式行使。笔者认为，被告人缺席情况下有三种方式自行辩护；第一，可以运用信件或电子邮件的方式发表意见；[④] 第二，通过辩护人提交意见；第三，通过近亲属提交意见。

对于被追诉人通过信件、邮件等方式自行向公权力机关提交意见等以行使辩护权的，在侦查和审查起诉阶段提交的意见应当纳入卷宗，以便辩护律师查阅；对于直接向法庭提交的证据、意见，由

---

① 冀祥德：《刑事辩护：本体属性有效辩护准入制度——兼论〈刑事诉讼法〉修改若干问题》，载《中国司法》2006 年第 9 期。

② 谢小剑：《刑事缺席审判：价值平衡中的制度建构》，载《中国刑事法杂志》2007 年第 1 期。

③ 汪海燕：《刑事缺席审判与律师参与》，载 http：//www. sohu. com/a/275093418_ 711028，2019 年 10 月 20 日最后访问。

④ 杨宇冠、高童非：《中国特色刑事缺席审判制度的构建——以比较法为视角》，载《法律适用》2018 年第 3 期。

被告人的辩护人代为出示、宣读或者由法庭当庭播放。[①] 辩护人代为转达被告人的意见或者证据的，此时辩护人是被告人的代理人，其基于被告人的委托参与刑事诉讼应当准确传达被告人的意思，但是作为辩护人，其具有独立的诉讼地位基于事实和法律进行辩护，两种身份之间存在冲突。笔者认为，此种情况下辩护人应当维护被告人的合法权益，尊重被告人的意见，将被告人的意见如实转交公安司法机关，并表明系被告人本人的意见。另外，被告人的近亲属在缺席审判中具有特殊地位，法律规定其可以行使被告人的部分权利，包括可以代为委托辩护人、有权提出上诉，是法律规定的特别赋权人，因此在缺席审判中其可以代被告人向法庭发表意见。

近年来，远程视频审判受到关注，深圳、杭州等地法院在速裁程序中进行视频提讯、视频开庭的做法获得了最高人民法院的肯定。[②] 无疑，在缺席审判案件中通过远程视频审判能够实现对席的效果。但笔者认为，这一方式有待商榷。第一，远程视频庭审是一种审判方式的变革，可以保障被告人接受询问、对质、质证的权利，和对席审判完全相同，并不是缺席审判。第二，接受询问、对质、质证等权利以出席法庭为前提，不出席法庭这些权利必然被剥夺，保障缺席审判中被告人权利不能超出制度本身的限度，否则可能会加剧当事人逃避审判。

五、余论：保障被告人辩护权的其他措施

作为一项核心权利，辩护权是缺席审判案件公正审判的必然要求，也是审判程序正常运行的关键，缺席审判制度目的实现离不开辩护权的保障。因此，应当保障缺席审判中辩护权的落实。然而，辩护权的实现不仅仅需要在权利落实方面提供可能，也需要在辩护人行使权利的积极性上加以保障，确保辩护人主观上愿意进行有效的辩护。

刑事辩护的风险可能会降低辩护律师的积极性，风险的重要表现就是辩护人可能因为其辩护行为被追究刑事责任，尤其是调查取

---

① 张建伟：《作为一种特别程序的缺席审判》，载《中国检察官》2018 年第 23 期。

② 参见最高人民法院院长周强在第十二届全国人民代表大会常务委员会第十七次会议上所作的《关于刑事案件速裁程序试点情况的中期报告》。

证和伪证罪之间的含混界限极易导致辩护人身陷囹圄。建立辩护豁免制度是必要的。尤其在缺席审判案件都是大案、要案的情况下，建立辩护豁免制度确保辩护人不因介入该类案件陷入刑事风险，更有助于辩护权的保障。另外，有必要建立无效辩护制度，确保在辩护律师不尽职的情况下，被追诉人能够获得救济。这两个问题不是在缺席审判中独有的但是对于缺席审判中辩护权的实现无疑具有更重要的意义。

回归缺席审判制度本身，被告人缺席是对辩护权的必然减损，无论我们如何在制度层面保障辩护权，都难以达到对席审判的效果，因此对于这一制度应当谨慎采用。保障辩护权的最佳方式是减少缺席审判的适用，只有在穷尽其他途径仍无法督促在逃人员归国的情况下，方才启动缺席审判。

从“自由”到“裁量”：认罪认罚从宽案件的二审审查程序构建

刘甜甜[*]　牛　斐[**]

自2016年最高人民法院、最高人民检察院、公安部、国家安全部、司法部《关于在部分地区开展刑事案件认罪认罚从宽制度试点工作的办法》（以下简称《试点办法》）出台以来，认罪认罚从宽制度改革在我国如火如荼地展开。2018年刑事诉讼法（以下简称刑诉法）修改正式将认罪认罚从宽上升为一项基本原则。基于该制度“程序从简”的主要特征，使效率追求被视为认罪认罚从宽制度理所当然的标签，一旦当事人开启上诉程序即与效率取向产生冲突。加之，上诉即意味着反悔，庭审从宽判决的前提是犯罪嫌疑人在自愿、合法的基础上与被告人达成了协议，如若一审裁判后允许上诉，显然是对认罪认罚适用基础的冲击。可见，认罪认罚从宽的制度特性与上诉程序的应然功能产生强烈冲突，对上诉权进行限制的呼声一再强烈。但是，无论是2016年《试点办法》还是刑诉法，都未对认罪认罚从宽案件中的上诉权作出特殊限制。本文拟追本溯源，在厘清为何对认罪认罚从宽案件进行限制的基础上，对如何构建上诉审查程序提出制度构想。

一、现状反思：中国语境下的认罪认罚从宽上诉制度

研究认罪认罚从宽上诉制度，既需要尊重认罪认罚从宽制度的价值取向与运行条件，又需要诠释充分上诉功能的应然追求。同时，还需将其置于中国刑事诉讼的语境之下进行探讨。

---

* 中国政法大学证据科学研究院2019级博士研究生。

** 中国政法大学刑事司法学院2018级硕士研究生。

（一）我国认罪认罚从宽制度与以审判为中心具有耦合性

此耦合性具体表现为两个方面：其一，认罪认罚从宽制度在司法资源配置以及构建层次化的诉讼程序方面对以审判为中心的诉讼制度改革起到保障与推进作用；[①] 其二，以审判为中心的诉讼制度改革要义同样适用于认罪认罚从宽的具体制度构建。然而，因"认罪认罚从宽案件一般适用简易或速裁程序，即使适用普通程序也实施简化审理"，[②] 这显然与"庭审实质化"这个落实"以审判为中心"的重要抓手[③]背驰，引发了认罪认罚从宽案件是否需要遵守以审判为中心要义的争论。笔者认为，两者并无抵牾。《关于推进以审判为中心的刑事诉讼制度改革的意见》提出，为推进案件繁简分流，优化司法资源配置，需要完善认罪认罚从宽制度。固然不能否认认罪认罚从宽制度在提高司法效率方面发挥着重要作用，是推进以审判为中心诉讼改革的重要配套措施，但其配套与辅助价值并不意味着认罪认罚从宽案件得以游离于以审判为中心的核心要义之外。这是因为，以审判为中心的重要内涵之一是对被告人的定罪量刑、涉及公民基本且重要的权利的剥夺与限制以及审判阶段的法律适用皆应由法官于庭审之上作出裁决。[④] 以此为标准检视认罪认罚从宽制度，《刑诉法》第 190 条第 2 款规定，对于被告人认罪认罚的，审判长应

---

① 参见汪海燕：《认罪认罚从宽案件的证明标准研究》，载《比较法研究》2018 年第 5 期。

② 朱孝清：《认罪认罚从宽制度的几个理论问题》，载《法学杂志》2017 年第 9 期。

③ 庭审实质化并不等同于以审判为中心已基本成为学界共识，如朱孝清提出，庭审实质化只是实现以审判为中心的重要措施和途径，但并非以审判为中心本身。朱孝清：《认罪认罚从宽制度中的"主导"与"中心"》，载《检察日报》2019 年 6 月 5 日，第 3 版。汪海燕提出，被告人的刑事责任在审判阶段通过庭审方式解决，是刑事庭审实质化的要义，也是以审判为中心的诉讼制度改革的落脚点。汪海燕：《论刑事庭审实质化》，载《中国社会科学》2015 年第 2 期。左卫民提出，以审判为中心与庭审实质化是颇为不同的两个概念，二者之间不能画等号。以审判为中心主要着眼点是侦、诉、审三大诉讼结构之间的结构关系的调整以及相应的功能的转变；而庭审实质化的要点在于实质性或决策性的审判活动必须只能在庭审中展开。左卫民：《审判如何成为中心：误区与正道》，载《法学》2016 年第 5 期。

④ 参见汪海燕：《审判中心与刑事证据制度》，载《法制日报》2017 年 10 月 25 日，第 11 版。

当审查认罪认罚的自愿性和认罪认罚具结书内容的真实性、合法性；《刑诉法》第201条第2款规定，对于认罪认罚案件，人民法院经审理认为量刑建议明显不当的，检察院不调整量刑建议或调整后仍明显不当的，人民法院应当依法作出判决。由此观之，对于被告人程序选择的自愿性审查以及量刑问题的裁断仍是法官经由法庭审判程序作出的，法庭在审判阶段程序并无“空转”，其遵守了诉讼法理上法官保留原则最基本的要求。[①] 以审判为中心与认罪认罚从宽的核心要义相同，只是因为案件难易程度导致了不同的诉讼程序。

进一步来说，认罪认罚从宽与以审判为中心的耦合关系直接决定了我国认罪认罚上诉制度的价值取向。以审判为中心的诉讼改革最终的落脚点是防范冤假错案，[②] 以实现司法公正。公正是我国刑事诉讼制度改革之本，是其追求的首要价值。保障案件质量、实现司法公正的价值追求亦应体现于认罪认罚从宽案件。虽然诉讼效率也是认罪认罚从宽案件所追求的目标，但只是次一级的附随价值，不能本末倒置，以诉讼效率为由突破对公正这个根本目标的追求。正如罗尔斯所言，刑事审判是一种不完善的程序正义，“即便法律被认真地遵守，过程被公正恰当地引导，还是有可能导致错误的结果”。[③] 认罪认罚从宽制度无疑应该通过设立上诉程序为当事人提供“纠错机会”，以最大限度地保障司法公正。

（二）我国认罪认罚从宽案件中被告人权利保障尚待完善

认罪认罚从宽制度需通过保障被告人认罪认罚的自愿性、真实性和合法性，以提升“推定”适用认罪认罚程序存在“事实基础”的可靠性。认罪认罚从宽程序会使被告人获得一定的利益，但被告人的获利是以庭审程序的简化、司法负担的减轻为对价的，在这个过程中被告人的权利受到了克减。这决定了对被告人的权利保障应成为支撑认罪认罚从宽程序运行的关键。但现下，立法规范和实践样态并不尽如人意。一方面，不得自证其罪原则难以落实。刑诉法

---

① 熊秋红：《刑事庭审实质化与审判方式改革》，载《比较法研究》2016年第5期。

② 张建伟：《以审判为中心的认识误区与实践难点》，载《国家检察官学院学报》2016年第1期。

③ ［美］约翰·罗尔斯：《正义论》，何怀宏、何包钢、廖申白译，中国社会科学出版社2018年版，第86页。

规定不得强迫任何人证实自己有罪，但同时又规定了被告人应当如实回答的义务。在侦查过程中犯罪嫌疑人是否“如实回答”由侦查人员判断，实则又将犯罪嫌疑人置于自证其罪的境地。[①] 另一方面，值班律师制度大量留白。相较于普通程序，因认罪认罚的自愿、明知和理智需要律师的有效参与，而且“从宽情节的认定和从宽处罚的幅度都需要辩护方的努力争取”。[②] 认罪认罚从宽案件对律师的“依赖性”更强。根据《刑诉法》第 36 条、第 174 条、第 175 条，值班律师仅能提供简单的法律解释和程序性帮助，并不能阅卷和出庭。因此，即使值班律师想为但不能为，极有可能成为公权力机关一方劝服被告人的“说客”。[③] 由此，上诉程序作为最为常见和便利的救济程序，应当更加充盈于认罪认罚从宽制度中，从而平衡程序简化对被告人权利的克减，为其提供救济。

（三）我国认罪认罚从宽上诉制度实践功能“溢出”

在诉讼文化、审判构造等多种因素的共同作用下，各国上诉程序的具体样态纷呈，但样态各异的上诉程序背后都是为了最终实现两大功能：一是纠正错误；二是指导与发展法律。[④] 为了保障上诉人充分、方便地行使上诉权，及时纠正司法错误，我国实行无因上诉以及上诉不加刑原则。但同时也为被告人滥用上诉权、拖延诉讼程序埋下了隐患，导致产生了两种失范的上诉样态：一是寻求无罪上诉，即在一审程序之中如实供述了罪行承认了指控的犯罪事实，但在上诉中作出无罪辩解，以在从轻处罚的基础上希望进一步获取无罪判决。二是实现留所服刑。2012 年刑诉法规定，在被交付执行刑罚前，剩余刑期在 3 个月以下的，由看守所代为执行。虽然理论上可以减少 3/4 的留所服刑人员，但因犯罪轻刑化发展、劳教制度废

---

① 陈光中主编：《〈中华人民共和国刑事诉讼法〉修改条文释义与点评》，人民法院出版社 2012 年版，第 337 页。

② 胡铭：《中国认罪协商案件中律师的有效参与》，载陈光中主编：《公正审判与认罪协商》，法律出版社 2018 年版。

③ 参见杨波：《论认罪认罚从宽案件中值班律师制度的功能定位》，载《浙江工商大学学报》2018 年第 3 期。

④ 参见宋冰编：《读本：美国与德国的司法制度及司法程序》，中国政法大学出版社 1998 年版，第 413 页。

除、速裁程序试点等原因，被判处短期自由刑的案件将大量出现。[①]加之，被告人出于亲属探视方便、坐实“轻刑犯”身份等考虑，即使对一审刑事判决不存异议，也欲通过行使上诉权的形式，以二审审理期延长羁押期限，折抵刑期，使剩余刑期满足3个月以下条件，最终达到在拘留所服刑的目的。如果认罪认罚从宽案件中的被告人为了寻求无罪或留所服刑而开启上诉，可以说该上诉超越了自身应有的功能定位，属于功能“溢出”。

二、追本溯源：认罪认罚从宽制度有限上诉权的原因分析

优化司法资源配置，提高司法公正效率是认罪认罚从宽制度所欲追求的价值目标之一。部分学者以提高诉讼效率为由，主张应当限制甚至剥夺上诉权，以减少审级来提高诉讼效率。如有学者认为，“从节约司法成本来看，应当限制被追诉人的反悔权”。[②] 有学者则持完全相反意见，认为“法院把实现司法公正作为最高职责，尤其是要防止冤假错案的发生，不宜取消被告人提出上诉的权利”。[③] 还有学者另辟蹊径，以认罪认罚从宽制度的“协商性”出发，认为“认罪认罚从宽案件的判决实质上是对控辩双方协议的认可，被告人已经事先自愿对定罪与量刑表示同意，包括放弃上诉权”。[④] 笔者认为，应当赋予被告人上诉权，同时应当设置一定的限制条件，理由如下：

首先，在法经济学中，错误判决的成本为错误成本，作出判决的成本是直接成本[⑤]。通常来说，在刑事诉讼中，直接成本越高，错

---

① 董坤：《认罪认罚从宽制度中留所上诉问题研究》，载《内蒙古社会科学（汉文版）》2019年第3期。

② 参见秦宗文：《认罪认罚案件被追诉人反悔问题研究》，载《内蒙古社会科学（汉文版）》2019年第3期。

③ 陈光中、马康：《认罪认罚从宽制度若干重要问题探讨》，载《法学》2016年第8期。

④ 颜世征、张楚昊：《认罪认罚案件被告人上诉应对机制》，载《人民检察》2017年第15期。

⑤ 直接成本包括公共成本和私人成本，前者如法官的薪金、陪审团、法院房舍等，后者如当事人聘请律师、取得司法鉴定的费用。载迈克尔·D. 贝勒斯：《法律的原则——一个规范的分析》，张文显等译，中国大百科全书出版社1996年版，第80页。

误成本越低，反之亦然。在此前提下，为防止错误成本的不断变大，需要通过增加直接成本，以复杂的刑事诉讼程序来实现。但是，错误成本的减少存在一个临界点，即使建构再复杂的程序，错误成本也无法随着直接成本的增加而减少。[①] 因而可以在到达错误成本临界点的情况下，对刑事案件进行繁简不同的程序设计。同时，实体问题越轻，错误成本越小；实体问题越严重，错误成本越高。对实体问题较轻的案件，因其错误成本较小，可以减少对其直接成本的投入，简易程序、速裁程序由此诞生。“决定上诉是否应确认为依法当然享有的权利，需将这一权利的公平和错误成本考虑与上诉增加的直接成本加以权衡。”[②] 在价值无涉的前提下，错误成本高于上诉直接成本时，应当赋予被告人上诉权；错误成本低于上诉直接成本时，不应当赋予被告人上诉权。2019 年“两高三部”《关于适用认罪认罚从宽制度的指导意见》第 45 条规定，被告人不服适用速裁程序作出的第一审判决提出上诉的案件，可以不开庭审理。以我国普通程序的上诉现状作为比较标准，二审程序以不开庭审理为常态、开庭审理为例外。二审不开庭审理，主要由法官研析案卷和一审的裁判和文书，因检察官缺乏“控诉”的积极性，控诉缺乏实质对抗。[③] 这种情况下，上诉程序的直接成本甚至低于认罪认罚从宽程序中的直接成本。一般说来，错误成本等于一审（认罪认罚从宽）程序的直接成本，而错误成本一定大于上诉的直接成本。所以，应当赋予认罪认罚被告人上诉权。

其次，应当对上诉权作出限定。

其一，认罪认罚与以审判为中心的耦合性要求对认罪认罚从宽案件的上诉权作出限制。诚如上文所言，两者的耦合性可具化为两个方面。即，一方面，认罪认罚从宽制度无一例外地需要遵守以审判为中心的核心要义，以实现司法公正；另一方面，亦需要通过程序简化之方式实现资源优化配置，辅助以审判为中心地实现。虽然公正仍为认罪认罚从宽制度的首要价值，但其制度特性——相较于

---

① 参见付奇艺：《认罪认罚从宽制度研究》，中国政法大学 2018 年博士学位论文，第 53 页。

② ［美］迈克尔·D. 贝勒斯：《法律的原则——一个规范的分析》，张文显等译，中国大百科全书出版社 1996 年版，第 80 页。

③ 龙宗智：《庭审实质化的路径和方法》，载《法学研究》2015 年第 5 期。

普通程序更为简化——决定了对程序效率化的必然追求。故，即使效率价值仅为认罪认罚从宽制度的附随价值，亦不能将其任意折损。反观认罪认罚从宽上诉程序，形态完整的上诉权虽然为纠正错误提供了有所保障的救济渠道，但需要以对效率的牺牲为代价。这是因为上诉程序意味着结案时间的延缓。无论如何精简二审审理方式、限缩二审审理范围，一旦程序开启即需要付出时间成本，延长结案期限。而且，上诉程序将产生重复性“做功”。陈朴生教授曾将不“重复”作为提高诉讼效率的规则之一，[①] 为调和公平与效率之间的矛盾，在笔者看来，应当在保障公正的基础上，为效率的实现创造条件。换言之，应将“公正为本，效率优先”[②] 的价值取向作为最优化的解决思路，应当设立上诉程序，同时适度限制上诉程序的启动，在前期分流部分上诉案件。

其二，上诉功能的“溢出”要求对认罪认罚从宽程序中的上诉权作出限制。在德沃金看来，对权利限制的根据之一为，“如果如此定义权利，那么社会的代价不仅会越来越多，而且可能超过最初承认权利时所付出的代价”。[③] 认罪认罚从宽案件中被告人以留所服刑和寻求无罪而上诉，一方面使司法诚信备受折损。司法诚信作为控辩双方达成合意的基础与源泉，[④] 不仅需要控辩双方作出承诺，更重要的是切实履行。在认罪认罚从宽案件中，辩方应当自觉履行认罪认罚、放弃无罪辩护以及放弃选择适用普通程序等义务；相应的，公权力机关应当自觉履行处罚从宽的义务，从而实现双方的“平等交易”与“互利共赢”。辩方在无正当理由的情况下，滥用上诉权，本质上为未履行先前约定之义务，有悖司法诚信之要义，并会稀释认罪认罚从宽程序运作的正当性基础。另一方面，我国二审以全面审理为原则，上诉管辖法院并不受上诉和抗诉范围的约束，要对原审判决认定的事实和法律进行全面的审查。“量刑过重”“适用缓

---

① 陈朴生：《刑事经济学》，中国台湾地区正中数据 1975 年印行，第 327—386 页。转引自陈瑞华：《刑事审判原理论》，北京大学出版社 2003 年版，第 84 页。

② 陈卫东：《认罪认罚从宽制度研究》，载《中国法学》2016 年第 2 期。

③ ［美］罗纳德·德沃金：《认真对待权利》，信春鹰、吴玉章译，上海三联书店 2017 年版，第 267 页。

④ 刘泊宁：《司法诚信视野下的认罪认罚从宽制度》，载《政法论坛》2018 年第 3 期。

刑”“请求从轻、减轻处罚”等对量刑的质疑是司法实践中认罪认罚从宽案件中被告人申请上诉的主要理由，[①] 而且，对量刑的质疑实际上也只是上诉人试图赋予上诉表面正当性的一种尝试。以二审宝贵的司法资源为代价否定被告人侥幸的上诉尝试，在笔者看来，不免有些“兴师动众”，有违司法资源合理配置的基本旨趣。笔者认为，上述代价已超出程序设立本意，限制上诉权势在必行。

三、上诉理由：认罪认罚从宽制度中有限上诉权的界定

对如何就认罪认罚从宽制度中被告人的上诉权作出限制，主要有四种观点：其一，以抗诉制衡上诉；其二，对部分案件采取一审终审；其三，立法上缩短在看守所服刑的剩余期限；其四，突破上诉不加刑原则。但遗憾的是，此四种观点无论在正当性或可行性方面皆有不足，[②] 并不具备普遍适用的现实基础。在笔者看来，可以引入上诉理由之概念，设立上诉权行使条件，改“权利型上诉”为“裁量型上诉”，在公平与效率的平衡之间为上诉权于合理限度内运行创造条件。

（一）就认罪问题上诉

第一，非真实性认罪。在司法实践中，存在犯罪嫌疑人为迅速摆脱诉累，在未对该制度后果有清楚认知的情况下自愿作出认罪认罚的情况。如自愿承认“扩大”的犯罪事实，虽认罪具有自愿性但并不具备真实性。这种情况，基于对案件事实的尊重，应当允许其

---

① 韩平静：《认罪认罚从宽制度下被告人上诉权探析——以151份二审裁判文书为样本》，载《中国检察官》2017年第22期。

② 第一种做法是实践中采用最多的，因抗诉不受上诉不加刑原则的限制，不仅可以消除上诉人的投机心理，而且能起到警示作用，但会加剧司法资源的浪费，且检察机关对上诉人的目的难以识别。第二种做法以汪建成教授为代表（详见汪建成：《以效率为价值导向的刑事诉讼速裁程序论纲》，载《政法论坛》2016年第1期），不足之处在于与我国二审终审的审级制度相冲突，不利于对当事人权利的保障。第三种做法，让刑期较短的罪犯在看守所服刑实属必要，不仅有利于节约执行成本，而且有利于避免罪犯产生巨大的心理波动，因刑事犯罪的轻型化趋势，不宜作出立法上的进一步缩短。（详见董坤：《认罪认罚从宽制度中留所上诉问题研究》，载《内蒙古社会科学（汉文版）》2019年第3期。）第四种做法，突破了该原则保护上诉权人基本权利的底线，不具有切实可行性。

提起上诉。同时，对于模糊认罪问题也应允许上诉。模糊认罪主要表现为“认事”，但不承认自己的行为构成犯罪，不认可检察机关指控的犯罪事实和罪名。因“认罪”的实质是“认事”，仅需承认主要的犯罪事实即可。[①] 因此，模糊认罪并不属于事实认定错误，但可以“起诉的罪名与审理认定的罪名不一致”“被告人的行为不构成犯罪或不应当追究刑事责任”等为由提出上诉。

第二，非自愿性认罪。一方面，诚如前文所述，自愿性作为支撑认罪认罚从宽制度运行的核心要素，若认罪认罚的决定不是出自被告人的真实意愿，该决定将不具有任何效力，[②] 允许以非自愿性认罪为由上诉毋庸置疑。另一方面，因被告人“如实”供述自己的罪行，全案证据更容易达到“确实、充分”的定罪标准。但一般来说，任何被迫作出的认罪都具有非真实性。这便意味着现有关键证据因证据能力的缺失而无法进入证明力的讨论范畴，随之无法达至“排除合理怀疑”之要求，丧失了对被告人定罪处罚的基础，应允许被告人通过上诉程序对错误定罪处罚进行救济。

第三，出现新的证据。以新证据作为认罪认罚语境中的上诉理由与《刑诉法》第 253 条规定新证据作为再审申请理由的运行原理相类似。这是因为，证据作为还原案件事实的载体，新证据的出现不仅意味着可能对“绝对”真相的进一步靠近，也将不可避免地引发合理怀疑，需通过庭审的举证、质证程序对证据的证据能力以及证明力进行审查，使法官得以再次综合全案形成有罪抑或无罪的心证。应充分发挥司法对立法的反向拉动作用，明确将事实认定中出现新证据作为启动上诉程序的理由。

（二）就量刑上诉

对于能否以法院判决的量刑超过检察机关的量刑建议为由提出上诉，刑诉法以及相关规范性文件未予明确。有观点提出，基于具结书的契约属性，若最终的刑罚超过了具结书，即超出了被告人的

---

① 胡云腾：《认罪认罚从宽制度的理解与适用》，人民法院出版社 2018 年版，第 77 页。

② 参见陈瑞华：《认罪认罚从宽的若干争议》，载《中国法学》2017 年第 1 期。

心理预期，其应当享有完整的上诉权。[①] 但笔者认为，以此为由的上诉并不具有正当性，这是由量刑建议的效力以及实践现状所共同决定的。本质上，量刑建议仍为求刑权的具体表现，其只是为审判机关的量刑提供思路和参考，定罪量刑仍需由审判机关最终裁夺。量刑建议并不对法院具有约束力。而且，在司法实践中，随着精准量刑的逐步推广，法院一般都会采纳检察院的量刑建议，专门将其设定为上诉理由并无必要性。这是因为人民检察院在审判阶段享有调整量刑建议权，法院科刑结果与检察建议产生出入的可能性较小，相关数据也说明了这一点：据2017年最高司法机关向全国人大所作的《关于在部分地区开展刑事案件认罪认罚从宽试点工作情况的中期报告》的显示，法院对量刑建议的采纳率可达92.1%。[②]

"同意量刑建议"作为"认罚"的实质性要件，是指被告人对检察机关建议的刑罚种类、刑罚执行方式没有异议。[③] 有观点认为，量刑确有不当的，因事先经过被告人认可，不应当接受上诉，应通过审判监督程序进行。[④] 笔者认为，相较于破坏法的安定性采取审判监督程序，以上诉方式解决更具有程序性效率与便利，只是需要对失当的程度作出限制，即"可能"存在"明显"不当，即需要存在严重背离《人民法院量刑指导意见》或严重违反比例原则的量刑情形，[⑤] 以此来维护被告人合法的实体权利，并达到鼓励更多当事人选择适用认罪认罚从宽制度的目的。

此外，出现新的量刑证据也是适格的上诉理由，如已缴纳罚金、通过赔礼道歉、赔偿损失等获得被害人谅解、获取司法局《调查评估意见书》等，这已成为司法实践中量刑上诉的重要理由。如李某扰乱无线电通讯管理秩序一案，二审法院便认为因出现了罚金缴纳

---

① 参见王洋：《认罪认罚从宽案件上诉问题研究》，载《中国政法大学学报》2019年第2期。

② 周新：《认罪认罚案件中量刑从宽的实践反思》，载《法学》2019年第6期。

③ 胡云腾：《认罪认罚从宽制度的理解与适用》，人民法院出版社2018年版，第77页。

④ 参见王洋：《认罪认罚从宽案件上诉问题研究》，载《中国政法大学学报》2019年第2期。

⑤ 牟绿叶：《认罪认罚案件的二审程序——从上诉许可制展开的分析》，载《中国刑事法杂志》2019年第3期。

凭证和司法局《调查评估意见书》两种的新的量刑证据，应当予以改判，从轻量刑。[1]

（三）就法律适用提出上诉

以法律适用错误为由提出上诉，应将“明显给判决带来影响”作为必要条件。法律适用错误是一个极其广义的概念，包括实体法、程序法、证据法等不同法律种类的适用错误，上述各项下的错误又因大小、轻重、影响的不同被进一步划分。如若不加区分，一概而论，以上诉理由防范上诉权滥用的目的将无法实现。因而，应当从错误可能对判决主文产生的影响切入，评价瑕疵的轻重，只有带来明显影响时，才能开启上诉程序的关口。

制度适用中还有许多无法预计的情形，应当重视个案案例和指导性案例的作用，从个案中总结上诉理由，在救济权利的同时发挥二审程序的“法之续造”功能。[2]

四、路径构建：认罪认罚从宽制度中上诉审查程序的完善

以上诉理由的细化消解上诉权的滥用，是对中国语境下认罪认罚从宽制度的特质复归，也是司法改革向纵深发展的大势所趋。显然，仅有理论上对上诉理由的细化是远远不够的，应当认识到，仍需要依托于系统审查程序的构建来实现上诉理由的过滤与筛选。在审查程序相关研究付之阙如的背景下，需要对上诉理由的案件适用范围、审查主体、审查方式、审查结果四个因素进行明确。

首先，从案件适用范围来考察，与域外将认罪协商程序作为一个独立程序所不同的是，我国将认罪认罚从宽作为一项基本原则规定于刑诉法的第一章中，所有案件皆可适用认罪认罚从宽制度。笔者认为，可将自由刑的长短以及刑罚的种类作为划分是否适用上诉审查程序的标准。虽然我国刑事领域并无重罪与轻罪之分，但刑诉法规定将可能判处 3 年以下有期徒刑作为速裁程序的适用条件之一，可推定 3 年以下有期徒刑一般为严重程度较低的案件。故对一审判

① 李某扰乱无线电通讯管理秩序二审刑事判决书，（2018）渝 05 刑终 541 号。

② ［奥］恩斯特·克莱默：《法律方法论》，周万里译，法律出版社 2019 年版，第 42 页。转引自牟绿叶：《认罪认罚案件的二审程序——从上诉许可制展开的分析》，载《中国刑事法杂志》2019 年第 3 期。

处了3年以下有期徒刑、管制、拘役或依法单处罚金的认罪认罚从宽案件提起上诉的，应当开启对上诉理由的审查程序。

其次，从审查主体来考察，根据最高人民法院司法解释的规定，无论上诉人是通过第一审法院提出上诉还是直接向第二审法院提出上诉，都需要由第一审法院审查上诉是否符合法律规定。此处的审查为形式上的审查，只要上诉满足形式上的要求（如在法定期限内上诉、上诉状格式正确），便具有启动诉讼程序的效力。相较于此，因上诉理由的适格与否将决定上诉程序的开启与否，具有一定的“实质性”色彩，这导致审查主体为一审或二审法院都有一定弊端。若是由一审法院审查，将难以避免“自纠自错”的桎梏，加剧上诉程序开启难度；若是由二审法院审查，又有落入“以审查之名，行审理之实”的风险，加剧二审审理程序的虚化。因而，可在一审、二审法院之外设置专门机构负责对上诉理由进行审查。①

再次，从审查方式来考察，因上诉审查程序作为决定是否开启二审的先决程序，主要以上诉理由是否适格为审查对象，并不是典型意义的诉讼程序，审查方式的司法属性相对较弱。上诉方只需以上诉状为载体提供一定的证据或线索，使法院可以以此为基础，通过书面审理的方式快速地对上诉理由是否适格作出判断。既上诉理由无须经过严格的司法证明，也无须达到“确实、充分”的证明标准。② 但是，考虑到上诉审查程序程序闭合之特征，笔者认为，法院在对上诉理由进行审查时，应当适当听取上诉人及其辩护律师的意见，保障上诉人的程序参与权。

最后，对于审查结果，我国可在刑诉法中规定，审查主体认为上诉理由不符合法律规定的，应当予以直接驳回；对于经过审查认为上诉理由适格的案件，应当启动二审审理程序。

---

① 刘静坤：《英国刑事程序对上诉的限制》，载《人民法院报》2015年1月30日，第8版。

② 参见牟绿叶：《认罪认罚案件的二审程序——从上诉许可制展开的分析》，载《中国刑事法杂志》2019年第3期。

论刑事审判监督程序中申诉审查的听证程序

王思丝*

防范和纠正冤假错案是刑事司法审判的一项重要职责。2018 年 3 月，最高人民法院院长周强在十三届全国人大一次会议上所作的最高人民法院工作报告中提到，5 年来再审改判刑事案件 6747 件，其中依法纠正呼格吉勒图案、聂树斌案等重大冤错案件 39 件 78 人，并依法予以国家赔偿，让正义最终得以实现，以纠正错案推动法治进步。纠正错案是刑事审判监督程序的主要功能，而当事人的申诉是发现冤假错案线索的重要信息来源。但是，从目前的实际情况看，相关法律和司法解释关于申诉程序的规定仍有欠缺，通过当事人申诉启动审判监督程序具有很大的偶然性。申诉途径单一、法院受理立案自由裁量权过大、审查行政化等问题制约了申诉纠错功能的发挥。为解决这些问题，司法实务界进行了有益的探索，在聂树斌一案的再审中，法院对当事人的申诉进行了听证审查，并充分保障了当事人阅卷等诉讼权利，取得了良好的法律效果和社会效果。将成功的实践经验上升为法律规定，建立刑事申诉案件听证程序，对于进一步完善审判监督程序，健全刑事案件错案发现机制，实现司法公正，具有重要现实意义。本文拟对完善刑事审判监督程序中的申诉审查的必要性作进一步论证，梳理现有的法律规定和实践做法，对国外关于再审申请审查的相关规定作了分析总结，并在此基础上，提出在我国刑事审判监督程序中建立申诉审查听证程序的初步设想以及完善法律规定的建议。

一、在刑事审判监督程序中设立申诉审查听证程序的必要性

（一）有利于解决刑事申诉作用弱化的问题

再审程序的完善是历次司法改革的重要内容，但成效似乎不彰，

---

* 中国政法大学证据科学研究院 2015 级博士研究生。

司法权威仍旧低迷，无限申诉、无限再审问题依然为人诟病，无限申诉、无限上访、司法公信力低下等问题至今仍是司法实践中的难题。实践中，本应成为启动再审“阀门”的申诉程序没有发挥其应有作用，而且在一定程度上与其定位背道而驰。伴随“有错必纠”司法理念的宣传和申诉程序原则化的宽泛规定，为当事人挑战生效裁定提供了正当性暗示，但在实务操作中出于降低再审率等考虑，法院严格限缩启动条件，对于申诉处理结果也不予以说明解释。当事人无法通过申诉表达诉求，只能激发其通过程序外的其他途径，例如进京上访、媒体炒作等获得回应，这些做法不仅造成了无限申诉、无限再审的恶性循环，还造成了司法资源的浪费，湮没了真正应该启动审判监督程序的错案。因此，有必要认真审视申诉在再审程序中的作用，特别是对于再审启动的作用，进一步完善相关程序规定。而建立刑事申诉听证程序，就是从法律上解决申诉作用弱化的良好途径。听证很大程度上具有准司法性质，由主持人中立裁判，依照法律确定的标准、针对争讼点，平等地听取各方观点，在当事人参与、理解、认可的状况下作出决定，双方可以就自己的观点进行陈述、辩论，既能了解诉求，又可以调查真相。对于通过听证符合再审条件的，应当依法启动审判监督程序。

（二）有利于实现形式正义与实质正义的价值平衡

诉讼程序是社会实现公平正义的最后一道屏障，诉讼程序应以实现实体正义为最终目标。限制申诉表面上维护了判决的权威，实质上不利于修复被犯罪破坏的社会关系。如果为了形式层面正义而牺牲实质公正，反而会影响社会稳定，损害司法权威，得不偿失。申诉听证程序可以在二者之间寻求平衡。对申诉的案件，只要申诉人提起便直接启动再审程序，显然违背了再审程序的“非常救济程序”性质，造成了实质上的“三审”。但是，在目前的书面审查模式下，“大部分案件采用书面审查，不需要申诉人的直接参与便径行作出结果，使得整个复查工作成为法官‘办公室作业’和封闭的内部审批机制运行产物。申诉人无法通过陈述和论证来实现申诉权对裁判权的直接约束，裁决结果的公正性难以得到保障”。[①] 从司法公开和程序参与的角度来说，在申诉阶段，引入听证程序，可以相对

---

① 刘冠华：《现实与超越：刑事申诉复查听证模式之构建》，载《河南社会科学》2016 年第 12 期。

合理地解决当前存在的“办公室作业”的问题。听证提供了一个多方参与、平等对话的平台，满足人民群众政治参与、利益表达、追求公平正义的要求和意愿。通过听证赋予申诉人表达的机会，有助于取得申诉人的理解和信任，破除其对原审裁判内容的曲解、对证据内容断章取义、对案件事实主观判断，也可以了解其内心真实想法，进行有针对性的释法明理教育工作，进而化解社会矛盾，减少信访给司法带来的冲击和损耗，在维持终审判决既判力和是否继续查明真相之间取得相对平衡。

二、现行法律规定和实践中的做法

刑事诉讼法规定了四种启动再审的方式：当事人及其法定代表人、近亲属提起申诉；法院院长发现本院已经生效的判决确有错误的，提交审判委员会处理；最高人民法院和上级人民法院发现下级法院生效判决确有错误的，可以提审或者指定再审；检察院发现判决确有错误可以提出抗诉。其中，法院、检察院发现错误的，可以直接启动再审，当事人的申诉能否启动再审取决于司法机关的审查结果，实践中司法机关通过内部行政审查处理申诉请求，这种做法没有申诉人的参与，缺乏规范性和公信力。[1] 聂树斌一案再审中，山东省高级人民法院采用听证的方式对当事人的申诉进行审查，在申诉审查制度上进行了创新。

（一）刑事诉讼法及相关司法解释关于审判监督程序中申诉的规定

刑事诉讼法对提出申诉的主体以及通过申诉启动再审的条件作了规定。[2] 根据相关规定，当事人及其法定代理人、近亲属，对已经发生法律效力的判决、裁定，可以向人民法院提出申诉。申诉符合下列情形之一，人民法院应当重新审判：有新的证据证明原判决、裁定认定的事实确有错误，可能影响定罪量刑的；据以定罪量刑的证据不确实、不充分、依法应当予以排除，或者证明案件事实的主要证据之间存在矛盾的；原判决、裁定适用法律确有错误的；违反法律规定的诉讼程序，可能影响公正审判的；审判人员在审理该案

---

① 参见白彦：《论刑事再审申请审查程序之构建》，载《法学杂志》2007年第2期。

② 第252—254条。

件的时候，有贪污受贿，徇私舞弊，枉法裁判行为的。最高人民法院《关于适用〈中华人民共和国刑事诉讼法〉的解释》（以下简称《最高法解释》）对当事人申诉应当提交的材料、受理申诉的法院、申诉的审查期限以及当事人申诉被驳回后如何处理等问题作了规定。[①] 该解释进一步明确，申诉可以委托律师代为进行；申诉由终审人民法院审查处理；申诉人对驳回申诉不服的，可以向上一级人民法院申诉；对决定依照审判监督程序重新审判的案件，除检察院抗诉的以外，人民法院应当制作再审决定书。由此可见，刑事诉讼法和司法解释都没有对法院受理申诉后，应当在什么情况下对申诉进行审查，由哪种审判组织、通过什么形式进行审查，当事人在申诉中享有哪些权利，审查结果的法律效力等作出规定。

（二）聂树斌案再审中的申诉听证审查

聂树斌一案的再审采用了听证方式对当事人的申诉进行审查。在该案中，最高人民法院根据河北省高级人民法院的请求，指定山东省高级人民法院进行复查。山东省高级人民法院依法组成合议庭，对案件进行了全面的复查，通知聂树斌近亲属委托的申诉代理律师查阅完整卷宗；召开听证会，听取申诉人及其代理律师、原办案单位代表意见；对申诉代理律师提交的相关证据及线索进行了核查，最后建议最高人民法院启动审判监督程序重新审判。最高人民法院对山东省高级人民法院的复查意见进行了审查，作出（2016）最高法刑申 188 号再审决定，提审此案。[②] 聂案审查有以下特点：第一，采用听证方式公开进行申诉审查；第二，由终审法院的上级法院指定同级地方法院，成立合议庭进行审查；第三，充分保障当事人的诉讼权利，允许律师阅卷；第四，审查的重点是申诉是否符合再审条件；第五，负责审查的法院在听证后，明确作出是否再审的决定。

三、其他国家关于再审申请审查程序的立法经验

很多国家都规定了对当事人再审申请进行审查的专门程序，为完善我国刑事诉讼法关于申诉案件审查程序的规定，提供了可供借鉴的经验。

---

① 第 372—375 条、第 382 条。

② 参见最高人民法院关于聂树斌故意杀人罪、强奸妇女罪一案的再审刑事判决书，（2016）最高法刑再 3 号。

（一）法国关于申请再审预审程序的规定

法国刑事诉讼法规定了再审申请的预审程序。对已经生效的刑事判决申请再审，应当向再审法庭提出。再审法庭由最高法院的刑事庭庭长和其他 17 名由最高法院全体庭指定的司法官组成，同时按照相同的条件指定 17 名替补成员。再审法庭在其内部指定 5 名正式成员司法官和 5 名替补成员司法官组成再审申请预审委员会，对是否受理申请进行判断。预审委员会在受理再审申请时，应当重点考察申请中提出的新的事实依据以及之前不曾了解的证据材料。在审查过程中，预审委员会应当听取申诉人及其律师的意见；可以进行补充侦查，委员会的成员可以按照刑事诉讼法规定的形式，直接或者通过委托查案的方式进行任何有益于审查的调查行为。在对申请进行全面审查后，预审委员会认为可以受理的，由委员会主席作出裁定，将案卷提交再审法庭；如果预审委员会认为申请理由不成立的，由委员会主席作出说明，并裁定驳回申请。对于预审委员会的裁定，不论是决定受理还是驳回，都不得提出上诉。①

（二）德国关于准备再审程序的规定

德国刑事诉讼法规定了准备再审程序。受有罪判决的人及其亲属应当向有管辖权的法院提出再审申请，同时说明申请再审的理由和证据。对于没有依照规定形式提起再审申请，或者不具备启动再审的法定原因，或者未提出适当证据的，法院应当直接驳回再审申请。法院准许再审申请的，应当向申请人对方当事人送达申请，并确定答辩期限；必要时法官可以调查证据，并依据案件情况决定是否要对证人、鉴定人进行询问；询问证人、鉴定人以及进行勘验时，应当允许检察院、被告人和辩护人在场；证据调查结束后，应当要求检察院、被告人在规定的期限内进一步发表意见。鉴于案件、法律问题的复杂性，辩护人有必要参加的，没有辩护人的受有罪判决人可以向法院提出申请，受理申请的法院可以依申请为其指定一名再审程序辩护人。法院经过审查认为，申请再审的事由未能得到充分证明的，应当以理由不充分驳回申请；认为符合法律规定的再审条件的，应当决定启动再审程序，重新进行法庭审理。对法院作出的有关再审

① 法国刑事诉讼法“第二编申请再审与申请复审”中“第一章申请再审与申请复审”第 622 条、第 623 条、第 623－1 条、第 624 条、第 624－2 条。参见《世界各国刑事诉讼法（欧洲卷·上）》，中国检察出版社 2016 年版，第 675—676 页。

申请的裁决，申请人可以立即提起上诉进行异议；对法院作出的启动再审程序，由法庭重新审理的命令，检察院不得提起异议。①

（三）日本关于再审请求审查程序的规定

日本刑事诉讼法规定了再审请求的审查程序。再审请求权人可以向作出原判决的法院提出再审请求，同时可以选任辩护人协助其申请再审。再审请求可以撤回，一旦撤回，不得以同一理由再次提出再审请求。受理再审请求的法院在必要时，可以由合议庭的组成人员对请求再审的理由进行事实调查，或者委托地方法院、家庭法院或者简易法院的法官进行事实调查。接受委托的法院及法官享有同受理再审的法院或者审判长同等的权限。法院经审查认为，再审请求不符合法律规定的形式，或者请求再审的理由不成立的，应当作出不受理的裁定，对不受理的裁定，任何人不得以同一理由再行提出再审的请求；再审请求理由成立的，应当作出开始再审的裁定，同时可以裁定停止刑罚的执行。②

（四）英国关于申请再审的听证程序的规定

英国刑事诉讼法规定了严重犯罪的再审申请听证程序。申诉人可以向上诉法院提交申请，请求就被告人被判处无罪的案件进行再审。接到申请后，上诉法院必须通过听证对申请进行审议。所有与申请有关的人，不论其本人是否处于羁押状态，都有权出席听证，也可以由他人代表自己出席听证。在听证过程中，上诉法院认为必要的，可以命令提交文件或者物品等证据材料，或者命令证人到庭接受询问。上诉法院经过审理，认为申请人提出的证明原审被告人有罪的新证据令人信服，并且对案件进行重审是符合司法利益的，应当作出重审的裁定，否则，必须驳回申请。对上诉法院的决定，被判决无罪的人或者申请人不服的，应当向最高法院提起上诉。③

---

① 德国刑事诉讼法“第四编以生效判决结束程序的再审”第359—372条。参见《世界各国刑事诉讼法（欧洲卷·上）》，中国检察出版社2016年版，第307—308页。

② 日本刑事诉讼法“第四编再审”第438—448条。参见《世界各国刑事诉讼法（亚洲卷）》，中国检察出版社2016年版，第359页。

③ 英国2003年刑事审判法第十部分“严重犯罪的再审”第75—80条。参见《世界各国刑事诉讼法（欧洲卷·下）》，中国检察出版社2016年版，第1928—1929页。

以上四国关于再审申请审查程序的规定有以下主要特点：第一，由专门的审查机构，通过特定程序，公开审查再审申请。有的由上诉法院设立专门的预审程序，有的由法院进行公开听证。第二，赋予申请人充分参与程序的权利。在审查程序中，申请人及其辩护人享有发表意见、出席听证、见证勘验等权利。第三，审查的重点是案件是否符合启动再审的条件。负责审查的法院对申请人提交的证据材料通过补充侦查、委托调查等方式进行核查，并将核查结果作为是否启动再审的重要依据。第四，突出保障申请人的辩护权。各国都允许申请人委托辩护人对事实和法律问题提出意见。第五，在审查程序后，审查机构都会对是否启动再审作出确定的结论，并说明理由。

四、建立我国刑事申诉案件听证审查程序的初步设想

《中共中央关于全面推进依法治国若干重大问题的决定》的要求，在司法听证等司法活动中保障人民群众参与。听证所包含的救济保护、依法裁决等价值功能和公开公平、强化监督等技术性功能，与我国刑事诉讼的目标、发展方向和程序运行规则相契合。[①] 从司法实践层面看，听证在诉讼程序中已有运用，如人民法院审理减刑、假释案件时，采用了听证的形式审查当事人是否符合减刑、假释条件；[②] 人民法院在审查民事案件再审申请时，可以组织当事人进行听证，对证据进行审查[③]。在具体设计听证程序时，要坚持适宜性、符合性、有效性和充分性等原则，处理好几个方面的关系：既要及时纠正错误的判决和裁定，也要维护司法裁判的权威性和法律所调整的社会秩序的稳定性；既要实现惩罚犯罪的目标，也要充分保障当事人的诉讼权利；既要体现司法公正，也要兼顾司法效益。[④]

（一）启动听证审查程序的条件

听证审查是为了确定申诉是否符合启动再审的条件。考虑到有

---

① 刘冠华：《现实与超越：刑事申诉复查听证模式之构建》，载《河南社会科学》2016 年第 12 期。

② 最高人民检察院《关于减刑、假释法律监督工作的程序规定》（2007 年）第 10 条。

③ 最高人民法院《关于受理审查民事申请再审案件的若干意见》（2009 年）第 18—21 条。

④ 张述元：《论审判监督程序的理论基础》，载《政法论坛》2004 年第 1 期。

限的司法资源等现实因素，对所有的申诉都进行听证不具有可行性，因此，应当对申诉的听证审查设立必要的启动条件。对当事人的申诉应当区分不同的情形对待：对不符合申诉形式要求的，可以直接驳回；对明显是错案的，无须进行听证就可以直接决定再审，如“被害人复活”或者“真凶再现”的案件，[①] 原审法官在审理该案期间有贪污受贿、徇私舞弊等行为，并因此被追究责任的，等等。需要对申诉进行听证审查的，也可以区分为不同情形：第一，受理申诉的人民法院经过初步审查之后，认为可能符合《刑事诉讼法》第253条规定的，应当重新审判的情形的，应当进行听证；第二，当事人向终审法院提出申诉被驳回后，再次向终审法院的上一级法院申诉，上一级法院受理申诉后应当进行听证；第三，当事人申请举行听证的，由受理申诉的人民法院结合案件的证据状况、社会影响等各方面因素，决定是否举行听证。

（二）负责听证审查的法院和听证审理组织的构成

关于负责申诉审查的法院，《最高法院解释》规定了几种情形：申诉原则上由终审人民法院审查处理；终审法院对案件没有作实质性审查的，由第一审法院审查处理；对疑难、复杂、重大案件，终审人民法院的上一级法院也可以直接审查处理；死刑案件的申诉，可以由原核准的人民法院直接审查处理，也可以交由原审人民法院审查。解释同时还规定，申诉人对驳回申诉不服的，可以向上一级人民法院申诉。[②] 上述规定总体而言是合适的。申诉不是上诉，申诉人不需要依照上诉原则向上一级法院提出再审请求。根据刑事诉讼法关于审判监督程序的规定，终审法院具有纠正本院已生效错误判决、裁定的职能。由终审法院受理当事人申诉，有助于其发现错误判决、裁定，并及时启动再审程序，予以纠正。如果由终审法院的上级法院负责申诉审查，大量由高级人民法院审理的重大案件的申诉将进入最高人民法院，不仅不利于最高人民法院正常开展工作，

---

① 有研究人员对近二十年来被纠正的40起刑事错案作了统计，因“被害人复活”和“真凶出现”被纠正的刑事错案有29起，包括“佘祥林案”“赵作海案”“杜培武案”等引发社会广泛关注的案件。参见柳斌、段炎里：《刑事再审程序错案纠错功能之重塑——以审判阶段错案的发现和纠正为视角》，载《中国刑事法杂志》2014年第6期。

② 第373条、第374条、第377条。

当事人也将失去一次再次申诉的机会。而死刑核准案件中，负责核准的最高人民法院就是终审法院，不存在向上一级法院申诉一说。但是，这里还应当作出补充，如果上一级人民法院受理申诉后，认为必要的，可以指定终审法院之外的同级其他法院进行审查。在聂树斌一案中，最高人民法院应河北省高级人民法院的请求，指定山东省高级人民法院对案件进行了复查。这种做法适用于案情重大、复杂、具有较大社会影响，终审法院审判人员需要回避等情形。由同级其他法院负责申诉审查，对于申诉人而言更具有更大可信度和说服力，有助于减少当事人不服判决裁定的上访率。

关于听证审查的审理组织的构成，法律和司法解释都没有作出规定。申诉听证审查涉及对申诉人提出的新的事实以及相关的证据是否足以启动再审程序，以及之前的生效判决是否可能存在错误等实体和程序问题，由合议庭审理更为妥当。从前述四国立法例看，多数都组成专门的合议庭对再审申请进行审理，这种做法值得借鉴。在我国建立刑事案件申诉听证审查程序，也应当组成合议庭进行审查。由终审法院负责听证审查的，应当另行组成合议庭，原来审理案件的相关人员应当回避；由上一级法院审查或者受上一级法院指定审查案件的法院，也应当组成合议庭进行审查。

（三）听证审查程序的参加人员及其主要权利

参加听证审查的人员应当包括：（1）申诉人。《刑事诉讼法》第252条规定，当事人及其法定代理人、近亲属，对已经发生法律效力的判决、裁定，可以向人民法院或者人民检察院提出申诉。（2）律师，应当包括当事人委托的律师和法律援助律师。《最高法解释》第371条规定，申诉可以委托律师代为进行。但是，法律和司法解释都没有对申诉人是否可以申请法律援助律师协助其进行申诉作出规定。对委托律师确有困难的申诉人提供法律援助是十分必要的。《中共中央关于全面推进依法治国若干重大问题的决定》明确要求，“对不服司法机关生效裁判、决定的申诉，逐步实行由律师代理制度。对聘不起律师的申诉人，纳入法律援助范围”。落实这项改革要求，就应当将法律援助的范围适当扩大至申诉人。律师代理申诉，为申诉人提供专业的法律意见和其他法律帮助，将有效提高申诉的质量和效率，有助于实现申诉的纠错功能，同时可以在申诉中实现加强人权司法保障的目标。德国刑事诉讼法甚至明确规定，受理申请的法院要为没有辩护人的被判处有罪的被告人指定一名再审程序辩护人，以协助被告人进行申诉。(3) 原审法院代表。作出生效判决、裁定的原审法官或者原审法院其他了解案件情况的法官代表应当参加听证，陈述案件办理的相关情况和作出判决裁定的主要考虑。(4) 检察机关代表。负责听证审查的人民法院同级检察机关应当派员参加听证。检察机关代表参见听证具有双重作用，既可以对案件有关法律问题发表意见，也可以对听证程序是否合法进行监督。(5) 其他人员。合议庭认为有必要，可以通知其他相关人员参加听证：原审被告人提出申诉，且案件中有明确的被害人的，被害人可以参加听证；合议庭认为必要时，可以通知证人出席听证，说明情况；案件涉及专业知识或者属于复杂疑难案件的，可以邀请专家参与听证，提供专业意见。

需要进一步说明的是，受原审被告人委托，或者法律援助机构指派协助原审被告人申诉的律师，在申诉听证审查程序中应当具有辩护人的身份。律师在申诉中，除代理被告人进行申诉等程序性事项之外，更重要的是根据事实和法律，向法院提出有必要启动再审程序，改判被告人无罪、罪轻或者减轻、免除其刑事责任，从而维护被告人的诉讼权利和其他合法权益，这种责任与辩护人无异。辩护律师在申诉审查阶段应当享有阅卷、会见、申请调查取证等权利。阅卷对于发现原审判决中的错误具有重要意义，但是申诉阶段律师阅卷难问题一直较为突出。聂树斌一案中，其近亲属委托的代理律师10年期间先后向河北省高级人民法院递交了54次阅卷请求，都被以各种理由拒绝，其中近30次的理由是刑事案件申诉程序律师不允许阅卷。[①] 要解决这一问题需要司法机关需要转变认识，切实执行有错必纠的司法原则，充分重视对当事人权利的保障。此外，应当完善相关法律规定，明确申诉阶段律师享有阅卷的权利。律师阅卷的范围，除本案案卷材料外，其他与本案有直接关系的材料也应当允许查阅。[②]

（四）听证审查的组织方式

听证审查在组织形式上应当坚持公开听证和充分参与的原则。

---

① 刘昌松：《为何聂树斌案律师阅卷如此难?》，载《新京报》2014年11月27日，第4版。

② 在聂树斌一案中，山东省高级人民法院向聂的代理律师提供了聂案卷宗3本，包括主卷侦查卷、一审、二审的审判卷，同时还提供了王书金案卷宗以及河北省高级人民法院的复查卷宗。聂的代理律师称，阅卷范围之广，远远超出预期。参见吴立伟：《聂树斌案为何十年阅卷难》，载财新网，2015年3月7日。

落实公开听证原则，可以采取下列举措：举行听证前，提前公示听证审查的时间、地点等信息，并通知相关人员做好准备；听证审查允许公众旁听等。作为公开听证的例外，对因涉及国家秘密、商业秘密和个人隐私，终审不公开审理的案件，合议庭也可以决定不公开听证，但应当向当事人说明不公开的理由。当事人充分参与则要求听证过程中，合议庭应当提供充分的机会，让当事人、原办案人员、证人和其他参与者就案件办理情况发表意见，进行辩论，对申诉人提交的新证据进行举证、质证。听证审查中的举证、质证应当围绕申请再审事由是否成立进行，而无须对案件进行实证性审理，比如，是否有新的证据，足以推翻原判决、裁定；原判决、裁定认定的基本事实是否缺乏证据证明；原判决、裁定认定事实的主要证据是否是伪造的，原判决、裁定适用法律是否有错误等。在赋予当事人权利的同时，也应对其参加的听证的行为进行适当的约束，比如对申诉人无正当理由拒不参加询问、听证或未经许可中途退出的，按撤回再审申请处理；其他参与者不参加询问、听证或未经许可中途退出的，视为放弃在询问、听证过程中陈述意见的权利。

（五）听证审查的结果及其法律效力

听证审查后，合议庭应当就是否启动再审作出“决定”。之所以采用决定的形式，主要是考虑到，是否再审是程序性问题，合议庭的决定一旦作出，应当立即发生法律效力，当事人不得上诉，只能向上一级法院继续申诉。对此，《最高法解释》第 382 条也明确规定，对决定依照审判监督程序重新审判的案件，除人民检察院抗诉的以外，人民法院应当制作再审决定书。

作出决定的方式和决定的内容因受理法院的不同而各有差异。合议庭听证后，认为符合启动再审条件的，应当决定再审，具体有以下几种情形：终审法院听证审查的，合议庭应当在听证审查结束后，向本院院长说明有关情况，由其提交审判委员会讨论，并作出再审的决定；[1] 上一级法院负责听证的，可以决定由本院再审，或者决定由

---

① 在这种情形下，如果由合议庭直接作出启动再审的决定，将推翻由本院其他合议庭或者审判委员会作出的生效判决，似乎不太合适。刑事诉讼法也没有对申诉审查发现原判决可能有错误的，如何启动审判监督程序作出明确规定，只能将其转化为《刑事诉讼法》第 243 条第 1 款规定的法院院长发现错误，从而启动审判监督程序的情形。

终审法院再审，或者指定终审法院以外的其他同级法院再审；受上一级法院指定进行听证的法院，可以向上一级法院提出启动再审程序的建议。合议庭认为不符合启动再审条件的，应当决定驳回申诉。当事人对驳回申诉决定不服的，可向上一级人民法院申诉，被上一级法院驳回后，除非有新的证据或者事实，法院将不会再对当事人的申诉进行审查。当然，申诉是宪法赋予公民的权利，当事人可以以同样的理由向法院继续申诉，除非提出新的证据和理由，否则这种申诉不会引起听证审查、重新审判等诉讼程序的发生。

审判委员会或者上级法院作出再审决定的，应当在决定中对是否中止原判决、裁定的执行作出说明。刑事诉讼法和司法解释都对再审期间原判决、裁定的执行作了规定，但是缺乏程序上的衔接。比如，《刑事诉讼法》第 257 条第 2 款规定，人民法院按照审判监督程序审判的案件，可以决定中止原判决、裁定的执行。《最高法解释》第 382 条规定，再审期间不停止原判决、裁定的执行，但是被告人可能经再审改判无罪，或者可能经再审减轻原判刑罚而致刑期届满的，可以决定中止原判决、裁定的执行，必要时，可以对被告人采取取保候审、监视居住措施。但是二者都没有对由谁决定中止原判决、裁定执行，在哪个环节作出上述决定予以规定。对此，可以借鉴日本刑事诉讼法的做法，对此专门作出规定：负责审查申诉的法院在作出再审决定的同时，应当明确提出是否中止原判决、裁定的执行。这种模式不仅可以促成程序之间的有效衔接，也有利于保护被告人的权利。

五、完善法律和司法解释规定的建议

建立完整的刑事申诉案件听证审查程序，应当同时完善刑事诉讼法和相关司法解释的规定。在刑事诉讼法中对听证的基本原则和主要制度作出规定，解决听证以及律师辩护的合法性问题，再通过司法解释进一步明确相关的实施细则，解决听证的可操作性问题，以弥补法律和司法解释对这一问题规定的欠缺。

（一）在刑事诉讼法中规定申诉听证审查程序的基本框架和主要内容

建议在《刑事诉讼法》第 252 条后增加一条，作为第 252 条之一，规定：“人民法院认为申诉可能存在本法第二百五十三条规定的重新审判情形的，应当组成合议庭，或者人民法院认为有必要的，可以组成合议庭，听取当事人及其法定代理人、近亲属、终审人民法院、人民检察院的意见，对新的证据进行审查。原审被告人及其法定代理人、近亲属可以委托律师作为辩护人。辩护律师可以同正在服刑的原审被告人会见和通信，可以查阅、摘抄、复制本案的案卷材料以及其他与申诉相关的材料。”

（二）通过完善相关司法解释进一步规定操作细节

应明确规定以下内容：法院应当组成合议庭，对当事人的申诉进行听证；申诉人及其代理律师、终审法院办案人员、检察机关，以及合议庭认为有必要参加听证的被害人、证人等相关人员参加听证；申诉人及其法定代理人、近亲属因经济困难等原因或者其他原因没有委托律师，合议庭认为有必要的，可以通知法院援助机构为申诉人指派法律援助律师协助其参加听证；举行听证，应当提前告知相关人员出席听证，听证原则上应当公开进行，允许旁听，出席听证的人员可以举证、质证等；听证之后，应当作出是否再审的决定，或者提出是否再审的建议，明确再审期间是否中止原判决、裁定的执行等。

建立刑事申诉案件的听证审查程序无论是对完善诉讼程序，还是对解决申诉立案难以及申诉信访率居高不下的现实问题都具有重要意义。从制度完善的角度，建立申诉案件的听证程序，在申诉和再审之间建立了程序上的衔接，能让申诉审查通过程序公开、各方有序参与、权利保障充分的方式得到处理，较之以前的行政化审批更符合司法改革的方向和法治的精神。同时，听证的过程也是一个向当事人以及社会公众就案件相关问题答疑释惑的过程，通过这种面对面的交流沟通可以消除当事人对案件办理的误解，甚至可以化解因判决于己不利产生的部分负面情绪，减少因不理解、不服气导致的申诉，将有限的司法资源用于纠正真正的错案冤案，让人民群众在每一个司法案件中感受到公平正义。

缺席审判程序中辩护权保障的现实与完善期待

李　哲*

一、引言

2018年刑事诉讼法修改，在第五编“特别程序”中增加了“缺席审判程序”作为独立一章，正式确立了我国刑事审判程序中的缺席审判制度。根据刑事诉讼法的规定，缺席审判程序适用的案件类型主要包括以下三类：其一，涉嫌贪污贿赂犯罪和需要及时审判并经最高人民检察院核准的严重危害国家安全犯罪、恐怖活动犯罪案件，被告人潜逃境外的情形；其二，被告人因患严重疾病无法出庭，中止审理超过6个月后仍无法出庭，被告人及其法定代理人、近亲属申请或者同意恢复审理的案件；其三，被告人死亡的案件，这主要包括两类，一是被告人死亡但有证据证明被告人无罪的刑事案件，二是按照审判监督程序重新审判的案件。

近年来，我国逐渐加大对贪污腐败类案件的打击力度，推动海外追逃追赃工作的开展，使更多贪腐类案件纳入司法程序。但是，由于尚未经历正式的审判程序，对潜逃犯罪嫌疑人、被告人的追责难度加大，寻求国际司法合作的难度也随之增加。随着时间的流逝、证据的灭失、证人记忆的淡化，案件相关的信息、材料难以保存，从而增加了打击犯罪的难度。正如贝卡利亚在《论犯罪与刑罚》一书中所阐述的：“犯罪与刑罚之间的时间间隔越短，在人们心中，犯罪与刑罚这两个概念的联系就越突出、越持续。”[①] 缺席审判程序的建立，对于及时打击犯罪、厘清被告人刑事责任、及时追缴涉案财

---

* 中国政法大学刑事司法学院诉讼法学2018级博士研究生。

① ［意］贝卡利亚：《论犯罪与刑罚》，黄风译，中国法制出版社2002年版，第66页。

产具有重要的推动作用，同时对于维护国家尊严和司法权威具有重要意义。可以说，反腐败国际追逃追赃是我国设立刑事缺席审判程序的重要推动力，设立该制度的“最初起因是完善我国反腐败刑事司法的需要，也是国家监察体制改革的一项配套措施”。[①] 但是不可否认的是缺席审判程序作为一项“无中生有”的全新制度设计，因被告人的缺席而具有“天然缺陷”。[②] 长久以来，刑事诉讼强调控审分离、控辩平等对抗的等腰三角构造，而缺席审判中被告人的缺席使诉讼缺乏重要的辩方，三角构造呈现出不均衡的发展态势。由此，充分保障缺席被告人的辩护权就具有举足轻重的作用，否则缺席审判程序将不具备刑事审判的特质而沦为行政治罪的格局。

二、合理性证成：辩护权保障的意义

现代刑事诉讼制度发展的历史，也是辩护权不断扩张的历史。[③] 辩护权作为犯罪嫌疑人、被告人所享有的一项重要权利，在刑事诉讼进程中对保障被追诉人合法权益、维护司法公正发挥着积极作用。我国《刑事诉讼法》第293条赋予了缺席被告人委托辩护人的权利，同时规定近亲属可以代为委托辩护人，被告人及其近亲属没有委托辩护人的，人民法院应当通知法律援助机构指派律师为其提供辩护。由此明确了缺席审判程序中所采取的“委托辩护+强制辩护”二元模式。这也在一定程度上保障了缺席被告人能够借助于辩护律师的力量充分行使辩护权，相当于将传统意义上的自我辩护转借辩护律师实现。不难发现，立法扩大了法律援助的适用范围，将保护对象由经济困难的公民扩展至涉嫌外逃的刑事被告人，由此引发了理论争议，有观点指出潜逃境外的被告人“无论如何都不应是法律援助的对象”，[④] 否则即是对法律援助资源的侵犯和浪费。对此，有必要明确对缺席被告人辩护权保障的合理性。

---

① 杨宇冠、高童非：《中国特色刑事缺席审判制度的构建——以比较法为视角》，载《法律适用》2018年第23期。

② 王敏远：《刑事缺席审判制度探讨》，载《法学杂志》2018年第8期。

③ ［日］田口守一：《刑事诉讼法》，张凌、于秀峰译，中国政法大学出版社2010年版，第107页。

④ 朱宁宁：《常委文员分组审议刑诉法修正草案时建议通盘研究刑事缺席审判制度》，载《法制日报》2018年4月28日。

（一）法治发展和正当程序的必然要求

被追诉人辩护权的实现与否以及实现程度关系到案件裁判质量及公平正义。具体到缺席审判程序中，确保缺席被告人的辩护权得以充分实现有着深远的内涵和意义。

联合国《公民权利和政治权利国际公约》第14条第3款明确规定了被告人出庭受审和进行辩护的权利，“在判定对他提出的任何刑事指控时，人人完全平等地有资格享有以下的最低限度的保证：……（丁）出席受审并亲自替自己辩护或经由他自己所选择的法律援助进行辩护……”可见，保障被告人出庭受审和进行辩护已逐渐成为一项国际共识。现代刑事诉讼越来越重视被告人的诉讼主体地位，最主要的表现在于被告人从被动受审到积极主动参与诉讼程序的扭转，各国法律也通过一系列举措确保被告人能够实质性地参与到刑事诉讼之中，确保“在作出关系他们的判决之前，法院听取其意见，即他们拥有发言权”。① 具体到我国刑事缺席审判程序中，被告人出席受审尚且无法实现的情况下，最重要的方式之一就是借助于辩护权的实现确保有关被告人的判决是在较为公平合理的环境下作出的，这也在一定意义上体现了人权保障的要求和理念。

其他国家也对缺席被告人的辩护权予以充分保障。以法国为例，立法将重罪缺席审判程序中被告人出庭作为一项重要且必不可少的措施。如果没有辩护律师为保护被告人的利益而出庭，那么法院将要承担庭审不能进行的后果。

这些充分说明在法治不断发展的当下，人们在关注结果正义的同时也逐渐将视角转向对程序正义的追求，为缺席被告人提供辩护是法治进步和正当程序发展的要求和体现。

（二）程序自身蕴含对辩护权的合理期待

德国的刑事缺席审判程序主要适用于轻微犯罪案件或者报案处分程序免除被告人出庭义务的案件，② 而该程序也被视为一种“客体程序”，“其主要目的不在于解决对被告人的定罪、量刑等实体处

---

① ［美］迈克尔·D. 贝勒斯：《法律的原则——一个规范的分析》，张文显等译，中国大百科全书出版社1996年版，第35页。

② 德国缺席审判程序主要适用的情形包括：（1）轻微犯罪案件或者报案处分程序免除被告人出庭义务的；（2）免除犯罪的未成年人出庭义务的；（3）自诉案件或者被告人确实无法出庭的；（4）被告人因违反法庭秩序被强制带离的等。

罚问题，而是通过缺席审判实现对现有证据予以保全、没收等，即主要针对财物，而且裁判结果具有非终局性特点”。[①] 而在我国，缺席审判程序的设置初衷就在于通过对被告人进行审判确定其刑事责任和处罚，及时实现打击犯罪、追缴涉案财产的目的。可以说，我国缺席审判制度明确将犯罪嫌疑人、被告人作为适用对象，带有较强的“功利性”和“指向性”特征。而德国的缺席审判程序更类似于我国的违法所得没收程序，重点在于对涉案财产的处理和保全等方面，而鲜少关涉对被告人的定罪量刑问题。

就适用范围而言，域外国家多将轻罪案件作为缺席审判的适用范围，这与我国缺席审判制度存在着显著区别。法国刑事诉讼中，将违警罪和轻罪案件划定为缺席审判程序的适用范围，并且只有在“执达官没有将传票交给被告人本人，不能确认被告人知道自己受到传唤或者无法查实被告人了解自己受到传讯的时候，被告人不到庭的才可以视为缺席审判，所作的判决为缺席判决”。[②] 可见，法国缺席审判程序的范围远远小于我国刑事诉讼的规定。虽然其后法国将适用缺席审判的程序进一步扩展至部分重罪案件，但是适用于轻微罪案件仍是其一大特色。我国缺席审判程序中，潜逃出境的被告人所涉嫌的犯罪包括贪污贿赂犯罪以及严重的危害国家安全犯罪、恐怖活动犯罪等，无论是情节、涉案范围、影响等方面都是较为严重的。[③]

从前述适用目的和适用范围的分析不难发现，我国缺席审判制度与其他国家存在较大的差异，对被告人的追诉目的也较强，从这一角度而言为缺席被告人提供系统完善的律师辩护是十分必要的。质言之，缺席审判程序中非常重要的一环就是确定被告人的刑事责任和应处刑罚，这将涉及与被告人最为关切的人身利益和财产利益等诸多方面。如果没有辩护律师在场，那么理想的控辩平等对抗格局就会因为被告人和辩护律师的双重缺位而呈现严重失衡，从而沦

---

① 袁义康：《刑事缺席审判程序的合理性及其完善》，载《华东政法大学学报》2019 年第 2 期。

② 刘林呐：《刑事缺席审判程序之中法比较》，载《中国检察官》2018 年第 23 期。

③ 虽然我国立法中没有重罪、轻罪的界定，但是理论和司法实务中多以判处刑罚的多少作为区分犯罪轻重的标准，而涉嫌贪污贿赂、危害国家安全、恐怖活动等的犯罪中，多是判处较重的刑罚。

为由控方对被告人的简单追诉。为了使正义的天平不致失衡，有且必须要有律师站在辩方位置代缺席被告人与控方展开公平对抗，这也是公平正义角度对该程序设置的期待。

三、我国缺席审判中被告人辩护权保障的相关反思与建议

（一）多重身份冲突：辩护人的合理定位

我国《刑事诉讼法》第108条确立了我国刑事诉讼中辩护人的诉讼参与人地位，第37条进一步明确辩护人的责任在于依照事实和法律维护犯罪嫌疑人、被告人的合法权益。总的来说，辩护人“在辩护活动中应当严守一条职业的底线，那就是永远不得作出有损于委托人利益的言行”。[①] 值得注意的是，辩护人的忠诚义务与其独立个体地位并不冲突。在对席审判中，辩护人与被告人共同致力于从事实和法律角度维护其合法权益，但辩护人是刑事诉讼中的独立个体，并非被追诉人的代言人。而缺席审判中，由于被告人的缺席，使辩方只剩辩护人一席，在一定程度上相当于将被告人刑事辩护的权利转移由辩护人代为行使。

辩护人是否可以充当被告人意见的转达者？2018年刑事诉讼法只是规定了涉嫌外逃的缺席被告人的辩护权保障问题，也即规定了自行委托、近亲属代为委托以及法院指定法律援助三种法定形式，但是对辩护人在该类案件中的具体职责和职能并未作出规定。鉴于该问题在立法中未能找到答案，只能从学理分析的角度展开论证。若要对该问题进行分析，需要结合缺席审判程序自身的特质。在缺席审判程序中，涉嫌外逃的被告人并不在案，被告人的意见如果可以通过辩护人代为转达，则相当于在一定程度上确立了辩护人的代理人角色。[②] 那么，多种角色代入的情形之下，是否会对辩护人本初角色——辩护职能的发挥产生不利影响？从理论上讲，由于缺席审判程序的特殊性，由辩护人代为转达被告人的意见是可行的，重要的是如何对被告人的意见与辩护人的意见进行正确区分。就案件审判来说，如果辩护人意见与被告人相一致，那么不存在二者之间进行区分的问题，辩护人的辩护除了是履行职责的体现之外，还在一

① 陈瑞华：《刑事辩护的理念》，北京大学出版社2017年版，第87页。

② 汪海燕：《刑事缺席审判与律师参与》，载 https://www.sohu.com/a/275093418_711028，2019年6月20日最后访问。

定程度上体现了为缺席被告人“发声”。但是，当二者意见存在冲突之时，辩护人尤要注意不能以自身意见掩盖被告人诉求的合理表达，否则就是对缺席被告人权益的不当侵犯。

当前认罪认罚从宽制度已正式入法，对于外逃被告人而言，与公安司法机关等展开对话也是其合理诉求之一。由于被告人身在境外一定程度上限制了与公安司法机关进行沟通的渠道，那么在这一过程中辩护人可否搭建起二者之间进行沟通的桥梁？其实，相较于公安司法机关而言，辩护人与被告人之间进行沟通具有天然的优势，这主要是因为被告人对辩护人的信任度更高，“虽然被告人长期潜逃在外，但完全可以基于对律师的信任与律师进行有效的沟通、联系”，[①] 在当前认罪认罚从宽制度改革背景之下，被告人期望通过认罪认罚获得从宽处遇的诉求也可能会通过辩护人进行表达。从鼓励被告人认罪服法的角度来说，通过辩护人搭建起被告人和法院进行沟通的渠道，会大大提高诉讼效率。但是就适用认罪认罚从宽制度本身而言，仍需被告人出具相关的具结书等材料，对适用该制度的具体内容予以确认。

在审判期间，除了相关意见、诉求的表达之外，“被告人有可能通过他人或者某种方式（如邮寄或者发出电子邮件等）向法院提交证据或者书面辩护意见”，[②] 这些证据和辩护意见必须在法庭审判中予以公开，听取诉讼各方的意见，才能有助于法官作出公正的裁决在这类情况下，由辩护人代为出示或者代为宣读是较为适宜的。

综上，可以说在当前刑事司法发展的大趋势、大背景下，辩护人的身份面临着从单一辩护人角色向多重角色的转变过程。但是无论辩护人身份面临着怎样的转变和多样化特征，必须明确，在缺席审判程序中辩护人的辩护职能是根本，只有牢固树立辩护为先的理念，才能抓住辩护人有效辩护的命脉，从而更好地维护被告人的合法权益。

（二）诉讼权利：辩护权行使的基础和保障

在一般刑事案件中，辩护人通常拥有会见、阅卷和调查取证三

---

① 吴进娥：《刑事缺席审判制度的价值衡量及实现机制》，载《安徽大学学报（哲学社会科学版）》2019 年第 3 期。

② 张建伟：《作为一种特别程序的缺席审判》，载《中国检察官》2018 年第 23 期。

项基本权利，“这些诉讼权利都是为辩护作准备、提供条件的”，故而亦有学者将其称为条件性的辩护权利。[1] 在此需要论述的是，除却上述三项基本的辩护权利之外，缺席审判程序中的辩护人还应享有什么样的权利，应以哪些手段予以保障权利的实现？对此，需要关注以下几个方面的问题：

第一，缺席审判程序中，审判阶段[2]辩护人的权利是否是对前述各项权利的简单确认？我国《刑事诉讼法》第五编第三章专章规定了缺席审判程序，共计7个条文。遗憾的是，《刑事诉讼法》第293条只是对委托辩护、指定辩护等情形，也即辩护人的产生作出说明，但是全章中对辩护人在审判阶段应享有的权利只字未提。那么，根据体系解释的方法，缺席审判程序中的辩护人在审判阶段当然享有刑事诉讼法规定的相应权利，即会见、阅卷、调查取证权等。但是，在缺席审判程序之中，辩护人是否应享有一些不同于对席审判程序中的辩护权需要立法进一步明确。缺席审判程序除了涉及对外逃被告人定罪和量刑问题的判断之外，与违法所得没收程序亦存在重叠，在该程序中也会存在对涉案财物的处理问题，从该种意义上来说，缺席审判程序兼具“对物之诉”和“对人之诉”双重特质。[3] 而且，缺席审判与对席审判也不相同，被告人的缺席使辩方力量稍显薄弱，且处理对象的叠加变化带来的是证明机制的适当调整，而证明又是辩护人行使权利的具体表现形式之一，从这个角度来说，缺席审判程序中辩护人辩护权的行使应体现出一定的特性。

第二，就具体权利行使方面，立法规定仍过于粗疏。会见、阅卷和调查取证三大权利是辩护人基本履职保障，对这些权利行使的保障程度也折射出对被告人权益保障的程度。这些权利的行使应结合缺席审判程序的自身特点。如何保障被告人与辩护人之间的无障碍会见、交流，辩护人会见身在域外的被告人，是否需要经过公安司法机关的同意或批准、应履行怎样的手续，立法需要对此作出明确规定，否则辩护人的诸项权利将会成为徒具外观而无法真正发挥

---

① 顾永忠：《我国刑事辩护制度的重要发展、进步与实施——以新〈刑事诉讼法〉为背景的考察分析》，载《法学杂志》2012年第6期。

② 关于审前阶段的相关内容将在其他部分论述，在此以审判阶段为论证核心。

③ 关于对物之诉与对人之诉的相关内容，参见陈瑞华：《刑事对物之诉的初步研究》，载《中国法学》2019年第1期。

实效的不实之物。正如有观点指出的，“律师辩护是决定刑事缺席审判制度能否良性运行的重中之重”且“我国法律援助辩护的现实难题、律师行使辩护权的多方掣肘以及律师在庭审中的弱势地位”。[①]更加突出对辩护权相关内容进行切实保障的重要性，这亦是缺席审判程序中与辩护相关的核心问题，不可回避。

就会见权的行使而言，我国在普通刑事诉讼程序中基本可以做到辩护人会见不受监听，在缺席审判程序中，从鼓励被告人积极认罪服法、尊重和保障人权的角度而言，更应对辩护人与被告人之间的秘密交流权予以保障。这在理论上不存在异议。重要的是如何确保辩护人与身在境外的被告人之间的顺畅沟通。笔者认为，对于被告人主动要求会见的，公安司法机关应确保辩护人与之会见不受阻碍，但鉴于缺席审判案件的特殊性，应向公安司法机关进行报备；对于辩护人赴域外进行取证的情形，应及时告知我国驻当地使馆。

第三，有关衍生权利方面，尤其是上诉权的行使。首先，上诉权行使主体方面，立法在缺席审判程序中将当然拥有上诉权的主体范围扩大至被告人的近亲属，但对辩护人的上诉权仍有所克制，采取的是和普通程序中相同的规定即辩护人上诉需要经被告人同意方可进行。这在普通程序中无甚异议，但是在缺席审判中如此规定是否会对被告人权利保护不利仍有待探究。其次，上诉期限的问题。被告人和辩护人拥有相同的上诉期限，并未考虑到司法实践中判决书送达迟延等情形。我国刑事诉讼法规定，对于一审普通刑事审判，被告人及其近亲属等的上诉期均为 10 天，立法对缺席审判中的上诉期并未作出例外规定，说明缺席审判案件被告人及其近亲属的上诉期同样是 10 天。这就忽视了一个重要的问题，即涉案的被告人潜逃境外，判决书的送达必定不能与在国内的被告人判决书的送达效率相提并论。我国《刑事诉讼法》第 292 条规定的送达方式，主要是“通过有关国际条约规定的或者外交途径提出的司法协助方式，或者被告人所在地法律允许的其他方式”，可见，域外送达牵涉到的时间和人力成本将会大大增加，可能判决书尚未送达至被告人，10 天的上诉期已经过去。此时，因期限过去而导致判决生效，被告人只能就此提出异议或者申请再审，无疑会使其丧失审级利益。

---

① 武晓艺:《理论缺失与制度隐患：刑事缺席审判制度的法治化重构》，载《海南大学学报（人文社会科学版）》2019 年第 3 期。

对此，赋予缺席审判程序中辩护人独立的上诉权。其一，是为了防范被告人及其近亲属滥用上诉权。我国刑事司法并未对上诉理由加以限制且缺席审判中将上诉权的当然行使主体扩展至被告人的近亲属，这是保障人权的重要体现。但是“近亲属毕竟不是案件当事人，如果仅仅是不服判决就随意上诉，很难说能够真正保护被告人的利益”，[①] 由此导致司法实践中潜存上诉权被滥用的风险，普通程序的实践中就不乏“空白上诉”“投机性上诉”[②] 等乱象的存在，更何况是在被告人缺席情况下作出判决的缺席审判程序。“设置上诉制度的主要目的是纠错和救济，即纠正一审裁判的错误，救济不服裁判的被告人。”[③] 就案件的通盘把握和司法理性的角度考虑，辩护人作为相对中立的个体对案件情况比较了解。相较于被告人的近亲属甚至是被告人而言，对于上诉问题能够呈现出相对的冷静和客观。立法可以赋予近亲属独立上诉权，也可以完全将该权利交到更为理性客观的辩护人手中。其二，前文已述，立法对被告人上诉期的规定过短，忽略了司法实践中可能存在的送达迟延情形，那么在此种情形下，通过赋予辩护人独立的上诉权以弥补被告人期限利益的损失，防止确有正当理由上诉的被告人因上诉期已过而上诉不能。

需要注意的是，无论是近亲属的上诉权抑或辩护人的上诉权，行使都应以尊重被告人意愿为本，这是因为近亲属和辩护人的上诉权法理基础与被告人显属不同。对此，可以借鉴日本对上诉权方面的规定，明确对于被告人以外的人提出的上诉应以“必要的违反被告人所明示的意见”[④] 为准，也就是说，在被告人不愿上诉而近亲属或辩护人提出了上诉的情况下，仍旧需要以被告人的意愿为先。[⑤]

（三）审前程序：辩护人介入时间的明确

2018 年刑事诉讼法对审前阶段也就是侦查/监察调查和审查起诉

---

① 李菲：《上诉与异议：我国刑事缺席审判救济程序之构建》，载《江苏科技大学学报（社会科学版）》2019 年第 1 期。

② 空白上诉，是指没有任何上诉理由的上诉；投机性上诉，是指虽然提出了上诉理由，但是该理由显然不能成立。参见杨杰辉：《刑事上诉理由研究》，载《法治研究》2017 年第 6 期。

③ 杨杰辉：《刑事上诉理由研究》，载《法治研究》2017 年第 6 期。

④ 顾永忠：《刑事上诉程序研究》，中国政法大学 2003 年博士学位论文。

⑤ ［日］松尾浩也：《日本刑事诉讼法》，中国人民大学出版社 2005 年版，第 247—248 页。

阶段，犯罪嫌疑人/被调查人是否有权委托辩护人立法并未规定。就涉嫌外逃的被告人而言，主要包括两类案件：一是由监察委员会负责调查的贪污贿赂犯罪案件，监察法并未赋予监察调查阶段被调查人委托辩护的权利，也就是说辩护人在监察调查阶段没有介入案件的可能；二是严重危害国家安全犯罪、恐怖活动犯罪案件，按照刑事诉讼法的规定，即便被追诉人潜逃境外，就委托辩护的权利而言其与其他类型案件中的犯罪嫌疑人无异，均享委托辩护人的权利，即自侦查阶段，犯罪嫌疑人即可委托辩护人。由此就造成同样适用缺席审判程序的案件因办案机关不同、适用法律不同，被追诉人在权限方面存在差异。有效律师辩护的前提是有律师辩护，就贪污贿赂犯罪案件而言，立法无疑是将其获得辩护人帮助的权利行使时间节点向后拖延，可能导致辩方准备不足。

若要追求辩护人作用发挥的最大化，需要将其发挥作用的场域由庭审阶段延伸至审前程序中。对此，应统一监察法与刑事诉讼法中的相关规定，建立辩护人全面参与机制。对于适用缺席审判程序审理的案件，应明确自侦查阶段始，辩护人就有权介入诉讼，对于涉嫌贪污贿赂的案件，监察调查阶段允许辩护人介入，使其了解案件进展。来自实务界的部分观点认为，对于监察调查的案件，允许律师介入可能会造成相关信息的泄露。笔者认为即便存在这种担忧，也不能以被告人权利保障的减损为代价换取调查过程的全程保密。当前我国正在积极推进“以审判为中心”的诉讼制度改革，以审判为中心，一方面要强化庭审实质作用的发挥，另一方面要注重对审前阶段被告人及其辩护人权利行使的保障，辩方只有通过充分的准备工作才有能力在庭审中与控方展开对抗，推进公平正义裁决的实现。具体到缺席审判程序中，被告人缺席，自我辩护权的转接使辩护人任务艰巨，若再在审前程序中对辩护人诸项权利的行使加以严苛的限制，势必会造成辩护人在庭审中无所适从，以审判为中心及庭审实质化的实施效果将会大打折扣。

此外，还要对各阶段辩护人所享有的权利予以确认，才能使辩护人在审前阶段的介入实质有效。辩护人介入案件相当于为被告人搭建了间接参与诉讼的平台，应明确：在侦查、调查阶段，辩护人享有了解涉嫌罪名、了解案件基本情况等一般性权利，对于辩护人提出要求的，相关机关不应拒绝；在审查起诉阶段，辩护人的阅卷权等相关权利不受干扰，确保辩护人查阅、摘抄、复制案卷材料不受限制。

（四）风险防范：依法辩护与自我保护的规制

在缺席审判程序中，因适用案件类型的特殊性可能会涉及一些重大、敏感信息，辩护人在履行职责过程中可能会接触到这些信息，应通过系统完善的机制防范风险，保证辩护人基本权能的发挥，依法保障人权。具体而言，辩护人面临的执业风险和防范机制主要包括以下几个方面：

第一，律师调查核实证据与伪证罪之间的合理界分。虽然刑事诉讼法规定自案件移送审查起诉之日起，可以向犯罪嫌疑人、被告人核实有关证据，从而使辩护人“核实有关证据”的行为有了法律依据，有利于鼓励广大律师积极大胆履行辩护职能。① 但对律师核实证据的内容、范围以及具体方式等并未涉及，如此模糊的规定导致司法实践中辩护人核实证据仍旧采取较为保守的态度，以免逾越雷池，而从核实证据滑向伪证罪的不利局面。值得注意的是，“两高三部”联合发布的《关于依法保障律师执业权利的规定》等文件对该问题仍没有解决。在普通程序中核实证据呈现出如此窘状，遑论缺席审判程序中辩护人将远赴域外向被告人核实证据。事实上，在缺席审判程序中辩护人向被告人核实证据是非常必要的：一方面，被告人潜逃境外，对于国内司法机关了解掌握的证据情况一无所知，而被告人作为案件的亲历者，对证据的判断更为直接、敏感，通过向被告人核实证据，能够在一定程度上有效判断该证据的可信度；另一方面，被告人潜逃境外，一定程度上体现了对公安司法机关、监察机关相关侦查、调查工作的不配合态度，那么通过辩护人来核实证据能够及时发现公安司法机关未能及时了解掌握的信息，反向推动公安司法机关及时了解和掌握案情。

对此，应从多方面完善辩护人核实证据的相关规定：其一，就核实内容和范围而言，全国人大法工委曾对此作出解释：“为了更好地准备辩护，包括向人民检察院提出辩护意见和在法庭上行使辩护职能、进行质证等，辩护律师均需要对其查阅、摘抄、复制的有关证据材料及自行调查收集的有关证据材料向犯罪嫌疑人、被告人进

① 顾永忠：《我国刑事辩护制度的重要发展、进步与实施——以新〈刑事诉讼法〉为背景的考察分析》，载《法学杂志》2012 年第 6 期。

行核实，以确定证据材料的可靠性。”[①] 由此明确与案件相关的证据材料均可向犯罪嫌疑人、被告人进行核实。此外，笔者认为，对于证人证言、被害人陈述等，辩护人可以不受限制向被告人进行核实，这是出于控辩平等对抗的需要，也是公平正义的应有之义。但是对于同案犯罪嫌疑人、被告人的供述和辩解，辩护人在进行核实之前需向公安司法机关申明，以防止同案犯罪嫌疑人互相串供、翻供等。当然，何谓“需要调查核实的证据”，这是辩护人主观判断的过程，不能因顾忌案件信息泄露而对辩护人权利予以不当限制。其二，就核实方式而言，笔者认为，调查核实证据是辩护人应享有的权利，不应对核实证据的方式予以过多限制。

第二，坚持贯彻辩护豁免权的要求。在缺席审判案件中为确保对被告人权利保障的最大化，辩护人必须出庭。鉴于缺席审判的案件较为重大敏感，应确保辩护人在庭上发表言论不受追究，这是保证辩护人积极展开辩护工作的基本前提和基础。在庭审实质化背景要求下，辩护豁免权有助实现辩护方利益最大化。[②] 在被告人缺席庭审的情况下，“法庭辩论应当充分，辩护律师应有使自己的辩护意见得到完整表达的权利，其自由应当得到保障”。[③] 对辩护人辩护豁免权的坚持并不意味着该权利行使没有边界。对于辩护人发表的危害国家安全、恶意诽谤他人或者严重干扰法庭秩序的言论，仍应依法追究其责任。庭审实质化背景下，追求控辩平等对抗并非无序对抗，辩护人的对抗不同于“罢庭”“闹庭”等“表演性辩护”。[④]

四、从“辩护”到“有效辩护”：确立有效辩护的保障机制

“为了实质上保证被追诉人辩护权之实现，现代辩护制度强调的不仅仅是被追诉人有权获得律师的帮助，而且是有权获得律师‘有

---

① 王尚新、李寿伟主编：《〈关于修改刑事诉讼法的决定〉解释与适用》，人民法院出版社2012年版，第26页。

② 谭文键：《论律师的辩护豁免权》，载《东方法学》2018年第6期。

③ 张建伟：《审判中心主义的实质内涵与实现路径》，载《中外法学》2015年第4期。

④ 李奋飞：《论“表演性辩护”——中国律师法庭辩护功能的异化及其矫正》，载《政法论坛》2015年第3期。

效的法律帮助’。”[①] 有辩护并不等同于有效辩护，若要在缺席审判程序中实现对被告人权益的充分有效保障，仅仅从数量上满足辩护的要求是不够的，还应不断提升律师辩护的质量，从而最大限度地保障缺席被告人辩护权的妥善实现。

（一）依法保障庭外权利的实现

就实现有效辩护而言，应切实保障辩护人庭外相关权利的实现，以庭外准备工作的完善助推庭上有效辩护的实现。《关于全面推进以审判为中心的刑事诉讼制度改革的实施意见》（以下简称《意见》）中规定：法庭应当依法保障控辩双方在庭审中的发问、质证、辩论等诉讼权利。在缺席审判程序中，由于被告人的缺席，辩护律师相当于在一定程度上承担了全部的发问、质证、辩论等工作，其履行上述职能的质量则直接影响到对被告人能否准确定罪量刑，律师辩护质量的好坏直接指向被告人的诸项权利能否得以有效维系。“2012年之后，律师辩护出现了‘新三难’，即‘取证难、非法证据排除难、要求证人出庭难’或者‘发问难、质证难、辩论难’。”[②] 为防止缺席审判程序中出现“新三难”问题，应在庭审程序中注重对律师辩论权行使的保障，不得随意打断律师发言。庭审要认真充分听取辩护律师的意见，最主要的反映就是在裁判文书的写作方面，应突出实质内容，尤其是对律师意见不予采纳的部分，要有针对性地说明不予采纳的理由。

（二）确立刑事辩护质量标准，倒逼刑辩律师积极有效履行职责

对于提升律师辩护质量而言，应从提升律师自身职业道德和辩护水平着手。具体到缺席审判程序中：首先，应明确辩护人必须出庭。辩护人出庭是实现有效辩护的前提和基础，缺席审判程序中被告人不出庭，如果辩护人也不出庭仅通过发表书面辩护意见的方式，控辩审三方构造显然不成立，庭审对抗的意义将不复存在，直接言词原则亦无法实现，甚至对于被告人的追诉行为会沦为单处的行政治罪方式，不利于对被告人权益的保障。其次，通过专业培训加强

① 张佳华：《死刑案件：从“有”辩护到“有效”辩护》，载《中国社会科学报》2013 年 7 月 3 日。

② 熊秋红：《审判中心视野下的律师有效辩护》，载《当代法学》2017 年第 6 期。

对辩护人职业道德和职业素养的提升。我国目前刑事辩护律师数量仍较少，且存在业务水平参差不齐的现象，对此应通过开展培训等多种形式加强对辩护律师业务素养的提升。应设立刑事辩护质量标准，赋予被告人及其近亲属向律协投诉的权利。通过设置一定的惩戒机制，对不严格依法履职、严重损害被告人利益的辩护律师进行相应的制裁，从而倒逼缺席审判案件中的辩护人积极履行职责。

（三）无效辩护的救济

“无效辩护与有效辩护相对应，是随着辩护权理论的不断发展和辩护权权利保障机制的日渐完善而出现的一个概念”,[①] 即“律师的辩护行为中出现严重瑕疵而导致影响诉讼结果的公正性，一旦律师的行为被上级法院宣布为无效行为，原审法院的判决就将被撤销并发回重审，以此保障被指控人的宪法意义上的辩护权”[②]。有学者建议在我国应建立起无效辩护之诉，笔者认为，在缺席审判程序中，适用无效辩护救济，应明确三个问题。

第一，无效辩护的适用范围，也就是对哪些类案件可以适用无效辩护救济措施。笔者认为当前宜将缺席审判程序中无效辩护的适用范围限缩至指定辩护中，也即法院通知法律援助机构指派律师的情形。主要是出于以下两种考量：其一，委托辩护系出于被告人或其近亲属与辩护人之间的委托关系，从私法意义上来说，在这种委托关系之下自会对辩护人的行为产生一定的约束力，而这种约束是辩护人履行忠诚义务的保证。其二，就指定辩护而言，律师多是义务性的，其所获酬劳与其付出劳动显失均衡，因此这类案件多由案源较少、资历较浅的年轻律师承担。年轻律师有其优势，但是也存在经验不足的弊端，辩护质量可能会受到质疑。因此，当前应将缺席审判中无效辩护的救济范围适用于指定辩护的案件中。

第二，无效辩护的判断标准。有效辩护与无效辩护的概念最初诞生于采行对抗制诉讼的英美法系国家，以美国为例，关于律师辩

---

① 林劲松：《美国无效辩护制度及其借鉴意义》，载《华东政法学院学报》2006 年第 4 期。

② 李本森：《关于刑事诉讼中辩护权性质的认识》，载《中国司法》2017 年第 3 期。

护有效与否的判断标准经历了由“正义的笑柄”[①]到“行为瑕疵”和“不利后果”双重要件的转变。现今，双重要件标准被诸多国家广泛引入和借鉴。对此，笔者建议在我国缺席审判程序中，判断无效辩护亦可采行“行为瑕疵”和“不利后果”双重标准。也就是说，赋予缺席被告人及其近亲属申请无效辩护救济的权利，但是必须能够具体指出辩护人的辩护行存在瑕疵，且该瑕疵行为严重致使审判不公平，使被告人遭受更加不利的裁判后果。[②]被告人在提出救济理由时，应达到什么样的标准呢？笔者认为，只要被告人能够证明律师的辩护行为使其遭受不利后果，而这一不利后果存在可以避免的可能性即可。但是，对于被告人而言，因为其不在庭审现场，对辩护人的行为也无从知晓，这时可将申请无效辩护救济的权利适当赋予其近亲属。但是，为防止近亲属恶意提起救济以拖延诉讼，应明确近亲属提起救济需经过被告人同意。

第三，无效辩护的救济措施。被告人或其近亲属提出无效辩护的救济申请后，法院应当结合判断标准等方面对申请内容展开调查，对于确系属于辩护人未依法履行职责导致被告人利益出现严重受损的情形，应认定无效辩护成立，并裁定原审判归于无效，案件重新审理。

有学者指出，高效率的域外追逃追赃依赖于各国间的有效协作，而缺席审判程序的接受度在逐渐下降，域外对缺席判决的不认可依然会使腐败分子躲进“避罪天堂”。[③]因此，我国在拓宽追赃追逃渠道的同时，应对缺席审判程序的设置和运作进行精细化考量，以提高其他国家对我国缺席判决的认可程度。缺席审判程序中对被告人辩护权的保障只是一个层面，仍有包括宏观制度构建以及微观程序运作的诸多方面需要理论和实践的探索与完善。

---

① “正义的笑柄”是 20 世纪 70 年代美国刑事司法中判断律师辩护是否有效的标准。根据该标准，只有当律师的帮助不充分到令审判成为“一场闹剧”或者“正义的笑柄”时，该律师的帮助行为才能视为“无效”。参见张佳华：《有效辩护的法命题解构》，载《甘肃社会科学》2018 年第 4 期。

② 张佳华：《有效辩护的法命题解构》，载《甘肃社会科学》2018 年第 4 期。

③ 施鹏鹏：《缺席审判程序的进步与局限——以境外追逃追赃为视角》，载《法学杂志》2019 年第 6 期。

论民事推定概念的再评定

李恩泽*

一、问题的提出

我国民事诉讼法上关于推定的立法描述，先见于最高人民法院《关于民事诉讼证据的若干规定》（以下简称《民事证据规定》）第9条，其将法律上的事实推定和事实推定作为民事推定的两项基本分类，赋予其免证事实效果。最高人民法院《关于适用〈中华人民共和国民事诉讼法〉的解释》（以下简称《民诉法解释》）第93条延续了上述分类标准，就具体推定适用效果上将两者等同，同时其关于“足以反驳”的规定相较于“足以推翻”的规定，从字面理解似乎减轻了对待证事实持否定态度的当事人一方的举证责任。

笔者分别以《民诉法解释》第93条第1款第3项、第4项为条件对涉及民事推定的裁判文书在北大法宝数据库进行检索，排除援引错误后，仅就下列案例的裁判文书说理部分展开分析。

【例1　苏某与某有限公司房屋租赁合同纠纷案】[①] 承租人以租赁合同中约定承租目的在于建设养老院为由，要求出租人提供房屋主体消防验收合格手续资料，一审法院以承租人未能证明消防验收合格手续为设立养老院的必要条件为由驳回其诉讼请求。二审法院认为，依据消防法及《建设工程消防管理规定》的相关规定，超过特定面积的养老院必须经过消防设计审核及消防验收，以此认为应适用法律推定，承租人得以免证。

该例争点在于出租人是否负有提供相关验收合格手续的义务，

---

* 中国政法大学民商经济法学院2018级博士研究生。

① （2017）渝05民终7238号。类似的案例有（2017）鄂96民终24号、（2017）鄂9005民初1028号、（2015）沈和民二初字第02398号、（2018）鄂9005民初2126号、（2017）湘0304民初281号、（2018）鄂9005民初659号等。

待征事实应为合同中是否有过约定。原判基于相关法律规定确定该义务系出租人的法定义务，系对权利义务设定规范的运用，并非对案件事实进行推定，故本质上并不属于推定范畴。

【例2 某有限公司与高某某、张某某等借款合同纠纷案】[①] 二审法院援引《民诉法解释》第93条第1款第3项，并引《人民币银行结算账户管理办法》《银行卡业务管理办法》中关于银行账户实名制的规定，适用法律上的事实推定，认定转入高某某账户的钱款由高某某占用使用。

该例中所谓的账户实名制规范指特定户名之下的钱款由何人占有即推定由何人所有，其属权利推动的范畴，并非就案件事实的推定。

【例3 某保险公司与宋某某机动车交通事故责任纠纷案】[②] 二审法院以关于退休年龄的法律规定推定72周岁的高某某不存在误工损失。

该例中，误工损失要件事实的证明责任在受害人高某某，受害人高某某仍工作系用以证明存在误工损失要件事实的辅助事实，退休年龄相关的法律规定系针对高某仍工作这一辅助事实的反对依据，以此并不属于对要件事实的推定。该案对法律规定的援引仅系推理过程中的一环。

【例4 某保险公司与廖某某机动车交通事故责任纠纷案】[③] 二审法院援引《民法通则》第12条、第13条认定廖某某作为精神病人不具备完全行为能力，推定亦不具有劳动能力，进而驳回了一方当事人对廖某某劳动能力丧失与否的鉴定申请。

该例中精神病人不具备完全行为能力并不属于法律推定，系法律直接规定，是否属于法律拟制值得思考。从不具有完全行为能力进而认定其不具有劳动能力，则更无法律依据，原判将其认定为法律上的事实推定明显错误。

---

① （2016）宁02民终185号，类似的案例还有（2017）宁02民初97号。

② （2015）宁民终字第6409号。

③ （2015）钦民三终字第43号。

【例 5　某有限责任公司与王某某商品房买卖合同纠纷案】[①] 再审法院以购买方曾信访、已交付购房款、地产商不可能按时交付等多个方面推定购买方已进行交付催告之事实。

该例中再审法院以买方曾信访、已交款、卖方迟延交付等情形与买方已进行交付催告之间的综合性经验联系推定交付催告这一要件事实成立，实质上与利用多项间接证据进行证明并无本质不同，亦不属事实推定范畴。

【例 6　财产损害赔偿纠纷案】[②] 一二审法院以周围邻居未蓄意放火、无房屋内输电线起火、周围无人在外用火、无雷电起火等事实推定火源起于被告羊圈。

该例较上例就间接证明之运用相似，不属事实推定范畴，所不同者是其运用了矛盾逻辑原理，即数项成立条件均为假时，则剩余唯一成立条件为真。

【例 7　某公司与张某某房屋买卖合同纠纷案】[③] 二审法院认为，张某某未能就房屋装修标准一节对合同约定变更及其他导致合同权利发生变化的事项进行举证，故推定装修标准为一般标准。

该例中张某某系就合同变更要件事实承担证明责任者，其证明不能自然导致所主张的装修标准不能成立，得以合同一般标准认定，此即就证明责任分配规则之简单适用，与推定并无关联。

以上例 1 至例 4 是关于法律上的事实推定的相关案例，例 5 至例 7 是关于事实推定的相关案例，初读之下似乎均符合司法解释关于可反驳的民事推定的相关概念要求，深思之则系适用混淆，相距民事推定的真意甚远。例 1 显属权利义务设定规范之而非法律推定规范之适用；例 2 显为权利推定规范而非事实推定规范；例 3 未能明确所谓法律上的事实推定之推定目标；例 4 更无实际法律推定依据；例 5、例 6 使事实推定泛化，难与间接推理相界分；例 7 则未能正视民事推定与证明责任规范之间的关系。由上可知，当前我国司法实践中对于民事推定概念的理解相当混乱，除却具体审理者的业务水平差异及民事推定理论的应用复杂性，根源在于我国尚未建立

---

① （2018）甘民申 51 号。

② （2018）湘 31 民终 207 号。

③ （2018）粤 01 民终 23019 号。

合理、完整的民事推定概念体系。

二、民事推定概念相关学说

推定概念学说纷争由来已久，德国法学家罗森贝克曾言："没有哪个学说像推定学说这样，用语不规范，概念混乱。"① 美国法学家摩根言及推定，如此形容："靠近时希望缥缈，离开时希望全无。"② 其学说复杂性可见一斑。日本学者新堂幸司指出，从某事实推认出其他事实的行为，就是所谓的推定。推定又可以分为事实上的推定与法律上的推定。作为法官自由心证的一种作用，法官通过适用经验法则进行的推认，就是所谓的事实上的推定。法官按照适用经验法则进行的推认，被称为法律上的推定。在法律上的推定中，又可进一步分为事实推定与权利推定。③ 上述概念描述论及了民事推定中的相关范畴，具体的学说上的争论体现在以下几个方面：

（一）关于"暂定真实"是否属于推定

所谓"暂定真实"是指一种无条件的推定，即由对法律效果提出争议的对方当事人就该法律效果的要件事实之不存在课以证明责任的立法技术，④ 如我国《侵权责任法》第88条的过错推定、《德国民法典》第937条中占有取得时效中的善意推定等。⑤ 对于这类情形是否属于推定，诸多学者持否定态度。罗氏以其时《德国民法典》中关于质权消灭的规定，分析了法律上的事实推定之基本结构（如图1），进而给出了法律上的事实推定的定义：从非构成要件的情况中可推断出作为法效果的构成要件特征所必需的事实的存在的法律

---

① ［德］莱奥·罗森贝克：《证明责任论》（第五版），庄敬华译，中国法制出版社2018年版，第240页。

② Edmund M. Morgan, "Presumptions", 12 Wash. L. Rev. & St. B. J. 255 (1937).

③ ［日］新堂幸司：《新民事诉讼法》，林剑锋译，法律出版社2008年版，第401—403页。

④ ［日］新堂幸司：《新民事诉讼法》，林剑锋译，法律出版社2008年版，第402页。

⑤ 《德国民法典》第937条规定自主占有动产达10年的人，取得所有权，取得人在取得自主占有时非为善意，或后来据悉所有权并不属于自己的，取得时效被排除。引自王立争：《民法推定性规范研究》，法律出版社2013年版，第181页。

规范。对于诸如前述占有取得时效善意推定的情形，其从构成要件理论出发，主张此种善意并非权利发生的要件事实，非善意乃是权利妨碍要件事实，以此并不存在关于善意的推定，仅存在主张权利妨碍者对于非善意的本证责任，其系一般的证明责任规范，而非关于事实推定的规范，两种系不同的立法技术，前者设立的机理在于当某一要件要素难于证明，但在大多数案件中均会碰到，立法者为解决此类证明难题，将该要件要素从权利发生要件中予以剔除，以其反向不存在作为权利妨碍要件；后者则是当出现对于权利发生要件事实之外之情形时，且以此种情形一般或者至少经常能推断出另一权利发生要件事实存在。[①] 从运用结构上，两者的区分亦至为明显，前者并无基础事实作为推定之前提。上述观点日本学者新堂幸司、高桥宏志均予认同。[②] 美国证据法学者墨菲亦主张此类没有基础前提之推定，并非真正意义上的推定，譬如无罪推定。[③] 笔者认为，上述关于推定概念外延的限缩，实际上反映的是证明义务释缓过程中差异化处理路径，亦是在罗氏法律要件论主导下就证明责任推导的必然结果，前者系基于调整要件要素属性为证明责任人所做的抽象意义上的完整让步，后者则是坚持要件要素属性的前提下，以“开后门”的方式为证明责任人所设置的具体替代出路。就二者于立法上分化的初衷则另需作认识论和价值论上的思考。

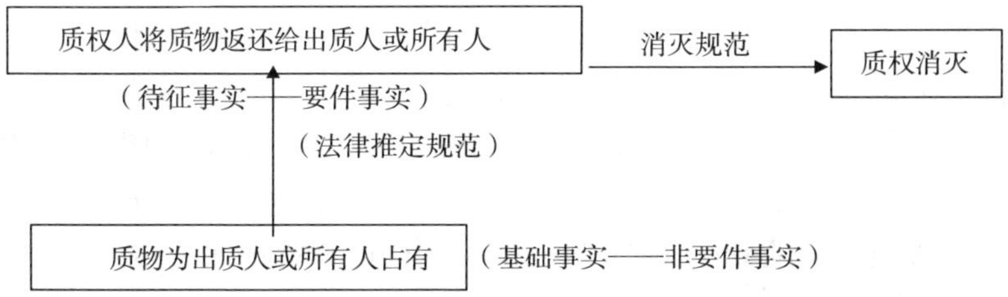

图 1

① ［德］莱奥·罗森贝克：《证明责任论》（第五版），庄敬华译，中国法制出版社 2018 年版，第 246—250 页。

② ［日］新堂幸司：《新民事诉讼法》，林剑锋译，法律出版社 2008 年版，第 401—403 页；［日］高桥宏志：《民事诉讼法——制度与理论的深层分析》，法律出版社 2003 年版，第 459 页。

③ Peter Murphy, Murphy on Evidence, Oxford University Press, 2013, p. 710.

（二）关于是否存在不可反驳的推定

罗氏主张拟制与推定的区别在于目的和内容，前者将构成要件 a 视为构成要件 b，并将 b 之法律后果转移至 a，不可通过反面证明来反驳拟制，是以所谓不可反驳的推定其实质即为拟制，以此罗氏将不可反驳的推定等同于法律拟制，将其排除在了推定范畴之外。[①] 日本学者新堂幸司、高桥宏志与罗氏观点一致，均主张以是否可就待证要件事实进行反面证明来对法律上的事实推定与拟制进行区分，以此否定不可反驳的推定概念。美国证据法学者墨菲亦主张所谓的“不可反驳的推定”已超出证据法上所探讨的推定范畴，明显不属于推定。[②] 普维庭则持相反观点，其认可不可反驳的法律推定概念，并将其与拟制进行区别，主张两个法律概念的区别在于其背后的目的不同：前者立法者的考虑在于推定的基础与推定的事实和现实生活在原则上是一致的，仅当法律推定与现实生活不相符的时候，这时的推定才是立法者主观意志的体现，立法者在法律上的拟制方面意在获得某种类似性，尽管这种类似性与现实生活格格不入。[③] 国内学者有学者主张，法律上的事实推定在前提被证明时，当事人亦不能对被推定的事实存在与否提出反证，即使提出反证也不可能推翻推定，要推翻推定就意味着否定法律的规定，以此承认了不可反驳的法律推定。[④] 亦有学者主张法律推定的创设理由可多元化，在社会价值应处于更高地位时，有时可以阻断概率基础上的推定本应具有的可以反驳的特质。[⑤] 笔者认为，双方关于不可反驳的法律推定是否存在的认识并不存在实质的冲突：否定论者系基于推定适用的效果出发，认为此种推定直接由法律作出规定，并不允许反面证明，与证明责任规范、证明评价规范均无关联，自应排除于证据法上的推定

---

① ［德］莱奥·罗森贝克：《证明责任论》（第五版），庄敬华译，中国法制出版社 2018 年版，第 240 页。

② Peter Murphy, Murphy on Evidence, Oxford University Press, 2013, p. 711.

③ ［德］普维庭：《现代证明责任问题》，吴越译，法律出版社 2006 年版，第 73—74 页。

④ 张卫平：《民事证据法》，法律出版社 2017 年版，第 146 页。

⑤ 张海燕：《民事推定法律效果之再思考——以当事人诉讼权利的变动为视角》，载《法学家》2014 年第 5 期。

范畴之外；肯定论者系从立法设定目的出发，强调此类推定的设置相较于法律拟制而言，基础事实与待征事实之间仍存在现实生活上的概率联系，此种联系亦为推定设立的基础，之所以不允许反驳则源于更高的社会价值的考量，其与法律拟制将完全不同的两项事实同质化存在区别。

（三）关于是否存在事实推定

就此问题，立法者多持肯定态度。《法国民法典》第1353条规定，并非由法律设置的推定，由司法官依其明见与审慎自定之。① 我国司法解释亦作关于事实推定之规定。理论界则多持反对意见，罗氏主张法律上的事实推定与事实推定之大前提即所依据的法律规定与经验法则，价值根源本质不同——前者更多基于合目的性或其他因素的考量，后者则是基于现实生活中概率上的联系；就具体的适用效果上前者系属证明责任规范，后者则由法官进行自由证明评价，因此，其认为法律上的事实推定与事实推定并无相同之处。② 普维庭主张事实推定可以分为两种情形：一是一些特别强烈的生活经验规则，可以作为表见证明；二是通常情况下的一般情势，“事实推定”作为一个法律现象是多余的。③ 墨菲则认为，“事实上的推定”实际上就是推论，只不过为普通的法律事实推理过程起了一个略为浮夸的称谓罢了。④ 新堂幸司将事实推定界定为在法官形成心证的过程中，利用经验法则从某事实推定其他事实的事实上行为，并将其中依据高度盖然性经验法则所作的推定称为大致的推定，即德国法理论中的表见证明。⑤ 多数学者均主张舍弃事实推定概念，以就表见证明展开研讨，实现对高度盖然性经验法则的充分运用。⑥ 就刑事中的

---

① 《法国民法典》（下），罗结珍译，法律出版社2005年版，第1052页。

② ［德］莱奥·罗森贝克：《证明责任论》（第五版），庄敬华译，中国法制出版社2018年版，第244—260页。

③ ［德］普维庭：《现代证明责任问题》，吴越译，法律出版社2006年版，第73—74页。

④ Peter Murphy, Murphy on Evidence, Oxford University Press, 2013, p. 711.

⑤ ［日］新堂幸司：《新民事诉讼法》，林剑锋译，法律出版社2008年版，第401—403页。

⑥ 周翠：《从事实推定走向表见证明》，载《现代法学》2014年第4期；陈贤贵：《论表见证明》，载《华侨大学学报（哲学社会科学版）》2017年第5期。

事实推定概念而言，学者基于刑事证明标准的更高要求，所持否定意见更为坚决。[①] 笔者认为，事实推定并无政策价值引为后援，探讨的角度需集中于其于间接证明与表见证明之外是否另有适用之空间。

(四) 关于推定的适用效果

大陆法系通说认为法律上的事实推定的适用效果为证明责任规范，主张推定的一方只需就基础事实进行证明，一经证成，即直接推定待征事实成立，同时允许推定不利方就待征事实不存在进行反面证明，即就待征事实不存在承担证明责任。[②] 英美法系则存在两种不同观点。一种是以塞耶为代表的“气泡破裂理论”，认为推定仅转移提出证据的责任而不转移说服责任，当事人所主张的基础事实一经证明，就像吹起一个关于推定事实的气泡，对方当事人一旦举出了相应的证据予以反驳则推定的事实即不存在，如同气泡被吹破。[③] 另一种以摩根为代表，认为推定不仅转移提出证据的责任，而且转移说服责任，主张一旦基础事实得到证明，反对的一方就必须将推定事实不存在这一主张证明到法律所要求的程度。[④] 关于前述论及事实推定的效果，学者多主张将其纳入法官自由证明评价的范畴，并不关涉证明责任之转移。笔者认为，推定相关概念适用效果之差异，仍需从各自设定之法理基础寻找答案，在划定各自适用范围的基础上明晰各自的适用效果。

---

① 相关观点见劳东燕:《认真对待刑事推定》，载《法学研究》2007 年第 2 期；张保生:《推定是证明过程的中断》，载《法学研究》2009 年第 5 期；何家弘:《论推定概念的界定标准》，载《法学》2008 年第 10 期；李学灯:《证据法比较研究》，五南图书出版公司 1992 年版，第 249 页。

② 罗森贝克、普维庭、新堂幸司、高桥宏志均持此种观点。[德] 普维庭:《现代证明责任问题》，吴越译，法律出版社 2006 年版，第 73—74 页；[日] 新堂幸司:《新民事诉讼法》，林剑锋译，法律出版社 2008 年版，第 401—403 页；[日] 高桥宏志:《民事诉讼法——制度与理论的深层分析》，法律出版社 2003 年版，第 458 页；[德] 莱奥·罗森贝克:《证明责任论》(第五版)，庄敬华译，中国法制出版社 2018 年版，第 240 页。

③ James Bradley Thayer, A Preliminary Treatise on Evidence at the Common Law, 1898, p. 314, 336，转引自易延友:《证据法学: 原则·规则·案例》，法律出版社 2017 年版，第 514 页。

④ Morgan & Maguire, Looking Backward and Forward at Evidence, 50 HARV. L. REV. 909, 913 (1937)，转引自易延友:《证据法学: 原则·规则·案例》，法律出版社 2017 年版，第 515 页。

通过上述分析可知，民事推定概念纷争如下：一是推定适用之非构成要件基础事实有无，由此产生暂时推定是否属于推定的争论；二是推定适用之法律效果得否推翻，由此产生不可反驳的推定与法律拟制的界分争论；三是以推定适用的逻辑前提划分法律推定与事实推定，由此产生事实推定概念存在有无必要的争论；四是以推定适用之效果是否转移证明责任，分为证据评价规范或证明责任规范。

三、民事推定概念体系目的性考察

正如墨菲所言，借助于司法审判的本质，我们能够完整地理解证据的本质，笔者认为这也是展开民事推定目的性考察的基本方向。审判是一种对过去事实的探询，其主要目的在于就其所认定的过去事实的可能性建立一种可接受程度，以此赋予法庭依法认可或者驳回当事人的某种救济请求的权力。[①] 亦有学者指出，一项法律制度是否能为大众接受是衡量该制度公正性的重要指标，[②] 查尔斯·尼桑认为，裁决的可接受性是法律能够道德化和具有教育功能的关键，因此，审判尽管表面上看起来是一个发现真实的过程，实际上则是公众参与的一个剧场，有些证据原则的目的不是获得裁判事实的精确性，而是为了获得裁判事实的可接受性。[③] 笔者认为，大陆法系诸多的诉讼目的原论，诸如私权保障、纠纷解决、程序正义等，其本质意义上均是司法公权力向民意的妥协。从公权力的本源来看，裁判正当性的基础正是公众对于裁判事实的可接受性。民事推定的根本目的也围绕其可接受性展开，笔者认为此种可接受性的正当性来源于两个方面：一是公众对认知世界基本方法上的认可，即认识论上的正当性基础；二是公众就推定背后多元化价值的认可，即价值论上的正当性基础。

（一）认识论基础——经验主义与理性主义

认识论通常指有关人类认识或知识的理论，是对什么是知识、

① Peter Murphy, Murphy on Evidence, Oxford University Press, pp. 2 – 3.

② 纪格非：《民事诉讼中的真实——路径与限度》，中国政法大学出版社2013年版。

③ Charles Nesson, The Evidence or the Event? On Judicial Proof and the Acceptability of Verdicts, 92 Harv. L. Rev. 1359. 转引自易延友：《证据法学原则规则案例》，法律出版社2017年版，第76—77页。

人类的认识何以发生以及是否可能的分析与说明的理论。[1] 康德将知识分为纯粹知识和经验性知识。前者是独立于经验、一切感官印象的知识，具有必然性和严格普遍性，如数学、逻辑学等；后者则是我们一切知识的开始，来源于经验。[2] 长久以来就认识论近代西方哲学史上有经验主义和理性主义两个派别，经验主义主张以归纳方法探求经验世界的内部本质结构，认为一切观念和知识均起源于经验；理性主义则主要采逻辑演绎的方法，强调理性才是人类所能获取的真正知识。[3] 现代西方哲学则出现了力图调和两者的倾向，以罗素为代表，在就认识对象的把握上，其除了重视经验方法外，还注重对认识对象的逻辑结构的分析。[4] 笔者认为，审理者裁判事实的过程是一个认识论的实证过程，经验法则、逻辑规则、科学定理等方法均是发现案件事实的基本工具，然而实践中认定一个要件事实的过程很可能涉及多种认识方法的综合运用，给我们如何在立法及司法中划定推定的内涵带来了困难，仍需我们就经验主义与理性主义的原论出发对相关命题之间的联系是否具有普遍的必然性进行深刻思考。

（二）价值论基础——程序正义与政策考量

价值论基础是裁判满足公众目的性需求的程度，也是衡量裁判可接受程度的另一个标准。从诉讼价值论出发，坚持认识论基础以实现实体正义，程序正义的价值则体现在以下几个方面：一是简约司法成本。我们之所以假定某些类型化的假定是可靠的，不是由于服从任何逻辑必然性，而是由于纯粹实用主义的动机。[5] 裁判事实的证明是一个复杂认识过程，基于经验主义的归纳方法使我们无法穷尽一切可能而建立严格的必然性联系，裁判的现实需要则督促我们必须提高认识效率，故如何节约司法成本是我们不得不考虑的一项

---

① 易延友：《证据法学：原则·规则·案例》，法律出版社 2017 年版，第 82 页。

② ［德］康德：《纯粹理性批判》，邓晓芒译，杨祖陶校，人民出版社 2017 年版，第 1—3 页。

③ 陈修斋主编：《欧洲哲学史上的经验主义与理性主义》，武汉大学出版社 2013 年版，第 1 页、第 246—255 页。

④ 陈修斋主编：《欧洲哲学史上的经验主义与理性主义》，武汉大学出版社 2013 年版，第 1 页、第 349—350 页。

⑤ ［英］A. J. 艾耶尔：《语言、真理与逻辑》，尹大贻译，上海译文出版社 2006 年版，第 68 页。

价值指标。二是限制法官恣意。[①] 裁判的可接受性亦源于审理者与当事人之间审判权与诉权的平衡，法官认定事实的路径需合乎当事人的合理预期以此获得当事人的信赖，神示证据制度中源于共同的非理性信仰，法定证据制度中源于公开的证据规则，自由心证制度中就经验法则的运用和评价也需考虑如何让公众接受。价值论基础的另一项重要内容则是政策考量，[②] 即以证明释缓的形式对特定主体在认识论之外所作的倾斜考量。相较于前两种价值设定，其系基于一方当事人主体的特殊考虑，从根源上体现为国家权力就个体具体权利义务关系的管理调整，其本质上并非对客观现实的实然判断，而是在权力主体意志方向上所作的应然调整，之所以可以作为裁判的可接受性基础，源于私权利向公权力所作的让渡，此亦构成民事推定概念体系的分析工具。

（三）就民事推定相关概念的具体考察

1. 逻辑规则、推理与事实推定

以例 6 为例，裁判认定事实的思路体现为两个阶段：一是整合的经验法则——潜在的火源包括邻居蓄意放火、输电线起火、有人在外用火、雷电起火和羊圈起火；二是逻辑规则排除法，即数个条件均被证伪，则剩余一个条件为真。

若对例 6 的事实进行假设，存在另一条事实认定思路：以案发当日羊圈与房屋均起火且房屋处于距离羊圈较近的下风向，以此认定房屋火源起源羊圈。

就前种思路言，鉴于逻辑规则的必然性，我们只需考察经验则的适用，进一步分析系数项起火原因经验则之叠加，每一项经验则的或然性均较低，法官基于自由心证对起火原因作全面考察，以确定案件事实。对后者言则是基于火源延风向传播经验则所做的直接推定。两种思路的区别在于后者直接回应了简约诉讼成本的价值要求，同时其是以经验主义的认识论为基础的，以对经验法则的盖然性评判回应约束法官恣意的价值要求，其与前种思路第二阶段中的逻辑规则也不相同，后者单纯以理性价值为支持。

逻辑规则以认识论中的纯粹理性主义作为正当性基础，反映命

---

① 王立争：《民法推定性规范研究》，法律出版社 2013 年版，第 79 页。

② 赵信会：《民事推定及其适用机制研究》，法律出版社 2006 年版，第 41—44 页。

题之间的必然联系，适用效果具有确定性；推理或推论以认识论中的经验主义和理性主义为正当性支持，凭借多项盖然性一般的经验则，实现对命题之间的盖然性推断，并不过分倚重价值论的正当性基础；事实推定以认识论中的经验主义为正当性支持，凭借的经验则盖然性高，同时一定程度上回应价值论要求。从适用效果上看，就推理与推定均属于或然性判断，归于法官的自由心证范畴，所不同者，在于具体的证明过程中推定以更为简洁、高效的经验法则实现了当事人在举证过程中的证明义务释缓，但其价值论上的正当性支持不足以突破证明责任分配规则的基本要求。

2. 事实推定与表见证明

理论上存在以表见证明替代事实推定概念的争论，多数学者主张表见证明系事实推定的下位概念，两者的主要区别在于前者依据的经验法则具有高度的盖然性，后者则包含了依据盖然性相对较低的经验法则所展开的间接证明，[①] 此种关于事实推定的概念归纳源于司法实践的总结。除了上文所论及案例中的事实推定情形外，我们仍需注意，一些适用经验法则进行的事实推定另有基于价值论方向上的思考，即特殊案件情况下对于当事人证明困难的考量，其是否构成“典型事项经过”的正当性基础同样值得思考。谷口安平曾以医疗事故中原告举证困难的情况举例，如在注射之后化脓，就可以考虑注射方法有问题，此类专家支配下发生的事故可以进行大致的推定。[②] 其就大致推定的正当性基础显然囊括了向特定当事人倾斜的价值取向。若以此为标准，笔者认为可以就高度盖然性经验法则的适用作进一步的细分，即一般的事实推定和大致推定。笔者主张保留事实推定的概念，司法实践中并非所有高度盖然性的经验法则均具有典型的事项经过特征，作为表见证明的判例载体也无法囊括所有的高度盖然性经验法则。

3. 事实推定与法律上的事实推定

事实推定与法律上的事实推定的界分是基于立法论层面展开的，即何种经验法则得以上升为法律规定，以及何以二者实际的适用效果明显不同。经验法则的法定化具有一定的立法偶然性，但并非无

① 周翠：《从事实推定走向表见证明》，载《现代法学》2014 年第 4 期。

② ［日］谷口安平：《程序的正义与诉讼》（增补本），王亚新、刘荣军译，中国政法大学出版社 2002 年版，第 304—305 页。

章可循，总的来说，如前所述，事实推定立足于认识论的经验主义正当性，向简洁司法成本等价值论作一定位移，法律上的事实推定就此种位移进一步强化。以我国立法中医疗过失推定为例，以违反诊疗规范的相关情形推定医者具有过错，其目的在于对患者专业领域信息的短板进行补救，以具体的违规诊疗情况替代对抽象意义的过错要件进行证明。再如，共同危险行为规范中为解决受害人的证明困境所设定的基于行为的危险性向因果关系构成要件事实上进行的推定，基于人身权、财产权的稳定性所设立的宣告失踪和宣告死亡制度，均是就政策价值论所作的考量。

就二者的适用效果而言，事实推定源于其并无法律规定的硬性渊源，属法官自由心证范畴，自然不能突破一般的证明责任分配规则，同时其认识论的经验主义正当性来源又决定了其适用效果可反证的属性。就法律上的事实推定而言，若假设由法律规定就其适用效果对方当事人得反证，则与事实推定无二，丧失了法律规定的必要性。法律一经适用，要件事实即应视为判决的依据，[①] 但就其推定的经验主义正当性基础使对方当事人得以反面证明。

4. 法律上的事实推定与暂定事实

暂定事实并非法律推定。二者就价值论上的立足点是一致的，均基于特定的政策考量，如基于人权保障所作的无罪推定、环境污染责任中基于环保要求就因果关系所作的推定。二者的区别在于：法律上的事实推定以经验法则为基础，放宽要件事实的认定标准，以实现特定政策价值；暂定事实则是将原定要件从权利发生要件中剔除，以其反面作为权利妨碍要件，实现对原定要件就认识论上的整体扩张，使其退守至由对方当事人实现反面证明。二者的关键区别在于法律规范结构上的差异，前者以基础事实作为推定的小前提，后者则是无条件的直接推定。在具体的适用效果上，暂定真实是一种真正意义上的证明责任分配规范，其在法律要件证明责任论中，具有证明责任倒置的效果。相较于法律上的事实推定，其认识论基础为价值论基础所作的位移进一步扩大。

5. 不可反驳的推定与法律拟制

从推定认识论中的经验主义正当性而言，推定是必须可以反驳

---

① ［德］莱奥·罗森贝克：《证明责任论》（第五版），庄敬华译，中国法制出版社 2018 年版，第 246 页。

的，不可反驳的推定实际上否定了其经验法则的盖然性属性。但具体的实例中确实亦存在着一些不同，如《民法总则》第18条第2款规定，16周岁以上的未成年人，以自己的劳动收入为主要生活来源的，视为完全民事行为能力人；《物权法》第2条第2款规定，本法所称物，包括动产和不动产。法律规定权利作为物权客体的，依照其规定。① 前者的规定系基于法律行为效力稳定性所作的价值考量；后者则是为了全面划定物权客体范围。在认识论基础上，前者显然发源于经验法则上的普遍联系，因为价值论的需要而在立法上彻底消灭了其反驳的可能性；后者则是将完全不具有普遍联系的两个命题作相同处理。可见，所谓的不可反驳的推定与法律拟制的区别在于其发源于经验法则，但在适用效果上否定了经验法则的或然性。

通过对认识论基础与价值论基础对民事推定相关概念的目的性考察，笔者认为相关概念的具体关系可以用图2和图3来表示。

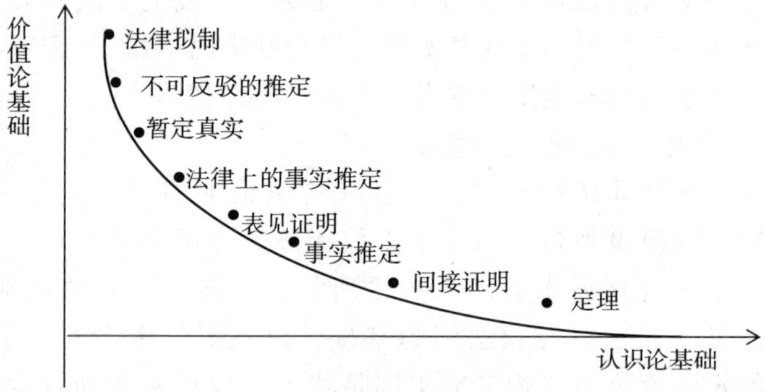

图 2

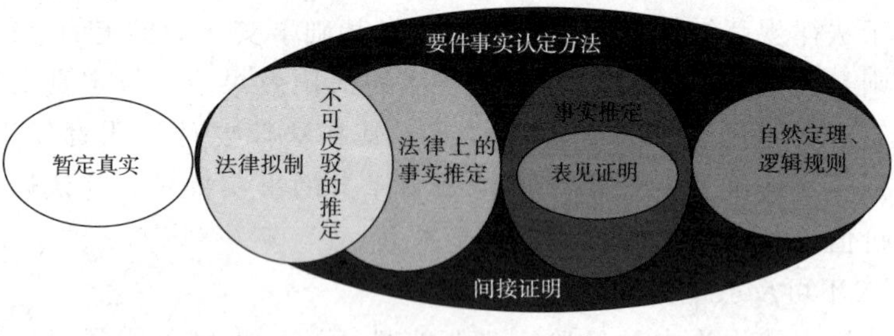

图 3

① 谢潇：《法律拟制的哲学基础》，载《法制与社会发展》2018年第1期。

四、对我国民事推定概念体系的再评定

实践中，我国民事推定相关概念运用混乱，各种推定概念厘定不清、适用效果不明，除却民事推定学说原本晦涩的影响外，立法未作科学设定及司法判例未作合理指引均是重要原因。笔者认为，我国民事推定概念体系的混乱主要体现在以下几个方面：

一是法律推定立法过简且效力层级甚低。司法解释将法律推定界定为“依据法律规定推定的事实”，从字面理解，暂定真实、法律拟制、不可反驳的推定事实似乎均属其中，对待推定者属要件事实，还是辅助事实未作区分，何为事实推定、何为权利推定也未作解释。可见，该规定并没能真正描绘出证明责任论项下法律上的事实推定的真实逻辑结构及其与相关概念的界定基础。

二是事实推定立法难以操作，将推定依据界定为日常生活经验法则。须知关于日常生活经验法则的盖然性往往难以判断，如何对高度盖然性的经验法则进行识别，限制法官就此问题上的恣意专断倾向，并无相应配套制度予以支持，且未能就事实推定与间接证明作出区分。

三是将法律推定与事实推定等而视之，均作为得以反驳的免证事实。司法解释如此规定所带来的结果便是关于法律推定的条文与实体法中关于法律推定的具体条文不相容。就事实推定而言，所谓免证效果过于绝对，事实推定系属法官自由心证的评价范围，不宜免证，只明确起转移举证之责任即可。

基于上述问题，结合前述中关于民事推定相关概念关系的论述，笔者就我国民事推定概念体系的构建提出以下建言，以实现就民事推定概念体系的再评定：

一是在民事诉讼立法层面全面完善以法律要件论为指引的证明责任分配理论，以此为基础，在证据法层面上抽象划定法律上的事实推定的逻辑结构，即以非构成要件事实为小前提，以实体法规范为大前提，实现对要件事实的推定，将其纳入特殊的证明责任分配规范范畴，推定一经适用则由推定不利方就要件事实进行反面证明。同时，明确暂定真实系无条件转移证明责任的规范属性，并不属于真正意义上的推定。就具体法律关系中要件事实的推定则由民事实体法予以具体设计，明确将法律拟制及不可反驳的推定以其不可反驳性排除于推定范畴之外。

二是引入德国法上的表见证明概念，构建表见证明的判例体系，实现对“典型事项经过”的界定，完成对高度盖然性的经验法则的甄选，从而实现诸如医疗过错等特定领域事实认定的需要。[①] 笔者认为，并非所有高度盖然性的经验法则均能体现为“典型的事项经过”，判例也无法囊括所有的案件证据类型，故应将事实推定的概念加以保留，但需明确其与间接证明的界限在于经验法则的盖然性及证明过程的简洁性。其关键在于经验法则盖然性的识别制度，笔者主张构建围绕经验法则盖然性的心证公开制度，[②] 实现对当事人就事实推定适用上的充分诉权，实现对法官自由心证的经验法则评判限制，同时配套进行我国的审级改革制度，将经验法则的评定纳入上诉法律审的审理范围。[③] 关于事实推定及表见证明的适用效果，则纳入法官自由证明评价的范围，同时需明确其转移举证责任的作用，司法解释中关于事实推定需足以反驳的规定可予保留。

---

① 周翠：《从事实推定走向表见证明》，载《现代法学》2014 年第 4 期。

② 毕玉谦：《论庭审过程中法官的心证公开》，载《法律适用》2017 年第 7 期。

③ 张卫平：《民事诉讼法律审的功能及构造》，载《法学研究》2005 年第 5 期。

行政协议的多元争议解决机制

余珊珊[*]

引 言

2014年修订的行政诉讼法将特许经营协议、土地房屋征收补偿协议等纳入了行政诉讼的受案范围，从法律上明确了这类协议的行政合同性质。[①] 在确立行政诉讼作为行政协议争议法定解决方式的同时，学界在能否采用非诉纠纷解决方式，尤其是仲裁的问题上引起了激烈讨论，尽管不乏呼吁建立行政协议多元化争议解决机制的声音，但是行政诉讼法并未予以回应。部分地方政府在签订的行政协议文本中依旧约定协商和解、仲裁甚至民事诉讼等争议解决方式，却没有约定行政诉讼，这与长期以来此类纠纷解决的路径依赖、相关政策文件与行政诉讼法的冲突导致合同缔约方选择适用法律等不无关系，但也对实践中行政诉讼解决行政协议纠纷的实效性提出了质疑。基于多方考虑，2018年最高人民法院《关于适用〈中华人民共和国行政诉讼法〉的解释》（以下简称《行诉解释》）没有就行政协议作出规定。由此，行政协议的多元化争议解决机制存在进一步探讨的空间，本文将围绕"行政协议争议适合通过哪些纠纷机制机制予以解决"展开研究。

一、行政协议的识别标准及其双重属性

一般认为，行政协议是指行政机关在法律规定的职权范围内，基于行政管理的需要或者公共利益的实现，通过协商一致的方式，

---

* 中国政法大学法学院2018级博士研究生。

① 因"行政协议"与"行政合同"概念的区别对本文的讨论并无实质性影响，因此在本文中两个概念作同义使用。

约定行政机关与行政相对人之间的权利义务关系的协议。[①] 无论在理论研究还是审判实际中，行政协议的甄别都有一定的困难。叶必丰教授以实证研究的方法对司法案例中行政协议的判定标准进行了梳理，分析出主体法定性、主体地位不平等、以行政职责为前提、行政主体具有优越权、以行政目标为目的、适用行政法规范、存在行政法上的权利义务等七个方面。[②] 陈无风博士则通过司法判决发现，国有土地使用权出让合同、拆迁补偿合同、特许经营合同、招商引资合同等在行政/民事合同的性质上因不同案件呈现出不同的判断结果据此提出，将所有行政合同纠纷纳入行政诉讼途径，同时采用主体说理论以符合修法后的法律文义和最大限度迅捷、高效地解决相关争议。[③]

2015 年最高人民法院《关于适用〈中华人民共和国行政诉讼法〉若干问题的解释》（以下简称《适用解释》）对行政诉讼法规定的“行政协议”作出过界定：第一，协议订立目的。行政协议是行政机关为了实现公共利益或者行政管理目标。第二，签订的主体。行政协议是在行政机关与公民、法人或者其他组织之间签订的。第三，协议的内容。行政协议的内容主要是行政法上的权利义务。这几点综合体现了行政协议所具有的“行政性”。对此，最高人民法院江必新副院长认为，行政合同关系本质上是一种应由公法规则调整的行政关系，中国行政合同制度的构建选择公法模式更能胜任监督和制约权力、保障权利平衡的任务。[④] 将行政合同纳入行政诉讼的受案范围“确立了行政合同的独立地位”，明确了行政性纠纷解决途径。[⑤] 全国人大法工委对《行政诉讼法》第 12 条第 11 项的修订所作的释义也体现出这种考量：“考虑到此类争议中往往伴随着行政争

---

① 参见耿宝建、殷勤：《行政协议的判定与协议类行政案件的审理理念》，载《法律适用》2018 年第 17 期。

② 参见叶必丰：《行政合同的司法探索及其态度》，载《法学评论》2014 年第 1 期。

③ 参见陈无风：《行政协议诉讼：现状与展望》，载《清华法学》2015 年第 4 期。

④ 江必新：《中国行政合同法律制度——体系、内容及其建构》，载《中外法学》2012 年第 6 期。

⑤ 江必新主编：《中华人民共和国行政诉讼法理解适用与实务指南》，中国法制出版社 2015 年版，第 56 页。

议，将其纳入行政诉讼受案范围，有利于争议的一并解决。”[1] 在法律适用上，“法院审理这类争议，在实体法方面，应当优先适用有关法律、法规或者规章的特别规定，没有特别规定的，适用合同法”。[2] 这种规定既突出了行政协议的特殊性，也尊重了合同意思自治的本质。

行政诉讼法及司法解释为行政协议争议适用行政性纠纷解决机制提供了正当性前提，但是行政协议问题的复杂性在于其兼具行政性和合意性双重属性。曾有民法学者主张行政合同与契约自由不相容，只是民事合同的一种特殊表现形式，其中部分学者甚至否认行政合同的存在。[3] 一些行政法学者提出了反对，因行政合同的模式、理念已经在全球范围内推广，并且在大陆法系国家，行政合同的应用已经有相关法律明确规定。[4] 无论是采民事合同说或行政合同说，学界基本达成共识认可行政协议并非仅有单一属性，而是行政性和合意性兼具的复合型契约。而对于两种属性的内涵解读与偏重倾向会对行政协议争议解决机制的设计产生重要影响。有观点认为行政协议的属性是设计争议解决制度的基础，也有学者持相反态度，认为争议解决机制是确定协议属性的前提。现实中大量行政协议争议诉诸行政诉讼和行政复议解决，但是也不乏仍然沿用仲裁、民事诉讼等方式的做法，所以依据争议解决方式难以对行政协议的法律属性进行准确的判定，由此容易陷入因合同性质未明，以致争议解决机制难以自洽，继而再次引发合同性质之争的怪圈。因此，本文认为行政协议的性质是确定其争议解决机制最基本的影响因素。

二、行政诉讼法 2014 年修订前的行政协议争议解决机制

在行政诉讼法修订前，“行政协议争议解决机制”就被作为一个整体性概念予以探讨，也不乏体系化的方案设计，然而零散的立法

---

① 信春鹰主编：《中华人民共和国行政诉讼法释义》，法律出版社 2014 年版，第 44 页。

② 信春鹰主编：《中华人民共和国行政诉讼法释义》，法律出版社 2014 年版，第 44 页。

③ 李洪堂：《行政合同与民事合同的区分与司法救济》，载《人民司法》2011 年第 2 期。

④ 参见李霞：《行政合同研究——以公私合作为背景》，社会科学文献出版社 2015 年版，第 117—124 页。

和各地实践形成的通常做法却是“民事的归民事，行政的归行政”。在特许经营领域，因行政机关的许可审批、撤销或解除特许经营权引发争议，或者作出其他侵害相对人的行政行为适用行政法上的争议解决方式，其他的基本归入民事争议范畴。在土地房屋征收补偿方面，2011 年《国有土地上房屋征收与补偿条例》出台后逐渐形成了以行政复议和行政诉讼为主的被征收人司法救济渠道，在此之前，行政协调、行政裁决、仲裁等方式都曾被采用。[①] 综合来看，行政协议的争议解决方式在立法上并不囿于行政法上的争议解决途径，各种非诉纠纷解决方式也得到了采纳：

（一）协商和解

协商和解是行政协议相关法律法规中常见的一种争议解决方式。建设部发布的“建城〔2002〕272 号”，财政部、国家发改委、人民银行等共同发布的“国办发〔2015〕42 号”，六部委“2015 年第 25 号令”等文件均将“协商”写入条文，稍有不同的是在协商的具体规定上。有的规定协商后可签订补充协议；[②] 有的将协商作为优先的争议解决方式，协商不成才进入下一种解决途径；[③] 还有的为协商规定了适用期限，如争议发生 60 日内[④]。协商和解既能较好地体现双方协商意志也能以更便捷和低成本的方式化解矛盾，成为行政协议纠纷解决中双方青睐也是国家倡导的途径之一。

（二）专家调解

《基础设施和公用事业特许经营管理办法》第 50 条规定：“实施

---

① 参见苏东波：《土地被征收人权利保护制度研究》，复旦大学 2014 年博士学位论文，第 63—64 页。

② 《建设部关于印发〈关于加快市政公用行业市场化进程的意见〉的通知》第 3 条第（4）款：“在合同期限内，若特许经营的内容发生变更，合同双方必须在共同协商的基础上签订相关的补充协议。”

③ 《建设部关于印发城镇供热、城市污水处理特许经营协议示范文本的通知》第 19.1 条：“若双方对本协议条款的解释（包括关于其存在、有效或终止的任何问题）产生任何争议、分歧或索赔，则应尽力通过友好协商解决该争议、分歧或索赔。若在____个工作日内该争议未能得到解决，则应适用第 19.2 条的规定。”

④ 《建设部关于印发城镇供热、城市污水处理特许经营协议示范文本的通知》第 21.1 条：“因本协议的签订、履行、变更和解除而产生的争议，甲、乙双方应当通过协商予以解决。协商应当在争议发生的 60 日内举行。”

机构和特许经营者就特许经营协议中的专业技术问题发生争议的，可以共同聘请专家或第三方机构进行调解。调解达成一致的，应当签订补充协议并遵照执行。”2017年国务院法制办发布的《基础设施和公共服务领域政府和社会资本合作条例（征求意见稿）》也有类似的表述。[①] 专家调解主要针对的是行政协议中专业性较强的技术性问题，在不涉及专业技术问题时能否由专家进行调解未作规定，换言之，如何界定专家调解的范围和限度尚不明确，在具体操作上有待探索。

（三）仲裁

尽管根据《仲裁法》第2条和第3条的规定，行政协议应当不属于仲裁适用的范围，但是在2015年以前，仲裁却是行政协议中较为普遍的一种争议解决方式。原建设部“建城〔2004〕162号”、“建城〔2006〕126号”、财政部“财库〔2014〕215号”等文件均对特许经营协议争议适用仲裁作出了规定。2001年的《城市房屋拆迁管理条例》（已失效）第15条规定，拆迁补偿安置协议订立后，被拆迁人或者房屋承租人在搬迁期限内拒绝搬迁的，拆迁人可以依法向仲裁委员会申请仲裁，也可以依法向人民法院起诉。但是2015年后仲裁就鲜少出现在国家层面正式颁行的法律法规中，推测其原因，应该主要是受行政诉讼法修改的影响。

（四）行政裁决

2001年《城市房屋拆迁管理条例》第16条规定，拆迁人与被拆迁人或者拆迁人、被拆迁人与房屋承租人达不成拆迁补偿安置协议的，经当事人申请，由房屋拆迁管理部门裁决；房屋拆迁管理部门是被拆迁人的，由同级人民政府裁决；裁决应当自收到申请之日起30日内作出。2014年修订的《土地管理法实施条例》第25条第3款沿用了此前规定的行政裁决方式：对补偿标准有争议的，由县级以上地方人民政府协调；协调不成的，由批准征收土地的人民政府裁决。征地补偿、安置争议不影响征收土地方案的实施。可见，行政裁决至今依然是土地征收补偿领域解决争议的重要方式之一。

---

① 《基础设施和公共服务领域政府和社会资本合作条例（征求意见稿）》第39条：“因合作项目协议中的专业技术问题发生争议的，协议双方可以共同聘请有关专家或者专业技术机构提出专业意见。”

（五）行政复议

《行政许可法》第53条规定，行政机关违反本条规定，不采用招标、拍卖方式或者违反招标、拍卖程序，损害申请人合法权益的，申请人可以依法申请行政复议。这里的行政复议针对的是行政机关违反招投标程序的情形。《国有土地上房屋征收与补偿条例》第26条第3款规定，被征收人对补偿决定不服的，可以依法申请行政复议，也可以依法提起行政诉讼。该款中的“补偿决定”根据第2款的规定，包含了有关补偿协议的事项，表明土地征收补偿协议的纠纷也可以诉诸行政复议解决。

行政协议模式的运用和推广伴随着行政主体资格范围向私人主体扩张并且逐渐成为一种趋势，在公共部门与私人主体的身份地位发生悄然转变的过程中，平等协商、意思自治的重要性更加彰显，并且愈发成为行政协议目的顺利实现的前提和基础。不同于传统行政模式中的命令—服从关系，行政协议模式要求行政机关与私人主体更多采取合作的方式进行社会管理。既然要采取合作的方式，就需要有合作的态度和诚意，如果行政机关依旧处于居高临下的地位，容易造成私主体在签订行政协议时产生徘徊和犹疑，无法全然表达其合作的意向。以特许经营协议为例。在协议订立时，无论是先由政府拟定文本报请审核再进行招标或者是政府与社会资本方共同达成合作意向再报请审核，在此期间，双方都可以通过磋商等形式对协议文本进行一定的修改。在项目实施运行中，一旦发生特殊情况或者不可抗力，协议事先约定的协商条款也能够发生作用，促使协议双方尽可能以最低成本的方式将损失减到最小。通过分析政府和社会资本方在项目协议中的缔约条款可以推知，双方合作的最终目的是特许经营项目的顺利实施完成，订立协议的目的是以事先约定的方式对项目进行中双方的权利义务关系进行分配。为了避免可能出现的风险以及争端阻碍项目实施，双方还会对争议救济途径进行约定，通常会以循序渐进的方式，从较为和缓的协商、调解，再到仲裁、诉讼等方式。尽管行政诉讼法将特许经营争议的解决指向了行政诉讼，但是合同双方还是会尽可能寻求更多样化的纠纷解决途径，一方面可以以低成本高效率的方式化解矛盾，保障项目的后续运行，另一方面也更符合特许经营协议的契约本质。在此背景下，行政法面临着突破传统权力约束理念的契机。“私法与公法有着共同适用的一般法理，只是因私法发达较早，遂被认为是私法所独有的法理，这种法理其实亦可直接适用于公法。”① 契约理念是公法和私法共同适用的一般法理，只是在行政协议领域，这种契约理念的适用应当以不违背行政法的一般原则为底线。

三、行政诉讼法2014年修订后引发的新问题

根据《行政诉讼法》第12条第11项的规定，公民、法人或者其他组织认为行政机关不依法履行、未按照约定履行或者违法变更、解除政府特许经营协议、土地房屋征收补偿协议等协议的，属于行政诉讼受案范围。该条规定在法律层面终结了政府基于行政管理目标与私人签订的协议性质之争，但是对这一规定在将协议争议纳入行政诉讼范围之后是否排除了之前就已经存在的诉讼外其他争议解决机制的适用，尤其是仲裁机制的适用，认识上存在相当大的分歧，也造成社会资本进入的犹疑以及退出的困惑。

（一）行政诉讼是否为行政协议争议唯一的解决机制

行政诉讼法修订后，对新法是否将行政诉讼作为行政协议争议解决唯一机制产生了很大争议。一种观点认为，修订后的行政诉讼法将特许经营协议等协议定性为行政协议，进而将之纳入行政诉讼案件范围，意味此类争议可以通过行政诉讼途径解决，但是并不能简单将之理解为行政诉讼是唯一机制。将行政诉讼作为此类协议争议解决的唯一机制，将造成以下问题。

1. 无法解决社会资本方不履行行政协议引发的争议

行政诉讼作为“民告官”的诉讼类型，奉行被告恒定原则，也即“两造恒定”。这种诉讼模式对于解决行政争议不足主要体现为行政主体原告地位的缺失。不少学者认为，两造恒定的情况下，对如行政合同这种双方法律行为，行政机关缺少有力的救济途径，因此提倡引入“官告民”诉讼，以实现对行政机关和行政相对人更为平等的保护。在许多国家行政诉讼制度中，行政机关的原告资格是被予以承认的。例如，法国的行政诉讼制度将行政机关和行政相对人都纳入了可以提起诉讼的范围。法国的法律规定，虽然行政机关拥有强制执行权，但只有在行政合同事先约定行政相对人自愿接受的情况下才能发挥效用，否则，如果未经事先约定，行政相对人在行政机关欲行使强制权力时提出异议，则行政机关仍需启动行政诉讼

① 林纪东：《行政法》，三民书局1985年版，第30页。

程序。与此相似，德国、葡萄牙也承认了行政机关的原告资格。但我国至今仅承认行政相对方享有行政诉讼的原告资格，这与行政诉讼的初衷在于保护处于弱势地位的相对人的权益不无关系。如果行政机关也可以通过起诉来获得救济，可能会在实质上扩大与相对人在地位上的不平等。然而，这种观念与现今行政合同追求“合意性”的倾向似乎产生了偏离，不符合行政合同当事人双向互动的新模式。在现有行政协议的司法审查中，法院只能就行政协议相对人提起的诉求进行审查，导致审查的范围通常局限于违反行政合同、侵害相对人权益的合法性问题，而不能就整个行政法律关系中的权利义务进行综合判断。

2. 与行政协议由双方约定形成的特点不对应

无论是修订前还是修订后的行政诉讼法均规定人民法院审理行政案件，对行政行为是否合法进行审查。行政诉讼中更多审查合法性问题而较少审查其合理性，盖因行政法治理念中最根本的原则是依法行政，这也成为审判机关用以衡量行政行为的标准。行政诉讼重合法性审查而轻合理性审查，可能致使裁判结果对行政合同这种契约性行政行为的当事人不利，尤其是行政机关一方。由于“行政行为合法性审查”和“合同法律行为效力审查”在构造上具有天然的不同，如何拓宽审判思路降低构造不同所引发的内在冲突也值得思考。虽然2014年行政诉讼法的修订使合理性审查的相关制度有所增加，但是仍不全面。行政协议是合同双方在契约自由的前提下达成合意的结果，涉诉事项可能包括价格调整、违约罚款、合同提前终止补偿等经济利益的纠纷，所以审判标准不能仅局限于“不合法”或“明显不当”的范畴，这就要求审判机构超越简单的行政法律关系思维进行利益衡量，并从市场运行规律的角度出发进行综合判断，可能超越了行政诉讼的职能范围。

3. 法律适用的局限

在审理行政协议案件中，法院可能既没有行政协议适用的法律依据，也难以在公私交织的状态下明确界定行政行为。[①] 2015年《适用解释》规定，民事法律规范可以适用于行政协议诉讼的审理过程，但通常只将范围延伸到合同法领域，而并未更多涉及其他的民

---

① 参见李亢：《从特许经营协议探究行政合同的公私融合》，载《中国法律评论》2017年第1期。

事法律规范。《适用解释》并未对可以参照适用的民事法律规范作出限定，是否意味着可以无范围、无限度地适用呢？答案当然是否定的。比如，在许多特许经营项目中通常涉及行政主体与社会资本方组成项目公司（SPV），一般情况下，特许经营的项目合同会与公司章程或者股东的合资合作协议的内容出现部分重合。那么，在涉及项目公司的争议上能否依据公司法来解决争端呢？股东代表是否可以依据公司法提起股东代表诉讼？实践中类似的问题还会不断出现，所以在行政诉讼中对其他民事法律规范的适用限度需要进行界定。

（二）行政协议争议是否仍然可以适用仲裁

将行政协议争议纳入行政诉讼受案范围是否排除仲裁的适用？对于这个问题，学界产生了针锋相对的观点。以最高人民法院梁凤云法官为代表的一种观点认为，行政诉讼法将行政协议纳入受案范围，意味着这类行政合同应当排他性地适用行政诉讼的争议解决方式。[①] 而姜丽丽教授等民商法学者以及部分行政法学者都对这种观点提出了质疑。鉴于中央层面发布的正式文件中并未提及行政诉讼法修订后是否排除仲裁的适用，这里将从仲裁理论与制度层面进行剖析。

1. 仲裁法并未排除行政协议争议的适用

政府特许经营协议、土地房屋征收补偿协议等被纳入行政诉讼案件范围后，此类协议争议能否再适用仲裁机制的最大障碍来自《仲裁法》第2条关于仲裁范围的规定。《仲裁法》第2条规定，只有平等主体的公民、法人和其他组织之间发生的合同纠纷及财产权益纠纷可以仲裁，这似乎阻却了行政协议争议的可仲裁性。但是根据我国《民法总则》的规定，政府是最重要的民事主体，[②] 并且从公私治理的角度来看，合同双方平等化的趋向也要求行政机关以尽可能平等的身份参与和社会资本方的合作。[③] 此处涉及行政协议双方的地位究竟是采实体认定标准还是形式认定标准。虽然实际上行政机关与社会资本方二者力量悬殊，但是在形式上，市场交易的内在

---

① 梁凤云2017年10月12日在北京“PPP国际研讨会”上的发言。

② 《民法总则》第97条：“有独立经费的机关和承担行政职能的法定机构从成立之日起，具有机关法人资格，可以从事为履行职能所需要的民事活动。”

③ 姜丽丽2017年11月16日在中国政法大学司法文明协同创新中心“行政程序法典化系列”讲座之“PPP合同可仲裁性分析”中的发言。

要求是合同双方处于平等协商地位，合同的订立目的以及公私治理模式均体现了对公正平等的追求。行政协议中若采形式认定标准，双方在合同面前可以认为是处于“平等地位”。

《仲裁法》第3条规定行政争议不能仲裁，并且局限于依法应当由行政机关处理的行政争议。在承认行政争议的前提下，行政协议争议并非完全由行政机关处理，而应该由双方合意共同处理，或者是在行政相对人起诉时依行政诉讼法由司法机关处理。有学者依据德国通说认为，“国家为达成行政上之任务，得选择以公法上行为或私法上行为作为实施手段。不能因行政任务通过行政协议去完成，就当然认为因行政协议产生的纠纷应当由行政机关处理的结论”。[①]综上，仲裁法的规定不能完全作为阻却特许经营协议争议适用仲裁的理由。

2. 仲裁并非民事争议处理方式的独有产物

仲裁制度起源于商人处理经济贸易纠纷的活动，其产生的前提、存在的合理性都无不归因于意思自治原则。仲裁的基本属性是契约性。[②] 在不反对行政合同中也可以引入意思自治和契约自由理念的前提下，仲裁就并非只是民事争议处理方式的独有产物，而是也可以适用在行政争议中，所以仲裁与行政诉讼在适用上是不矛盾的。在仲裁程序中，仲裁员处于独立地位，不牵涉争议的事实和利益，因此更能公平地对待双方当事人，而双方当事人也能充分、自主地参与仲裁程序；仲裁员需要依照公正的程序进行裁决，否则可能被法院撤销或者拒绝执行。仲裁制度对程序的公正追求与行政合同需要借助公法原则规制的属性相互契合。从国际发展潮流来看，世界各国公共政策限制普遍减少，可仲裁性的范围在不断扩张，这在涉及跨国公私合作案例时优势更为突出，它给予当事人更多的机会和更多的解决方式。在国际化合作的机遇与挑战下，可仲裁性的扩张并非司法权让渡的问题，而是纠纷解决的国际化谋略问题。

仲裁是司法权的有限让渡。反对行政协议争议适用仲裁的理由之一是行政协议纠纷不适用仲裁，因为仲裁机构作为民间处理争议的机构，若介入行政机关所涉的争议则难以公断。从性质上看，学

① 姜波、叶树理：《行政协议争议仲裁问题研究》，载《行政法学研究》2018年第3期。

② 参见裴普：《仲裁制度的法理辨析》，载《河北法学》2008年第11期。

界通说认为仲裁和其他替代性争端解决机制在本质上承担了法院解决民商事纠纷的功能，具有一定的司法属性。仲裁之所以能够存在并发挥法律效力，本质上是法院司法权让渡的结果。[①] 根据这种观点，如果可仲裁性事项中包含行政协议，行政机关须接受法院的裁决也理应能够接受仲裁机构的裁决，仅以仲裁机构是民间机构予以反驳似乎缺少说服力。但是，实践中法院对仲裁司法权让渡的不充分，以及法院对仲裁制度的天然抗拒和不信任，确实影响了仲裁在行政合同类案件中的适用。

3. 域外经验

在法国，行政协议争议解决的普遍原则是行政司法程序的适用效力优先于仲裁程序，法国《民事诉讼法典》第 83 条和第 1004 条对此作了规定。但是通过豁免性例外规定，规范了公法人适用仲裁的机制和内容，同时鼓励公法人选择仲裁方式。传统的法国法禁止一切在形式和实质法上对公法人的仲裁行为，这可以理解为出于国家利益或者公共利益的考虑，但随着行政法院受理案件数量增长，为了减轻原有纠纷主体对行政法院审判的过度依赖，法国的各级仲裁机构逐渐开始受理行政合同纠纷。此外，法国法上还规定了所有的仲裁活动，倘若存在明显违反法国的公法性原则情况，法国行政法院法官对仲裁裁决的效力拥有监管权，尤其是 PPP 合同、政府采购合同等公共事业市场领域的行政合同（或行政协议）。[②]

四、在“实质性解决行政争议”视角下建构多元行政协议争议解决机制

“行政争议实质性解决”的提法可追溯至 2007 年最高人民法院规定的案结事了原则。2007 年最高人民法院发布《关于为构建社会主义和谐社会提供司法保障的若干意见》，其中提出探索行政诉讼和解制度，此后，行政争议实质性解决在多次会议上被强调。[③] 2014

---

① 沈伟：《我国仲裁司法审查制度的规范分析——缘起、演进、机理和缺陷》，载《法学论坛》2019 年第 1 期。

② 参见徐琳：《法国公私合作（PPP 模式）法律问题研究》，载《行政法学研究》2016 年第 3 期。

③ 《推进行政争议实质性解决积极打造“平谷路径”3.0 版》，载 http://www.tjdlcaw.gov.cn/gztt/tjdlcaw - ifxtrwtu9585729.shtml，2018 年 2 月 28 日最后访问。

年行政诉讼法的修订使“实质解决行政争议”进一步得到倡导。提出行政争议的实质性解决的意义在于：第一，有利于真正维护人民群众的合法权益；第二，有利于协调官民关系，只有行政争议得到实质性解决，才能从根本上实现官民关系的和谐；第三，有利于推进实质法治主义，这与世界法治潮流是相吻合的；第四，有利于减少社会矛盾，维护国家长治久安。① 现今法学界的研究重点放在如何在行政诉讼中实质解决行政争议，如庭审的实质化、案件审理的程序化。最高人民法院副院长江必新提出了在行政诉讼中实质性解决行政争议需要处理好的六对关系：司法权与行政权的关系，司法程序与诉讼类型化的关系，客观真实与法律真实之间的关系，协调、调解与依法裁判的关系，案外协调工作与坚持司法原则的关系，司法与行政的良性互动。② 除此之外，也有部分学者将行政争议实质性解决理念扩大至诉前和解或者是调解领域，提出“大复议、中诉讼、小信访”的行政争议解决机制格局。③

“行政争议解决程序难易衔接的情况时有发生，既浪费了现有的行政资源，又造成了争议长期无法有效解决的困局。其根本原因在于，我国各地还未建成多元协作、合力解决行政争议的机制。但复合性、敏感性、群体性的官民矛盾纠纷，往往需要多方联动、积极协调才能及时化解。”④ 良好的行政纠纷解决机制应该满足三个基本要求：保证所有行政纠纷有出口；保障最低限度的程序正义；坚持司法最终原则。⑤ 如果将行政协议争议解决的方式仅限于行政诉讼，一则不符合争议解决机制的设定目标，二则不利于公私合作的未来发展。行政协议法律关系中涉及公私两方主体，在保护行政相对人时也要维护行政机关、尊重行政权的行使，由此平复社会矛盾、恢复和谐的官民关系。这不仅要做到程序上的合法，更要符合社会对

---

① 参见江必新：《论行政争议的实质性解决》，载《人民司法》2012 年第 19 期。

② 参见江必新：《论行政争议的实质性解决》，载《人民司法》2012 年第 19 期。

③ 邢鸿飞：《刍议深化行政复议体制改革》，载《群众》2015 年第 3 期。

④ 袁勇：《规范与事实之间的行政争议解决机制、现状、问题及对策》，载《广西社会科学》2016 年第 1 期。

⑤ 刘莘、刘红星：《行政纠纷解决机制研究》，载《行政法学研究》2016 年第 4 期。

公平正义的认知、符合社会的核心价值。行政协议争议实质性解决的可能进路应当是通过当事人加强沟通交流，在法律限度内尊重意思自治和契约自由，尽可能寻求双方均可接受的争议解决方案，从而平衡缔约双方之间、个体利益与公共利益之间的关系。

（一）行政诉讼作为诉讼纠纷解决方式的排他性

2014 年行政诉讼法修订，使行政诉讼成为行政协议纠纷解决的法定方式。民事诉讼与行政诉讼二者之间系非此即彼的关系，意味着一旦行政协议纠纷走入诉讼，只能适用行政诉讼而不能适用民事诉讼。

特许经营协议的相关规范中曾出现争议解决采纳民事诉讼的规定，① 这与行政诉讼法的规定存在较大出入，与特许经营协议争议解决机制的发展趋势相背离。还有一种为笼统规定的诉讼，即法律条文中仅仅规定“可以采用诉讼”的方式解决争议，却没有明示是民事诉讼还是行政诉讼。针对上述情况，应当与行政诉讼法作统一解释。在土地房屋拆迁补偿协议中也存在立法规定的模糊。如《国有土地上房屋征收与补偿条例》第 25 条第 2 款规定，补偿协议订立后，一方当事人不履行补偿协议约定的义务的，另一方当事人可以依法提起诉讼。尽管第 3 款明确了被征收人对补偿决定不服的，可以依法提起行政诉讼，但是该条第 2 款的“提起诉讼”将范围扩大了。条文规定，一方不履行协议，另一方可以依法提起诉讼，是否意味着如果是被征收人不履行协议，行政机关也可以依法提起诉讼？本文认为，第 25 条不能作这种解读。一方面，《国有土地上房屋征收与补偿条例》于 2011 年发布，早于行政诉讼法 2014 年的修订，并且效力位阶低于后者，所以在适用上应优先适用行政诉讼法。另一方面，《国有土地上房屋征收与补偿条例》第 28 条规定了被征收人在“法定期限内不申请行政复议或者不提起行政诉讼，在补偿决定规定的期限内又不搬迁”情况下的处理方式，即行政机关可以申请人民法院强制执行。这一规定使行政机关通过提起诉讼解决协议履行纠纷的实际作用极大降低。为了两法更好地衔接，可以考虑对《国有土地上房屋征收与补偿条例》作相应修订。

行政诉讼作为诉讼纠纷解决方式的排他性还关涉另一个问题——将行政协议纠纷纳入行政诉讼或者民事诉讼的实质区别何在？虽然

① 参见财政部“财金〔2014〕113 号”和“财库〔2014〕215 号”文件。

行政诉讼法的规定是基于现实的考量以及为适应行政法发展的时代背景，但究竟为何要将行政协议纳入行政诉讼受案范围似乎在理论上仍缺乏有力论证。如果仅仅因为将特许经营协议、土地房屋征收补偿协议等归入行政协议的范畴，就认为应当适用行政诉讼的争议处理方式似乎过于草率。反对者可以认为，正是因为法律将这类协议纳入行政诉讼的受案范围，才能推出其行政协议性质。此处需要对民事诉讼和行政诉讼的立法目的加以比较。民事诉讼更注重保护平等双方在同等诉讼地位上的权益救济，而行政诉讼对处于弱势的行政相对人在保护上予以更大的倾斜，不仅行政机关无法以原告资格提起诉讼，在举证责任上要承担更重的责任，还要在实体和程序层面分别接受审查。结合我国的国情，虽然行政协议的出现让行政主体逐渐走到与私人主体平等的位置，但这种力量悬殊的对比不可能完全发生改变，或者说至少在现阶段不可能完全改变。实践中的案例也显示，在行政协议的履行中，遭受权益损害最主要的还是公民、法人或者其他组织一方，所以，将行政协议纠纷纳入行政诉讼更符合当前我国的国情。

（二）非诉纠纷解决机制的发展

跳出对行政诉讼制度的具体设计，紧扣纠纷解决潮流，实质解决争议的理念还可以扩展到更多非诉纠纷解决渠道上。《中共中央关于全面推进依法治国若干重大问题的决定》明确提出健全社会矛盾纠纷预防化解机制，完善调解、仲裁、行政裁决、行政复议、诉讼等有机衔接、相互协调的多元化纠纷解决机制。我国正处于社会转型期，随着社会利益纷争的不断增加，大量纠纷进入法院，甚至出现滥用诉权的现象，而民间性解纷机制和协商自治能力不足，社会团体和组织纠纷化解的机能生成困难，信访的激增对司法制度造成侵蚀。[①] 为此，从中央到地方、从学术界到各实务部门，都在不断探索行政协议的多元化纠纷解决机制。

1. 协商

协商是一种非正式谈判机制，通过相互磋商或者由政府相关部门调解的形式解决行政协议纷争，其优势在于成本低、便捷易行。作为一种约定的争议解决方式，协商和解可以充分满足双方的意思

---

① 胡仕浩：《多元化纠纷解决机制的“中国方案”》，载《中国应用法学》2017 年第 3 期。

自治，将矛盾化解在相对可控的范围内。但是协商解决也存在不足之处，表现为：协商具有较大的随意性且效力有限，倘若出现合同双方当事人恶意协商的情况，则极有可能损害公共利益或者第三人的合同权益；同时，由于缺乏监督，若行政主体违背合同相对人的意思表示以协商之名行强迫之实，相对人较难寻求合理的救济。因此，在行政协议的协商方式上应当予以必要的程序限制，如协商准备阶段的意向调查、正式协商时的充分告知与协议书签订，以及履行阶段的监督等。

2. 专家调解

专家调解不具有法律上的强制约束力，主要针对的是行政协议中专业性、技术性较强的问题。但是在不涉及专业技术问题时能否由专家进行调解，即如何界定专家调解的范围和限度尚不明确，在实际适用中缺少具体的操作指导。

在我国，国家发改委和财政部也开始重视专家的作用，建立了各自的专家库，并发布了专家库的管理办法，但是目前的规范尚未完全发挥专家的作用，同时也未提及专家介入调解的内容，不得不说是一个遗憾。[①] 未来应当重视行政协议中专家调解制度的构建，既发挥专家的专业性优势，也为行政协议纠纷提供更为中立客观的化解渠道。在聘请专家和采纳专家调解方式时给予双方当事人更大的自主决定权。另外，对于调解专家组的组成、议事原则、调解程序、费用承担等内容还需要进一步予以明确。

3. 仲裁

从仲裁的特征上来说，仲裁的专业性满足了行政协议纠纷专业性较强的要求，仲裁的中立性可以更好地保证对公平公正的追求，同时，仲裁相较于诉讼更大的优点在于其保密性和高效性，这是诉讼所无法替代的。但是，从有权仲裁的机构来看，仲裁委员会是独立于行政机关的民间组织，其对行政机关和私人主体的仲裁结果效力如何、合同双方能否接受民间组织的仲裁以及仲裁中心是否足够

① 参见《财政部政府和社会资本合作（PPP）专家库管理办法》第 9 条："入库专家承担以下工作职责：（一）受财政部及其直属单位委托，参与 PPP 相关政策制定、课题研究、示范项目评审、督导调研、案例编撰、宣传培训活动。（二）受地方政府、社会资本方的委托，参与 PPP 项目相关方案设计、评估论证、人员培训等工作。（三）审核个人申请专家的入库申请。"

中立都值得考虑。行政协议的仲裁实践已经走在了前面。截至2016年底，北京市仲裁委员会受理的仲裁案件中，约有1500件是以行政机关为一方主体的，而与特许经营政府与社会资本合作有关的合同纠纷约10余件，主要包括棚户区改造、市政及基础设施建设等。[①] 2017年5月，中国第一家PPP仲裁中心在中国国际经济贸易仲裁委员会成立，旨在通过仲裁等多元争议解决方式处理PPP争议。[②] 财政部PPP中心主任焦小平表示，PPP是政府和市场的长期合作，其核心是合同管理。贸仲委PPP仲裁中心的成立将有力推动PPP争议理论和时间的发展，同时有助于约束政府方和社会资本方的行为，从而保护投资者和老百姓的利益。[③] 相信在以PPP仲裁中心为代表的仲裁机构的助推下，行政协议争议的仲裁纠纷解决制度也将焕发出更大的生机和活力。

4. 行政复议

关于行政协议纠纷能否适用行政复议的问题，立法呈现出两种倾向。在土地房屋征收补偿协议上，《国有土地上房屋征收与补偿条例》中明确规定了可以诉诸行政复议解决，但是在特许经营协议问题上立法并不明确。[④] 特许经营协议的订立需要行政机关通过一系列的前置许可及审批，项目运行中行政机关具有指导和监督项目合法有效运营以保障社会公共利益的责任，行政机关还可根据情况撤销特许经营权。《行政复议法》第6条规定："有下列情形之一的，公

---

① 《国务院拟出台条例明确PPP争议可仲裁》，载法制网2017年7月24日，http://epaper.legaldaily.com.cn/fzrb/content/20170724/Articel06003GN.htm，2018年10月8日最后访问。

② 《首家PPP争议仲裁中心成立，为"一带一路"建设保驾护航——贸仲委PPP争议仲裁中心揭牌仪式在京隆重举行》，载中国国际经济贸易仲裁委员会网站2017年5月17日，http://www.cietac.org/index.php?m=Article&a=show&id=14250，2018年10月8日最后访问。

③ 《首家PPP争议仲裁中心成立，为"一带一路"建设保驾护航——贸仲委PPP争议仲裁中心揭牌仪式在京隆重举行》，载中国国际经济贸易仲裁委员会网站2018年5月17日，http://www.cietac.org/index.php?m=Article&a=show&id=14250，2018年10月8日最后访问。

④ 参见《基础设施和公共服务领域政府和社会资本合作条例（征求意见稿）》第41条："对政府有关部门作出的与合作项目的实施和监督管理有关的具体行政行为，社会资本方认为侵犯其合法权益的，有陈述、申辩的权利，并可以依法提起行政复议或者行政诉讼。"

民、法人或者其他组织可以依照本法申请行政复议：……（三）对行政机关作出的有关许可证、执照、资质证、资格证等证书变更、中止、撤销的决定不服的；……（八）认为符合法定条件，申请行政机关颁发许可证、执照、资质证、资格证等证书，或者申请行政机关审批、登记有关事项，行政机关没有依法办理的；……（十一）认为行政机关的其他具体行政行为侵犯其合法权益的。”从宽泛意义来理解，特许经营协议在审批和撤销特许权的事项上可以适用行政复议解决。关于特许经营项目中涉及的政府招投标行为，《行政许可法》第53条规定，行政机关违反本条规定，不采用招标、拍卖方式或者违反招标、拍卖程序，损害申请人合法权益的，申请人可以依法申请行政复议。这里也将行政复议作为救济方式之一。从《基础设施和公共服务领域政府和社会资本合作条例（征求意见稿）》关于行政复议的规定来看，行政复议主要适用于“政府所作出的与合作项目的实施和监督管理有关的”行政行为。

但是国务院法制办于2017年9月对《交通运输部关于政府特许经营协议等引起的行政协议争议是否属于行政复议受理范围的函》的复函中明确答复：“政府特许经营协议等协议争议不属于《中华人民共和国行政复议法》第六条规定的行政复议受案范围。”这似乎与上述立法出现了矛盾。一种可能的推测是，国务院法制办认为，特许经营项目中涉及行政行为的部分可以剥离出来，在发生争议时适用行政复议，但是特许经营协议本身并不能适用。然而，这种分析又与行政诉讼法的规定存在出入。《行政诉讼法》第12条第11项规定，“行政机关不依法履行、未按照约定履行或者违法变更、解除政府特许经营协议、土地房屋征收补偿协议等协议的可以提起行政诉讼”，将行政协议的履行争议与行政机关作出的行政行为结合了起来。对这一问题的研究不仅关系行政复议的范围，还关系到行政协议争议在行政复议和行政诉讼制度的衔接问题。

每一单项制度的改革，都必须辅之以系统改革，才能形成制度合力。[①] 对此，从系统全面的观点出发，将行政协议纠纷解决机制作为一个整体来考虑，做好顶层设计，在理顺行政性争议解决机制的基础上，才能更好地促进行政诉讼制度与非诉纠纷解决制度间的衔接。多元化纠纷解决机制并非对民事性和行政性纠纷解决方式的笼

① 耿宝建：《行政复议法修改展望》，法律出版社2016年版，第159页。

统采纳，而是在认真甄别和仔细考虑基础上进行取舍，其制度构建具有承前启后的作用。

一方面，多元化纠纷解决机制需承继行政协议争议解决的历史。特许经营在我国历经30余年的发展，不仅为我国的基础设施和公用事业建设作出了卓有成效的贡献，也推动了公私合作治理模式和民营化的潮流。特许经营协议的争议解决上曾经形成了一套虽不成体系但是能够有效解决问题的方法。这些方式以民商事的纠纷化解方式为主，包括协商和解、仲裁、民事诉讼等。在土地房屋征收补偿协议的争议解决上，立法也曾出现仲裁、行政裁决、行政复议等规定。有些方式虽然不属于行政法范畴的争议解决途径，看似难以与行政协议的法律属性相容，实则不然，上文已经为行政协议适用非诉纠纷解决方式的正当性和合理性进行了阐释。当然，尊重这些长期以来适用的解决机制不能一概盲目地吸收，也应当对接我国现今法律法规的规定，促使争议解决机制逐步体系化、规范化。

另一方面，多元化纠纷解决机制要符合行政协议的发展目的。行政协议是行政机关实现公共利益或者行政管理目标的方式之一，其中，以地位平等、风险分担、利益共享为特征的公私合作越发显示出活力。2017年，国家发改委与联合国欧洲经济委员会签署谅解备忘录，就建立健全PPP（政府与社会资本合作）法律制度和框架体系、筛选PPP项目典型案例、建立“一带一路”PPP国际专家库、建立“一带一路”PPP对话机制等四个方面作了具体约定。[①]“一带一路”建设的重点工程集中在交通、能源、基建等领域，投资成本高、运营期长，会给经济欠发达的国家带来更大的资金压力，而PPP恰好能有效地缓解这种压力，并为社会资本提供更多的投资机会。为此，合理构建PPP的争议解决机制，在面临国际化纠纷时为当事人提供更多解决渠道、更多合作机会，是顺应“一带一路”发展机遇的应有之义。“从私法上来看，契约观念已经基本融入其基本原则之中，平等、诚信、意思自治的理念越来越彰显其重要性，而反观行政法领域还存在欠缺却并没有过多涉及行政法的契约观念。

① 《国家发改委与联合国欧洲经济委员会就“一带一路”PPP合作签署〈谅解备忘录〉》，载中国金融新闻网2017年5月18日，http：//www.financialnews.com.cn/cj/zc/201705/t20170518_ 117726.html，2018年3月18日最后访问。

因此，在行政法中确立契约的理念，从行政法内部来改善其自身情况，转变传统的行政模式，从而推进人民的权利意识、平等意识、自由意识和责任意识，对于推动公私合作的良性发展具有积极意义。”①

① 杨解君：《契约文化的变迁及其启示（下）——契约理念在公法中的确立》，载《法学评论》2005 年第 1 期。

图书在版编目（CIP）数据

诉讼法学研究．第24卷/卞建林主编．—北京：中国检察出版社，2020．3
ISBN 978－7－5102－2405－8

Ⅰ．①诉…　Ⅱ．①卞…　Ⅲ．①诉讼法－法的理论－研究
Ⅳ．①D915．01

中国版本图书馆CIP数据核字（2020）第027769号

诉讼法学研究（第二十四卷）
卞建林　主编

出版发行：中国检察出版社
社　　址：北京市石景山区香山南路109号（100144）
网　　址：中国检察出版社（www.zgjccbs.com）
编辑电话：（010）86423751
发行电话：（010）86423726　86423727　86423728
经　　销：新华书店
印　　刷：北京玺诚印务有限公司
开　　本：710 mm×960 mm　16开
印　　张：28．5
字　　数：416千字
版　　次：2020年3月第一版　2020年3月第一次印刷
书　　号：ISBN 978－7－5102－2405－8
定　　价：98．00元